新編諸子集成

管子輕重篇新詮

上

馬非百撰

中華書局

出版説明

馬非百(元材)先生幾十年來潛心研究《管子輕重篇》，並於一九四三年開始寫作《管子輕重篇新詮》，至今凡七易其稿。其第三稿，五十年代中期郭沫若同志編著《管子集校》時曾借去參考並列入引用書目，引用過近百條。郭老當時曾寫給馬先生一封信，對此稿作了評價，還建議「另外寫成一篇綜合的研究——卽是寫成論文形式」。馬先生接受這一意見，先後寫了三篇論文，合稱《論管子輕重》。對《輕重》原文的校釋部分也作了多次修改。現在，我們將兩部分合併出版，並根據馬先生本人意願，將郭老的信加以影印，放在前面。

著者在本書中，比較注意研究《輕重》的著作時代和貫串《輕重》各篇的基本思想理論體系，並以此爲指導來進行具體文字的校釋。對《輕重》中一些常用字詞和專門術語的含義，也注意進行綜合的分析與研究。在原文校釋上採取愼重態度，凡認爲可通的不輕易改、補、删、移。他在有關《輕重》的一些問題和原意的解釋上都提出了許多獨立的見解，並對不同的意見進行了駁辯。相信此書的出版，對於促進《輕重》研究中各種不同意見的争鳴，從而使研究更加深入，會有一定的好處。

中華書局編輯部

目録

參考書目
論管子輕重……一
論管子輕重上——關於管子輕重的著作年代……三
論管子輕重中——關於管子輕重之理論的體系……五一
論管子輕重下——對《管子集校》及所引各家注釋中有關輕重諸篇若干問題之商榷……八八
管子輕重篇新詮……一一五
管子輕重一——巨(筴)乘馬……一一七
管子輕重二——乘馬數……一五〇
管子輕重三——問乘馬(亡)……一七三
管子輕重四——事語……一七四
管子輕重五——海王……一八八

管子輕重六——國蓄……二一三
管子輕重七——山國軌……二六三
管子輕重八——山權數……三〇五
管子輕重九——山至數……三四九
管子輕重十——地數……四〇一
管子輕重十一——揆度……四二八
管子輕重十二——國准……四七九
管子輕重十三——輕重甲……四九二
管子輕重十四——輕重乙……五六三
管子輕重十五——輕重丙(亡)……六二三
管子輕重十六——輕重丁……六二三
管子輕重十七——輕重戊……六八六
管子輕重十八——輕重己……七二四
管子輕重十九——輕重庚(亡)……七四八

參考書目

讀管子雜記收入《習學記言》第四十五卷　宋葉適著

讀諸子一收入《日抄》第五十五卷　宋黄震著

困學紀聞　宋王應麟著

管子榷　明朱長春著

管子補注《湖北先正遺書》本　明張登雲參補

詮敘管子成書　明梅士亨編

管子白文。録趙用賢、朱長春、張榜等評注於眉端或篇後，一九三七年宋哲元影印本　明凌汝亨編

管子選　明張賓王選評

管子評注　明朱養和輯訂

删定管子《抗希堂十六種》之一　清方苞著

管子補正　日人豬飼彦博著

管子義證《積學齋叢書》本　清洪頤煊著

讀書雜志《管子》部分　清王念孫　王引之著

管子識誤　清宋翔鳳著
管子纂詁　日人安井衡著
諸子平議《管子》部分　清俞樾著
舒藝室隨筆收入《覆瓿集》　清張文虎著
管子校正　清戴望著
管子説稿本，藏北京大學圖書館　清王紹蘭著
讀管札記附見顔昌嶢《管子校釋》稿内　清郭嵩燾著
桐城先生點勘管子讀本鉛印本　清吴汝綸著
管子析疑稿本，藏上海市歷史文獻圖書館　清何如璋著
札迻　清孫詒讓著
管子學手稿影印本　清張佩綸著
讀管子札記抄本，從《内業篇》以下藏北京大學圖書館　清陶鴻慶著
管子識小　清江瀚著
讀管子寄言　清宋枏著
管子傳中國六大政治家之一　梁啓超著
慎宜軒筆記卷六《管子》部分　姚永概著

管子斠補《劉申叔遺書》本　劉師培著
管子餘義《章氏叢書》本　章炳麟著
管子參解　金廷桂著
管子地數篇釋收入錢蘇齋《述學》　錢文霈著
管子新釋　尹桐陽著
管子校義　李哲明著
管子補注疏義　龐樹典著
管子編注存幾堂本　黃鞏著
管子今詮　石一參著
管子校釋稿本，藏武漢大學教授譚戒甫處　顔昌嶢著
管子探源　羅根澤著
管子新證《雙劍誃諸子新證》之一　于省吾著
香草續校書《管子》部分　于鬯著
先秦經濟思想史　甘乃光著
中國經濟思想史上册　唐慶增著
晚周諸子經濟思想史　熊夢著

管子經濟思想　黄漢著

復德人施復禮博士問管子輕重篇書附施復禮來書，載《學藝雜志》卷五號　張爾田著

中國經濟思想史　胡寄窗著

《管子》代表的階級觀點與階級利益——答葉世昌同志，《學術月刊》一九六三年第四期　胡寄窗著

論管子輕重載《經濟研究》一九六五年第一期　葉世昌著

管子集校　郭沫若等著

論管子輕重

論管子輕重上——關於管子輕重的著作年代

一、引言

《管子·輕重》十九篇，亡失了三篇，現存十六篇。它和《管子》其它各篇不是一個思想體系。它是一部專門討論財政經濟問題的書。其中有許多問題，是西漢一代和王莽時代所特有的，與普通的財政經濟的性質迥不相同。由於作者故弄玄虛，把自己在財政經濟上的意見，用託古改制的方法，說成是歷史上有名的大政治家管仲的主張，蒙蔽了不少從事研究這部書的學者。梁啓超作《管子傳》一書，對於書中有關財政經濟方面的理論，有些地方算是最能發前人之所未發。但他一則誤信此書爲管仲所作，把時代提前了好幾百年；又由於梁氏對書中的財政經濟理論，完全採用資産階級經濟學的觀點來進行解釋，所以他對於此書的了解，也就不能達到「心知其意」的境界。王國維在其所著《月氏未西徙大夏時故地考》一文中，則認爲《輕重》諸篇是漢文、景間所作，但他引以爲唯一之證據，僅書中「玉起于禺氏」一條，而無視於書中所反映的有關文、景以後的許多史實，未免有「只見樹木，不見森林」的毛病。羅根澤在其所著《管子探源》一書中，曾列舉了十二條證據，證明此書乃漢武、昭時理財家所作，在時代上比梁、王二氏推進了一步；但羅氏所引證據，只是從字面上着眼，沒有能更深入的去了解書中所討論問題的真正核心，因而他的結論也就不能完全令人滿意。文化大革命前胡寄窗在其所著《中國經濟思想史》中，則把《管子》列入戰國時代孟軻之後和荀况之前，既誤將本書與《管子》其它各篇混爲一個思想體系，而在時代問題上又從王、羅二氏已經前進了一步的地方倒退了回去，這也是未免使人失望的。

根據我個人不成熟的意見，則認爲本書與《管子》其它各篇不是一個思想體系。它是西漢末年王莽時代的人所作。關於這種觀點，都散見在拙稿《管子輕重篇新詮》各篇中。一九五四年十月，已故中國科學院院長郭沫若同志在其所著《管子集校。引用校釋書目提要》中對此有所批評，説是「證據薄弱，説難成立」。但同年四月寫信給我，不久又約我到他家裏去談話，都用極其熱忱的態度表揚我，并鼓勵我：「把這些觀點寫成一篇綜合的研究——即是寫成一篇論文形式，似乎更便於發揮。」這就充分表現了他對一個在學術上持不同意見的人的高度民主風格。事隔二十多年，我才把這篇論文寫了一個輪廓，不意郭老已因病逝世，就正無從，痛悼曷極！現在把它整理出來，敬獻於尊敬的郭老英靈之前，兼以求教於海内同好！

二、進攻的幾個主要據點

本書是古人故弄玄虛，用僞裝的方法，在學術史上打的一個埋伏。要攻破這個埋伏，揭開它的僞裝，以期露出本來面目，勢非採用作戰的方法，先建立幾個主要的據點，作爲進攻的根據地；然後穩扎穩打，由點及線，再進行全面的圍攻，決不足以獲得最後的勝利。

現在，就讓我們依照這個作戰計劃進行吧！

第一，本書之成，不得在漢高祖劉邦七年（前二〇〇）封陳平爲曲逆侯以前——《輕重甲》：「管子曰：『女華者，桀之所愛也，湯事之以千金；曲逆者，桀之所善也，湯事之以千金。內則有女華之陰，外則有曲逆之陽，陰陽之議合而得成其天子，此湯之陰謀也』。」這里有「曲逆」二字，便是一個大破綻。考《漢書·陳平傳》載劉邦被匈奴圍於白登，用陳平奇計，使使間厚遺單于閼氏，單于，匈奴君主稱號。閼氏音烟支，單于嫡妻的稱號。圍以得解。劉邦回師，路過曲逆，乃詔御史以陳平爲曲逆侯。這是漢高祖七年的事。

這裏最宜注意的：

一、曲逆是陳平的封號，是漢高祖七年才被封的，在此以前沒有過。

二、陳平之被封爲曲逆侯，是由於他是漢朝的一位大間諜。他曾爲劉邦前後出過六次奇計，不僅解了白登之圍，而且遠在楚漢戰爭期間，他還一次從劉邦手裏領用過黃金四萬斤，去離間項羽和范增的君臣關係，破壞他們之間的團結，收到了滅亡楚國的效果。這與「湯事之以千金」正相符合。

三、劉邦在白登被圍得解，確實是得了匈奴冒頓（Mòdú）單于閼氏的力量。而閼氏的肯於出力，又確實是通過大間諜陳平的奇計，使使厚遺她才實現的。這與所謂「湯以千金事女華」和「陰陽之議合」等說法也完全一致。

當然，它決不是在寫劉邦，但也決不是在寫湯。它只是要說明一個關於用金錢實行離間的間諜政策，所以就從腦子中所能記憶的有關這一類事件的人物信手拈來，編成一個故事，作爲這個政策的具體例證罷了。

第二，本書之成，不得在漢文帝劉恒十二年（前一六八）徙淮南王爲梁王以前——《輕重戊》：「桓公曰：『今吾欲下魯、梁，何行而可？』管子對曰：『魯、梁之民俗爲綈，公服綈，令左右服之，民從而服之。公因令齊勿敢爲，必仰於魯、梁。則是魯、梁釋其農事而作綈矣。』桓公曰：『諾。』即爲服於泰山之陽，十日而服之。」尹注云：「魯、梁二國在泰山之南，故爲服于此，近其境也，欲魯、梁人速知之。」案當齊桓公時，齊、魯附近無梁國。至戰國，魏都大梁，始以梁稱。然大梁之梁，並不在泰山之南。泰山之南之梁國，至漢文帝劉恒用賈誼言，徙淮陽王爲梁王始有之。《漢書·賈誼傳》：「梁王勝死，無子。誼上疏曰、『臣願舉淮南地以益淮陽而爲梁王立後。割淮陽北邊二三列城與東郡以益梁。不可者，可徙代王而都睢陽。梁起於新郪以北著之河，淮陽包陳以南揵之江。則大諸侯之有異心者破膽而不敢謀。梁足以扞齊、趙，淮陽足以禁吳、楚。陛下高枕，終無山東之憂矣。』文帝於是從誼計，乃徙淮陽王武爲梁王，北界泰山，西至高陽，得大縣四十餘城。」又《漢書·文三王傳》也有「梁孝王武爲代王。四年，徙爲淮陽王。十二年，徙梁。……居天下高腴地，北界泰山，西至高陽，四十餘城多大縣」的記載。據此，是「北界泰山」之梁至漢文帝劉恒十二年才開始出現。今此文言梁與魯皆在泰山之南，足證其所謂梁者，確係指「割淮陽北邊二三列城與東郡以益梁」而「起於新郪以北著之河」之後的「北界泰山」之梁而言，實甚明顯。

第三，本書之成，不得在漢武帝劉徹元鼎二年（前一一五）修昆明池及元鼎六年（前一一一）平定南越以前——《輕重甲》：「桓公曰：『天下之國莫强於越。今寡人欲北舉事孤竹離枝，恐越人之至，爲此有道乎？』管子對曰：『君請遏原流，大夫立沼池。令以矩游爲樂。則越人安敢至？……請以令隱三川，立員都（瀦），立大舟之都。大舟之都有深淵，壘十仞。令曰：能游者賜千（十）金。』未能用金千，齊民之游水者不避吴越。桓公終北舉事於孤竹離枝，越人果至，隱曲蔷（菑）以水齊。管子有扶（同浮）身之士五萬人，以待戰於曲蔷（菑），大敗越人。此之謂水豫。」案越於春秋諸國，最爲後起。在齊桓公時，尚未通於中國。以後勾踐北上中原，與諸侯争霸，然距齊桓公之死，已百七十餘年。且爲時甚暫，卽又寂焉無聞。齊桓公時，安得云「天下之國莫强於越」？這是以漢武帝劉徹修昆明池訓練水軍以平定南越事爲背景。史載高后吕雉死，趙佗因以兵威財物賂遺閩越西甌駱役屬焉。東西萬餘里，乘黄屋左纛，稱制與中國侔。文帝劉恒時，雖經陸賈説令臣服於漢，然至武帝初年，其相吕嘉倔强益甚。是時，漢正與北方匈奴對抗，而南越常爲北征軍後顧之憂。劉徹之欲滅南越，實非一朝一夕之故。《史記·平準書》載：「是時粤（越）欲與漢用船角逐。乃大修昆明池，列觀環之。治樓船，高十餘丈，旗幟加其上，甚壯。」索隱：「昆明池有豫章館。豫章，地名，以言將出軍於豫章也。」這是元鼎二年（前一一五）的事。至元鼎五年（前一一二），不過三年，劉徹果派伏波將軍路博德等將江淮以南樓船二十萬人（《漢書》作十萬人）與越馳義侯所將巴蜀夜郎之兵齊會番禺。次年（前一一一），遂平定越地以爲南海等九郡。今觀此文，有云：「天下之國莫强於越，今寡人欲北舉事孤竹離枝，恐越人之至」，不就是劉徹欲北伐匈奴而南越常爲後顧之憂的反映嗎？「大夫立沼池……請以令隱三川，立員都，立大舟之都」，不就是劉徹大修昆明池的反映嗎？其它如「三川」，則是長安涇、渭、汧三川之反映。如「大舟」云云，則是所謂「治樓船，高十餘丈，而旗幟加其上」的反映。如「扶身之士五萬人」，則是路博德等所率江淮以南樓船二十萬人的反映。如「曲菑」則是「番禺」的反映。所不同的，只是把漢人南征，改爲越人北犯罷了。

第四，本書之成，不得在王莽居攝三年（公元八）於鎮壓翟義、趙明及西羌等起義軍時大舉封拜及始建國四年（公元一二）立爲附城五差之制以前——《揆度篇》云：「今天下起兵加我，臣之能謀厲國定名者，割壤而封；臣之能以車兵進退，成功立名者，割壤而封；然則是天下盡封君之臣也，非君封之也。天下已封君之臣十里矣，天下每動，重封君之民二十里……」案此處所論，顯然是以王莽居攝三年鎮壓翟義、趙明及西羌等起義軍後大封功臣，和始建國四年立爲「附城五差」之制爲背景。第一，所謂「今天下起兵加我，臣之能謀厲國定名者，割壤而封，臣之能以車兵進退成功立名者，割壤而封」云云，蓋卽王莽於鎮壓翟義時，下詔封車騎都尉孫賢等五十五人皆爲列侯及鎮壓趙明、西羌等時，「置酒白虎殿，大封拜……以大小爲差，封侯伯子男凡三百九十五人」（見《漢書·翟先進傳》）的反映。第二，所謂「封地十里」，古無此制。《孟子·萬章篇》、《禮記·王制》、董仲舒《春秋繁露·爵國篇》論封建，皆無封地十里之說。《史記漢興以來諸侯年表》言：「武王、成、康所封數百，而同姓五十五，地上不過百里，下不過三十里。」又云：「天子觀於上古，……使諸侯得推恩分封子國邑，……大國不過十餘城，小侯不過十餘里。」是歷代事實上亦無有「封地十里」者。至王莽始建國四年立爲「附城五差」之制，然後才有所謂「自九以下，降殺以兩，至於一成」的規定。（《漢書·王莽傳》）「降殺以兩」就是說以兩數相減，自九以下而七、而五、而三，以至於一。「至於一成」者，如淳注云：「十里爲成。」今此又云「天下已封君之臣十里」，正是王莽制度之反映。至下文又言「天下每動，重封君之民二十里」者，是説賈人利用戰爭所得之盈利，相當於方二十里之封君，這和《史記·貨殖傳》所言「今有無秩祿之俸，爵邑之入，而樂與之比者，命曰素封」，意義是一樣的。

三、全面圍攻

據點既經建立，第二步就可以根據這些據點，向整個埋伏實行全面圍攻。關於本書所用各種例證，確爲漢代及王莽時代的實際歷史事實者，除以上各個據點外，其它散見於書中各篇者，爲數尚多。把這些僞裝全面揭開，以期露出它的本來面目，我想應該不是没有意義的工作。茲爲便於説明起見，特按照漢代帝王次序分别敍述如後：

甲、屬於漢高祖時代者——

一、賀獻制度的反映——《輕重甲》：「管子對曰：請以令使賀獻出正籍者必以金。」「賀獻」二字，又分見《輕重乙》及《輕重丁》。其制實始於漢。《漢書·高紀》：「十一年二月詔曰：欲省賦甚，今獻未有程。吏或多賦以爲獻，而諸侯王尤多，民疾之。令諸侯王常以十月朝獻，及郡各以其口數，率人歲六十三錢，以給獻費。」可見賀獻即朝獻，而朝獻之有程，實自漢高祖十一年才開始規定的。

二、公葬制度的反映——《揆度》：「管子曰：匹夫爲鰥，匹婦爲寡，老而無子者爲獨。君問其若有子弟師役而死者，父母爲獨。上必葬之，衣衾三領，木必三寸。鄉吏視事，葬於公壤。」這裏所述，與《漢書・高紀》所載：「八年十一月，令士卒從軍死者，爲槥，歸其縣，縣給衣衾棺葬具，祠以少牢，長吏視葬」，內容完全相同。

乙、屬於文帝時代者——

一、嚴道銅山鑄錢的反映——《山權數》：「湯以莊山之金鑄幣。」案此語又見《輕重戊》篇。《鹽鐵論・力耕篇》亦有此語，惟莊山作嚴山。嚴山即莊山，東漢避明帝諱，故改爲嚴山。嚴山就是嚴道山，其山產銅。《史記・佞幸傳》：「太中大夫鄧通方寵幸，上欲其富，賜之蜀嚴道銅山，得自鑄錢，鄧氏錢遍天下。」按《明一統志》：「嚴道廢縣，在雅州治東。秦始皇滅楚，徙嚴王之族以實其地，故名。」又《太平御覽》六十六引《蜀記》亦云：「秦滅楚，徙嚴王之族於嚴道。」《括地志》則云：「秦昭王相嚴君疾封於此，故縣有是稱。」是嚴道之得名，不論是由於嚴君疾，或楚莊王，要之皆在戰國末年或秦始皇時，則可確定。至其以嚴道銅山之銅鑄錢，則直至漢文帝時，始由鄧通爲之。可證本書之成，決不得在漢文帝賜鄧通銅山以前了！

二、除其田租的反映——《山國軌》有「去其田賦以租其山」的話。它主張「立三等之租於山」，以代替田賦的收入。《國蓄篇》也認爲「以田畝籍，謂之禁耕」。這和《漢書・文紀》二年和十二年，兩次賜天下農民田租之半；十三年，全除田之租稅，用意是完全一樣的。

丙、屬於景帝時代者——……

一、珠玉金銀等三等幣制之反映——《國蓄篇》云：「以珠玉爲上幣，以黃金爲中幣，以刀布爲下幣。三幣握之非有補於暖也，食之非有補於飽也。先王以守財物，以御民事而平天下也。」《地數》、《揆度》、《輕重乙》等篇所言略同。案以珠玉、黃金及刀布同用爲幣，於古無聞。至秦并天下，始行三等貨幣制。《史記・平準書》云：「至秦，中一國之幣爲三等，黃金以鎰名爲上幣；銅錢識曰半兩，重如其文，爲下幣；而珠玉龜貝銀錫之屬爲器飾寶藏，不爲幣，然各隨時而輕重無常。」《漢書・食貨志》「三等」作「二等」。顏師古曰：「上幣者，二等之中，黃金爲上，而錢爲下也。」漢興，幣制屢有變更，然大抵皆因秦舊。據「各隨時而輕重無常」一語，則珠玉在秦漢時雖不爲幣，而一般人之心理，以其難得，仍甚重視之。其價值與地位，往往遠駕於黃金之上。雖無貨幣之名，而實際則等於最高等之貨幣。故《平準書》即逕云「秦中一國之幣爲三等」。事實上，在漢時，珠玉確已取得最高等貨幣之地位。故《漢書・景紀》後三年正月詔云：「黃金珠玉，飢不可食，寒不可衣，以爲幣用，不知其終始。」《食貨志》晁錯上疏云：「夫珠玉金銀，飢不可食，寒不可衣，然而衆貴之者，以上用之故也。其爲物輕微易藏，在於把握，可以周海內而無飢寒之患。」《貢禹傳》載禹疏亦云：「宜罷採珠玉金銀之官，毋復以爲幣。」貢禹此疏，上於漢元帝初元五年，爲御史大夫時。可見到了元帝時代，漢朝還是以珠玉金銀爲幣的了。本文所論三等幣制，不僅是反映了秦漢時代的實際情形，而且其所謂「三幣握之非有補於暖也，食之非有補於飽也」二語，亦係從上引景帝詔文及晁錯疏文中「飢不可食，寒不可衣」蛻化而來。又「先王以守財物，以御民事，而平天下」數語，則與《食貨志》載賈誼疏所謂「上挾銅積，以御輕重，以臨萬貨，以調盈虛，以收奇羨」一段文字，有抄襲之關係，而它的時代性，也就很顯而易見了！

二、更名諸侯丞相爲相的反映——《輕重戊》：「楚王聞之，告其相曰」；又云：「代王聞之，告其相曰」；又云：「衡山之君告其相曰」。《輕重己》也説：「路有行乞者，則相之罪也。」案漢初諸侯王國，皆設有丞相，與中央同。至景帝中五年，始更名諸侯丞相爲相。見《史記·景紀》、《漢書·景紀》及《百官公卿表》。楚在春秋戰國時，皆有令尹而無相。衡山爲漢所立國。今此文言楚、代、衡山皆有相，則其所謂相，必非「張儀相秦」及「蘇秦並相六國」之相，而爲漢景帝中五年所改之相，實甚明顯。

丁、屬於武帝時代者——本書是漢末王莽時代的人討論封建國家統制經濟政策的書，而武帝一代，則是這一政策創造和實行的主要時代。所以書中對於武帝一代的歷史事實之反映，分量也就特别的多。這里僅舉其最顯著的數條於左：

一、民不益賦而天下用饒的理財思想之反映——《巨（筴）乘馬》：「管子曰：國器皆資（贍），無籍於民。」籍就是賦斂。這是説不必賦斂於民，而國家所需要的器械都能足用的意思。這類的句子，在本書中不止一見。如：「故開闔皆在上，無求於民」（《乘馬數》），「故萬民無籍而國利歸於君也」（《國蓄》），「故不求於萬民而籍於號令也」（同上），「則籍於財物，不籍於人」（《山國軌》），「乘令而進退，無求於民」（同上），「桓公問於管子曰：不籍而贍國，爲之有道乎？管子對曰：軌守其時，有（又）官（管）天財，何求於民」（同上），「齊之戰車之具具於此，無求於民，此去丘邑之籍也。」（同上），「軍五歲毋籍衣於民」（《地數》），「終身無籍於民」（同上），「五官（管）之數，不籍於民」（《揆度》），「然則自足，何求於民也」（《輕重甲》)，「請以令斷山木鼓山鐵，是可以無籍而用足」(《輕重乙》)，「故國八歲而無籍」(《輕重丁》)，「未嘗籍求於民而使用若河海」(同上)。蓋本書著者正以無籍而用足爲其理財之中心思想。故極力主張施行輕重之策，而不主張直接向人民進行賦斂。梁啓超名之曰「無籍主義」，是很有道理的。然此種無籍主義，實完全本之於漢武帝時之大理財家桑弘羊而非著者所自創。《史記·平準書》記桑弘羊理財之成績云：

「於是天子北至朔方，東到泰山，巡海上，並北邊以歸。所過賞賜，用帛百餘萬匹，錢金以巨萬計，皆取足大農。……而諸農各致粟山東，漕益歲六百萬石。一歲之中，太倉甘泉倉滿，邊餘穀。諸物均輸帛五百萬匹。民不益賦而天下用饒。……」

「一歲之中」是指的漢武帝元封元年。這是對桑弘羊推行的鹽鐵、均輸等官營政策的總結。據《漢書·蕭望之傳》，張敞也說：「昔先帝(指武帝)征四夷，兵行三十餘年，百姓猶不加賦而軍用給。」《鹽鐵論·輕重篇》御史亦云：「大夫各(君)運籌筴，建國用，籠天下鹽鐵諸利，以排富商大賈。買官贖罪，損有餘，補不足，以齊黎民。是以兵革東西征伐，賦斂不增而用足。」可見此種成績，確爲武帝時桑弘羊所創造之歷史新記録。雖《鹽鐵論·非鞅篇》及《禁耕篇》，大夫曾有「商君相秦……不賦百姓而師以贍」之言，《漢書·吴王濞傳》亦載「吴有豫章銅山，……以故無賦國用饒足」，似「無籍主義」，在桑弘羊前，秦相商鞅及吴王濞即已先後行之。然兩者皆不過財政經濟上之自發的事實，而尚未能演爲完整之理論體系。至桑弘羊根據漢武帝一代在財政經濟上之實踐，始以極肯定而强調之語氣，正式宣佈於全國經濟會議之前。而本書著者則又繼承此一理論體系而更發揚光大之。大抵全書之中，無一篇不是以「無籍主義」爲其中心的主題；所提方案亦無一而非實現此一中心主題之具體設計。故《管子·輕重》一書，我們竟可以稱之爲「無籍贍國論」。《巨(筴)乘馬》篇的「國器皆贍，無籍於民」，不過是無數具體設計中之一端而已！

二、鹽鐵專賣政策的反映——古無以鹽鐵並稱者，至秦漢時始有之。這一點，羅根澤在其所著《管子探源》中，已有極詳盡之論證，這裏不必再贅。本書則往往以鹽鐵並稱。如《山國軌》云：「鹽鐵之筴足以立軌官」，又說：「鹽鐵撫軌」，卽其明證。至《海王篇》則謂之「官山海」。官卽管之假借。管就是今日經濟學上的所謂管制、獨占。山產鐵，海產鹽。故官山海，就是鹽鐵專賣。《海王篇》前半講「正鹽筴」，後半講「鐵官之數」，就是鹽鐵專賣政策的具體內容。此外《地數》、《輕重甲》、《輕重乙》等篇也都有專章講到鹽鐵專賣。而歷史上大規模實行鹽鐵專賣者實以漢武帝時爲最盛。本書所述，除《輕重乙》提出關於山鐵民營係對桑弘羊政策有所修正外，其餘則與漢武帝所行之法完全相同。至《地數篇》所云：「苟山之見榮者，謹封而爲禁，有動封山者，罪死而不赦。有犯令者，左足入，左足斷；右足入，右足斷。」則與孔僅、東郭咸陽所言「敢私鑄鐵器煑鹽者釱左趾，沒入其器物」，不僅制度相同，卽文字亦無大異了！

三、邊疆四裔及其特產之反映——《輕重甲》言吳、越產珠象，發、朝鮮產文皮毤服，禺氏產白璧，崑崙之虛產璆琳琅玕，而其地距中國皆爲八千里。《地數》、《揆度》、《輕重乙》等篇，則言「珠起於赤野之末光」，「玉起於禺氏之邊山」。或曰「禺氏之玉」，或曰「禺氏邊山之玉」，或曰「玉起於禺氏之旁山」，或又曰「玉起於牛氏之邊山」，其地距周皆爲七千八百里。這些也都是以漢武帝時代之疆土情况爲背景者。《輕重甲》一開首卽以「四夷不朝」爲談話之主題，便非漢武帝以前之任何帝王所能説出的口氣。而文中所列舉的四夷國名及其方位，亦唯漢武帝時代之疆域足以相當。所謂吴越，當然是指漢武帝時代的兩粤而言。赤野末光，地望未詳。但赤野或當作赤道之野講，其地必在南方，也是屬於兩粤的地方。所謂發、朝鮮，發就是北發，發與朝鮮連言，可能就是漢武帝時的穢貊朝鮮。所謂禺氏或牛氏，禺牛一音之轉，應該就是漢武帝時代的大月氏。至崑崙之虚，雖漢武帝時代無此國名，然《史記·大宛傳》云：「漢使窮河源，河源出于窴。其山多玉石，採來，天子按古圖書，名河源所出山曰崑崙云。」則所謂「崑崙之虚」者，似亦指今新疆之和闐及其以西的西域各國而言。崑崙之虚很重要。崑崙與出玉之河源於闐發生聯系，至漢武帝時始有之。王國維以月氏爲匈奴所敗，在漢文帝四年，而其西居大夏，則在武帝之初，因而斷定月氏既敗於匈奴以後，徙居大夏以前，其居必在且末于闐間。其説甚是。但因此遂疑本書爲漢文、景時所作，置武帝時始有之崑崙之虚及武帝以後的其他種種事實而不提，則未免有斷章取義、不從聯系看問題之誚了！

四、平牡馬賈的反映——《揆度篇》：「陰山之馬具駕者千乘，馬之平賈萬也。」案古無平馬價之説，漢武帝時始有之。《漢書·武紀》：「元狩五年，天下馬少，平牡馬匹二十萬。」又《景武昭宣元成功臣表》：「梁期侯當千，太始四年，坐賣馬一匹賈錢十五萬，過平，臧五百以上，免。」過平，是説超過了規定的價格。元狩五年平價爲二十萬。此言「十五萬過平」，可見元狩五年以後，太始四年以前，又有一次平馬價之舉，而其價則在十五萬以下。不論其價爲多少，但都是漢武帝時的事則可肯定。又陰山原屬匈奴。至漢武帝太初三年遣光禄勳徐自爲築五原塞外列城，西北至盧朐（見《漢書·武紀》），才正式收入中國版圖。此處説陰山之馬可以用平價收購，上文又言「陰山之礝碈」，可以做爲「海内玉幣」之一。在漢武帝以前是不可能的。

五、衡山王賜使其太子孝客江都人救赫陳喜作輣車鏃矢的事件之反映——《輕重戊》：「桓公問於管子曰：吾欲制衡山之術，爲之奈何？管子對曰：公其令人買衡山之械器而賣之。」案各書皆不言春秋戰國間有衡山國。衡山之名，最早見於《史記·秦始皇本紀》。其原文云：「始皇二十八年，乃西南渡淮水，之衡山、南郡，浮江，至湘山祠。……上自南郡、武關歸。」《正義》引《括地志》云：「衡山一名岣嶁山，在衡州湘潭縣西四十一里。始皇欲向衡山，卽西北過南郡，入武關，至咸陽。」若如此説，以衡山爲南岳之衡山，是始皇當日並未到達衡山了。但《史記》原文明明記載「之衡山」三字於「渡淮水」之後，與至「南郡，浮江，至湘山祠」之前。可知始皇當日在至南郡浮江至湘山祠之前，確已到達衡山，而其地則必在淮水與南郡之間。且南岳的衡山，在秦、漢時，尚未爲人所重視，故不在天下名山之内。《史記·封禪書》言秦漢關東名山凡五：卽石室（嵩山）、恒山、湘山（卽始皇所祠者，乃洞庭湖中的君山）、會稽、泰山是也。然則始皇所到之衡山，必非南岳之衡山甚明。考楚項羽封吴芮爲衡山王，都邾。《正義》引《括地志》云：「故邾城在黄州黄岡縣東南二十里。本春秋時邾國。」其地在秦當爲一郡，而項羽因之以爲國。此爲衡山國之初見。漢時，衡山復爲郡，屬淮南王黥布。文帝十六年，立淮南厲王子安陽侯勃爲衡山王。是爲衡山國之再見。景帝五年，吴楚七國反，吴楚使者至衡山，衡山王堅守無二心。及吳楚已破，衡山王入朝，上以爲貞信，勞苦之曰，南方卑濕，徙王於濟北以褒之。盧江王以邊越，數使使相交，徙爲衡山王，王江北。是爲衡山國之三見。武帝時，淮南王安、衡山王賜謀反。元狩元年，衡山王賜以反自殺。國除爲衡山郡。於是衡山國之名乃絶。又《史記·衡山王傳》稱「王使（太子）孝客救（《漢書》作「枚」）赫、陳喜作輣車鏃矢。」這裏所説的「輣車鏃矢」很有意義。這便是本書所指的「公其貴買衡山之械器而賣之」的械器。這些械器的製作方法和它的威力，我們今天已不能詳知。但衡山王既要謀反，則他所製造的輣車鏃矢，必是一種有名的武器，實無可疑。因此，衡山的械器，遂爲當時人所盛稱，因而也遂能反映到本書著者的腦海内。而這件事正出在漢武帝時代。那麽本書之成，決不得在漢武帝以前，這又是一個旁證了。

戊、屬於宣帝時代者——

一、長度制度的反映——《輕重甲》：「民無以與正籍者，予之長假；死而不葬者，予之長度。」從來注家，對「長度」一詞，提出了很多不同的解釋，但都是就字論字，與原有含義皆不相關。我在拙稿《管子輕重篇新詮》中辯之甚詳。實則「長度」一詞，乃漢代一種有關財政開支之專門術語。《漢書·楊惲傳》：「惲爲中郎將，罷山郎，移長度大司農以給財用。」應劭注：「長，久也，一歲之調度也。」顔師古曰：「言總計一歲所須財用及文書之調度而移大司農，以官錢供給之，更不取於郎也。」原來漢制：郎官初到，依例要先繳一筆費用，作爲該機關所需財用及文書之開支。楊惲爲中郎將後，革除了這個制度，另行造具預算，移文通知大司農撥款應用。這裏是説死而無錢安葬者，得由政府以所謂「長度」者予之，使其持向所在地官府支取官錢，作爲購備棺衾之用。考楊惲爲中郎將，據《漢書・百官公卿表》在宣帝地節四年（公元前六六）。至神爵元年（公元前六一）遷爲諸吏光禄勳止，共在職五年。這個制度的改革始於何年？今已無由詳知。但至宣帝派楊惲爲中郎將時，才在歷史上第一次出現，則是可以肯定的。

己、屬於王莽時代者——

一、居攝思想的反映——《輕重戊篇》：「桓公曰：『然則當世之王者何行而可？』管子對曰：『帝王之道備矣，不可加也。公其行義而已矣。』公曰：『其行義奈何？』管子對曰：『天子幼弱，諸侯亢强，聘享不上。公其弱强繼絶，率諸侯以起周室之祀。』公曰：『善』。」案齊桓公時，周天子雖弱，但無甚年幼者。桓公生於周莊王十二年，卒於襄王九年。莊王立十五年卒，子釐王立。釐王立三年，桓公始霸。釐王五年卒，子惠王立。惠王立二十五年卒，子襄王立。襄王有弟曰叔帶。襄王卽位時，叔帶與王争立，幾次逐王於外。賴晉文公納王而誅叔帶，大難始平。以上各王，有子有弟，皆非「幼主」可知。依照本書各篇所反映之歷史事實，已證實爲漢人作品。則此處所謂「天子幼弱」者，亦當於漢代帝王中求之。漢代共十三帝，幼主凡三。一爲昭帝劉弗陵，卽位時年僅八歲。二爲平帝劉衎，卽位時亦僅九歲。三爲孺子嬰，卽位時年才二歲。劉衎之時，無「諸侯亢强，聘享不上」之事。惟劉弗陵時，燕王旦與上官桀等有與霍光争奪權位之行爲。孺子嬰時，亦有安衆侯劉崇與其相張紹等百餘人起兵攻宛及東郡太守翟義立嚴鄉侯劉信爲天子，移檄郡國共起誅莽之舉。然劉弗陵時，劉徹有子甚多。天子雖云「幼弱」，但不得言「繼絶」。惟哀帝劉欣死後，確有「大統幾絶」情事。《漢書·王莽傳》云：

「哀帝崩，無子。太皇太后即日駕之未央宫，遣使馳召莽，拜莽爲大司馬，與議立嗣。莽白以安陽侯王舜爲車騎將軍，使迎中山王奉成帝後，是爲孝平皇帝。帝年九歲。太后臨朝稱制，委政於莽。」

同傳又云：張竦爲劉嘉作奏曰：「建平、元壽之間，大統幾絶，宗室幾棄。賴蒙陛下聖德，扶服振救，遮扞匡衛，國命復延。」又《平紀》云：「中山王即皇帝位，……帝年九歲。……大司馬莽秉政。……羣臣奏言大司馬莽功德比周公。」又《諸侯王表》云：「而本朝短世，國統三絶。師古曰：謂成、哀、平皆早崩，又無繼嗣。是故王莽知漢中外殫微，本末俱弱，亡所忌憚，生其姦心。因母后之權，假伊召之稱。顓作威福廟堂之上，不降階序而運天下。」可見此文内容，必係暗指王莽居攝而言，而且作者還有意識地把這件事叫做「行義」，他的立場，顯然是站在王莽一邊的。

二、黄虞思想的反映——《巨(筴)乘馬篇》云：「虞國得筴乘馬之數矣。」又云：「此有虞之筴乘馬也。」龐樹典以「虞國即虞叔之國。在春秋前虞國盛時，必有善法，爲管子所取法」。案此説無據。既曰「有虞」，則非春秋之虞可知。此虞國及有虞，蓋亦作者假託之詞，然亦實爲一定政治背景下之意識形態的反映。考《漢書·王莽傳》載：

「始建國元年，王莽曰：『惟王氏，虞帝之後也，出自帝嚳。』於是封媯昌爲始睦侯，奉虞帝後。」

「予前在攝時，始建郊宫，定祧廟，立社稷，……以著黄虞之烈焉。自黄帝至於濟南伯王，而祖世氏姓有五矣。黄帝二十五子，分賜厥姓十有二氏。虞帝之先受姓曰姚。其在陶唐曰嬀，在周曰陳，在齊曰田，在濟南曰王。予伏念皇祖考黄帝，皇始祖考虞帝，以宗祀於明堂，宜序於祖宗之親廟。……姚、嬀、陳、田、王氏凡五姓者，皆黄、虞苗裔，予之同族也。」

此外，傳中及《元后傳》，以「予之皇祖考黄帝，皇始祖考虞帝」作「家史」宣傳之處不一而足。由此可見黄、虞二帝與王莽是很有關係的。故班固云：「而莽晏然自以爲黄、虞復出也。」今觀本書，開宗明義第一章，就提出有虞爲所謂「筴乘馬之數」之創立者。《地數篇》則以黄帝爲「陶天下爲一家」之典型人物。在《揆度》、《國准》、《輕重戊》諸篇，或以黄帝與堯、舜並稱，或以黄帝、有虞並稱，皆與一般敍述古代帝王世系之以唐、虞並稱者不同。這無疑是受了王莽宣傳祖德之影響有以使然。而本書作者對於王莽的態度，也就不説自明了。

三、「實黄厮赤」思想的反映——《輕重己》：「以春日至始數四十六日，春盡而夏始。天子服黄而静處。」爲了這一個「黄」字，引起了很多學者們的争論。實則漢代尚赤，新莽尚黄。這裏雖僅一字之不同，然實爲兩個時代特徵之反映。漢興之初，因劉邦夜殺大蛇，自以爲蛇者白帝子，而殺之者赤帝子，故服色尚赤。其後，武帝太初改制，雖曾一度尚黄，但並不同時排赤。且自劉向父子倡爲漢得火德之説，於是服色尚赤，乃成定論。至於新莽，乃大倡其「實黄厮赤」之説。《漢書・王莽傳》云：

「梓童人哀章見莽居攝，即作銅匱爲兩檢，署其一曰『天帝行璽金匱圖』，其一署曰『赤帝行璽某傳予黃帝金策。』……即日昏時衣黃衣持匱至高廟以付僕射。戊辰，莽至高廟拜受金匱神壇，下書曰：『赤帝漢世高皇帝之靈，承天命傳國金策之書，予甚祗畏，敢不欽受。以戊辰直定御王冠，即真天子位。定有天下之號曰新。其改正朔，易服色，以十二月朔癸丑爲建國元年正月之朔，以雞鳴爲時，服色配德上黃，犧牲應正用白。使節之旄旛皆純黃，其署曰新使五威節，以承皇天上帝威命也。』」

莽又曰：

「予前在大麓，至於攝假。深惟漢氏三七之阨，赤德氣盡。思索廣求所以輔劉延期之術，靡所不用。……赤世計盡，終不可強濟。皇天明威，黃德當興。隆顯大命，屬予以天下。」

莽又下書曰：

「寶黃廝赤，其令郎從官衣絳。」

服虔注云：「以黃爲寶，自用其行氣也。廝赤，廝役賤者皆衣赤，賤僕行也。」試以此與本篇互相對照，本篇春始天子服青而絻(冕)青。夏始天子服黃而靜處。秋至天子服白而絻白。冬始天子服黑絻黑而靜處。冬至天子服黑而絻黑。有青、黃、白、黑四色而獨無赤色。《呂氏春秋》、《月令》及《淮南子·時則篇》，三夏皆尚赤，本篇則代之以黃。這是具體史實之反映，決不是偶然的。

四、京師郡國民歌舞祠西王母之反映——《輕重己》：「以春日至始數九十二日，謂之夏至而麥熟。……皆齊大材，出祭王母。天子之所以主始而忌諱也。」張佩綸謂「『皆齊』爲句，『大材』當作『大牲』。父之妣曰『王母』」。案如王母爲父之妣，豈有對父之妣不在家廟舉行祭祀而出祭於外之理？此當作「皆齊大材」爲句。「齊」與「齎」通，持也。材卽木材。大材，指木材之大者而言。此文似亦爲漢末民間祠祭西王母一事之反映。《漢書・五行志》云：

「漢哀帝建平四年（前三）正月，民驚走，持藁或棷一枚，傳相付與，曰『行詔籌』。道中相過逢，多至千數。或被髮徒踐，或夜折關，或踰牆入，或乘車騎奔馳，以置驛傳行。經歷郡國二十六，至京師。其夏，京師郡國民聚會里巷仟佰，設祭，張博具，歌舞，祠西王母。又傳書曰：『母告百姓：佩此書者不死。不信我言，視門樞下當有白髮。』至秋止。」

棷，音鄒〔zōu〕，《説文》：「木薪曰棷」。仟佰卽阡陌。此文所言「皆齎大材」，就是《五行志》「民持棷一枚」的意思。所言「出祭王母」，就是《五行志》「京師郡國民聚會里巷仟佰，設祭……歌舞祠西王母」的意思。又此文列「出祭王母」於夏至，《五行志》「京師郡國民祠西王母」也在夏季。如此相合，決不能説是偶然的。又《五行志》於敍述此事之後，隨卽引用杜鄴之言，認爲是哀帝外家丁傅之應。但最後又説：「一曰，丁傅所亂者小，此異乃王太后王莽之應云。」觀《漢書・元后傳》王莽下詔云：

「予伏念皇天命予爲子，更命太皇太后爲新室文母太皇太后，協於新故交代之際，信於漢氏哀帝之代。世傳行詔籌爲西王母共具之祥。當爲歷代母，昭然著明。」

事在始建國元年（公元九）。然則「祠西王母」爲「元后王莽之應」，王莽亦自承之了。

五、祀四望之反映——《輕重己篇》有「號曰祭日」，「號曰祭星」，「號曰祭月」，「號曰發繇」四語。案

「發繇」二字無義。張佩綸以「發繇」當爲「祭海」之誤。本文上言「祭日」「祭星」「祭月」，則此句「祭海」實屬大有可能。如果這樣，則此事又與王莽有關。《漢書·郊祀志》載：

「平帝元始五年（公元五），大司馬王莽奏言宜如建始成帝年號，前三二——前二九時，丞相衡等議復長安南北郊如故。莽又頗改其祭祀，曰：『周官天地之祀，樂有別有合。其合樂曰以六律六鍾五聲八音六舞大合樂祀天神，祭地祇，祀四望，祭山川，享先妣先祖。凡六樂奏六歌而天地神祇之物皆至。四望，蓋謂日、月、星、海也。三光高而不可得親，海廣大無限界，故其樂同。』」

據此，則以日、月、星、海爲四望，雖最早見於《周禮·大宗伯》，但其具體列入祭祀之中，則至王莽頗改郊祭之禮始有之。本文上言「夏始服黃」，又言「出祭王母」，既皆王莽時事之反映，則此以「日、月、星、海」爲四望而分別祭之，亦爲王莽時事之反映，就不是什麼牽强附會之談了。

六、五均賒貸制度的反映——《國蓄篇》：「凡輕重之大利，以重射輕，以賤泄平，萬物之滿虛，隨財准平而不變，衡絶則重見。人君知其然，故守之以准平。使萬室之都，必有萬鍾之藏，藏繦千萬；使千室之都，必有千鍾之藏，藏繦百萬。春以奉耕，夏以奉芸，耒耜械器，鍾（種）饟糧食，畢取贍於君。故大賈蓄家不得豪奪吾民矣。然則（者）何？君養其本謹也。春賦以斂繒帛，夏貸以收秋實。是故民無廢事，而國無失利也。」案此節所論，與王莽之五均賒貸制度，内容完全相同。《漢書·食貨志》云：

「莽乃下詔曰：『夫《周禮》有賒貸，《樂語》有五均，傳記各有斡焉。今開賒貸、張五均、設諸斡者，所以齊衆庶，抑並兼也。』遂於長安及五都立五均官。更名長安東西市令及洛陽、邯鄲、臨淄、宛、成都市長皆爲五均司市，稱師；東市稱京，西市稱畿，洛陽稱中。餘四都各用東西南北爲稱。皆置交易丞五人，錢府丞一人。工商能採金、銅、連、錫，登龜取貝者，皆自占，司市錢府順時氣而取之。……諸取衆物鳥獸魚鱉百蟲於山林水澤及畜牧者，嬪婦桑蠶織紝紡績補縫，工匠醫巫卜祝及它方技商販賈人，坐肆列里區謁舍，皆各自占所爲於其在所之縣官。除其本，計其利，十一分之，而以其一爲貢。……諸司市常以四時中月，實定所掌爲物上中下之賈，各自用爲其市平，毋拘他所。衆民買賣五穀布帛絲綿之物，周於民用而不售者，均官有以考驗厥實，用其本賈取之，毋令折錢。萬物昂貴過平一錢，則以平賈賣與民。其賈氐賤減平者，聽民自相與市，以防貴庾者。民欲祭祀喪紀而無用者，錢府以所入工商之貢但賒之。祭祀毋過旬日，喪紀毋過三月。民或乏絕，欲貸以治產業者，均授之。除其費，計所得受息，毋過歲什一。」

考漢代言財政經濟者，桑弘羊言鹽鐵均輸酒榷，不言五穀，賈誼、晁錯、耿壽昌言五穀及常平倉，不言藏穀之外又須藏錢。又從賈誼、晁錯、桑弘羊到耿壽昌，均不言賒貸。其以五均六斡賒貸並行者，實始於王莽。今本書對於西漢一代所施行之各種財政經濟政策，除酒榷一事外，其餘幾於無一不談。如所謂「守之以准平」，就是王莽「市平」的意思。所謂「萬室之都必有萬鍾之藏，藏繦千萬」云云，就是王莽於「長安及五都立五均官」的意思。所謂「春以奉耕，夏以奉芸，耒耜械器種饟糧食，畢取贍於君。春賦以斂繒帛，夏賦以收秋實」，就是王莽「民或乏絕，欲貸以治產業者均授之。除其本，計所得受息，毋過歲什一」的意思。其它如《乘馬數》之「布織財物皆立其貲」，《山國軌》之「女貢織帛苟合於國奉者，皆置而券之」，《山至數》之「皮革筋角羽毛竹箭，器械財物，苟合於國器君用者，皆有矩券於上」，則都是王莽所謂「工商牧畜嬪妊皆自占所爲於其在所之縣官」的反映。《山權數》之獎勵農業、牧畜、森林、園藝、醫藥、曆數、蠶桑等七科，「官(管)五技」與「能皆已官，得失之數萬物之終始，君皆已官之矣」，則都是王莽所謂「工匠醫巫卜祝及它方技商販賈人坐肆列里區謁舍，皆各自占所爲於其在所之縣官」的反映。《輕重丁》之「孟春……謹守泉金之謝物，且爲之舉。大夏……謹守泉(帛)布之謝物，且爲之舉」云云，則都是王莽所謂「令市官收賤賣貴」(《漢書·王莽傳》)及「衆民買賣五穀布帛絲綿之物周於民用而不售者，均官有以考驗厥實，用其本賈取之，毋令折錢。萬物昂貴過平一錢，則以平賈賣與民，以防貴庾者」的反映。諸如此類的例子，本書中隨處皆是，這裏就不一一列舉了。

七、其它王莽時代諸特有名詞及術語之反映——本書中所見名詞及術語，大抵都是漢人口氣。這樣的例子，除在上面各條中已經提出來的不計外，幾乎到處皆是。如「一切」、「章」、「若干」、「籠」、「不相中」、「壤削」、「水斷壤絶」、「府官」、「假」、「揆度」、「請」、「決」、「兵決」、「折券」、「至數」、「作業」、「功臣世家」、「官(管)山海」、「纖微」、「莊山之金」、「巧幣」、「山」、「軌」、「通施」、「相睹」、「鼓」、「大男、大女」、「子大夫」、「養視」、「倍稱」、「所」、「陰山」、「崑崙」、「覵於周室」、「肥」(俷)、「壤列」(地列)、「百倍」、「衡山國」、「旅壤而封」(列地而封)、「決塞」、「輕車」、「輂」、「僦」、「庸」、「市庸」、「天財」、「國基」、「乘天威」……等等，這些或則是漢代以前所從未見過的，或者雖然見過而在漢代仍極流行。這裏只就王莽時代所特有的一些名詞和術語，列舉數例如左：

（一）金之平賈萬——《揆度篇》有「馬之平賈萬也，金之平賈萬也」語。馬有平價，是漢武帝時事的反映，上已言之。金有平價，則是王莽時事的反映。《漢書・食貨志》云：「莽卽真……黄金一斤，直錢一萬」。事在始建國二年（公元一〇）。

（二）通貨——《輕重乙》：「黄金刀布者，民之通貨也。先王善制其通貨以御其司命。」案「通貨」《國蓄篇》作「通施」，《鹽鐵論・錯幣篇》也作「通施」。證明在漢昭帝始元六年（前八一）召開鹽鐵會議時，還没有「通貨」之名。這裏獨作「通貨」，顯與王莽改制有關。《漢書・食貨志》：「莽卽真，以爲書『劉』字有金刀，乃罷錯刀、契刀及五銖錢，而更作金銀龜貝錢布之品，名曰寶貨。……是爲錢貨六品，……銀貨二品，……龜貨五品，……布貨十品。凡寶貨五物六名二十八品。」是其證。

（三）菁茅——《輕重丁》：「江淮之間有一茅而三脊，毋（貫）至其本，名之曰菁茅。請天子之吏環而守之。夫天子則封於泰山，禪於梁父。號令天下諸侯曰：『諸從天子封于泰山、禪於梁父者，必抱菁茅一束以爲禪藉。不如令者不得從。』……菁茅之謀也。」案歷史上封禪泰山者，只有秦始皇和漢武帝兩人。（《地數篇》和《史記・封禪書》、《管子・封禪篇》都説封禪之王七十二家，不足信。）秦始皇封禪，席用苴稭。至漢武帝封禪，始用江淮間一茅三脊爲禪藉，然尚無「菁茅」之名。其以「菁茅」二字連用而認爲一物者，實始於王莽。《漢書・王莽傳》：「始建國四年（公元一二）六月，更授諸侯茅土於明堂」，曰：「陳菁茅五色之土。……」顔師古注云：「《尚書・禹貢》：『苞匭菁茅』。儒者以爲菁，菜名也；茅，三脊茅也。而莽以『菁茅』爲一物，則是謂善茅爲菁茅也。」可見「菁茅」一詞，乃是王莽所特創，顔師古也早就知道了。

(四)月價——《山至數篇》：「馮會龍夏牛馬犧牲月賈十倍異日。」案「月賈」一詞，於古無聞。王莽始建國二年(公元一〇)，設立王均官，令「諸司事當以四時中月實定所掌爲物上中下之賈，各自用爲其市平，毋拘他所」，才有所謂「四時中月上中下之賈」，也就是所謂「月賈」的出現，在此以前是没有的。

(五)省——《揆度篇》：「善正商任者，省有肆。」省者，指宫禁或官府而言。《漢書·昭紀》：「共養省中。」伏儼曰：「蔡邕云：『本爲禁中，門閤有禁，非侍御臣不得妄入。行道豹尾中亦爲禁中。孝元皇后父名禁，避之，故曰省中。』」這裏應該注意下列二點：

其一、蔡邕是東漢時人。他對漢朝的歷史和制度，應該比後人了解得更清楚。

其二、「省」字始見於昭紀，不一定就是昭帝時所避改。避改的原因必和元后有關。以此我認爲這也是王莽時代的意識形態的表現。因爲元后是王莽的親姑，王莽的得以篡漢，完全是依靠元后的提拔和支持。王莽在未篡漢以前，對於元后的逢迎是無所不至其極的。爲了取得她的歡心，替她的父親避諱，表示尊敬，是很合乎情理的。所以王莽居攝時，所居廬就叫做「攝省」(見《漢書·王莽傳》)，也是一個旁證。

(六)江陽之珠——《山至數篇》：「江陽之珠一筴也。」《揆度篇》也有「江陽之珠一筴也」語。但同篇首則曰「堯、舜之王，北用禺氏之玉，南貴江漢之珠」。可見江陽之珠，就是江漢之珠。案江陽有二：一爲漢之江陽，犍爲郡屬縣，卽今四川省瀘州市。(《史記·惠景閒侯者年表》有「江陽侯蘇嘉」，索隱云：

「縣名，在東海。」又《漢書・王子侯表》「元鳳六年封城陽慧王子仁爲江陽侯」，自注亦言在東海。但《漢志》東海郡無江陽縣，《水經・江水注》則列蘇嘉所封國於犍爲之江陽。證明「漢表」自注之誤，酈道元早已知之。）該處從古未聞有産珠之説。二爲王莽之江陽。據《漢書・地理志》，就是漢江夏郡西陵縣。原文云：「江夏郡，西陵有雲夢官。莽曰江陽。」西陵故城在今湖北省黄岡縣西北。雲夢官者，管理雲夢澤之官。雲夢有二澤，分跨今湖北省境大江南北，江南爲夢，江北爲雲。面積八九百平方里。澤中物産豐富，故漢時除西陵縣有雲夢官外，在南郡編縣（今湖北省荆門縣西）也有雲夢官一處。秦、漢之際，江、漢一帶産珠，各書記之者不一。《吕氏春秋・重己篇》：「人不愛崑山之玉，江漢之珠。」又《貴生篇》云：「以隨侯之珠，彈千仞之雀。」又《淮南子・説山篇》也有「不愛江漢之珠」語。隨即今湖北省隨縣，在漢水中游。然則江、漢之間，古固嘗産珠了。今本書《山至數》及《揆度篇》，兩言「江陽之珠」，又言「江漢之珠」，可見所謂江陽一定是指王莽改西陵爲江陽之江陽，而非犍爲郡之江陽了。

（七）王邑——《輕重戊》：「令左司馬伯公將白徒而鑄錢於莊山，令中大夫王邑載錢二千萬求生鹿於楚。」伯公是什麽人，我們且不去管他。但這裏突然出現了一個「王邑」的名字。如果把這件事和上面所述各節及「左司馬」與「中大夫」皆王莽所立官名（見《漢書・王莽傳》）聯系起來看，那麽這個王邑，也很有可能與王莽時先爲大司空，後爲大司馬、大長秋的王邑有關。當然，這種聯系，只是著者隨手拈來，並無任何内在因素，和書中其它各篇中的「泰奢」、「佚田」、「梁聚」、「請士」、「特」、「伯高」、「曲逆」、「女華」、「癸巳」、「癸度」與本篇下文的「王師北」，性質蓋完全相同。

四、兩個最後堡壘的突破

上面列舉了許多證據，但文章還不能到此爲止。這裏，還有兩個最後堡壘必須突破，否則本書的著作年代問題還是得不到徹底的解決。第一個堡壘便是司馬遷的《史記》。在《史記·管晏列傳》中，有「吾讀管氏《牧民》、《山高》、《乘馬》、《輕重》、《九府》，詳哉其言之也」一語，好像《管子·輕重》一書，司馬遷也曾讀過。第二個堡壘，便是桓寬整理的鹽鐵會議的紀録——《鹽鐵論》。書中有不少文字和本書相雷同，甚至有些地方還有「管子曰」三字，很容易使人相信是由出席鹽鐵會議的雙方代表分别從本書中引用來的。這樣，就在人們的意識中，造成一種假象，好像本書的寫成，不得在《史記》和《鹽鐵論》之後而應該在其以前。這個問題，如果孤立地來討論，是不容易得到令人信服的結論的。毛主席教導説：

「世界上的事情是複雜的，是由各方面的因素決定的。看問題要從各方面去看，不能只從單方面看。」

這是説要從事物的聯系和發展上來看問題。我之所以把這兩個堡壘放在最後來解決，其理由就在於此。

現在，先從第一個堡壘——《史記》説起。

關於此點，應該從兩方面來分析。一方面看司馬遷是否讀過《管子·輕重》這部書？又一方面則要看兩書中在幾個重要問題上的態度和它們之間的相互關係。根據我個人研究的結果，不僅司馬遷看不到本書，而且本書中有許多理論和實例，還是從司馬遷的《史記》裏批判繼承和發展而來。關於前者，我有下列幾條證據：

第一、《管子》書中根本没有《山高》和《九府》的篇名。《史記集解》引劉向《别録》云：「《九府》書民間無有，《山高》一名《形勢》。」這話也不可靠。因爲這樣還是承認劉向得見本書的説法。實則《管子·輕重》列在《管子解》之後。《管子》而有解，足證其書已在《管子》書之後。今《管子輕重》又在《管子解》之後，其爲劉向以後人所附加甚明。據劉向自敍言《管子》書八十六篇，但今日按照他所列擧的數字重新計算，則其式爲：

《中管子書》389 篇＋《卜圭書》27 篇＋《臣富參書》41 篇＋《射聲校尉立書》11 篇＋《太史書》96 篇－484 篇＝564 篇－484 篇＝80 篇

顯係後人附加本書於《管子》書時，把原有的數目字也弄亂了。劉向且不得見本書，司馬遷在劉向以前，如何能看得見？

第二、《史記》對於古代財政經濟學家，凡是有理論及重要事實者，總是盡可能地加以扼要的引用和敍述。例如對范蠡、計然及白圭的學説，都把它的内容恰如其分地節録保存了下來。甚至那些所謂「當世千里之中賢人所以富者」的大商富賈代表人物，所有「無財作力，少有斗智，既饒争時」的種種活動方式及其生活習慣和工作作風，都無不描繪得惟妙惟肖。獨對於曾自稱爲「詳哉其言之也」的《管氏輕重九府》，則僅有下列的極其簡單而又含糊的記載：

「桓公既得管仲，設輕重魚鹽之利。」（《史記·齊太公世家》）

「管仲既任政相齊……貴輕重，愼權衡。」（同上書《管晏列傳》）

「管子……設輕重九府。」（同上書《貨殖列傳》）

「齊桓公用管仲之謀，通輕重之權。」（同上書《平準書》）

至於甚麽是「輕重」？甚麽是「通輕重之權」？它的「詳哉其言之也」，「詳」在哪裏？則一句話也没有提到。這除了説明司馬遷没有見到本書之外，是無法加以解釋的。

第三、《史記》自寫成到今天，已經過很多人次的竄改和增添。如《賈誼傳》云：「而賈嘉最好學，與余通書。至孝昭時，列爲九卿。」孝昭乃昭帝劉弗陵死後謚名，司馬遷如何能預知他的死後事？又《伯夷列傳》「太史公曰余登箕山」下《索隱》云：「蓋楊惲、東方朔見其文稱『余』而加『太史公曰』也。」楊惲、東方朔既能有所增加，後人當然也同樣可以增加的。

關於後者，我認爲不僅司馬遷没有機會抄襲本書，正與此相反，司馬遷的《史記》，倒是本書寫成的主要根據。除我們在中篇卽將闡明的《管子·輕重》的書名就是從《史記》中竊取而來一點外，這裏特以下列三篇作爲典型加以説明。

（一）本書與《史記·太史公自序》的關係——《太史公自序》中轉載了他的父親司馬談《論六家要旨》的全文。該文在論墨家學説時，對墨家思想，大部分是否定的。但對於它的「彊本節用」的主張，則完全採取肯定的態度。一則曰：「然其彊本節用，不可廢也。」再則曰：「要曰彊本節用。則人給家足之道也。此墨子之所長，雖百家弗能廢也。」把問題提到既是「不可廢」，又是「雖百家弗能廢」的重要地位。而本書著者則從他的輕重理論出發，認爲所謂「彊本節用」，不僅「不足以爲存」，而且與此相反，還可以助長人民的苟且偷安的心理，甚至和晉國的范氏原文作「紀氏」，誤。此依《鹽鐵論》校改。一樣，弄得「國亡而身無所處」（《輕重乙》）。本來，戰國時的荀子在其所著《天論》中也説過「彊本而節用，則天不能貧」的話。但這裏有一個「存」字，很值得注意，「存」與「廢」互爲對文。這明明是針對司馬談的話而提出的。一個説彊本節用這種學説「不可廢」，「雖百家弗能廢」；一個説按照這種學説去治理國家，只能助長人們的苟且偷安的「益愈」的心理，却並不能使這個國家永存而免于滅亡。這就很明顯地告訴我們，他不是在批判荀子，而是在批判《史記·自序》的了。

（二）本書與《史記·貨殖列傳》的關係——《貨殖傳》是司馬遷爲了反對漢武帝和桑弘羊所施行的官營工商業政策而寫的一篇專門論文。他和董仲舒主張「鹽鐵皆歸於民」一樣，一方面爲漢武帝的政治路線所打擊的主要對象——富商大賈，即所謂「當世千里之中賢人所以富者」的「賢人」樹碑立傳，另一方面又從正面發揮了他自己的經濟理論。而本書著者對於前者，完全採取反對態度，認爲富商大賈都是輕重之筴的主要打擊對象。這樣的例子，書中到處都是，無須一一列舉。對於後者，雖不是全盤否定，但也不是全盤肯定，而是有所吸收改造，有所批判發展的。

説本書對《貨殖傳》有所吸收改造，首先就表現在它對《貨殖傳》所歌頌的富商大賈雖然採取完全反對態度，但對於這些人的所謂「治生」之術，則無不盡量吸收，加以改造，使其由爲個人服務轉變爲爲封建統治者服務。它除了我們在下面即將説明的對計然學説的繼承發展外，對陶朱公的「擇人而任時」，子貢的「廢著鬻財於曹魯之間」，白圭的「樂觀時變」，「人棄我取，人取我予」及「趨時若鷙鳥之發」，猗頓的「用盬鹽起」，邯鄲郭縱的「以鐵冶成業」，烏氏倮的以畜牧求奇繒物，與戎王交易什倍的馬牛，乃至蜀卓氏、程鄭氏、宛孔氏、曹邴氏等的以冶鑄起家，刁間、師史或用「桀黠奴」「逐魚鹽商賈之利」，或用「學事富家」的「貧人」「轉轂以百數」「賈郡國無所不至」，宣曲任氏的窖藏倉粟，橋姚的從事牧畜，無鹽氏的貸放子錢等等，幾乎毫無遺漏地反映在它的各篇之中。所不同者，只不過是把個人私營，改造成爲封建國家的官營罷了。

說本書對《貨殖傳》有所吸收改造，還表現在全書各篇所假託之國名，大多數和《貨殖傳》相雷同。統計《管子·輕重篇》所假託的國名，共有虞、夏、殷、周、齊、晉、孤竹、離枝、城陽、濟陰、秦、楚、燕、梁、趙、宋、衛、濮陽、越、吳、發、朝鮮、禺氏、范氏、萊、莒、滕、魯、代、衡山等三十國。其中吳、楚、魯、衡山、齊、城陽、燕、趙、梁、濟陰、代等十一國，見於《史記·景紀》及《漢興以來諸侯年表》，夏、商、周、齊、魯、楚、越、燕、趙、代、衛、秦、梁、莒、城陽十四國見於《史記·儒林傳》，滕國見於《史記·惠景間諸侯年表》，發（即北發）、朝鮮、越見於《史記·平準書》、《朝鮮傳》及《南越傳》。又除萊、莒、滕、范氏、離枝、孤竹，禺氏、城陽、濟陰等九國分別見於《史記》其它各篇外，其餘二十一國，則皆見於《貨殖傳》中。僅《輕重戊》一篇所列虞、夏、殷、周、齊、楚、魯、梁、萊、莒、代、衡山、燕、秦、趙共十五國中，就有夏、殷、周、齊、魯、梁、楚、代、燕、趙、莒、秦十二國與《史記·儒林傳》相同，魯、梁、楚、代、衡山、燕、齊、趙八國與《史記·景紀》及《漢興以來諸侯年表》相同，虞、夏、殷、周、齊、秦、魯、梁、楚、代、衡山、燕、趙十三國與《貨殖傳》相同。而且《貨殖傳》不言「韓、魏」，本書各篇也不言「韓、魏」。《貨殖傳》以「梁魯」連言，本書《輕重戊》亦以「魯梁」連言；《貨殖傳》以「燕代」連言，《輕重戊》亦以「燕代」連言。特別是《貨殖傳》講古代史，是以唐、虞、夏、殷、周爲五代的，而本書《國准》及《輕重戊》兩篇則皆以黄帝代唐。這是王莽黄虞思想的反映。而兩書的孰先孰後也就不證自明了。

説本書對《貨殖傳》有所吸收改造，也表現在它與《貨殖傳》同一引用古書，而其目的則大相歧異一點上。「巧者有餘，拙者不足」這兩句話，本是《管子・形勢篇》首先提出來的。本書《地數篇》和《貨殖傳》也都引用了。在《國蓄篇》還引申爲「智者有什倍人之功，愚者有不賡本之事」。證明它對這一社會事實，是認識的。但其引用的目的，在《地數篇》中，不是指的個人，而是指的封建統治者。所以下文就説「封禪之君七十二家，得失之數，皆在此内」。在《國蓄篇》則一反司馬遷的「凡編户之民，富相什，則卑下之；百，則畏憚之；千，則役；萬，則僕；物之理也」和「故善者因之，……最下者與之争」的自由放任主義，而採取堅決的干涉主義。並且由此得出民之所以有「相百倍之生」，完全不是什麽「物之理」，而是「人君不能調」，「不能散積聚，均羨不足，分並財利而調民事」的必然結果。與此相同，它和《貨殖傳》也都引用過《管子・牧民篇》的「倉廩實而知禮節，衣食足而知榮辱」這兩句話。但《貨殖傳》的引用，是用來説明司馬遷的「人富而仁義附焉」的崇富思想的。而本書的引用，則與此完全不同。在《事語篇》引用這話，是指國家的備戰備荒而言，是做爲「無委致圍，城肥致衡」的理論根據的。而在《輕重甲篇》，則認爲「實」者和「足」者如果是指個人，那麽，「民富則不可以禄使」（《國蓄》），「民富則不如貧」（《山權數》)，人君就不應該提倡，而且還要採取與此相反的「散積聚，調高下，分并財」的政策，加以限制。否則國家雖然「强本趣耕，發草立幣而無止」，還是不能避免「民猶若不足」的不良後果的。

說本書對《貨殖傳》有所吸收改造，還表現在它對「三歸」一詞提出了獨樹一幟的新解釋上。「管氏有三歸」，本是《論語》最先記録的一個傳統説法。司馬遷在《貨殖傳》中，把這句話和與經濟有關的「富於列國之君」的話聯係起來。這比那些以「娶三姓女」(何晏説)、「築三臺」(朱熹説)或地名(見《晏子春秋内篇》)來解釋「三歸」的要合理得多。但究竟甚麼是「三歸」？爲什麼有了「三歸」，就可以「富於列國之君」？司馬遷並没有講清楚。到了本書才破天荒地獨樹一幟，把「三歸」直截了當地説成是與掃除生産障礙有關的所謂「歸其三不歸」的政策(《輕重丁》、《輕重戊》)是一件事情。雖然它所提出的具體策略，如我們在下篇所指出，未免近於幼稚可笑，但對於《貨殖傳》來説，則不能不認爲是大大地提高了一步。

説本書對《貨殖傳》有所批判發展，只需舉出下列兩點，就足以充分證明：

其一、對於「貧富之道，莫之奪予」論的針鋒相對的批判。——這一點，我們將在下篇專章詳加説明，這裏暫不先贅。

其二、對於計然貴賤論的演繹和發展——本書最津津樂道的一條基本經濟規律，即《國蓄篇》所謂「物多則賤，寡則貴，散則輕，聚則重」的供求規律，也是從《貨殖傳》所記録的計然的貴賤論演繹發展而來。計然説：

「論其有餘不足，則知貴賤。貴上極則反賤，賤下極則反貴。貴出如糞土，賤取如珠玉。」

這是說一切貨物之價格，由貨物數量與貨幣數量之比例決定之。貨物數量或貨幣數量發生重大變化，一切貨物價格卽有漲跌。就是說貨物量增加，價格下落；貨幣量增加，價格騰貴。反之，貨物量減少，價格騰貴；貨幣量減少，價格下落。這是第一點。但當貨物騰貴時，人們看見經營此一貨物之企業得利獨厚，故羣起向這一企業投資，而賣者間的競争以起。賣者既多，社會上需要此一貨物者並不因之增加，其價格必下跌。反之，由於價格下跌，經營者見無利可圖，又不得不紛紛改業，於是賣者既少，而社會上之需要則仍舊未變。因此，又產生供不應求的現象，其價格又必因之上漲。所謂「貴上極則反賤，賤下極則反貴」的意義就是如此。這是第二點。以上是說明貨物價格貴賤的原因。從事商業之人了解了這個原因，便可以想出應付的方法。最好的方法，就是要把眼光放亮些，手段放靈活些，時時刻刻觀察市場情況。看到物價上漲到了一定程度時，就應該馬上出售，把它看成糞土一樣，不要愛惜。看到物價下落到一定程度時，就應該馬上買進，把它看成珠玉一樣寶貴，不要錯過機會。這是第三點。但計然還只發明了這個規律的一半，還只是就市場中物價漲落的自然現象加以利用。他還没有意識到用人工製造物價貴賤的道理。到了本書，則從「物多則賤，寡則貴」的自然規律，又進一步演繹發展出一個「散則輕，聚則重」的掌握自然規律的人爲規律來，作爲實施輕重政策的根據。所謂「散則輕，聚則重」者，蓋謂一切貨物之價格，雖是由貨物數量與貨幣數量之比例來決定，但事實上影響一切貨物價格者，並不是全國所有之貨物量與貨幣量，而只是出現於市場中之貨物量與流通於市場中之貨幣量。至於儲藏不用之貨幣，對於一切貨物價格，則不發生任何影響。保存不售之貨物，對於一切貨物價格，也不發生任何影響。這樣，運用「物多則賤，寡則貴」的原理時，便不必將全國所有之貨物量與貨幣量，予以真正之增加或減少。但需以「散」「聚」之手段，實行「斂輕」「散重」，使流通於市場之貨幣量，或待售於市場之貨物量，依照客觀之需要而增加之或減少之，即可達到抬高或壓低物價的目的而有餘了。本書各篇所提出的種種控制物價的方案，除少數地方是利用自然規律外，其餘大多數則都是以人爲規律爲主。故曰：「衡無數也，衡者，使物一高一下，不得常固。」又曰：「衡數不可調，調則澄，澄則常，常則高下不貳，高下不貳，則萬物不可得而使固(用)，故曰衡無數。」這種先用人工製造物價的漲跌，然後進而利用之的方法，對於計然的「貴賤論」，顯然是一個發展。這和本書在流通理論方面，主張「行流」、「持流」、「奪流」、「守流」、「受流」、「摶流」、「戰流」，是對計然的「財幣欲其行如流水」的主張是一個發展，是一樣的。這是社會實踐的後來居上的必然結果。假使司馬遷果真見到本書，則他既能將計然的學說予以記録保存，爲什麽對於比計然更發展了的所謂「詳哉其言之也」的《輕重九府》學說，却隻字不提呢？

(三)本書與《史記·平準書》的關係——和上面所説的一樣，我認爲也是本書抄襲《平準書》。證據很多。除上面已敍述過的漢武帝修昆明池一條外，其餘如有關「官山海」及「鹽鐵專賣」問題(《海王》及《地數》)、三等幣制問題(《國蓄》、《地數》、《揆度》、《輕重己》)、馬政問題(《山國軌》、《地數》)，就全從《平準書》抄襲而來。此外《輕重甲》之「唯輕重之家爲能散之耳，請以令輕重之家」，則是對《平準書》「除故鹽鐵家富者爲吏」的模仿，《輕重丁》之「石璧謀」「菁茅謀」，則是對《平準書》「王侯宗室朝覲聘享必以皮幣薦璧然後得行」的模仿。《山國軌》之「官國軌」及「別羣軌」，則是對《平準書》「而桑弘羊爲大農丞，管諸會計事」的模仿。這裏，特別值得注意的，就是本書中所大力鼓吹的「無籍贍國論」。實完全本之於《平準書》而非其所自創。我們在上面就已論證過了。

其次，讓我們來談談第二個堡壘——《鹽鐵論》吧！

和《史記》一樣，本書的財政經濟乃至政治理論和文字，也有很多與《鹽鐵論》相雷同。過去的學者差不多都衆口一詞的說是《鹽鐵論》抄襲本書。但我個人的意見却不如此。統計本書與《鹽鐵論》相雷同之處，除上述三十個國名中的二十四個及各種漢人通用名詞及術語外，其最突出者，共有下列各段。茲列表如左：

《管子·輕重》與《鹽鐵論》同文一覽表

《鹽鐵論》	《管子·輕重》	備考
《力耕篇》	《山權數篇》	
大夫曰：「昔禹水湯旱，百姓匱乏，或相假以給衣食。禹以歷山之金，湯以嚴山之銅，鑄幣以贈其民，而天下稱仁。」文學曰：「故三年耕而餘一年之蓄，九年耕而有三年之蓄，此所以備水旱而安百姓也。」	管子對曰：「湯七年旱，禹五年水。湯以莊山之金鑄幣，而贖民之無䊪賣子者；禹以歷山之金鑄幣，而贖民之無䊪賣子者。故天權失，人地之權皆失也。故王者歲守十分之參，三年與少半成歲。三十一年而藏十。一年與少半藏三之一，不足以傷民，而農夫敬事力作。故天毀埊(歲)凶旱水泆，民無入於溝壑乞請者也。此守時以待天權之道也。」	

《力耕篇》	《力耕篇》	《禁耕篇》
大夫曰："今……汝漢之金，纖微之貢，所以誘外國而釣羌胡之寶也。"	文學曰："古者商通物而不豫，工致牢而不僞。"	文學曰："國富而教之以禮，則行道有讓，而工商不相豫。"

《國蓄篇》	《地數篇》	《揆度篇》	《輕重甲篇》	《輕重乙篇》	《山權數篇》
金起於汝漢之右洿……	夫楚有汝漢之金……	汝漢水之右衢黃金一筴也。	楚有汝漢之黃金。	金起於汝漢之右衢	管子對曰："物有豫，則君失策而民失生矣。故善爲天下者，操於二豫之外。"

《鹽鐵論》	《力耕篇》 文學曰：「昔桀女樂充宮室，文繡衣裳。故伊尹高逝遊薄，而女樂終廢其國。」	《力耕篇》 文學曰：「是以古者尚力務本而種樹繁，躬耕趣時而衣食足，雖累凶年而人不病也。故衣食者民之本，稼穡者民之務也。二者修，則國富而民安也。」 大夫曰：「聖賢治家非一室，富國非一道。昔管仲以權譎霸，而范氏以強大（本）亡。……故善爲國者，天下之下我高，天下之輕我重。以末易其本，以虛蕩其實。」	《通有篇》 大夫曰：「管子曰：『不飾宮室，則材木不可勝用。不充庖廚，則禽獸不損其壽。無味（末）利，則本業何出？無黼黻，則女工不施。』……」
《管子·輕重》	《輕重甲篇》 管子對曰：「昔者桀之時，女樂三萬人。端譟晨樂聞於三衢。是無不服文繡衣裳者。伊尹以薄之遊女工文繡纂組，一純得粟百鍾於桀之國。夫桀之國者，天子之國也。桀無天下憂，飾婦女鐘鼓之樂，故伊尹得其粟而奪之流。」	《輕重乙篇》 桓公曰：「彊本節用，可以爲存乎？」管子對曰：「可以爲益愈而未足以爲存也。昔者紀（范）氏之國，彊本節用者，其五穀豐滿而不能理也。四流而歸於天下。若是，則紀（范）氏其彊本節用，適足以使其民穀盡而不能理，爲天下虜。是以其國亡而身無所處。故可以爲益愈而不足以爲存。故善爲國者，天下下我高，天下輕我重，天下多我寡，然後可以朝天下。」	《事語篇》 桓公曰：「泰奢教我曰：『帷蓋不修，衣服不衆，則女事不泰，俎豆之禮不（必）致牲，諸侯大牢，大夫少牢。不若此，則六畜不育。非高其臺榭，美其宮室，則羣材不散。』」 管子對曰：「非數也。」
備考			

《錯幣篇》	《貧富篇》	《本議篇》	《園池篇》
大夫曰：「交幣通施，民事不及，物有所并也。計本量委，民有飢者，穀有所藏也。智者有百人之功，愚者有不更本之事。人君不調，民有相妨之富也。此其所以或儲百年之餘，或不厭糟糠也。民大富則不可以祿使也，大彊則不可以威罰也。非散聚均利者不齊。故人主積其食，守其用，制其有餘，調其不足，禁溢羨，厄利塗，然後百姓可家給人足也。」	大夫曰：「故分工若一，賢者能守之。分財若一，智者能籌之。」	文學曰：「今郡國有鹽鐵均輸酒榷，與民爭利，……願罷鹽鐵均輸酒榷。」	文學曰：「愚以爲非先帝之開苑囿池籞，可賦歸之於民。……」
《國蓄篇》	《國蓄篇》	《輕重乙篇》	
故人君挾其食，守其用，據有餘而制不足。……智者有什倍人之功，愚者有不賡本之事。然而人君不能調，故民有相百倍之生也。夫民富則不可以祿使也，貧則不可以罰威也。法令之不行，萬民之不治，貧富之不齊也。且君引錣量用，耕田發草，上得其數(穀)矣。民人所食，人有若干步畝之數矣。計本量委則足矣。然而民有飢餓不食者何也？穀有所藏也。人君鑄錢立幣，民庶之通施也，人有若干百千之數矣。然而人事不及，用不足者何也？利有所并也。然則人君非能散積聚，鈞羨不足，分并財利而調民事也。則君雖彊本趣耕而自爲鑄幣而無已，乃今使民下相役耳，惡能以爲大治乎？	分地若一，彊者能守。分財若一，智者能收。	桓公曰：「衡謂寡人曰：『請以令斷山木鼓山鐵，是可以無籍而用之。』」管子對曰：「不可。……故善者不如與民……」	

《鹽鐵論》	《管子·輕重》	備考
《能言篇》賢良曰:「罷利官,一歸之於民。」		
《相刺篇》文學曰:「商工市賈之利,未歸於民,民望未塞也。」		
《授時篇》大夫曰:「共其地居是世也,非有災害疾疫,獨以貧窮,非惰則奢也。無奇業旁入而猶以富給,非儉則力也。」	《揆度篇》管子曰:「君終歲行邑里,其人力同而宮室美者,良萌也,力作者也。」	
《周秦篇》御史曰:「一室之中,父兄之際,若身體相屬,一節動而知於心。故今自關內侯以下,比地於伍,居家相察,出入相司。父不教子,兄不教弟,舍是誰責乎?」文學曰:「法者緣人性而制,非設罪以陷人也。故春秋之治獄,論心定罪。志善而違於法者免,志惡而合於法者誅。……春秋曰:『子有罪執其父,臣有罪執其君,聽失之大者也。』今以子誅父,以弟誅兄,親戚小坐,什伍相連。若引根本之及華葉,傷小指之累四體也。如此,則以有罪誅及無罪,無罪	《山權數篇》管子對曰:「君道度法而已矣。人心禁繆而已矣。」桓公曰:「何謂度法?何謂禁繆?」管子對曰:「度法者量人力而舉功;禁繆者,非往而戒來。故禍不萌通而民無患咎。」桓公曰:「請問心禁。」管子對曰:「晉有臣不忠於其君,慮殺其主,謂之公過。諸公過之家,毋使得事君。此晉之過失也。齊之公過,坐立長差。『惡惡乎來刑,善善乎來榮。』戒也。此之謂國戒。」	

者寡矣。……自首匿相坐之法立，骨肉之恩廢而刑罪多。聞父母之於子，雖有罪猶匿之。豈不欲服罪爾？『子爲父隱，父爲子隱。』未聞父子之相坐也。聞『惡惡止其人』，疾始而誅首惡，未聞什伍之相坐。」

上表所列，只不過是舉其最顯著的幾條而已。實則兩書中互相雷同的地方，還可以舉出很多。但就是在這幾條中，也就可以看出來兩書間的關係是十分密切的了。這裏有幾點，爲我們所不可忽視的：

（一）《鹽鐵論》這部書，乃是我國歷史上最有名的一次封建統治者内部關於漢武帝一代「總論政治得失」（《漢書·田千秋傳》顔師古注）的大論戰的詳實記録。它討論的都是當代的現實問題。對於這些問題，雙方各持己見，營壘分明，有如冰炭之不相容。但從上表所列看來，本書與《鹽鐵論》相雷同者，屬於代表封建地主當權派之大夫（桑弘羊）及御史（桑弘羊屬吏）方面者共爲七條，屬於代表在野地主之賢良文學方面者共爲十條。而本書對於此等雷同之處，又可以分爲下列三種情況：

一種情況，即將兩派意見合而爲一，例如《山權數篇》「禹水湯旱」一節，在《鹽鐵論》中，乃大夫和文學兩方面争辯之詞。大夫方面只提到禹水湯旱，禹湯以金銅鑄幣贈民而止。至以三耕餘一，九耕餘三之原則，積蓄備災，則是文學方面的意見。今本書則將雙方意見合而爲一，並以之全屬於管子。如果是《鹽鐵論》抄襲本書，則在雙方辯論時，不可能把管子一個人説的話，分爲兩段，而各自引用其一段。而且以莊山之銅鑄幣，至漢文帝賜幸臣鄧通蜀嚴道銅山，得自鑄錢（見《史記·佞幸列傳·鄧通傳》）始有之。顯是本書作者把兩派之言合而爲一了。

又一種情況是全盤接受大夫方面的意見。如關於反對「彊本節用」，以貧富爲力不力之結果，「分土若一」云云，及《國蓄篇》對於《錯幣篇》之全文照抄等皆是。

最後也是最重要的一種情況，就是無條件地全盤接受了賢良文學方面的意見。

例一、「豫」字(除《輕重甲》「水豫」之「豫」及《國准》「王數不可豫致」之「豫」外)在《鹽鐵論》中凡二見，皆文學所提，意思是説誑價。此乃賢良文學艷稱之儒家政治理想的特用術語。《荀子·儒效篇》云：「孔子爲司寇，魯之粥牛馬者不豫賈。」又《史記·循吏傳》云：「子產爲相，一年……市不豫價。」本書對於「物有豫」和「工商相豫」(二豫)也是堅決反對的，與賢良文學主張完全相同。

例二、關於桀好女樂，戰國秦漢時人本有此傳説。《太平御覽》引《墨子》云：「桀女樂三萬人，晨譟聞於衢，服文綉衣裳。」又《管子·七臣七主篇》也有桀、紂「材女樂三千人」之語。但《七臣七主》下文又云：「遇周武王，遂爲周氏之禽。」是又以「女樂亡國」爲「商紂」之事。而且兩處都没有説到伊尹。《鹽鐵論》説到了伊尹，但又没有説到伊尹怎樣利用女樂把「桀之國」滅亡掉。到了本書，在文學所説的基礎上，用輕重理論來加以附會，這個故事，才算有了新的内容。

例三、關於《輕重乙篇》「不如與民」一節，本來是西漢前期自由主義與干涉主義兩種經濟思想斗争的一個重要内容。從漢武帝一開始舉辦鹽鐵官營，就曾引起了自由主義學派代表人物董仲舒的「請鹽鐵皆歸於民」(《漢書·食貨志》)和司馬遷的「故善者因之，其次利導之，其次教誨之，其次整齊之，最下者與之爭」，(《史記·貨殖列傳》)的「沮事之議」(《史記·平準書》)。到了徐偃，則更進一步僞造天子命令(矯制)，讓膠東、魯國公開鼓鑄鹽鐵(《漢書·終軍傳》)，有計劃地破壞中央集權的統一的財政經濟政策。在鹽鐵會議時，賢良文學不止一次地舊話重提，但桑弘羊却始終堅持並捍衛漢武帝的行之有效的干涉主義經濟政策，對賢良文學的意見，全力反對。本書則提出了和桑弘羊相反的主張，把採礦權和鑄造權(伐山木，鼓山鐵)都讓了出來，仍由民營，而採取君三民七的比例分配産品。這有兩個原因，一個是鑒於漢成帝陽朔三年(前二二)和永始三年(前一四)先後發生潁川鐵官亡徒申屠聖等百八十人及山陽鐵官亡徒蘇令等二百二十八人的大暴動(見《漢書·成紀》及《五行志》)的影響(所謂「發徒隸而作之，則逃亡而不守」)，另一個是本書作者素持「物之所生，不若其所聚」(見下篇)的理財原則，所以就採取了這樣的兩種經濟政策互相調和的政策。這不是什麽「與」與「不與」字面上的問題，而是兩個不同時代的不同思想的具體反映。也可以説是對桑弘羊的財政經濟政策的修正。據《漢書·貨殖傳》載，武帝時代司馬遷曾爲之樹碑立傳的那些大商富賈，如蜀卓、宛孔、齊之刁間，都由於「公擅山川銅鐵魚鹽市井之入，運其籌策，上争王者之利，下錮齊民之業，皆陷不軌之惡」以致衰亡，而繼之而起的，則爲成、哀、王莽時新出現的成都羅裒，雒陽張長叔、薛子仲，京師富人杜陵樊嘉、茂陵摯綱、平陵如氏苴氏，長安丹王君房，豉樊少翁，王孫大卿之流。或則「爲天下高訾」，或則「訾亦十千萬」，或則「五千萬」，「其餘亦皆鉅萬」。這些大概就是從董仲舒到賢良文學們所口口聲聲力争要「與民」的「民」。在鹽鐵會議時没有得逞的，到本書著者則自動地把它讓了出來了！

例四、最後，特別值得注意的，莫過於《山權數篇》「請問心禁」一段。本書各篇，基本上都是以財政經濟問題爲討論對象，獨此處忽然提出了一個法律問題。這明明是以《鹽鐵論》中御史與文學關於從商鞅變法以來就已創行的「連坐法」之争論爲背景。御史方面是效果論者，認爲「禮讓不足禁邪，而刑法可以止暴」（《詔聖篇》），故明君必須實行連坐法，才能「長制羣下而久守其國」（同上）。但文學方面，則堅持儒家的唯心主義的動機論，認爲斷斷不能實行。故其言曰：「故春秋之治獄，論心定罪。志善而違於法者免，志惡而合於法者誅。」（《刑德篇》）雙方争論，互不相下。而其所依據之理論武器，在御史方面則爲法家學派之商、吴、申、韓（見《刑德》、《申韓》等篇）；在文學方面則爲儒家學派之《春秋》（見《周秦篇》）。商鞅、吴起都是魏國人李悝的學生。申不害、韓非皆爲韓人。兩者同屬於三晉。《春秋》在漢初專指公羊，而《公羊春秋》之始創者公羊高和漢初傳《公羊春秋》之胡母生，則皆爲齊人（見《史記·儒林傳》）。由此，可以得出結論：其一，公羊之學始於漢景帝，盛於武帝。其後宣帝提倡穀梁，穀梁之學乃代之而興。但公羊學仍未因之廢棄。觀王莽居攝三年（公元八）羣臣奏言「《春秋》『善善及子孫』，黄帝之後宜有土地」，又天鳳五年莽曰「《春秋》之義，君親無將，將而誅焉」云云，則至王莽時，公羊學仍有法律效力，可以爲證。其二，公羊高雖爲戰國時人，但《公羊春秋》這部書，則至漢景帝時始由其玄孫公羊壽編寫成書（見徐彦疏引戴宏序）。以《春秋》治獄，雖始於董仲舒，而公羊學派與申韓學派發生面對面的直接争論，則在鹽鐵會議以前實無所聞。今本書著者用極其隱蔽而又簡練之手法，將《鹽鐵論》中雙方争論之中心問題，概括之爲對所謂「公過」問題處理態度之分歧。而對於争論之雙方代表人物，則概括之爲「齊」、「晉」兩派。故這裏所謂的「齊」、「晉」，既不是指春秋時代之齊國與晉國，也不是指戰國時代之齊國與晉國，而是指漢昭帝時代在鹽鐵會議上發生直接争論之公羊學派與申韓學派而言。而著者在這一點上，也完全是站在公羊學派一邊的。

例五、除了以上各條外，本書還提到《詩》《春秋》《易》等儒家經典，又不斷提到「仁義」（《山至數》三見，《揆度》二見，《國准》一見，《輕重丁》一見）、「禮義」（《山至數》一見，《輕重甲》一見）、「仁」（《山權數》二見）、「義」（《山權數》一見，《輕重戊》一見）、「慈孝」（《山權數》二見）、「孝子」（《山權數》二見），「禮節」（《輕重甲》）等儒家道德教條。本來，所謂「義」「利」之辨，乃先秦儒法思想斗争重要内容之一。孔丘講「克己復禮爲仁」，孟軻講「仁義」和「仁政」。《孟子》七篇，開頭就提出「王何必曰利？亦有仁義而已矣」。司馬遷在《史記·孟荀列傳》中，雖是孟、荀並列，但對孟軻此一主張，特別表示贊揚，證明他也是偏於孟軻這一邊的。在鹽鐵會議中，賢良文學開口仁義，閉口仁義，而桑弘羊，則在其一百一十四次發言中，没有一次講到「仁義」兩字。但到了本書，則把「仁義」「禮義」「禮節」「忠孝」等等，也從儒家那裏接收過來，作爲實現其所謂「但見予之形，不見奪之理」的重要剥削手段了。此種將儒法兩家思想調和在一起的做法，在漢武帝時就已經開始出現，到鹽鐵會議以後更是繼長增高。漢宣帝有所謂「漢家自有制度，本以霸王道雜之」（《漢書·元紀》）。特別在王莽時代，從利用儒家艷傳的周公居攝的故事作爲幌子，乘漢統三絶的機會奪取政權，至實施五均六筦、恢復分封制度、井田制度及奴隸制度等等，無一不以儒家經典如《周禮》《樂語》《論語》之類爲依據。班固所謂「莽每有所興造，必欲依古得經義」

（《漢書·食貨志》）。又説「莽意以爲制定則天下自平，故鋭思於地里，制禮作樂，講合六經之説」，「莽誦六藝以文姦言」（《漢書·王莽傳》），與此正同。然則本書之成，不得在《鹽鐵論》以前，此又其一旁證了。

（二）表中所列泰奢之數，在《鹽鐵論》中，乃大夫方面之主要經濟觀點。蓋大夫關於崇尚奢侈之議論，在《鹽鐵論》中，實數見而不一見。如《刺權篇》文學指摘當時權貴家族之驕奢淫佚的情形云：「自利害（官）之設，三業之起，貴人之家，雲行於塗，轂擊於道。……與服僭於王公，宫室溢於制度。並兼列宅隔絶閭巷，閣道錯連，足以游觀。鑿池曲道，足以騁鶩，臨淵釣魚，放犬走兔，隆豺鼎力，蹋鞠鬥雞。中山素女撫流徵於堂上，鳴鼓巴俞作於堂下。婦女被羅紈，婢妾曳絺紵。子孫連車列騎，田獵出入，……僭侈相效，上升而不息。」又《救匱篇》賢良也説：「故良田廣宅，民無所之。不耻爲利者滿朝市，列田宅者彌郡國，横暴掣頓，大第巨舍之旁，道路且不通。」大夫對於後者，只是「勃然作色，默而不應」。對於前者，則不僅未加以否認，反應之曰：「官尊者禄厚，本美者枝茂。故文王德而子孫封，周公相而伯禽富。水廣者魚大，父尊者子貴。……故夫貴於朝，妻貴於室。」可見賢良文學所指摘，並非虚構，即大夫自己也是承認的了。但在本書中，則對於此項主張，嚴予駁斥。一則曰「非數也」，再則曰「泰奢之數不可用於危隘之國」。這樣，問題就出來了。如果在鹽鐵會議時，本書已先存在，又使大夫方面果得親見此書，則對於本書著者批評此項主張之意見，不能熟視無覩，而貿然取人所批評爲「非數」者作爲與論敵辯論之武器。且以管子所駁斥之人之意見作爲管子自己的意見，而稱之爲「管子曰」云云，這就和把楊朱、墨翟、告子、許行等人的議論之爲孟軻所駁斥者，如「爲我」啦，「兼愛」啦，「生之謂性」啦，「並耕」

啦，都認爲是孟軻的主張，都寫在孟軻帳上，是同樣沒有道理的。又兩書相同之處甚多，但在《鹽鐵論》中，皆不著「管子曰」三字。獨此一處及《本議篇》「大夫曰：管子曰：『國有沃野之饒而民不足於財者，商工不備也』」一段有「管子曰」，而由今看來，一則本書中根本沒有這些文字，一則爲管子所駁斥之言論。因此，我頗懷疑《鹽鐵論》這兩段文字，可能是引自《管子》其他佚篇（據劉向自敍稱《管子》書本有五種，共五百六十四篇）。本書著者不同意大夫方面之意見，故又用「泰奢」的名義，把它轉引過來作爲批判的對象。這和《輕重乙篇》批判「彊本節用」的傳統說法時，也是將《史記·自敍》中司馬談稱贊墨家學派的「彊本節用」和《鹽鐵論·力耕篇》文學方面所主張的「尚力務本」的意見引來加以批判是一樣的。蓋被批判者之意見，必在批判者之前。如孟軻斥楊、墨，楊、墨必在孟軻之先；荀子非十二子，十二子必在荀子之先。這乃是古今著書之通例，本書也是不能例外的。

（三）上面説到《輕重乙篇》批判「彊本節用」一點，如果孤立地來看，似難以使人相信是本書抄襲《鹽鐵論》。但如果把同篇中下列幾點聯系起來看，問題也就容易弄明白了。

一、「通貨」一詞的出現；

二、「壤列」制度中增加了所謂「兼霸之壤三百有餘里」一級；

三、在《鹽鐵論》「天下之下我高，天下之輕我重」外，又增加了「天下多我寡」一句；

四、反對「山鐵」官營，提出「不如與民」的主張。

《國蓄》「通施」，《鹽鐵論》也作「通施」。本篇獨改作「通貨」。而「通貨」則是到王莽時代才有的。分封制度，《孟子》、《王制》、《賈誼新書》、《春秋繁露》、《史記》、《鹽鐵論》，甚至《漢書·地理志》都没有所謂「兼霸之壤三百有餘里」一級。獨本篇及《揆度篇》所言「千乘之國，中而立市，東西南北度百五十餘里」，與《漢書·刑法志》所載「諸侯之大者一封三百一十六里」之説相符。證明此説必係晚出。「天下多我寡」一句很重要。那是對《鹽鐵論》的一個發展，這我們將在下面另行説明。至反對山鐵官營，乃漢成帝以後産物，而其所謂「善者不如與民」則完全是從《鹽鐵論》文學們的意見吸收而來，我們在上面也已經論證過了。那麽，是本書抄襲《鹽鐵論》，而不是《鹽鐵論》抄襲本書，也就不證自明了。

（四）特別有意義的，就是「汝漢之金」這句話的問題。黄金出産於楚之汝漢，古籍中都没有説到，只有《鹽鐵論》和本書才正式提了出來。《鹽鐵論》中雖然只出現了一次，但這裏有一個「今」字，最值得我們注意。甚麽是「今」呢？今就是現在，就是桑弘羊講話的時候。更具體地説，就是漢昭帝始元六年（前八一）舉行鹽鐵會議的時候。這裏明明告訴了我們，在漢武、昭時代的對外貿易，不僅出口絲織物（織微之貢），而且還出口黄金（《史記·大宛傳》張騫第二次西征時「所齎金幣帛直數千巨萬」可證）。而黄金的主要來源，則在汝漢水流域。本書没有直接説明「汝漢之金」的時代，但它在《揆度篇》中，特别把「汝漢之金」，和「禺氏之玉」、「陰山之礝碈」、「江陽之珠」，同列爲「海内玉幣七筴」之一。禺氏和玉發生聯系，據王國維考證，乃漢文、景間事。陰山亦至漢武帝大敗匈奴時，才收入漢代版圖（見《漢書·匈奴傳》）。而江陽之名稱，則直到王莽託古改制後才由漢西陵縣改名而來。可見通西漢一代都是用的「汝漢之金」，而其下限，則在王莽時代，這還能説是《鹽鐵論》抄襲本書嗎？

論管子輕重中——關於管子輕重之理論的體系

一、輕重一詞之起源及其涵義
二、輕重理論中的若干基本原則
三、體現輕重原則的兩個重要工具
四、所謂輕重之筴的具體措施
五、本書在理論上所暴露的時代和階級的局限性

一、輕重一詞之起源及其涵義

「輕重」二字，最早見於《國語·周語》。《周語》說：

「周景王時，患錢輕，將更鑄大錢。單穆公曰：『不可，古者天降災戾，於是乎量資幣、權輕重以救民。民患輕，則爲之作重幣以行之，於是有母權子而行，民皆得焉。若不堪重，則多作輕幣而行之，亦不廢重，於是有子權母而行，大小利之。今王廢輕而作重，民失其資，能無匱乎？』王弗聽，卒鑄大錢。」

但細繹此文之意，不過是說大錢的分量重，小錢的分量輕。其所謂的「輕重」，乃具體的表現在物質上

的輕重，與本書所謂輕重之爲抽象的表現在人們心理上的輕重者，內容完全不同。歷史上開始用「輕重」一詞，與本書有同一之意義者，只有賈誼一人，賈誼諫漢文帝除盜鑄令使民放鑄文云：

「銅畢歸於上，上挾銅積，以御輕重。錢輕則以術斂之，重則以術散之，貨物必平。」（《漢書・食貨志》）

這裏所謂的「輕重」，已不是錢本身的分量大小的輕重，而擴大爲貨物的多寡貴賤在人們心理上的反映的「輕重」。在賈誼以前，這種説法是没有的。但他還没有把「輕重」一詞和管仲聯系起來。把「輕重」和管仲聯系起來説，是到司馬遷才開始的。除我們在上篇所引述的《史記》各條外，《太平御覽》四七二「富」下引《太史公素王論》也説：

「管子設輕重九府，行伊尹之術，則桓公以霸。」

由於我們在上篇已經證明《史記》一書是本書取材的主要來源之一，因此，本書命名爲《管子・輕重》，是從《史記》中竊取而來，也就無須多費筆墨了。至本書提到的「自理國虙戲以來，未有不以輕重而能成其王者也」，以及「燧人以來，未有不以輕重爲天下也」，那與《淮南子・修務篇》所謂「世俗之人多尊古而賤今，故爲道者必託之於神農、黄帝而後能入説」，同是馬克思所指出的「召喚過去的亡靈來爲自己效力」的一種作法。當然，所謂輕重理論，決不是一個早晨就能够形成，而一定是經過很長的時間，逐漸積累起來的。我們只要從書中所反映的漢代史實，從漢高祖起一直到王莽止，差不多可以找到近百條之多，也就可以看出，本書所記載下來的許多卓越的有關財政經濟的新見解，很難想像是出於某一個時代、一個作者的創見了。

甚麼是「輕重」呢？《史記》的注者說：「輕重，錢也。」又說：「輕重，耻辱也。」這是文不對題的。從《輕重》諸篇綜合分析，所謂「輕重」，實含有廣狹二義：

第一、從廣義言之。本書有《揆度》、《國准》及《輕重戊》等三篇，都採用講古代史的方法來說明輕重之策的重要性。而其具體内容，却不全同。這雖然是由於三篇作者不是一人，故有傳聞異詞的現象。但這些暫不管它，我們應注意的，是本書對「輕重」一詞涵義的具體説明，從「造六峜」、「作算術」，到「樹五穀」、「興火食」、「燒山林」、「破增藪」、「焚沛澤」、「逐禽獸」，「鑽燧取火」、「封土爲社」、「置木爲閭」、「疏江鑿湖」、「修建城郭」、「立皁牢」、「服牛馬」、「用珠玉」、「合陰陽」等等，無不爲「輕重」的研究對象。可知凡是古代統治者所推行的政治和經濟措施，全被本書作者們概括在輕重理論範圍之内。

此外，輕重理論還可以應用於法律方面，如《山至數篇》所謂「惡惡來刑，善善來榮」，《揆度篇》所謂「輕重之法」是。有時也應用到軍事方面，如《事語篇》所謂「無委致圍，城肥致衝」，《輕重甲篇》所謂「水豫」，及《輕重乙篇》所謂「素賞之計」等是。有時又應用到教育方面，如《山權數篇》所謂「教數」及「君棅」等是。有時還應用到用金錢收買間諜，以傾覆敵國，如《輕重甲篇》所謂「湯之陰謀」是。又《輕重戊篇》云：「帝王之道備矣，不可加也。公其行義而已矣。……天子幼弱，諸侯亢强，聘享不至，公其弱强繼絶，率諸侯以起周室之祀。」這樣，「輕重」之涵義，竟擴展到用歷史上所艷傳的周公輔成王的故事，爲王莽篡國奪權製造輿論上去了。

第二、從狹義言之。據上面所分析，本書著者對於輕重理論之應用，範圍是很廣泛的。凡是關於封建國家的政治、軍事、法律、經濟、教育等等，都是他們的重要研究對象。不過在總的精神方面，關於輕重理論的應用，只是説封建國家應通過運用「物多則賤、寡則貴，散則輕、聚則重」的供求規律，實行「斂輕散重」的物價政策，以達到「無籍而贍國」即「不益賦而天下用饒」的財政目的。换言之，就是要封建國家自己經營商業，採用商人所進行的不等價買賣的搾取的方式作爲充裕國家財政收入的基本手段。《國蓄篇》云：

「故善者委施於民之所不足，操事於民之所有餘。夫民有餘則輕之，故人君斂之以輕；民不足則重之，故人君散之以重。斂積之以輕，散行之以重。故君必有什倍之利，而財之横可得而平也。凡輕重之大利，以重射輕，以賤泄平，萬物之滿虚，隨財准平而不變，衡絶則重見。人君知其然，故守之以准平。」

善者，指善於治理國家或治理天下的人。委，積蓄。施，放散。操事，把持、掌握、控制。横音晃（huǎng），幃屏或兵欄。這裏借用爲政府管制下的物價。這和「籠」字、「章」字一樣，都是本書在財政經濟學上的專用術語。財准平，指平準基金，猶唐、宋時的常平本錢。不變，不波動。因爲有平準基金在起作用，故萬物雖有滿虚，也不會發生甚麽波動。衡，秤。絶，斷。重，輕重。秤桿斷了，輕重就顯出來了。比喻失去了平準作用，物價就會出現漲落。這是説人民所輕者，政府就應該買進；人民所重者，政府就應該抛出。這和《揆度篇》所謂「民重則君輕，民輕則君重」是一樣的意思。此外，本書作者認爲任何貨物的市場運動規律，都是輕則流散，「輕則見泄」；重則成爲争奪的目標，「重則見射」。因此，政府應付前一局勢時，就得採取措施，酌量提高價格，收購在市場上跌了價的某種貨物。如此者謂之「以重射輕」，也就是計然所謂的「賤取如珠玉」，白圭所謂的「人棄我取」，桑弘羊所謂的「賤則買之」。反之，在應付後一局勢時，就得以較低的價格，將所掌握的某種貨物，向市場抛出，使市場的價格趨於平衡。如此者，謂之「以賤泄平」，也就是計然所謂的「貴出如糞土」，白圭所謂的「人取我與」，桑弘羊所謂的「貴即賣之」。作者所以這樣主張，有兩個目的：即一方面在這種買進和抛出的過程中，政府可以獲得很大的利益，「君有什倍之利」；而另一方面可以使貨物價格接近於適當的水平而不致過高或過低，「財之櫎可得而平」。當然，要實現這一總的方針，不能爲無米之炊，而是必須有雄厚的平準基金即「財淮平」，才可以「長袖善舞」的。這樣，《國蓄篇》下文所謂「萬鍾、千鍾之藏」，「藏繈千萬、百萬」，便成爲必不可少之舉了。

二、輕重理論中的若干基本原則

「輕重」之涵義既明，我們可以進而研究有關輕重之基本原則。本書作者們從複雜的社會經濟現象中，總結出不少與輕重有關的基本原則。這裏，我們可以把本書中所提到的一些與輕重有關的原則，分爲下列數項，加以敍述。

第一，視時立儀——這是本書《國准篇》提出來的。本書著者是相信歷史進化的觀點的。認爲歷史是不斷向前發展的。時代在變化，社會上的事情也在不斷地變化。因此，各種制度和措施，也必須不斷地根據變化發展了的現實情況來制訂，絶不能因循守舊，至死不變。更不能預先主觀地爲未來畫出一個框框，把自己的手脚束縛起來。所以説：「國准者，視時而立儀。」又説：「王數不可豫致。」（《國准》）這是對古代經濟學家商鞅的「當時而立法，因事而制禮」（《商君書·更法》），韓非的「世異則事異，事異則備變」（《韓非子·五蠹篇》）和桑弘羊的「射者因勢，治者因法，虞、夏以文，殷、周以武，異時各有所施」（《鹽鐵論·大論篇》）的歷史進化觀點的繼承和發揮，也是對董仲舒的「天不變，道亦不變」（《漢書·董仲舒傳》）與賢良文學的「爲君者法三王，爲相者法周公，爲術者法孔子，此百世不易之道」（《鹽鐵論·刑德篇》）和王莽的「每有所興造，必欲依古得經義」（見上篇）的復古主義思想的有力批判。當然，歷史是不能割裂的。過去歷史的一切文化遺産，是可以而且應該批判繼承的，但不能不問情況，適用的和不適用的一起搬來，而應該採用那些與當時情況相適合的東西，即吸收對當時有益的經驗。所以説：「兼用五家而勿盡。」（《國准》）就是這個意思。

第二，不能調通民利，不可以語制爲大治——本書著者是主張繼承法治思想的。特别是發展了荀子、韓非、桑弘羊等反對「誣能」的主張，對那些「自言能爲官而不能爲官」的人，上自「司馬」，下至「重門擊柝」者，都分别制定了從「殺其身以釁其鼓」或「釁其社」，直至「刖以爲門父」等具體法律條文。這顯然比漢宣帝的「信賞必罰，綜核名實」又前進了一步。但他們又認爲僅有法還不行，還得先從經濟上入手，把經濟搞好，特别是要做到「均齊貧富，裁有餘以補不足」，然後法治才能順利進行。所以説：「法令之不行，萬民之不治，貧富之不齊也。」又説：「不能調通民利，不足以語制爲大治。」（《國蓄》，《揆度》略同。）這是本書著者對法家學派所謂「君臣上下貴賤皆從法，此謂爲大治」（《管子·任法篇》）的法治説的批判繼承。他們對於調通民利，曾不止一次地提出討論。一則曰：「人君非能散積聚，鈞羨不足，分并財利而調民事」，即「不能以爲治」（《國蓄》）。再則曰：「故爲人君不能散積聚，調高下，分并財，君雖强本趣耕，發草立幣而無止，民猶若不足也。」（《輕重甲》）他們對農民起來暴動對統治者不利，是比較有清楚的認識的。認爲農民之所以要起來暴動，是由於「穀地數亡」、「穀失於時」，而「君之衡籍而無止」所引起的。因此，再三提醒封建統治者不要隨時「作功起繇，賦斂無度」，激起農民的不滿，等到發生了暴動，又用武力去加以鎮壓。如果這樣，便是等於自己和自己打仗（「謂之內戰」——《巨(筴)乘馬》），或者等於自己屠殺自己的人民（「中內摲民也」——《揆度》：「則是下艾民」——《輕重甲》）。這些都和他們始終堅持「倉廩實而知禮義，衣食足而知榮辱」（《事語》及《輕重甲》）的唯物論觀點與針對着它所處的時代即王莽時代的社會背景來對症下藥的立場是完全一致的。

第三，「與天壤争」——這是本書作者在財政經濟理論上提出的一條最精采、最有進步意義的基本原則，是《輕重乙篇》提出的。「與天壤争」者，天壤即天地，争即鬥争。但於此有應注意者，即此處之「與天壤争」，與今日之「和天鬥」「和地鬥」，亦即毛澤東同志所號召之「向自然界開戰」（見一九五七年六月人民出版社出版《關於正確處理人民內部矛盾的問題》第十三頁）有其本質上的區別。後者是説勞動人民以自力更生之革命精神，敢於和天地自然進行鬥争，敢於向天地自然要糧食要財富，爲人民增進福利。而前者則是指萬物雖有毀敗消耗之時，然天地則仍生生不已。他從無數自然現象中，看到了「海出泲就是煮鹽的鹵水。原文與《輕重甲》篇皆誤爲「沸」，此據下文及《地數篇》改。無止，山生金木無息，草木以時生，器以時靡弊，泲水之鹽以日消」，從而得出萬物生生不已，「終則有始」的結論。故堅決反對在自然界面前無所作爲、消極等待的所謂「死生有命、富貴在天」的反動思想，大膽提出「與天壤争」和「與天壤同數」（《山至數篇》）的豪邁口號。所謂「與天壤争」、「與天壤同數」，就是説善爲天下者，必先通於「終則有始」的道理，而繼續不斷地施行其輕重之策。天地出泲無止，則輕重之策亦隨之而無止；天地生金木無息，則輕重之策亦隨之而無息。此正結上文「天下之朝夕終身不定」之意。這比荀子的「制天而用之」（《荀子・天論》）和「天地之生物也，固有餘足以食人」（《荀子・富國篇》）的光輝唯物論思想又大大地躍進了一大步。

第四，「物之所生不若其所聚」——這是《輕重甲篇》根據久已失傳的古書《道若秘》中的格言提出來的，可以説就是本書作者的中心主張。「聚」卽「聚則重」之聚，就是把貨物聚集在自己手中，以便進行賤買貴賣。這是説直接從事生産活動，所獲收入，不如通過囤積居奇的方式所獲利潤之大。此種情況，在古代大都如此。商鞅、桑弘羊曾先後指出農民勞動，「最苦而贏利少，不如商賈技巧之人」（《商君書・外内篇》）及「富在術數，不在力耕」（《鹽鐵論・通有篇》）。司馬遷也説：「夫用貧求富，農不如工，工不如商。」（《史記・貨殖列傳》）下至十七世紀時，威廉配第也有「……製造業的收益比農業多得多，而商業的收益比製造業多得多」的話（見所著《政治算術》，商務印書館一九六〇年初版第十九頁）。與此處所言可謂巧合。但這種巧合，只限於形式。至其所代表之階級實質，則大有不同。威廉配第處在封建生産方式崩潰、資本主義生産的第一階段，故其所謂工商業者，是指新興之資産階級而言。商鞅、桑弘羊、司馬遷及本書作者雖同處於封建地主經濟前期或中期，而其間又自有區别。司馬遷是自由主義經濟學派，故主張此種贏利最大之工商業，應由私人卽富商大賈自由經營。而商鞅、桑弘羊及本書作者，則皆屬于封建地主經濟初期或中期之干涉主義經濟學派代表人物，故其對於此種贏利最大之工商業，主張應收歸封建國家實行管制或壟斷。這一點是我們首先要弄清楚的。

第五，決定物價貴賤的幾種不同因素——這裏又可以分爲兩類：一類是屬於自然的，另一類是屬於人爲的。自然的因素爲：

甲、年歲的豐歉——如「歲有凶穰，故穀有貴賤」（《國蓄》）及「一穀不登減一穀，穀之法什倍；二穀不登減二穀，穀之法再什倍」（《揆度》）是。

乙、季節的影響——如「故歲有四秋而分有四時，已得四者之序，發號施令，物之輕重相什而相伯，故物不得有常固」（《輕重己》）是。

人爲的因素，則爲：

甲、囤積的作用——如「聚則重，散則輕」（《國蓄》），「穀一廩十，君常操九」（《山國軌》）及「藏則重，發則輕」（《揆度》）是。

乙、政令的緩急——如「令有緩急，故物有輕重」（《國蓄》），「令有徐疾，物有輕重」（《地數》），「令疾則黄金重，令徐則黄金輕」（《地數》）是。

第六，穀、幣、萬物三者之間的輕重對比關係——

甲、貨幣購買力之高下與萬物價格之高下成反比例。如「財物之貲，與幣高下」（《乘馬數》），「彼幣重而萬物輕，幣輕而萬物重」（《山至數》）是。

乙、在貨幣與萬物間的相對關係中，由於穀物是「獨貴獨賤」，不包括在萬物之内，故穀與萬物之間也形成一種對比關係。如「穀重而萬物輕，穀輕而萬物重」（《乘馬數》），「穀貴則萬物必賤，穀賤則萬物必貴，兩者爲敵則不俱平」（《國蓄》）是。

丙、穀物既不包括在萬物之内而是「獨貴獨賤」的，所以它和貨幣也形成一種對比關係。如「故粟重黄金輕，黄金重而粟輕，兩者不衡立」（《輕重甲》）是。

這裏附帶説明一下。有人謂「管子分析貨幣與萬物的輕重關係時，穀物是包括在萬物之内的」，這似乎是誤解。因爲《乘馬數》篇明明説過：「穀獨貴獨賤。」如果包括在内，怎麽還能説是「獨貴獨賤」呢？至穀何以能獨貴獨賤？也不難理解。在古代農業社會中，穀是佔有很重要地位的。它是人生之所必需，所以説：「五穀食米，民之司命也。」（《國蓄》）又説：「凡五穀者，萬物之主也。」（《國蓄》）因而在一定時期，還可以取得「以穀准幣」（《巨（筴）乘馬》《山國軌》）的資格。這樣，人們要把它和貨幣一樣的來看待，也就不是什麽奇怪的事了。

第七，勞動與財富的關係——《揆度篇》云：「君終歲行邑里，其人力同而宫室美者，良萌也，力作者也。脯二束，酒一石以賜之。」這和韓非所説的「今夫與人相若也，無豐年旁入之利，而獨以完給者，非力則儉也；與人相若也，無饑饉疾疚禍罪之殃，獨以貧窮者，非侈則惰也。侈而惰者貧，而力而儉者富」（《韓非子·顯學篇》）及桑弘羊所説的「共其地，居是世也，非有災害、疾病，獨以貧窮，非惰則奢也；無奇業旁入而猶以富給，非儉則力也」（《鹽鐵論·授時篇》），同是認爲勞動是一切財富的源泉。表面上看來，好像也有道理。但實際上，則如馬克思所已經指出過的：

「一個除自己的勞動力外，没有任何其它財産的人，在任何社會的和文化的狀態中，都不得不爲占有勞動的物質條件的他人作奴隸。」（《哥達綱領批判》）

也就是説，在剥削階級壟斷了生産資料的條件之下，要想光靠自己的勞力來避免貧困和發家致富，是絶對不可能的。因而這一原則根本上就是錯誤的。

第八，國際間的輕重關係——輕重原則在國際間的應用，其主要目的有二：一在保持本國的重要物資不使外流。所以説：「善爲天下者，謹守重流，而天下不吾洩矣。」（《山至數》）一在吸收天下財物使歸於我。所以説：「天下之寶壹爲我用。」（《地數》）又説：「故爲國不能來天下之財，致天下之民，則國不可成。」（《輕重甲》）大抵本書作者之對外貿易政策，與中世紀歐洲之重商派及近世之資本主義者所持之見解實大有不同。後兩者之對外貿易政策，皆以出超爲其主要之目標，故往往竭其全力以獎勵本國貨物之輸出。而前者之對外貿易政策，則除在少數之特殊情況下可以將某種貨物大量輸出，如《山至數篇》之「漏壞之國」，推銷「雕文梓器以下諸侯之五穀」，《地數篇》與《輕重甲篇》之以高價推銷海鹽於梁、趙、宋、衛、濮陽，而吸收其黄金，及《輕重戊篇》之以高價推銷五穀於所欲征服之魯、梁、萊、莒、楚、代、衡山等國外，其餘則一律以輸入外國之貨物爲重。如《海王篇》之「因人之山海，假之名(若)有海之國讎鹽於吾國」，《地數篇》之「人來本(國)者，因吾本(國)幣，食吾本(國)粟，騏驥黄金然後出」，《輕重甲篇》之「高杠柴池，以致天下之牛馬」，《輕重乙篇》之「爲諸侯之商賈立客舍，使天下之商賈歸齊若流水」及《輕重丁篇》所謂「石壁謀」「菁茅謀」者之吸收「天下諸侯之黄金、珠玉、文采、布帛」等等，無非抬高物價，獎勵輸入之具體表現。蓋在農業經濟時代，各國國内生産皆不發達，貨物需要超過供給。故貨物輸入愈多，則其國度愈富，而國力亦因之而愈强。但是，怎樣才能達到目的呢？作者也提出了以下的兩條原則：

甲、最起碼的條件，必須使本國的物價水平和外國看齊。《乘馬數篇》所謂「乘馬(計算、計劃)之准，與天下齊准」，《山權數篇》所謂「重與天下調」，《地數篇》所謂「天下高則高，天下下則下。天下高我下，則財利稅於天下矣」，《輕重丁篇》所謂「天下高亦高，天下高，我獨下，必失其國於天下」，都是這個意思。

乙、要經常保持「天下輕我重」的局面，以免本國財物外流而利於吸收外國財物的不斷輸入。《揆度篇》云：「今穀重於吾國，輕於天下，則諸侯之自泄，如原水之就下。故物重則至，輕則去。有以重至而輕處者。我動而錯之，天下即已(泄)於我矣。」《輕重乙篇》云：「故善爲國者，天下下我高，天下輕我重，天下多我寡，然後可以朝天下。」就都是這一條原則的説明。惟這裏有兩點應該注意。其一，所謂

「有以重至而輕處者」，「處」就是「不去」的意思，與上面「去」字互爲對文。這是説天下之物，雖因價貴，紛紛而來；然及其既至，或因到貨太多，或因政府忽於此時有意識地將舊藏之貨物大量拋出，供給超過需要，價格自會低落。而貨主爲免除往返運輸之損失，不得不減價出售。物本爲重至而輕去者，今則雖以重至而輕亦留而不去。此法古人應用之以賑救災荒而獲其效者頗多。如宋神宗熙寧中，趙抃知越州。兩浙旱蝗，米價踊貴。諸州皆榜道路，禁人增米價，人多餓死。抃獨榜通衢，令有米者任昂價糶。於是米商輻湊，米價頓賤，而民無餓者。就是一個好例。其二，所謂「天下多我寡」這句話，是《鹽鐵論》中没有説過的。《鹽鐵論·力耕篇》只提到「天下之下我高，天下之輕我重」。這裏却在兩句之外，又增加了「天下多我寡」一句。《力耕篇》只提出了原則，這裏則補充了一條體現原則的具體措施。這顯然是一個發展。但所謂「天下多我寡」，並不是要把國内已有的貨物盡行銷毁，有如美國加里福尼亞州阿特西亞牛奶公司將三萬八千多加侖的鮮牛奶倒進臭水溝裏。（見一九七四年九月四日《人民日報》谷雨：《牛奶爲什麽倒掉？》）而是設法把它控制起來，不讓它在市場上流通。《山至數篇》云：「吾國歲非凶也，以幣藏之，故國穀倍重，故諸侯之穀至也。」以幣藏之，流通於市場者就只見其寡，不見其多了。

第九，具體運用輕重原則時的幾個先決條件——

（甲）要「不求於萬民而籍於號令」——上已説明本書作者認爲封建國家的號令之緩急，可以變動物價。《國蓄篇》又説：

「今人君籍求於民，令曰十日而具，則財物之賈什去一。令曰八日而具，則財物之賈什去二。

令曰五日而具，則財物之賈什去半。朝令而夕具，則財物之賈什去九。」

這是說人君征收過急，就會影響物價。如果征的是貨幣，則農民爲了換取貨幣以完成納稅任務，就不得不急於把農產品賣出。這樣農產品的價格就會降低。規定納稅的期限越短，商人的壓價也越厲害，商品跌價的現象也越嚴重。此外，國家如果急征某種物品時，這種物品也會漲價。恩格斯指出：

「收稅的日期到了，農民必須有貨幣。商人願意給什麽價格，農民就會憑什麽價格出賣他們的產品。」（《資本論》第三卷第九四六頁恩格斯補注）

正因爲號令有這樣的作用，所以本書作者特別重視號令，主張「不求於萬民而籍於號令」（《國蓄》），主張「乘令而進退，無求於民」（《山國軌》）。通過號令，改變貨物的輕重關係，時而使穀在上，幣在下；時而使幣在上，穀在下；時而穀重幣輕，時而穀輕幣重。人爲地造成物價「相什而相伯」的劇烈波動，進行賤買貴賣，大作其投機生意，以獲得最大限度的商業利潤。《山權數篇》所謂「君以令爲權」，就是這個意思。

（乙）要把貧富予奪之權完全掌握在封建統治者手中，但又須建立在使人民不易覺察的基礎之上——這是本書作者對於財政經濟政策的最特別的觀點。他們在社會上發生貧富不均的原因問題上，也和司馬遷一派自由主義經濟學者的意見一樣，都認爲是智愚巧拙不同，也就是知識上的不平等的結果。所以他們都有所謂「巧者有餘，拙者不足」（《史記·貨殖傳》和本書《地數篇》）的說法。此種觀點，雖有倒果爲因的錯誤，但對於儒家所散布的「死生有命，富貴在天」的天命論，可以說是一個有力的批判，是有其進步意義的。而且他們雖然從這個觀點出發，却不同意司馬遷的「貧富之道，莫之奪予」的結論，而採用了干涉主義經濟學者商鞅主張的「治國之舉，貴令貧者富，富者貧。貧者富，富者貧，國彊」（《商君書·説民篇》）和尹文子主張的「故古之爲國者，無使民自貧富，貧富皆由於君，則君專所制，民知所歸矣」（《尹文子·下篇》）的意見，要求把貧富予奪之權，完全掌握在封建統治者手中。所以説：「故予之在君，奪之在君，貧之在君，富之在君。」（《國蓄》）又説：「夫富能奪，貧能予，乃可以爲天下。」（《揆度》）又説：「故奪然後予，高然後下，喜然後怒，天下可舉。」（《輕重乙》）當然，這裏所謂的「奪」，並不是要剥奪富有者的財産以實行均富。本書作者在貧富問題上，也充分發揮了商人的本性。也就其所謂「奪」，基本上是指封建國家運用輕重之筴以防止富商大賈和高利貸者的乘機獲取暴利。也就是説要把這些暴利從富商大賈和高利貸者手中「奪」過來，歸封建國家所獨占。這就是所謂「奪」的内容。至於「貧能予」的「予」，也不是白白地把財物送給貧者，而是通過「貸放」的方式即「無食者予之陳，無種者貸之新」。總之，本書作者提倡「富能奪」，表面上似是反對兼并，但實際上並没有取消兼并，只是把各個商人的兼并轉化爲封建國家的兼并罷了。

因此，本書作者所謂的「奪予」，是建立在使人民不易覺察的基礎之上的。爲什麽要這樣呢？《國蓄篇》説：「夫民者信親原作親信，誤，據文義改。信親，信服對他親愛的人。而死利，海内皆然。民予則喜，奪則怒，民情皆然。先王知其然，故見予之形，不見奪之理。故民愛可洽於上也。」（《輕重乙》略同。）此如《海王篇》所謂「今吾非籍之諸君吾子而有二國之籍者六千萬。使君施令曰：『吾將籍於諸君吾子』，則必囂號。今夫給之鹽筴，則百倍歸於上，人無以避此者，數也。」從表面看來，把鹽賣給人民，是對人民有所賜予，而實際上是把高額贏利加在鹽價之中。是奪之於無形，使他們看不出來。當然，所謂「百倍歸於上」，對人民進行的剝削是很沉重的。但是，應該指出：第一，本書所説的各種數字，只是爲了加强説明輕重之筴的利益之大，並不是財政上具體的決算數字。與《鹽鐵論·非鞅篇》大夫説商鞅「外設百倍之利」的「百倍」二字，性質完全相同。有人把「百倍」改爲「自倍」，是錯誤的。第二，把這些利益歸入到封建國家手中，總比讓「豪民擅其用而專其利，決市閭巷，高下在口吻，貴賤無常，端坐而民豪」（《鹽鐵論·禁耕篇》桑弘羊語），要有限制一些。

（丙）要在貨物未生産前就進行安排，這就是所謂「守始」（《乘馬數》）或「操始」（《揆度》），也叫做「守物之始」（《輕重丁》），又叫做「國軌：布於未形，據其已成」（《山國軌》、《山權數》、《輕重丁》略同）。此如「置公幣」於五穀未登之前，「置券」於「女貢織帛」未成之前，而據守之於已登已成之後。若等到已登已成之後，則必爲富商大賈和高利貸者所乘機占有，雖欲與之競爭也來不及了。

（丁）物價不宜求其永久穩定，要「使物一高一下」，才能獲利無窮——本書作者雖主張掌握貨幣以平衡萬物之價格，但並不要求萬物價格之永久穩定。與此相反，他却主張「衡無數也。衡者使物一高一下，不得常固」。這是本書價格理論的基本精神。這裏所謂「高下」，兼含有兩種性質：一指地區性之高下，如《揆度篇》所謂「故守四方之高下，國無游賈，貴賤相當，此謂國衡」是。一指季節性之高下，如《輕重丁篇》所謂「王霸之不求於人，而求之終始，四時之高下，令之徐疾而已矣」是。這兩者對於封建

分有四時。已得四者之序，發號出令，物之輕重相什而相伯，故物不得有常固。」(《輕重乙》)

國家都是有利的。所以說：「舉國而一則無貲，舉國而十則有百。」(《輕重丁篇》)又說：「故歲有四秋而

三、體現輕重原則的兩個重要工具

根據我們在上面的分析，既然穀物與貨幣在物價變化中都起着決定作用，同時，兩者之間又互相影響。所以本書作者又提出「挾其食，守其用，據有餘而制不足」(《國蓄》)的主張。作者看到穀物與貨幣是掌握國家經濟命脈的重要工具，實際就是有利於統治階級擴大剥削的有力工具。但穀物的生産係掌握在人民手中，而貨幣之鑄造和發行則掌握在封建國家手中。封建國家控制貨幣與穀物二者以平衡萬物，而穀物也是通過貨幣才到封建國家手中的。所以要想控制穀物，就必須首先控制貨幣。所謂「執其通施以御其司命」(《國蓄》)，其意義就在於此。

所謂「執其通施」，是意味着封建國家壟斷貨幣鑄造權和發行權。本書作者固然没有明確講過不許民間鑄造貨幣，但他總是將「鑄錢立幣」和「人君」聯系在一起。如說：

「人君鑄錢立幣，民庶之通施也。」(《國蓄》)

「則君雖……自爲鑄幣而無已，乃今使民下相役耳。……」(同上)

「然後調立環乘之幣……」(《山國軌》)

「湯以莊山之金鑄幣……禹以歷山之金鑄幣……」(《山權數》)

「請立幣,國銅以二年之粟顧之。」(同上)

「君有山,山有金以立幣。」(《山至數》)

「今君鑄錢立幣,民通移。」(《輕重甲》)

「令左司馬伯公將白徒而鑄錢於莊山。」(《輕重戊》)

「君其率白徒之卒鑄莊山之金以爲幣。」(同上)

可知除「人君」外,人民是不能自由鑄造貨幣的。

其次,我們來談談作者所提出的「幣乘馬」的内容吧!甚麽是「幣乘馬」呢?作者有一個簡明的定義。他説:

「故幣乘馬者,布幣於國,幣爲一國陸地之數,謂之幣乘馬。」

乘,讀去聲,計也。馬卽計算用的籌碼。乘馬就是計算。幣乘馬是指貨幣需要量的計算方法而言。所謂「布幣於國」,就是要計算各地需要有多少貨幣資金和賑貸資金,才能控制全國的商品穀類。作者主張應該根據全國各地的土地肥瘠和穀類產量情況,計算出國家用來購買穀類的貨幣需要量。然後根據這個需要量來「布幣於國」。這裏應該注意,這種購買穀類所需要的貨幣量,並不是流通全國商品所需要的貨幣量,而只是國家商業資本在一定時期内的貨幣資金需要量。作者主張「布幣於國,幣爲一國陸地之數」,反映了國家資金活動的規模。它能够憑藉封建政權力量,在全國範圍内分配貨幣資金對商品穀類及時控制,這對私人商業資本來説是不可想像的。

至關於珠玉與黄金，則因爲它們都産生在距離當時的政治經濟中心——「周」，實際上是漢都長安這個地方「七千八百里」之外，「水絶壤斷，舟車不能通」，遠而難至，更不是一般人民所能任意得到。所以這些上幣和中幣，也和下幣一樣，基本上可以全部由封建國家所掌握。

甚麽是「御其司命」呢？就是説穀類這種商品，是人民經濟生活中的命根子。對於這種「命根子」，封建國家應該盡可能多地掌握在手中。《山至數篇》所謂「彼守國者，守穀而已矣。」就是這個意思。

這裏首先要考慮的，就是政府掌握的穀物數量與國境以内穀物數量之間的比例關係。關於這個問題，本書作者所提標準，計有下列幾條：

（甲）「相壤定籍」（《乘馬數》）。這是説要以國勢和土地肥墝爲轉移。前者如「山處之國，常藏穀三分之一。氾下多水之國，常操國穀三分之一。山地分之國，常操國穀十分之三。水泉之所傷，水泆之國，常操十分之二」。漏壤之國，謹下諸侯之五穀。與（以）工雕文梓器以下天下之五穀」（《山至數》）。後者如「郡縣上臾之壤，守之若干；間壤，守之若干；下壤，守之若干」（《乘馬數》）是。

（乙）「視歲而藏」（《事語》）。這是説要按年成好壞來決定。有「一年藏三之一」的（《山權數》），有「歲守一分」的（《山權數》），有「穀十而守五」的（《事語》），有「國穀三分，二分在上」的（《山至數》）。

（丙）藏穀總量方面，一般都以「國有十年之蓄」爲標準（《事語》、《國蓄》、《山權數》、《輕重乙》）。這是漢初賈誼等政治思想家的公認數據（見《賈誼新書·無蓄篇》及《憂邊篇》）。漢景帝時所寫的《禮記·王制篇》所謂「三十年而有九年之蓄」，與此略同。

但是，怎樣藏法呢？也有以下幾種辦法

甲、舉行農貸。春夏穀貴時，以貨幣、穀物或農具貸出，至秋收穀賤，用市價收取其穀（《巨（筴）乘馬》、《國蓄》、《山國軌》、《山至數》）。

乙、穀賤時，進行收購。如《國蓄篇》所謂「穀賤則以幣予食」是。

丙、利用所謂「神寶」向大地主抵借藏穀。如《山至數篇》所謂「御神用寶」是。

丁、假借撫卹陣亡將士遺族（《輕重甲》），「發師置屯」（《輕重乙》），及以彗星出現將有天災（《輕重丁》）等等名義，用平價收購富户藏穀。

戊、提高國内穀價，吸收外國之穀（《山至數》、《揆度》、《輕重乙》）。

己、用本國工業品吸收外國之穀。如《山至數篇》「與（以）工雕文梓器以下天下之五穀」及《輕重甲篇》「伊尹以薄之游女工文綉纂組一純得粟百鍾於桀之國」是。

庚、「以無用之壤藏民之贏」。如《國准篇》所謂「彼菹萊之壤，非五穀之所生也，麋鹿牛馬之地，春秋賦生殺老，立施（施，即通施，立施，猶言立幣）以守五穀」是。

辛、田租收入。如《輕重甲篇》「租税九月而具，粟又美」，《輕重乙篇》「請以令使九月種麥，日至日穫……量其艾，一收之積中方都二」是。

總而言之，一個封建國家，必須做到「人君操穀幣金衡而天下可定也」（《山至數》），才算取得了主動權。《國蓄篇》云：「使萬室之都必有萬鍾之藏，藏繦千萬。使千室之都必有千鍾之藏，藏繦百萬。」繦，錢貫也。一緡千錢。萬室之都，每室穀一鍾，錢十萬，可備農民春耕夏芸耒耜種饟糧食之用。這是本書作者最理想的所謂「守之以准平」的經濟規劃。至於如何運用這些「准平」來進行各種經濟活動，當在下面再來分析。

四、所謂輕重之筴的具體措施

封建國家既同時掌握了大量貨幣和穀物，就可以操縱自如地進行各種經濟活動，即所謂賤買貴賣的活動。本書各篇提出了不少關於賤買貴賣的具體措施。我們按照《地數篇》所謂「內守國財而外因天下」的說法，把這些具體措施分爲「內守國財」和「外因天下」兩大類來加以說明：

第一，屬于「內守國財」方面者——這是指輕重原則在封建國家內部的具體運用而言。

甲、官國軌——這是「內守國財」要首先當作頭等大事來抓的一個問題。甚麼是「官國軌」呢？「官」字在本書中凡三十見。其中大多數皆假「官」爲「管」。管即《史記·平準書》「欲擅管山海之貨」之管。《集解》云：「若人執倉庫之管籥。或曰管固。」蓋即今日經濟學上之所謂「獨占」或「壟斷」。軌與會通。本書《山國軌篇》共有三十個「軌」字，而所言皆屬於會計之事。而在《山至數篇》，則直謂之「會」。如《山國軌》言「請問官國軌」，《山至數》則謂之「請問國會」。《山國軌》言「謂之國軌」，《山至數》則云「謂之國會」，或曰：「謂之國簿」。簿也就是會計。《山國軌》言「軌數」，《山至數》則言「會數」。《山國軌》言「縣有軌，國有軌」，《山至數》則言「國之廣狹、壤之肥墝有數」。皆其證。梁啓超謂「軌即統計」，是有道理的。《史記·平準書》云：「桑弘羊爲大農丞，管諸會計事。」這裏所謂「官國軌」，也就是「管諸會計事」的意思。本書作者對於封建國家的全部經濟會計數字，是十分重視的。他認爲這種經濟會計數字，應該由封建國家完全掌握起來。《史記·張湯傳》：「上問湯曰：『吾所爲，賈人輒先知之，益居其物。是類有以吾謀告之者。』」所以本書説：「不陰據其軌者下制其上。」「陰據其軌」，就是説有關國家經濟會計數字都要由封建國家嚴密掌握起來，不能隨便泄漏出去，以免爲富商大賈所乘。作者指出應該調查研究的範圍，非常廣泛，包括「土地」、「人口」、「國用」、「女事」、「貨幣」、「糧食」等等方面。在進行調查時，是以州里爲基層單位的。所謂「謹行州里」，是其證。由此上溯至鄉、縣或國的調查統計對象，都是以田數與人口爲基礎。故首先要知道州里和鄉縣的「田若干，人若干」。對於田地，不僅須知道它的總數量，還要了解其中所包括的「高田、間田、山田」和其他所謂「四壤之數」。這樣一鄉或一縣之田所生産的「穀重若干」，也就大體可以知道。再與當地人口數比較，就可以了解在一定地區内糧食生産能否適應當地人口的需要，所謂「終歲度人食，其餘若干」，或「終歲其食不足於其人若干」。在農業與家庭手工業生産緊密結合的條件下，農家除穀物外，還有「女事」的紡織品生産。某鄉之「女勝事者若干」，其産品除每年供本身及全家穿着之外，「餘衣若干」，這些都要求取得一個確實可靠的標準數據，「必得軌程」。這就叫做「調之泰軌」（《山國軌》），也叫做「大會」（《揆度》）。這種調查統計方法，是本書「内守國財，而外因天下」的最重要的根據，一切其他經濟方案都是用這個方法得來的。決非完全出於主觀唯心主義的閉户造車。

乙、用人工抬高穀價及穀價大漲後之用途——我們在上面談到封建國家怎樣把穀物弄到手中，這裏再來説明怎樣用人工抬高穀價，及對於漲價後的穀物是怎樣運用的。

關於用人工抬高穀價的第一個方法，可以用三個字——「聚則重」來説明。甚麽是「聚則重」呢？「聚」就是集中。任何貨物，不論是集中在富商大賈或國家手中，都會使消費者感受壓力，感覺貨物得之不易。這裏當然是指集中在國家手中而言。國家把大量穀物集中在自己手中，只要到了青黄不接的時候，穀價自然上漲。《巨（筴）乘馬篇》所謂「幣之在子者以爲穀而廩之州里，國穀之分在上，國穀之重再（二）什倍」，《山國軌篇》所謂「三壤已撫，而國穀再（二）什倍」，《山至數篇》所謂「吾國歲非凶也，以幣藏之，故國穀倍重」，都是很好的例子。

其次，用貨幣發放俸禄，「以幣准穀而授禄」，或「士受貲以幣，大夫受邑以幣，人馬受食以幣」，使國内穀物都掌握在國家手中，也可以收到「國穀斯在上，穀賈什倍」（《山至數》）和「一國之穀貲在上，幣貲在下，國穀什倍」（《山至數》）的效果。

復次，假設戍名，並規定家有百鼓之粟者不行，使人民因憚役而競相收購積穀。如「武王立重泉之戍」，使「巨橋之粟」跟着國内之穀一起漲至二十倍（《地數》）。

再次，用期票並在平價條件下把大地主家的藏穀，收購封存起來，使國内穀價「坐長而四十倍」（《輕重甲》）。

再次，下令卿諸侯大夫城藏（築倉藏穀），「使卿諸侯藏千鍾，令大夫藏五百鍾，列大夫藏百鍾，富商蓄賈藏五十鍾」，也可以「使農夫辟其五穀，三倍其賈」（《輕重乙》）。

最後，假借巡游，須爲隨行人馬準備糧食及飼料之名，把四鄰各縣的藏穀加以封存，也可以使穀價「坐長十倍」（《山國軌》）。

至於穀價大漲後之用途，則項目甚多。舉其著者，約有：（一）收購器械（《巨（筴）乘馬》、《山至數》）、（二）收購女貢織帛（《山國軌》）、（三）償還借欵（《山國軌》）、（四）收購牛馬（《山國軌》）、（五）購買銅礦（《山權數》）、（六）發放夏貸（《山至數》）、（七）購買軍裝原料——繒帛或黃金（《地數》）、（八）抵制黃金漲價（《輕重甲》）、（九）賑濟孤寡貧弱（《輕重甲》）等九種。但這裏有幾點，應附帶説明：

（一）、在以上各種用途中，有好幾項都是先用貨幣借給農民，等到秋天穀價跌落，然後用市價將原借貨幣折成穀物收回。同時，對於百工器械及女工織帛，則用期票按貨幣預行訂購，再按照原定貨幣數折成漲價後之穀物支付。這樣，表面上説是「無籍於民」，實際上則有如列寧在《帝國主義是資本主義的最高階段》一書中，談到德國帝國主義輸出資本時所指出的：「它要從一頭牛身上剥下兩張皮來。」使農民和家庭手工業者受到雙重剥削。

（二）、爲了償還高利貸者的借款，不惜把全國的穀價提高到十倍之多（《山國軌》：「穀坐長而十倍，上下令曰：貲家假幣，皆以穀准幣，直幣而庚（償也）之」），給予高利貸者的損失甚小，影響於全國勞動人民的生活者甚大。

（三）、特別值得考慮的，即用漲價四十倍之穀來賑濟孤寡貧弱一條，出於《輕重甲篇》。而同篇上文有曰：「困窮之民聞而糴之，……國穀之賈坐長而四十倍。」是此「四十倍」之利，全從「困窮之民」身上剝削而來。真可謂「羊毛出在羊身上」了！

總而言之，本書所主張的賤買貴賣，並不是直接以貨幣交換貨物，而是以貨幣預購穀物，再設法把穀價提高，然後用「以穀准幣」的方法，支付貨物的價款和貨幣借款。但事情並不是到此爲止。它收到了大批貨物，「聚則重」，貨物之價復漲，國家又將貨物按高價出售或出借，然後又用上述方法收回穀物。如此周而復始，無有窮期。《山權數篇》所謂「如日月之終復」，《揆度篇》所謂「若四時之更舉，無所終」，就是這個意思。

丙、各種壟斷事業——《史記·平準書》説桑弘羊「置平準於京師，盡籠天下之貨物，貴即賣之，賤則買之」。本書作者也和桑弘羊一樣，主張把國内所有人們必不可少的生産資料和生活資料，全部由封建國家加以壟斷，實行專賣。本書各篇言「官」字之處甚多。《海王篇》有「官山海」，《國蓄篇》有「官賦軌符」，《山國軌篇》有「官國軌」，又有「官天財」，《山權數篇》有「官五技」，《山至數篇》有「官百能」，《揆度篇》有「五官之數」，《國準篇》有「官能」。這些「官」字都應讀爲「管」。管就是管制，就是壟斷，就是獨占。此外，言「籠」、言「守」、言「障」、言「塞」、言「隘」、言「撫」、言「操」、言「據」、言「御」、言「櫎」、言「欄牢」等等，有關管制之字，全書到處都是。幾乎要把各種事業，都由封建國家壟斷起來。《鹽鐵論·本議篇》文學所謂「縣官猥發，闔門擅市，則萬物並收」，情形與此正同。這裏只就各種特別重大的壟斷事業，舉例如後：

(一)、穀專賣——封建國家掌握有大量的穀物，它的主要用途，我們在上面已有詳盡的說明，但書中也有論述穀專賣的地方。《國蓄篇》云：

「故天子籍於幣，諸侯籍於食。中歲之穀，糶石十錢。大男食四石，月有四十之籍。大女食三石，月有三十之籍。吾子食二石，月有二十之籍。歲凶穀貴，糴石二十錢，則大男有八十之籍，大女有六十之籍，吾子有四十之籍。是人君非發號令收(畝)穡而户籍也。彼人君守其本委謹而男女諸君吾子無不服籍者也。一人廩食，十人得餘；十人廩食，百人得餘；百人廩食，千人得餘。」

這裏所謂「中歲糶石十錢」，「歲凶穀貴，糶石二十錢」，是指賣穀時所加之價而言，並不包括本錢在內。否則下文所謂「月有四十、三十、二十」及「八十、六十、四十之籍」，便不可解了。所謂「一人廩食，十人得餘」云云，廩食即人民向國家的倉庫中糴取穀物爲食。餘即《山至數篇》所謂「穀之重一也，今九爲餘」之餘，就是贏利。這是說只要有一人向國家購買穀食，國家所得贏利便可以養活十人。買穀的人越多，可以養活的人也因之越多。尹注謂「非必稅其人，謂於操事輕重之間約取其利」，他的解釋是正確的。

(二)、官山海——這裏所謂的「官山海」，是專指鹽鐵兩者的專賣而言。

先說關於食鹽的專賣，即《海王篇》所謂的「正鹽筴」。《地數篇》和《輕重甲篇》都有「請君伐菹薪，煮沸水爲鹽，正而積之」及「令北海之衆毋得聚庸而煮鹽」的說法，可見鹽的生產與銷售，是由封建國家全面壟斷的。鹽是人人所必需的食料，十口之家，十人食鹽；百口之家，百人食鹽。《海王篇》估計，萬乘之國，人口約一千萬。如成年人收人頭税，應繳者大約爲一百萬人。每人每月徵三十錢，爲錢不過三千萬。假如實行鹽專賣，每升鹽加價二錢，可以得到徵收人頭税收入的兩倍，就是説可以得到六千萬的收入。這樣，表面上並未徵税，不致引起人民的「囂號」反對。不僅産鹽之國如此，就是本國無鹽，而要向有鹽之國輸入，也可以用低價買進、高價出售的方法。所謂「有海之國讎鹽於吾國，釜十五，吾受而官出之以百」。所獲盈利，也是很大的。

再説關於鐵器專賣的問題。鐵山是國有的，詳見《地數篇》。鐵礦是否由國家自己開採，《海王篇》没有説明。《輕重乙篇》則公開反對「山鐵官營」而主張「不如與民」，而「量重計贏」，按三七比例來分配産品。但對於鐵器，則兩處都是主張由封建國家實行專賣的。關於最重要的鐵器，《海王篇》和《輕重乙篇》各有一個統計，而後者所列的種類比前者爲多。僅就《海王篇》的統計數字來計算，如一鍼加價一錢，即所謂「鍼之重加一也」，則三十鍼就可以收入三十錢，即等於一人應繳之人頭税。由此類推，則全國收入總數，也就很可觀了。

(三)、官天財——「官天財」一詞，兩見於《山國軌篇》。《國蓄篇》叫做「封天財」。《鹽鐵論・力耕篇》則叫做「塞天財」。天財即《荀子・彊國篇》「天材之利多」的「天材」，指各種自然資源而言。上面所講的鹽鐵，當然也屬於「天財」範圍之内。其他「天財地利之所在」，都應該由封建國家實行管制。兹就本書中各篇所提，分别加以叙述。

其一爲木材專賣——《山國軌篇》主張對於森林，應由封建國家完全壟斷，不許人民在田邊屋角自由種植樹木，造成「宮室器械，非山無所仰」的獨占局面。并宣布「去其田賦以租其山」，然後將柴楂、建築材料、棺槨木料分別定爲三等之價格，讓人民按自己財力選購。表面上是在均貧富（「上立軌於國，民之貧富，如加之以繩」），實質上是站在封建國家的立場，對人民實行更有效更隱蔽的財政榨取辦法。

其次爲對所謂「四壤」的管制——《山國軌篇》云：

「有莞蒲之壤，有竹前（箭）檀柘之壤，有汜下漸澤之壤，有水潦魚鱉之壤。今四壤之數，君皆善官而守之，則籍於財物不籍於人。畝十鼓之壤，君不以軌守，則民且守之。」

末句的「民」指富商大賈而言。這是説這些山林藪澤都是各種自然資源出産的地方，它的經濟價值是很高的。即以莞蒲之壤而論，莞、蒲據《説文》都是草名，可以織席。《太平御覽》七百九引《計然萬物録》云：「六尺藺席出河東，上價七十。蒲席出三輔，上價百。」又《居延漢簡釋文》三九一頁「三尺五寸蒲復席青布緣二，直三百。」所以説都是等於每畝收穀十鼓（每鼓十二斛）的「上臾之壤」。如果國家不能自行管制，就會被富商大賈所乘機奪去。至於怎樣管制？本書作者只提出了總的原則，很少談到其具體的措施。《輕重甲篇》説：「爲人君而不能謹守其山林菹澤草萊者，不可以立爲天下王。……山林菹澤草萊者，薪蒸之所出，犧牲之所起也。故使民求之，使民藉（通措，音窄，追捕也）之，因以給之……」。這是説山澤由國家管制，按時開放，讓人民進去採伐薪蒸，追捕野生動物，可因此而取得不同形式的用金。《輕重甲篇》又提到「立五厲之祭，魚以爲脯，鯢以爲郁，若此，則澤魚之正，百倍異日」。可見漁業税收入也不算小了。

(四)、官賦軌符——賦就是出借，符就是借券。軌符即適合於國家調查統計所得的需要之數的借款字據。內容實包括借錢與借物二種。借錢者，如《山國軌篇》之「賦軌幣」，《山至數篇》之「受公錢」。借物者，又包括借器械與借種食二種。前者如《山國軌篇》之「無貲之家皆假之械器」。後者如《揆度篇》之「無食者予之陳，無種者貸之新」。這些在原則上也都應由封建國家壟斷，雖然没有禁止民間自由放債。

(五)、對各種生産技能的管制——本書作者不僅認爲各種生産品要由封建國家壟斷，還主張對於人民羣衆具有特殊生産技能的人也要加以管制。如免其兵役，給以「黄金一斤直食八石」之獎勵。所謂生産技能，包括七科五技在內。七科者，即：「民之能明於農事者」，「民之能蕃育六畜者」，「民之能樹藝者」，「民之能樹瓜瓠葷菜百果使蕃育者」，「民之能已疾病者」，「民之知時，曰『歲且阸』，曰『某穀不登』，曰『某穀豐』者」，「民之通於蠶桑使蠶不疾病者」等等。對這些人都要「謹聽其言而藏之官」，就是説要把他們的知識技能由國家壟斷起來。五技則指「詩」、「時」、「春秋」、「行」、「易卜」而言。對這些人也都要「使預先蚤閑之日受之」，就是説要預先把他們的知識技能接受過來，才可以「使君智而民愚」，「使君不迷妄」，而達到「無失時，無失筴」的目的。

(六)、官營畜牧業——《山至數篇》和《國准篇》都提到一個對於「無用之地」的利用問題，似乎是指官營畜牧業而言的。《山至數篇》説：

「狼牡以至於馮會之日(口)，龍夏以北至於海莊，禽獸牛羊之地也。何不以此通國筴哉？……

馮市門一吏，書贅直事，若其事唐圉牧食之人養視不失扞殂者，去其都秩與其縣秩。大夫不鄉贅合游者謂之無禮義。大夫幽其春秋，列民幽其門山之祠（疑當作「出門」之祠，見《鹽鐵論・散不足篇》），馮會龍夏牛羊犧牲，月賈十倍異日。此出諸禮義，籍於無用之地，因捫（欄）牢策也。」

《國准篇》說：

「出山金立幣，成菹丘，立駢牢，以爲民饒。彼菹萊之壤，非五穀之所生也，麋鹿牛羊之地。春秋賦生殺老，立施以守五穀。此以無用之壤，臧（藏）民之羸。五家之數皆用而勿盡。」

前者所謂「牛羊犧牲月賈十倍異日」，可見馮會龍夏等地必係官營畜牧場所在。後者所謂「出山金立幣，成菹丘，立駢牢」，不是人民自營，也是很明顯的。

（七）、官營農業——《輕重乙篇》有一個「毋殺一士，毋頓一戟，而辟（闢）方（大也）都二」的計劃，我認爲就是官營農業的措施。原文說：

「桓公曰：『寡人欲毋穀（殺）一士，毋頓一戟，而辟方都二，爲之有道乎？』管子對曰：『涇水十二空，汶淵洙浩……請以令使九月種麥，日至日穫。則時雨未下，而利農事矣。』桓公曰：『諾。』令以九月種麥，日至而穫。量其艾（刈），一收之積中方都二。故此所謂善因天時，辨於地利，而辟方都之道也。管子入復桓公曰：『終歲之租金四萬二千金。……』」

這裏，西自今陝西省的涇水流域，東至今山東省的汶水和洙水流域，到處由國家下令種麥。又所收終歲租金達四萬二千金之多。規模之大，非大一統之國家實行農業官營，實不可能。《史記・平準書》稱

「水衡、少府、太農、太僕各置農官，往往即郡縣没入田田之。」據《漢書・百官公卿表》，水衡置於漢武帝元鼎二年（前一一五）。則上文所述，或即漢武帝時事之反映，未可知哩！

丁、兩個解決失業問題的方法——本書作者對於失業問題，也注意到了。他提出來了兩個解決的方法：

其一是以工代賑的方法。《乘馬數篇》云：

「若歲凶旱水泆，民失本（業），則修宫室臺榭，以前無狗後無彘者爲庸。故修宫室臺榭，非麗其樂也，以平國筴也。」

本書其他各篇，對宫室臺榭的修建，大都採取反對的態度，如《巨（筴）乘馬篇》以起繇修建扶臺爲足以使「五衢之内」變成「阻棄之地」，引起農民起義（「此盜暴之所以起」），《事語篇》則以「高其臺榭，美其宫室」爲「不可用於危隘之國」。但認爲如果遇到了水旱天災，爲了使「前無狗後無彘」的窮人都能就業，而不是爲了統治者貪圖享受（非麗其樂），那也是應該提倡的。

其次是《揆度篇》提出的所謂「堯舜之數」。其法由封建國家用法律規定以虎豹之皮作爲各級官吏禮服的裝飾，使大夫們爲了購買虎豹之皮，不得不「散其財物」。這樣，一方面可以達到「散積聚，調高下，分并財」的目的，又一方面可以使「山林之人」獲得「刺其猛獸」「以受其流」的就業機會。

第二，屬於「外因天下」方面者——外因天下，就是要設法把本國所需要而又缺乏的貨物招致進來。最主要的方法，也是運用輕重原則。這一點，我們在上面就已經討論過了。這裏只就幾個特别顯著的具體問題加以説明。

甲、用本國特産向國外傾銷，以换取所需要而又缺乏的貨物。這裏當然要有兩個前提：其一，是這種特産，必須是本國所獨有。其二，是這種特産爲外國所需要。下面就是兩個具體例子：

（一）「伊尹以薄之游女工文綉纂組，一純得粟百鍾於桀之國」（《輕重甲》）。

（二）以獨占價格四十倍的渠展之鹽，南輸「惡食無鹽則腫」「用鹽獨重」的「梁、趙、宋、衛、濮陽」（《地數》），「得成金萬壹千餘斤」（《輕重甲》）。

乙、利用封建國家中央集權的威力，下令將「江淮之間」的特産菁茅，造成「一束而百金」的獨占價格，使「天下諸侯載其黄金争秩而走，天下之金四流而歸周若流水」（《輕重丁》）。

丙、用本國工藝品吸收外國財物及穀物——這也有兩個例子：

（一）不適於耕種的「漏壤之國」，「與工雕文梓器以下天下之五穀」（《山至數》）。

（二）用玉人在陰里精工雕刻的特産石璧，吸收天下諸侯的「黄金、珠玉、五穀、文采、布泉（帛）」，使「天下財物流而之齊」（《輕重丁》）。

丁、提高本國穀價以招致外國穀物之輸入——如「彼諸侯之穀十，則使吾國之穀二十，則諸侯穀歸吾國矣」（《山至數》），「滕、魯之粟釜百，則使吾國之粟釜千，滕、魯之粟四流而歸我若下深谷」（《輕重乙》）皆是。

戊、奬勵外商——本書作者對國際貿易也十分重視。《地數篇》和《輕重乙篇》把「游子勝商」之來本國者，作爲「騏驥黄金」大量輸入的重要來源。因而對外國商人，就主張要有特殊的優待。如《輕重乙篇》云：「請以令爲諸侯之商賈立客舍，一乘者有食，三乘者有芻菽，五乘者有伍養。天下之商賈歸齊若流水。」這就是説要爲外國商人設立商行，來一乘者供給本人飯食，來三乘者供給馬的飼料，來五乘者並供給炊事員五人。這樣公開提倡國際貿易，在我國古代是罕見的。

己、有意識地在本國提高外國某種特産（奇出）的價格，使其放棄農業生産，造成單一經濟的局面，借以顛覆別人的國家。例如在《輕重戊篇》所提出的許多「陰謀」——提高綈價以顛覆魯、梁，提高茈價以顛覆萊、莒，提高鹿價以顛覆楚國，提高狐白之價以顛覆代國，提高器械之價以顛覆衡山等等，都是誘使這些國家集中全力來追逐這些特産的暴利，而放棄其農業生産。同時，在本國，則及時廣積糧食（如「令隰朋反農」，「隰朋教民藏粟五倍」，「令隰朋漕粟於趙」）。結果，别國的糧食感到缺乏，而本國的穀物，則早已有充分的儲蓄。因而别國的人民爲了取得糧食的供應，就不得不相率歸順於本國了。

五、本書在理論上所暴露的時代和階級的局限性

本書所闡述的輕重理論，作爲地主階級的意識形態，無疑是有其時代和階級的局限性的。

首先，它主張的法治，是地主階級專政的體現。這個階級的專政，不可避免地有其鎮壓勞動人民的一面。雖然它對於農民起義，也認識到是封建統治者壓迫剥削所釀成，曾再三提醒過要封建統治者不要「起繇無止」，以免「穀地數亡」，更不可在「穀失於時」的情況下，「君之衡籍而無止」。但它污蔑勞

動人民的反封建鬥爭爲「盜暴」(《巨(筴)乘馬》),爲「淫暴」(《乘馬數》),説明它對於農民起義是完全站在敵對的方面的。

其次,它的輕重理論,主要目標,是繼承漢武帝打擊富商蓄賈的干涉主義經濟政策,主張由封建國家實行工商業官營,加強中央集權。但在執行這個政策時,却顯得特别軟弱無力。對一些強有力的地方分裂勢力和富商蓄賈高利貸者,不敢和漢武帝一樣,爲了酎金不如斤兩,一次免國的列侯,就達一百零六人之多;同時又實行告緡令,遇告者,都交給御史中丞杜周依法辦理,很少有平反的;對貸子錢不占租及取息過律的河間獻王子旁光侯殷也給以「有罪國除」的嚴厲處分。與此相反,它所採取的對策,却完全是妥協的和幻想的。

這種妥協的和幻想的對待富商蓄賈的對策,主要表現在代民還債的幾個辦法上.

一個辦法是用命令規定高利貸者凡持有借券滿一百張者,就可以獲得乘坐車馬的權利。没有馬的,得向公家購買。這樣,市場上的馬價必然高漲至於百倍。公家的馬價也同時坐漲百倍。然後以所得馬價,爲代民還債之用。這就是《輕重乙篇》提出的所謂「出路」之謀。原來在西漢初年,漢高祖曾發出禁令,「賈人不得衣絲乘車」(《史記·平準書》)。今特許其乘車,商人爲了滿足他們的虚榮心,勢必爭相購買馬匹,因而促使馬價高漲。這一方面可以説是給富商蓄賈乘坐車馬開了緑燈,破壞了漢高祖推行的經濟政策,另一方面,封建國家一旦收入了這筆暴利,恐怕也不一定肯慷慨地拿出來作這樣的好事吧!

又一個辦法是用命令規定諸侯郡國向最高統治者進行賀獻，必須用一種名叫「鏤枝蘭鼓」的絲織品。這樣，市面上的「鏤枝蘭鼓」的價格就會坐漲十倍，國家所藏的，也自然會同時坐漲十倍。然後以漲了價的「鏤枝蘭鼓」代民還債。這是《輕重丁篇》提出來的。這裏有兩點：第一、這些高利貸者所收的利息率，有的高達百分之百（鍾也一鍾），有的達百分之五十，至低也有百分之二十，其爲過律無疑。第二、「鏤枝蘭鼓」是一種絲織品。絲織品在漢代本來就是十分貴重的。《太平御覽》八一五引《范子計然書》：「能綉細文出齊，上價匹二萬，中萬，下五千也。」又同書八一四引《計然書》云：「白素出三輔，價八百。」《輕重丁》說的「其賈中純萬泉」，與《計然書》之中價相埒。作者一方面對取息過律置之不理，另一方面却用這樣貴重的物品來代民還債，說得很輕鬆，但事實上未必可能爲封建統治者所接受。

最後一個辦法就是所謂「峥丘之謀」，也是《輕重丁篇》提出來的。原文主張「令左右州表稱貸之家，皆堊白其門而高其閭。……使八使者式璧而聘之，以給鹽菜之用」。結果，據說也可以使「稱貸之家皆折其券而削其書」。這是想專用表揚的方法，促使高利貸者自願放棄其剥削行徑。既不使國家增加財政支出，又能够解除墮入高利貸網者的債務負担。這和本篇上文想用譴責（請之）的方法來促使城陽大夫及功臣世家都能自願「發其積藏，出其資財」以「予其遠近兄弟」，及《輕重甲篇》所謂輕重之家癸乙所提出來的「唯好心爲可耳」的「調高下，分并財，散積聚」的方法，同樣顯得十分荒謬和虚僞。像這樣根深蒂固的和封建制度密不可分的嚴重社會問題，幻想只靠統治者採取某些政策提高高利貸者和功臣世家的空頭社會地位就可以促使他們自願放棄其高利貸剥削行徑，是行不通的。這種辦法，漢武帝不是也用過嗎？他下詔「賜卜式爵關内侯，金六十斤，田十頃，布告天下」，但結果，「天下莫應，列侯以百數皆莫求從軍」（《史記·平準書》），不是一個很好的例子嗎？但這種思想，也是有它的淵源的。《漢書·王莽傳》載張竦爲劉崇草奏稱王莽功德，有云：「克身自約，糴食逮給，物物卬市，日閡無儲。又上書歸孝哀皇帝所益封邑，入錢獻田，殫盡舊業，爲衆倡始。於是小大鄉和，承風從化。外則王公列侯，内則帷幄侍御，翕然同時，各竭所有。或入金錢，或獻田畝，以賑貧窮，收贍不足者。」可見本書作者在「假仁假義」這一點上，和王莽也有其一脈相通之處！

作者對待富商蓄賈的軟弱性，還表現在下面幾條幼稚可笑的荒謬主張上。

第一、就是所謂「歸其三不歸」的策略。這個策略分見於《輕重丁》和《輕重戊》兩篇。兩篇文字大同小異，都是對歷史上盛傳的「管子有三歸」的獨創解釋。關於三歸，歷來注家意見不一，有說是「娶三姓女」的，有說是「築三臺」的，還有說是「地名」的。本書作者却別開生面，認爲人民之所以窮困，是由於老、中、青三種人都不肯認真勞動，從事生產。而其所以致此之原因，則又由於道路兩旁的樹木没有修蔚，枝葉繁茂，「一樹而百乘息其下」，以致老、中、青三種人到了這裏，也都捨不得離開，不肯回到工作崗位上去。因而主張把道旁樹枝盡行剪去，這樣就可以收到「歸其三不歸」的效果。這不僅破壞了風景，而且對於勞動人民，無限制地加強了勞動強度，連他們在路上多休息一下的權利都被剝奪了。這顯然是站在剝削階級的立場爲剝削階級服務的。

第二、就是在市場中間開闢一條水渠，招致大小飛鳥齊集於水上樹林中，引誘商賈之人離開自己的櫃臺，挾彈懷丸，到水上樹林中去打飛鳥，樂而忘歸。等到日暮天黑，不得不將櫃臺上的貨物減價出售。這樣，就可以達到「使四郊之民殷然益富，商賈之人廓然益貧」（《輕重丁》）的目的。這簡直是把唯利是圖的商賈之人，當作「孩提之童」看待了。

第三、就是所謂「招致天下之牛馬」以減低皮幹筋角的市價的荒謬主張。那就是《輕重甲篇》所提出的「高杠柴池」法。在這個方法中，作者主張破壞道路交通，把橋樑修得比平地更高一些，把路中的窪地挖得更深一些，讓拉車的牛馬經不起一上一下的勞累，相繼死亡。這樣，本國牛馬缺乏，價格就會大大地提高，外國牛馬就會源源輸入。這個辦法實在不太高明。表面上說是爲了減輕人民對於「皮幹筋角之征」的負担，結果反而把人民的牛馬都蹧踏光了，充分暴露了地主階級嫁禍於勞動人民的險惡用心！

至於作者對王莽政權的表示好感，對儒家學派某些觀點的採納，對法家學派在法律上的連坐法和在經濟政策上的山鐵官營的反對和修正，等等，我們在前面就已經分別論述過了！

論管子輕重下——對《管子集校》及所引各家注釋中有關輕重諸篇若干問題之商榷

《管子集校》(以下簡稱《集校》)一書，是郭沫若同志在聞一多、許維遹兩氏的遺稿基礎上進行加工，整理成書，於一九五六年三月由科學出版社出版的。此書體例嚴密，規模宏大，所見版本之多，參考歷來校勘書籍之廣，不僅是以前學者所未曾有，而且也是解放以來第一部博大精深的批判繼承祖國文化遺產的巨大著作。這對於今後有志研究《管子》學的人，誠如作者在《校畢書後》中所指出：「使用此書時……，如耐心讀之，披沙可以揀金，較之自行漁獵，獺祭羣書，省時撙力多多矣」，對學術界的貢獻，實在不小！

我的拙作《管子輕重篇新詮》，本是一部尚未出版的極不成熟的草稿，也謬蒙不棄芻蕘，列爲《集校》的參考書之一。還批判地引用鄙説約近百條。「附驥尾而名益彰」，使我受到莫大的鞭策和鼓舞。由於《集校》先行出版，因而給了我一個反過來又得以學習該書的大好機會，通過二十餘年來的「反復誦讀，反復校量」，從其中獲得了很多的新的啓發和收穫。但同時，對於該書及所引各家注釋中某些研究方法和文字解釋，我也有不少不敢苟同的個人看法。這些看法，都已分別補入拙稿的相當篇章中。這裏只就下列幾個問題，選擇其最爲突出的列舉數例，加以商榷。

第一、關於改字問題。

校勘古書，改字是不可避免的。但一則要有確實可靠的根據，二則要有所限制，不能改得太多。我曾把《管子·輕重》原文，和《集校》一書中所引各家注釋對這一部分所改的字，作了一個初步的統計。或則説「某字當作某字」，或則説「某字是某字之誤」，或則説「某字爲某字之假」，或則説「某讀爲某」。計原書十六篇僅有正文二萬五千九百九十八字，而各家所改的字，合併計算，除絶對正確者不計外，還有五百零二字之多，即大約每五十一個字，就得改動一個字。是真的有這樣多的錯字嗎？經過仔細推敲核對的結果，我認爲大多數都是不應該改的，有些則可改可不改，甚至有些則是很明顯的改錯了。特别是關於數目字、固有名詞和特用術語，不能隨意改動。

首先，從數目字的改動説起。

例一：《事語篇》上言六勝，而下言「凡十勝者盡有之」。這本是指其大數而言，乃古人行文常用寫法。但豬飼彦博改「十」爲「六」，張佩綸改「十」爲「七」，並以《樞言篇》爲證，説此處「挩去一句」。《集校》則更進一步，以《樞言》七勝與《事語》六勝合併計算，舍同存異，凑成「十勝」之數，而謂《事語》奪其四，《樞言》奪其三，並斷定《樞言》「七勝」乃「十勝」之訛。事實上此文不僅見於《事語》及《樞言》兩篇，而且又見於《七法篇》及一九七二年山東臨沂銀雀山漢墓出土之《王兵篇》（見一九七六年《文物》十二期《王兵篇》釋文）。《七法篇》上言「以衆擊寡，以治擊亂，以富擊貧，以能擊不能，以教卒練士擊敺衆白徒」，而下文曰「十戰十勝，百戰百勝」，《王兵篇》上言「以治擊亂，以富擊貧，以能擊不能，以教士擊敺民」，而下文曰「此十戰十勝之道」。如必據甲改乙，或挹彼注茲，「十勝」之數尚可勉强湊合而成，但「百勝」又將怎麼辦呢？

例二：《海王篇》：「今夫給之鹽筴，則百倍歸於上，人無以避此者，數也。」爲了「百倍」一詞，《集校》列舉了三種改法。俞樾認爲「百倍太多」，故以「百」字爲「衍文」。陶鴻慶則認爲「百」當爲「自」字之誤。言「不必籍於諸君吾子，而自然得其倍數」。聞一多也認爲「百」當爲「自」，並謂「自當訓自己，謂某數自己，實不定之辭，與今算術之X同」。「倍」就是「二」，故「自倍」亦可省言「倍」。案「百倍」乃漢人言財政經濟之常用形容詞。《鹽鐵論·非鞅篇》大夫言「商鞅外設百倍之利，收山澤之税」，文學也説商鞅「外禁山澤之原，内設百倍之利」，即其證。謂之「百倍」者，乃作者故意誇大之詞，謂依其言而行，就可以取得百倍的盈利。本書言倍數之處不一而足。計「三倍」一見（《輕重乙》），「五倍」五見（《揆度》及《輕重戊》），「六倍」一見（《揆度》），「十倍」二十三見（《國蓄》、《山國軌》、《山權數》、《山至數》、《揆度》、《輕重甲、乙、丁》），「再十倍」或「二十倍」共七見（《巨乘馬》、《地數》、《揆度》、《輕重丁》），「四十倍」三見（《輕重甲、丁》），「五十倍」二見（《輕重丁》），「百倍」十見（《海王》、《國蓄》、《輕重甲、乙》）。這些都是作者隨意用來鼓吹所謂輕重之筴所獲盈利之大。《輕重乙篇》所謂「發號施令，物之輕重相什而相伯」，《輕重丁篇》所謂「善爲國者……一可以爲百，未嘗籍求於民，而使用若河海」。「使用若河海」，則取之不盡，用之不竭，不僅百倍而已！

此外，改《巨乘馬》的「一農」爲「二農」，又改「二農」爲「上農」。改《海王篇》的「釜十五」爲「釜五十」，改《山權數》的「粟賈三十」爲「粟賈十」，改《地數篇》的「黄金百萬」爲「黄金萬斤」，改《輕重乙篇》的「富商蓄賈藏五十鍾」爲「富商蓄賈藏五千鍾」，「涇水十二空」爲「涇水上下控」，改《輕重戊篇》的「當一而八萬」爲「當一而八百」，「糴十百」爲「糴石百」，「三百七十」爲「石百七十」。特别是對《山至數》「方六里而一乘，二十七人而奉一乘」一條，各家意見最多，或則據《乘馬篇》改「二十七人」爲「三十人」（王引之），或則據同篇改「六」爲「八」（丁士涵），或又據同篇改「二十七」爲「七十二」（何如璋），或則據同篇及《周禮·夏官·敍目》改「二十七人」爲「二十五人」（孫詒讓）。總而言之，只要遇到數目字，無不用講價還價的方式來進行「是正」。

其次，來談談對固有名詞的改動。

這裏所謂的固有名詞，包括人名、地名、官名、物名和制度名等數種。各舉一例以資説明：

一、對人名的改動。例如「金出於汝漢」一段，除《國蓄篇》外，《地數》及《揆度》都作桓、管問答語，《輕重乙篇》忽變爲武王、癸度語。又「吾國者衢處之國也」一段，《地數篇》也是桓、管問答語，《輕重乙篇》也作武王、癸度語。這顯然是各篇不是一時一人作品的表現，但同時也就證明本書中所有人名，只不過是寓言式的人物，根本上就談不到誰正誰誤的問題。張佩綸不明此理，硬説《乙篇》的「武王」就是「威公」，「癸度」就是「癸乙」。因此並言當與「迎癸乙於周下原」合爲一節。《集校》也同樣認爲《乙篇》「武王問於癸度」一段，當屬《揆度篇》，而以「揆度」卽「癸度」，「武王」卽「威王」，也就是「齊威王因齊」。真是未免多事！又《集校》把《輕重戊》「管子令桓公」的「桓公」，改爲「隰朋」，其理由卽爲管子不應當對桓公下令。實則「令」就是「教」的意思，《事語篇》有「泰奢教我曰」，《山至數篇》有「有人教我，謂之請士」的話，泰奢、請士可以「教」桓公，爲什麼管仲就不可以「令」桓公呢？

二　對地名的改動。例如《地數篇》及《輕重甲篇》都有「梁、趙、宋、衛、濮陽」語。《集校》認爲濮陽屬於衛，不應於衛之下復出濮陽。因而據抄本《册府元龜》，改「濮陽」爲「淮楊」，又自改「楊」爲「揚」。這裏，大概是把《史記·貨殖傳》下面的這段記載完全忘記了！《貨殖傳》説：

「夫自鴻溝以東，芒碭以北，屬巨野，此梁宋也。」

「然邯鄲亦漳河間一都會也。北通燕涿，南有鄭、衛。鄭、衛俗與趙相類，然近梁、魯，微重而矜節。濮上之邑徙野王……」

這明明是説的「漢與海内爲一」以後的漢代經濟地理，既有梁、宋，又有趙、衛，也有濮上之邑，非指戰國時代的梁、宋、趙、衛、濮陽。本書所述地名，與此完全相同，正足證明本書爲漢人所作。乃竟有人抓住這裏有梁、宋二字立即武斷地説本書之成，不得在齊威王滅宋以後和梁惠王遷梁以前。誠如所言，那麼《史記》的寫成年代不也就大成問題了嗎？

此外，或改《地數篇》「渠展」爲「渠養」，謂即《漢志》瑯邪郡長廣縣之奚養澤（錢文霈）；或改《輕重乙篇》「莒必市里」之「必市」爲「密」，謂即《郡國志》淳于之密鄉（張佩綸）；或則改《輕重丁篇》「峥丘」爲「乘丘」（俞樾）；或又改爲蛇丘（何如璋），又説就是葵丘（尹知章）。明明本書所有地名也和人名一樣都是作者隨意假託之詞，但學者們硬要牽强附會地去尋求實地，這就未免爲古人所愚了。

三、對官名的改動。《揆度篇》「自言能治田土，不能治田土者，殺其身以釁其社」。許維遹説：「治田土」當作「治土」，而「治土」就是「司徒」。《集校》則以「兩『田』字皆爲『申』字之誤。『申土』卽司徒也。齊有申田之官，《立政篇》誤『申』爲『由』，此則誤『申』爲『田』」。蓋校者不解『申土』之義而以意改之」。這也大成問題。《荀子·王制篇》論「序官」，計有宰爵，司徒、司馬、大師、司空、治田、虞師、鄉師、工師、傴巫、跛擊、治市、司寇、冢宰、辟公等等名義。又説：「司徒知百宗城郭立器之數」，而「治田之事」，則爲「相高下，視肥墝，序五種，省農功，謹蓄藏，以時順修，使農夫樸力而寡能」。可見「司徒」和「治田」，不僅各爲一官，而且職權也不一致。又《管子·大匡篇》也有「寧戚爲田」及「墾草入邑，……臣不如寧戚，請立爲大司田」的話。本書「治田土」一詞凡二見（《揆度》及《山國軌》），皆指農事而言，若如二氏言，則是合兩官爲一官了。又許維遹改《輕重甲篇》的「中軍」爲「申軍」，張佩綸改《輕重丁篇》的「太宰」爲「宰夫」，丁士涵改《巨乘馬篇》兩「衡」字爲「横」，誤與此同。

四、對物名的改動。《國准篇》：「立施以守五穀」，施卽通施，就是貨幣。立施就是鑄造貨幣，和本篇上文「出山金立幣」與《國蓄篇》「鑄錢立幣」意義相同。守五穀就是用貨幣收買五穀，也就是「彼守國者守穀而已矣」的意思。「執其通施以御其司命」乃本書作者在經濟政策中的中心思想。而這裏的「立施以守五穀」，就是説明在「非五穀之所生」的「禽獸牛羊之地」，封建國家要利用官營牧場所獲得的贏利作爲資金，鑄造貨幣，以爲收買五穀之用，正是落實「執其通施以御其司命」這一中心思想的具體措施，因而可以達到「以無用之壤藏民之贏」的最終目的。但《集校》却別出新解，改「施」爲「杝」，改「穀」

爲「穀」。把本書作者的中心經濟思想，看成是作一個木籠，來飼養小畜。把最終目的變爲達到目的手段，這就未免令人有「買櫝還珠」之感了！

五、對制度名的改動。《集校》不僅改人名、地名、官名和物名，而且還對有關朝代特徵的制度名，也若無其事地順手加以改動。最突出的例子，就是王引之把《輕重己篇》的「天子服黄而静處」，改爲「天子服赤絻赤而静處」。雖只一字之差，但却關係到兩個不同朝代、不同意識形態的「服色」制度問題。《集校》本也感覺到這是王莽「寶黄厮赤」思想的反映，但却完全不顧及全書中有不少反映王莽時代的特徵的同時存在（參看《論〈管子·輕重〉上——關於〈管子·輕重〉的著作年代》），而斷定説「僅此一字孤證不足爲據」，因而對王引之的改動，表示同意，這就未免和王國維僅僅根據「玉起於禺氏」一句話，就認爲《管子》書是漢文、景時代的作品（見《觀堂别集補遺·月氏未西徙大夏時故地考》），而對與「禺氏之玉」並列在一起的，還有直到漢武帝太初三年（前一〇二）遣徐自爲築五原塞外列城「西北至盧朐」（《漢書·武紀》及《匈奴傳》），才開始歸入漢代版圖的「陰山之礝碈」和到王莽時才由漢西陵縣改名爲江陽的「江陽之珠」，則熟視無睹，同樣是犯了「不全面看問題」的毛病！

復次，談談對特用術語的改動。

這裏也可以舉出幾個例。

一、《巨乘馬篇》有「國穀之櫎，（音晃，這裏指物價。）一切什九」的話。《集校》認爲「『一切什九』殊爲不詞，疑是『一均什斗』之誤，『均』假爲『鈞』」，又以《小匡篇》尹注「三十金曰鈞」的「三十金」爲「三十錢」，因而作出一鈞什斗就是穀每石值三十錢的結論，以期合於戰國時代李悝所説的「石三十」之數。這樣不憚煩地轉好幾個彎，來把自己早已肯定是漢文景時作品的書中的穀價硬要使其與幾百年前的戰國時代李悝所説的穀價相埒，可謂費盡苦心！殊不知「一切」二字乃漢人常用語，《史記》、《漢書》、《鹽鐵論》等書及劉向《戰國策序》屢見。而「什九」則爲本書中的特用術語。《山國軌篇》：「穀一廩十，君常操九」。《山權數篇》：「物一也而十，是九爲用。」這是説穀的原價本僅爲一，由於通過輕重之策，爲國家所壟斷，故坐長加十，除原價外，獲利九倍。故曰「國穀之櫎，一切什九」，也就是説所獲盈利，一切皆爲百分之九十。本義自明，一經改動，不僅不好理解，而且連時代也弄顛倒了！

二、「大准」一詞，《國蓄篇》一見，《揆度篇》二見，也是本書特用術語。《揆度篇》自有專章，進行解釋。它説「天下皆制我而無我焉，此謂大准」。下文並舉例説明，意思是説封建國家的最高統治者，在天下大亂時，一切貧富予奪之權都操在鄰國手中，毫無自主能力。《山至數篇》所謂「天子失其權」也就是這個意思。但張佩綸却一定要改「大」爲「失」，未免多事！

三、《山至數篇》「大夫旅壤而封，積實而驕上」。戴望説：「旅、列古同聲。今本作『聚』必『裂』字之誤。」張佩綸説：「旅，列也。謂列壤而封，猶言分土封之。」這是對的。列壤即裂地。「裂地而封」，也是漢人特用術語。見《史記・高紀》、《黥布傳》、《吾丘壽王傳》。本書《輕重乙篇》作「列地而封」，「列」即「裂」。《揆度篇》兩言「割地而封」，「割」也是「裂」。《集校》却認爲「以作『聚壤』爲是。所謂『富者田連阡陌』也。封謂富厚。『聚壤而封』，與下句『積實而驕上』對文。」似與原意不合。

四、《山至數篇》：「今刀布藏於官府，巧幣、萬物輕重，皆在賈人。」（「人」原作「之」，誤，據《揆度篇》改。）《集校》改「巧幣」爲「朽弊」，並以之屬上爲句，以《史記·平準書》「京師之錢累巨萬，貫朽而不可校」爲證，謂是指刀布朽弊而言。案此説亦大可商。此當以「今刀布藏於官府」爲句，「巧幣、萬物輕重，皆在賈人」爲句。巧幣者，謂巧法使用貨幣，從中取利。此乃漢代前期一大社會經濟問題。其具體内容，約有下列三種。賈誼説：「鑄錢之情，非殽雜爲巧，則不可得贏。」《漢書·食貨志》：「郡國鑄錢，民多奸鑄。」顔師古云：「謂巧鑄之，雜鉛錫。」這是以殽雜鉛錫爲巧者一。《食貨志》又云：「今半兩錢，法重四銖，而奸或盜摩錢質而取鋊，錢益輕薄而物貴，則遠方用幣煩費不省。」這是以盜摩取鋊爲巧者二。又云：「郡國鑄錢，民多奸鑄。錢多輕。而公卿請令京師鑄官赤仄，一當五。……其後二歲，赤仄錢賤，民巧法用之，不便，又廢。」《鹽鐵論·錯幣篇》文學云：「往古幣衆財通而民樂，其後稍去舊幣，更行白金龜龍，民多巧新幣。幣數易而民益疑。……商賈以美貿惡，以半易倍，買則失實，賣則失理，其疑惑滋益甚。」這是以美貿惡，以半易倍爲巧者三。「巧幣」和「萬物輕重」是兩事而非一事。這裏是説貨幣雖藏在官府，而巧法使用貨幣和操縱萬物價格的大權，則都掌握在商人手中，故曰「巧幣、萬物輕重，皆在賈人」。若改「巧幣」爲「朽弊」，則「皆在賈人」的「皆」字，便不可通了！

第二、關於加字問題。

《集校》及所引各家注釋，在原文不少地方，或根據某種類書，或逕以己意，增加一些字句。統計十六篇中，共增加了四百七十四字，即差不多每五十四字，增加一字。其中僅《國蓄》一篇就增加了四十四字，而其根據，皆爲《通典》。這是很不可靠的。最可注意的，就是由於加字的結果，往往把書中的原來意思，變成了正相反對的意見，這樣的例子也可以舉出若干條：

一、《揆度篇》「百乘之國，中而立市，東西南北度五十里」一段文字，乃漢人對古代分地制度與《孟子》、《王制》、《賈誼新書》、《春秋繁露》、《史記》及《漢書·地理志》不同的又一種説法。篇中所舉「百乘之國，千乘之國，萬乘之國」的里數、車數和馬匹數，與《漢書·刑法志》「百乘之家，千乘之國，萬乘之主」的里數、車數和馬匹數完全相同。茲列表如左：（見九八頁表）

據此，可見《揆度篇》所謂「中而立市，東西南北度五十里」「度百五十餘里」「度五百里」，正是《漢書·刑法志》所謂「一同百里」「一封三百一十六里」「畿方千里」之半數，與《賈誼新書·屬遠篇》、《鹽鐵論·除狹篇》、《備胡篇》及《輕重乙篇》也相符合。可是俞樾僅片面地根據《荀子·大略篇》「吉行五十里」一語，就武斷地説：「此文『度五十里』當作『各百五十里』，『度百五十餘里』，當作『二百五十里』。」並説：「『餘』字亦不可通。」爲了配合所謂「吉行五十里」的孤證，還把下文「五日而反」和「輕重毋過五日」兩個「五」字，也改爲「六」字。這樣一加一改，不僅與原文及《漢書·刑法志》、《賈誼新書》、《鹽鐵論》及本書《輕重乙篇》大相違反，而且所謂「管子多與周禮合」的「千乘之國方五百里，百乘之國方三百里」，也完全出於捏造。《集校》引用俞氏全文，未加批判，因而給讀者對於理解原文造成了很大的困惑。

二、《山權數篇》：「物有豫，則君失筴而民失生矣。」可見原文作者是反對「物有豫」的。但《集校》於引用吴志忠「『則君』上脱『無豫』二字」之説後，又補充説：「『豫』卽『凡事豫則立，不豫則廢』之豫，故

書名／國別	《揆度篇》	書名／國別	《漢書·刑法志》	備考
百乘之國	百乘之國（地方百里），中而立市，東西南北度五十里。輕車百乘，馬四百匹。	百乘之家	一同百里，戎馬四百匹，兵車百乘。	《賈誼新書·屬遠篇》：「公侯地方百里，中之而爲都，……其遠者不在五十里而至。」 《鹽鐵論·除狹篇》：「古者封賢禄能，不過百里。百里之中而爲都，疆垂不過五十。」 《輕重乙篇》：「仳諸侯度百里。」
千乘之國	千乘之國（地方三百有餘里），中而立市，東西南北度百五十餘里。輕車千乘，馬四千匹。	千乘之國	一封三百一十六里，戎馬四千匹，兵車千乘。	《輕重乙篇》：「兼霸之壤，三百有餘里。」
萬乘之國	萬乘之國（地方千里），中而立市，東西南北度五百里。輕車萬乘，馬四萬匹。	萬乘之主	畿方千里，戎馬四萬匹，兵車萬乘。	《賈誼新書·屬遠篇》：「古者天子地方千里，中之而爲都，輸將繇役，其遠者不在五百里而至。」 《鹽鐵論·備胡篇》：「古者天子封畿千里，繇役五百里。」 《輕重乙篇》：「天子中立，地方千里。」

下文『蓄』與『飾』稱爲『二豫』。」這樣一加一解，就把原文作者變成爲主張「物必有豫」之人，與原文宗旨恰恰相反。實則這個「豫」字乃《荀子·儒效篇》「魯之粥牛馬者不豫賈」之豫。王引之說：「豫，猶誑也。」物有豫，就是說富商大賈虛標物價，以欺誑顧客而牟取暴利。《鹽鐵論·力耕篇》文學說：「古者商通物而不豫，工致牢而不僞。」下文又云：「商則長(zhǎng 崇尚)詐，工則飾馬。同碼。飾馬就是虛標物價。」以「長詐」與「不豫」，「飾馬」與「不僞」對言，益足證明訓「豫」爲「誑」之正確。又案「二豫」指「工商相豫」而言，《鹽鐵論·禁耕篇》有「工商不相豫」語，可以爲證，似與下文「蓄飾」之指「寶」而言者無關。

三、《山權數篇》又云：「穀者民之司命也，智者民之輔也。民智而君愚，下富而君貧，下貧而君富。此之謂事名二。」這裏確實有脱字。但《集校》於列舉並否定各家意見之後，又提出了自己的意見說：「此當作『民智而君智，民愚而君愚。』本篇並未主張愚民政策，安得有『民智而君愚』之理。」因而決定在「而君」下加「智民愚而君」五字。案此處「民」與「下」，皆指富商大賈之以牟大利爲目的者而言，與《山至數篇》所謂「民富君無與貧，民貧君無與富」兩「民」字之泛指一般人民而言者不同。前者是本書作者認爲必須加以無情打擊之對象，而後者則爲封建國家進行徵斂之廣大財源。因此，對於後者，必須先在培養稅源上做工夫，故曰「民富君無與貧，民貧君無與富」。《揆度篇》所謂「民財足則君賦斂焉不窮」，義與此同。對於前者，則只有加强封建國家之政權(君棅)，將所有七能、五技、六家之知識技能，完全由封建國家預先加以壟斷，使其不爲富商大賈所利用，作爲操縱市場牟取大利之手段，以成其爲「一國而二君之正(徵)」之勢。如此則「事至則不妄」，而「失時」、「失筴」、「失利」、「失義」之弊自可完全免除。（以上均見《山權數篇》）若作「民智而君智，民愚而君愚」，則不僅與上文所謂「此使君不迷妄之數」，「故君無失時，無失筴」，「此謂君棅」之專以「君」爲主者不相符合，而且與本書作者積極主張之「故見予之形，不見奪之理」（《國蓄》與《輕重乙》）、「御神用寶」（《山權數》）及「智者役使鬼神，而愚者信之」（《輕重丁》）之剥削總方針，也大相違背了！

第三、關於大刪削問題。

《集校》除了改字和加字外，還大量地對原文進行了刪削。統計被刪削的地方達七十處，共刪削了八百五十六字，即每三十個字，就得刪削一字。除被刪削在二十字以下者不計外，其中刪削最多的，計《地數篇》爲二百六十七字，《山國軌篇》爲二百字，《事語篇》爲一百四十六字，《山至數篇》爲七十字，《山權數篇》爲二十二字。這些都是可以商榷的。以《事語篇》及《地數篇》爲例，談談我個人的意見吧！

一、《集校》在《事語篇》「彼壤狹而欲舉與大國爭者」條下説：「自『定壤之數也』至此句止，凡六十四字，別篇脱簡，孱入於此，故所答非所問。」又在「農夫寒耕暑耘」條下説：「自『農夫寒耕暑耘』至『非怨民心，傷民意也』三十字，乃《匡乘馬篇》別本脱簡，誤孱入於此，當刪。」又在「泰奢之數，不可用於危隘之國」條下説：「原文『此定壤之數也』以下至『不爲君憂』五十三字，乃《輕重乙篇》別本脱簡孱入於此，當刪。」又在「富勝貧」條下引何如璋云：「『富勝貧』以下十二句見《兵法篇》（案：《兵法》當是《七法》之誤），大同小異，與本文不屬。疑『十年之蓄』下原脱數句，後人乃雜凑《兵法》之文以足其數也。」後者計五十二字。前者兩説不同，第一説爲「六十四字」，蓋包括「彼壤狹而欲舉與大國争者」十一字在內；第二説則爲「五十三字」。如以第一説爲正，則《集校》所删共爲九十四字，與何如璋説合計，則爲一百四十六字。《事語篇》原文總數僅四百一十九字，竟删削了一百四十六字，占原文百分之三十七有奇。事實上，本篇原文，共分兩段，第一段論泰奢之數，不可用於危隘之國。又分二節，從「此定壤之數也」至「不爲君憂」爲第一節，乃説明「定壤」（卽賈誼所謂「地制壹定」）的國家，財穀雖以奢侈而流通於民間，然政府猶得以命令之徐疾，就其有餘不足者統籌調配，凖而平之，故曰「此定壤之數」。從「彼壤狹而欲舉與大國争者」，至「不可用於危隘之國」爲第二節，乃説明若在壤狹之國（卽賈誼所謂「一股之大幾如腰，一指之大幾如股」的國家），則一切農耕女織所得之生產品，非絶對由封建國家管制而獨占之，使其「力歸於上」「功歸於府」，便有「不可用人」「無以勸下」的流弊，故曰「非數」。第二段論佚田所提「用非其有，使非其人」的觀點也不能成立，其理由則爲「不守内不可以持天下」。兩段都以「積蓄」爲中心。而其理論根據似完全取材於《賈誼新書》。第一段謂「壤狹之國」非有「積蓄」「積財」，不可以「用人」「勸下」。乃《賈誼新書·五美篇》「地制壹定，則海内之勢，如身之使臂，臂之使指，莫不從制」的翻版。第二段則説「國有十年之蓄」，便可以操「十勝」之權。乃《賈誼新書·無蓄篇》「禹有十年之蓄，故免九年之水；湯有十年之蓄，故勝七年之旱。夫蓄積者，天下之大命也。苟粟多而財有餘，何爲而不濟？以攻則取，以守則固，以戰則勝，懷敵附遠，何招而不至？」的翻版。一問一答，針鋒相對，既無「不屬」，又非「脱簡」，乃整齊嚴密之文字，一經大量删除，便不成文了！

二、《地數篇》全文共分五大段。第一段從「桓公曰：地數可得聞乎？」至「坐起之費時也」，總論天下銅鐵之山，乃兵器（戈矛）和錢幣（刀幣）之所自出，爲自古以來歷代國家得失存亡之所關。桀不足而湯有餘，乃能、拙之結果，非天之所爲。第二段從「黄帝問於伯高曰」至「此見戈之本也」，論鐵礦獨占，不以利器與人（逃其爪牙），是團結統一、鞏固中央集權（陶天下而以爲一家）的最可靠的手段，否則鐵礦爲地方分裂勢力所操縱，必將發生「頓戟一怒，伏尸滿野」的慘劇（見戈之本）。第三段從「桓公問於管子曰：請問天財所出」至「則文武是也」，論金銀銅鐵等礦産爲天財地利之所在，特别是金與銅，必須由封建國家實行壟斷，並製定爲上中下三等幣制，然後以號令高下其中幣而制下上之用。第四段，從「桓公問於管子曰：吾欲守國財而外因天下」至「然則天下不吾洩矣」，論以人工抬高穀價收購財物和實行鹽專賣的具體措施。第五段從「吾欲富本而豐五穀」至「使非人」，論善爲國者，不在於富本，而在於能隨時注意國内外經濟情況的變化，採取適當的貿易政策，以免國内財利「税於天下」，而使「天下之寶壹爲我用」。總起來説，全文討論内容，計有㈠鐵礦壟斷，㈡銅礦壟斷，㈢以人工抬高穀價收購財物和實行鹽專賣，㈣採取適當的貿易政策。段落分明，旨意清晰，無冗無闕，也是《輕重》諸篇中最爲完整的文字。但《集校》却説：「自『黄帝問於伯高曰』至『見戈之本也』一節，乃前人抄録他書文字爲下文『山上有赭者其下有鐵』云云作注，而誤入正文者。下文有『一曰』云云，亦系抄注濫入，可爲互證。」連同其它零星删削，合計共達二百六十九字之多。殊不知這裏黄帝與伯高問答，與《輕重乙篇》武王與癸度問答，同是本書作者隨意假託之人名與事實，用問答體説明其所謂輕重之筴的具體措施，乃兩篇中心思想所在，不得認爲是「注文誤入」。至「一曰」云云，乃又一種説法的意思，故再述之以供參考。《管子·法法篇》兩用「一曰」，尹注彼處云：「管子稱古言，故曰『一曰』。」劉績也説：「按此乃集書者再述異聞。」此等方法，古書如《韓非子》、《吕氏春秋》多用之。《史記·秦始皇本紀》及《酈食其傳》也有此例。乃是古人行文的常用體裁，與《管子·大匡篇》「或曰」下尹注所謂「集書者更聞異説，故言『或曰』」，情形正復相同。

第四、關於斷句問題。

《集校》及所引各家注釋在斷句問題上也有不少可以作進一步商榷的地方。

例一，《乘馬數篇》：「(朝)〔霸〕國守分上分下，游於分之間而用足。」分即若干分，我在《巨(筴)乘馬篇》已有極詳盡的論證。原文即《揆度篇》「若此則幣重三分，財物之輕重 重字衍文 三分。賈人市於三分之間」與《鹽鐵論·貧富篇》「運之六寸，轉之息耗，取之貴賤之間」之意，意義本極清楚，而丁士涵、何如璋、黄鞏皆斷「霸國守分」爲句，丁並謂下句「當作『上下游於分之間而用足』」，「『分』字涉上下文而衍，『上下游於分之間』即下文所謂『乘馬之準與天下齊準』也」。何如璋則又以「上分」爲句，謂上守國穀之半也。仍半，乃散之百姓，故下游於分之間而地力之用既足矣」。黄鞏則以「上分下」爲句，《集校》説同黄鞏，但又謂「上分下」即「上與下」之誤，「因『分』字與『與』字草書形近」。這樣，便和原文毫無共同之處了。

例二，《山權數篇》：「桓公曰：善蓋天下，視海内長譽而無止，爲之有道乎？」此處「善」字與上文「桓公曰善」之善不同。此「善」字當下屬，讀「善蓋天下，視海内長譽而無止」十二字爲句。「善」即善惡之善。「蓋」即《史記·項羽本紀》「力拔山兮氣蓋世」之蓋。「蓋天下」者，就是天下無敵的意思。《管子·七法篇》上言「兵未出境而無敵者八」，下即以八事「不蓋天下，不能正天下」反承之。是其證。視與示通，見《漢書·高紀》「視項羽無東意」顔師古注。長即下文「此長有天下之道」之長。無止在本書凡十四見，即無有窮期。長譽而無止，猶言「流芳百世」。但張佩綸却以「善」字絶句，又謂「視海内」爲「朝海内」。聞一多以「蓋」爲「盍」，盍即合，而曰「盍天下視海内」即「一匡天下，九合諸侯」。《集校》則以蓋與闔通，視乃縣字之誤，謂闔天下縣海内，即《山至數》「有海内縣諸侯」之意。都是既失其讀，又失其義！

例三，《地數篇》「以巨橋之粟二十倍市繒帛，軍五歲毋籍衣於民。」尹桐陽既斷「市繒帛軍」爲句，而又謂：「帛，百也。軍同緷，大束也。」《集校》則又謂：「上『巨橋之粟』當爲國粟，二十倍之國粟乃民所獻以避戍者，二十倍之巨橋之粟乃因粟價漲，而原有之粟亦漲也。以國粟市繒，以巨橋之粟衡黄金，乃分别使用之。『市繒帛軍』，當爲『市繒萬軍』之誤。尹桐陽讀軍爲緷，是也。」案此處實有三誤，其一，原文只論「武王令民自有百鼓之粟者不行」，乃謂人民只要自己家中有百鼓之粟，就可免戍，並没有要他們把粟獻給國家。其二，上文所謂國粟，是指國境以内之粟包括民間所有和國家所有在内。國家所有之粟，只是巨橋之粟。下文「市繒帛，衡黄金」，皆用此粟。兩言「以巨橋之粟」者，只是説此粟既可用來市繒帛，又可用來衡黄金，是作者有意誇大漲價後的巨橋之粟，用處很大，並不是説繒帛黄金同時收買。其三，則是斷句錯誤。這裏明明當以「帛」字絶句，「軍」字下屬。「軍五歲毋籍衣於民」，是説所市的繒帛，可供三軍五年的軍衣之用，毋須再向人民征斂。這和《山權數篇》所謂「丁氏之粟可食三軍之師行五月」、「丁氏之粟中三軍五月之食」，句例正同。至《集校》又改「衡黄金百萬」爲「衡黄金萬斤」，則屬於對數目字的改動範圍，我在前面就已經説過了！

第五、關於大搬家問題。

最令人驚異者，莫過於大搬家問題。除石一參、黄鞏毫無根據地將《管子》全書各篇原文完全打亂，重新改編者不值一談外，其餘或則把書中文字從其他幾篇各取一段，合併移至某篇；或則從甲篇移至乙篇；或則從本篇甲段移至乙段；或則甲乙兩篇各取一段互相移易。這樣的例子，也不下二十餘處，共達一千五百四十四字之多。就是每十六個字，就得移動一個字。最多者有二百四十四字的，有一百二十四字的，也有一百一十五字的。其它或八十四字，或七十九字，不等。兹分别各舉一例，説明如左：

一、從其它幾篇各取一段合併移至某篇的——《地數篇》「此（天地）之所以分壤樹穀也」條下張佩綸云：「《地數篇》首節以分壤樹穀及戈矛、刀幣爲三大綱，不應但言戈矛、刀幣，而置樹穀不論。宜以《揆度篇》『一歲耕』七句、『上農挾五』一節及《輕重丁篇》『正月之朝穀始也』一節割隸此篇，章旨始明，語意始足。此三節在《揆度》、《丁篇》前後均不附麗，一經改定，彼去駢枝，此完血脈，無截鶴續鳧之嫌，非好爲意斷也。」計共移動二百四十四字。其所持理由有二，一爲本篇以分壤樹穀及戈矛、刀幣三綱並提，但缺樹穀。二爲三節在《揆度》、《丁篇》均不附麗。但《地數篇》原文共分五段，段落分明，旨意清晰，無冗無關，上已言之。而《揆度》及《丁篇》則皆爲雜記體之文字，前者共分十六段，後者共分十五段，都是每段討論一個問題，也就是每段設計一個「謀」，如「石璧謀」、「菁茅謀」是。段與段間並無有機聯系，與本書《輕重甲》及《乙篇》相同。不僅張氏所提三節前後不相附麗，其他各節，也是每段各自獨立存在。若必逐節尋找可以附麗之處，重新安排，則不僅文義不通，而且弄得原書面目全非，必不可從。

二、從甲篇移至乙篇的——《揆度篇》《集校》云：「《輕重乙篇》有『武王問於癸度曰』一段，當屬於此篇，卽此篇命名之所由。『揆度』卽『癸度』。彼所謂『武王』者，『武』殆『威』之誤。乃卽齊威王因齊也。」今按「揆」「癸」古字通用，見《史記·律書》、《白虎通》、《釋名·釋天》。所謂「揆度」者，指善於計算考慮而言。《漢書·武五子傳》：「王内自揆度。」又說：「圖畫安危，揆度得失。」是其證。本書以「揆度」名篇，亦如以「策乘馬」、「乘馬數」名篇，用意全同。各篇同文之處甚多。又「武王問於癸度」，與《地數篇》「黄帝問於伯高」，《輕重乙篇》「桓公迎癸乙於周下原」，這些人名與書中其它人名一樣，都是作者隨意假託之詞，並非真有其人。若必移彼就此，改甲爲乙，就未免無事自擾了！

三、從本篇甲段移入乙段的——《巨乘馬篇》《集校》說：「自『桓公曰善哉』以下至『不得不然之理也』八十四字，當在本篇之末，承接『此有虞之筴乘馬也』，錯簡於此。蓋下文始言『筴乘馬之數』，此突言『筴乘馬之數未盡也』，於文失序。」這裏首先要弄清楚甚麽是「筴乘馬」。筴卽籌畫。「乘馬」之馬卽《禮記·投壺篇》「爲勝者立馬」之馬。鄭注：「馬，勝籌也。謂之馬者，若云技藝如此，任爲將帥乘馬也。」《佩文韻府》引此注，末有「乘又去聲」四字。乘讀去聲爲計算。鄭氏之意，蓋謂任爲將軍計算之事。

孔穎達疏説是「堪爲將帥而騎馬」，完全是誤解。可見，乘就是計算，馬就是籌碼。「筴乘馬」就是《史記・貨殖傳》所謂「運籌策」，《漢書・貨殖傳》所謂「運籌算」。《紅樓夢》第五十五回所謂「籌畫計算」。簡言之，則爲「運籌」（見《史記・高紀》及《漢書・兒寬傳贊》）。本書以「筴乘馬」名篇，也和以「乘馬數」及「揆度」名篇，用意相同。文中一開頭就説「桓公問管子曰，請問乘馬」，「乘馬」上當脱「筴」字，從篇名「筴乘馬」及「筴乘馬」在本篇凡五見，《乘馬數篇》凡七見（其中「乘馬之數盡於此乎」上脱「筴」字），可證。這樣，上文桓公問「請問筴乘馬」，管子答以無「筴乘馬」（猶賈讓《治河策》之言「無策」）之害。桓公稱善之後，管子又答以以上所言，還未盡筴乘馬之能事，故下文又進一步備陳「盡其能事」之具體措施。層次分明，上下銜接，謂爲「失序」是不對的。

四、將甲乙兩篇文字互相移易的——《揆度篇》「管子對曰：『君請使與正籍者皆以幣還於金』至『利下上之用』」，共一百二十四字，《集校》認爲當與《輕重甲篇》「陰王之國」一節答語互易。其理由，在《揆度篇》，則曰「此節所答非所問」，在《甲篇》則曰：「此云『輸之給馬』，即謂輸出百倍之金以給陰山之馬也。」這裏應分作兩層講。第一，《揆度篇》所謂「使與正籍者皆以幣還於金」，乃作者所設計的抬高金價之具體方法。「珠起於赤野之末光」云云，則説明上文「以幣還於金」及所以能「以一爲四」的理由，即所謂「高下其中幣，利下上之用」者。一問一答，絲絲相扣，怎麼能説是「所答非所問」呢？第二，《甲篇》的「馬」字即「筴乘馬」之馬，指用以計數之籌碼而言。這裏「管子對曰：請以令使賀獻、出正籍者必以金」云云，乃答復桓公「安用金而可？」的話。蓋謂此令一出，國内對金的需要量必大爲增加，而金價亦必因之「坐長百倍」，然後又運用此百倍之金以收購萬物。如此一轉手間，政府所獲盈利之多，有如輸入計數之籌碼，取給無窮。如《丁篇》所謂「用若挹於河海」，同是比喻之詞，與「陰山之馬」之作爲軍馬之用者毫無關係。

第六、關於若干特有詞彙的解釋問題。

《集校》是以利用各種版本及其他各家著作，校勘字句異同，正其錯誤爲主要目的的書，同時其中也有不少涉及字義之訓詁的地方。這本是從清人顧炎武、閻若璩、胡渭等發端，至乾、嘉時，惠棟、戴震、段玉裁、王念孫、引之父子，而號稱極盛的研究整理古籍的一種方法，卽別於所謂義理之學的宋學的考據之學的漢學的方法。但運用這種方法時，必須與歷史唯物主義和辯證唯物主義密切結合，才能够發生積極作用，獲得正確的結果。如果不顧時間、地點和條件，機械地死套公式，往往所得結果與原文恰恰相反。《集校》及所列各家對於校勘方面，有許多可以商榷的地方，在上面，已有簡單的說明。對於訓詁方面，大體上説有些是正確的；但也有少數地方，特別是對於若干特有詞彙的解釋方面，不無可以商榷之處。這裏也舉幾個例子來加以說明。

一、關於「乘馬」之解釋——「乘馬」一詞，在本書凡二十見。計《巨(筴)乘馬篇》六見，《乘馬數篇》九見，《山至數篇》五見。甚麽是乘馬呢？《集校》在前兩篇均沒有說明。在《山國軌篇》「環乘之幣」條下，有云：「本書屢言乘馬，卽喻流通。蓋古代陸上交通，莫便於乘馬，故以之喻貨幣之流通也。」又《山至數篇》「貨幣乘馬者也」條下，亦云：「本書稱貨幣之流通爲『通施』、『通移』、『溝瀆』，『乘馬』亦此意。古人陸上交通工具，莫便於乘與馬，故以喻意。」這是就字論字的解釋方法，與本書原意，毫無共通之處。實則本書「乘馬」一詞，乃指計算而言，我們在上面討論筴乘馬時，已有論證。至於「幣乘馬」，則當釋爲貨幣數量的計算方法，或貨幣發行計劃。關於此點，《山至數篇》自己本有定義，那就是：

「幣乘馬者，方六里，田之惡美若干？穀之多寡若干？穀之貴賤若干？凡方六里，用幣若干？穀之重用幣若干？故幣乘馬者，布幣於國，幣爲一國陸地之數，謂之幣乘馬。」

這是説發行貨幣數量的計算方法，當以每方六里爲試點單位。先調查此單位内之土地肥瘠、穀物產量及其市價，然後根據之以決定該單位内用以購買穀物所需要之貨幣量。由此類推，則全國用以購買穀物所需要之貨幣量，亦當與該國陸地之大小成正比例。故曰「布幣於國，幣爲一國陸地之數」。不過這裏所謂貨幣需要量，僅指購買穀物所需要的貨幣量而言，並不包括全國一切商品所需要的貨幣量在内。梁啓超謂「《管子》輕重中貨幣需要量，乃指貨幣流通之必要量而言」，是不對的。若如《集校》所釋，作乘車和騎馬講，就未免爲孔穎達《禮記疏》所謂「堪爲將帥而騎馬」之説所誤了！

二、關於「長度」之解釋——「長度」一詞，只一見於《輕重甲篇》。原文云：「死而不葬者，予之長度。」《集校》雜引了好幾家的解釋，而説法都不一樣。安井衡説：「度、渡同，謂濟之。長者予而不收也。」何如璋説：「予之長度，」「殆謂給以葬埋之費也」。張佩綸説：「當作『長予之度』。長即『州爲之長』之長，謂長爲度量葬事。」于省吾説：「度、宅古字通。此言死而不葬者，予之長久之葬地。」聞一多説與于氏同。今案以上各説都與原意不合。古時地廣人稀，貧民死者不患無葬地，而患無錢購備棺衾。韓信窮時，爲他的母親尋找葬地，竟要求「高敞地，令其旁可置萬家」（見《史記·淮陰侯列傳》），便是明證。因此，漢代諸帝對於死而不葬者，總是與錢五千、三千、二千不等（見《漢書·成紀》、《哀紀》）。因此，所謂長度，一定也與賜錢有關。據《漢書·楊敞傳》：「子惲爲中郎將，罷山郎，移長度大司農以給財用。」應劭云：「長，久也。一歲之調度也。」顔師古云：「言總計一歲所須財用及文書之調度而移大司農，以官錢供給之，更不取於郎也。」可見「長度」一詞，乃漢代財政上專用術語。這裏是説死而不葬者，即由政府以所謂「長度」者予之，使其持向所在地官府支取官錢，作爲購備棺衾之用，就和今天的領款憑據是一樣的。

三、關於「狐白」的解釋——狐白一詞凡六見於《輕重戊篇》。狐白本是我國歷史上相傳爲最珍貴的一種狐皮衣服。《禮記·玉藻》、《晏子春秋》、《史記·孟嘗君傳》、《吕氏春秋·用衆篇》、《淮南·説山訓》、《説苑》、《鹽鐵論·散不足篇》及《漢書·匡衡傳》都有記載。顔師古説：「狐白謂狐腋下之皮，其毛純白，集以爲裘，輕柔難得，故貴也。」《輕重戊篇》原文又有「狐白應陰陽之變，六月而一見」語，據中國科學院動物研究所來信説，這是因爲哺乳動物，都有冬、夏毛之别，秋季生冬毛，毛長絨厚，適於作皮衣。冬毛夏毛約半年一换。狐白當以選用冬毛爲準。所謂狐白，似是取冬毛而非夏毛，故曰「六月而一見」。《集校》無視這些傳統説法和科學解釋，獨倡爲「狐白乃西伯利亞境内所産之北極狐」。並説：「古代中國北部或東北部原始森林與西伯利亞森林連接，故北極狐在中國北部曾有之。其後森林斫伐，失去聯系，故此狐已絶跡。」不知這裏所説的「中國古代」，是指的什麽時候？如果古代中國果有此狐，那麽，爲什麽在秦始皇八年（前二四六）即距今二千二百一十六年即已成書的《吕氏春秋》，竟要斷言「天下無粹白之狐，而有粹白之裘」呢？

四、關於「周」的解釋——周字在本書凡十六見，（《國蓄》一、《山國軌》二、《山至數》一、《地數》一、《揆度》一、《國准》一、《輕重甲》一、《輕重乙》一、《輕重丁》五、《輕重戊》二）皆當作周王朝或周地講，各篇原文一見便明。可是《集校》及所引用的各家注釋却人各異詞。在《國蓄篇》，則曰「周，圓周也。距周謂自圓心至圓周之距離，算學家所謂半徑者是也」（聞一多説）。在《山國軌篇》，則曰「周，匝也」（張佩綸説）。在《輕重丁篇》則曰「周當指萊人四周之鄰國，其中可包含齊魯，下周字亦同此解」（《集校》説）。在《輕重甲篇》則又以「周同州，乃淳于國之所都，故城在今山東高密縣東北」（尹桐陽説）。以上各説，都不能成立，茲分别辨明之。

甲、周爲圓周説——案《國蓄篇》此條，在本書凡四見（本篇、《地數》、《揆度》、《輕重乙》）。或作「距周」，或作「去周」，要皆指從上文所述禺氏（或牛氏）、汝漢、赤野等地到周地的距離而言。此與《鹽鐵論·力耕篇》所謂「美玉珊瑚出於崑山，珠璣犀象出於桂林，此距漢萬有餘里」句例全同。漢指漢首都所在地的長安，則此四「周」字，亦必指周首都豐鎬或洛陽而言甚明。原文明明説是從東西南北的禺氏、汝漢和赤野等地出發，到達周地，則所謂圓周者乃是東西南北之禺氏、汝漢和赤野，而周則爲其圓心。聞氏籠統地釋周爲圓周，則此圓周之圓心究在何處呢？

乙、「周，匝也」説——《山國軌篇》原文明明是以「周岐山至於崢丘之西」和「周壽陵而東」連言。

所謂周岐山、周壽陵就是周地的岐山和周地的壽陵。岐山在今陝西省岐山縣東北。壽陵有四：一爲燕之壽陵，乃燕之屬邑，見《莊子·秋水篇》成玄英疏。一爲趙之壽陵，在常山，見《史記·趙世家集解》，在今河北省元氏縣西。一爲秦之壽陵，即秦孝文王陵，在雍州萬年縣東北二十五里，見《史記·呂不韋傳》正義，在今陝西省臨潼縣東北。一爲漢之壽陵，《漢書·元紀》：永光四年（前四〇）「以渭城壽陵亭部原上爲初陵」。渭城本秦咸陽縣，漢高帝元年更名新城，七年罷屬長安，武帝元鼎三年（前一一四）更名渭城，故城在今陝西省咸陽縣東。此文既云「周壽陵」，自是指周地之壽陵而言。但周無以墓地稱壽陵之事，而此書又爲漢人作品，故此壽陵當即指漢初陵所在地之壽陵而言。解者不敢面對本書的地理範圍，本不以春秋時代之齊國爲限，而是以漢代的國境爲其背景這一事實，因而凡遇到與此有牴牾的字面，總是轉彎抹角，企圖避開。但齊國並無岐山和壽陵，那就只好又進一步改「岐」爲「峱」（náo 山名，在今山東省益都縣一帶），並以壽陵爲「蓋兼漢北海郡平壽、壽光兩縣地」（張佩綸說），以期自圓其說了！

丙、周爲萊人四周之鄰國説——此説所持理由是：「舊均以周爲周人，周與萊遠隔，於文亦難通。」案此一理由乃從列國分立時而言。若在天下統一以後，則有如《史記·貨殖列傳》所云：「漢興，海内爲一，開關梁山澤之禁，是以富商大賈周流天下，交易之物，莫不通得其所欲。」雖遠在萬里，也可通商。此處周字，也和其他周字一樣，是指的周地而言。周地包括長安（西周）和洛陽（東周）在內。所謂「距周七千八百里」、「周岐山」、「周壽陵」之周，係指長安之周。此處周字，則可能指洛陽之周。洛陽之周，俗喜以商賈爲業。《史記·貨殖傳》云：「洛陽東賈齊、魯，南賈梁、楚。」又云：「周人既纖，而師史尤甚。轉轂以百數，賈郡國無所不至。洛陽街居在齊、秦、楚、趙之中。」《漢書·貨殖傳》也説：「師史既衰，至成、哀、王莽時，雒陽張長叔、薛子仲，訾亦十千萬。」據此，則齊、秦、楚、趙、梁、魯及諸郡國，無不屬於周人活動之範圍。萊、周遠隔，不是不可能發生貿易關係的。

丁、「周同州」説——本書十五個周字，既或指周王朝或指周地，則此處所謂「周下原」，亦當指周地而言。謂之「下原」者，周有「周原」，見《詩·大雅·緜篇》及《史記·周本紀》。此言下原，或卽周原之下的意思。與在今山東省高密縣的淳于國首都之州，真是風馬牛不相及。

以上説了一大堆，總起來説，就是僅從《集校》一書有關原文二萬五千九百九十八字的《管子·輕重》這一部分上，就被各家用改、加、删、移的辦法變動了共達三千三百七十六字之多，也就是説占原文百分之十二有奇。同時還把一些特有詞彙，不顧時間地點條件，一律採用老一套訓詁方法，就字論字地來加以詮釋。這種整理古籍的方法，是值得商榷的。至書中提出的幾個有關原書作者的所謂基本思想，如「管子書中以穀爲本位，貨幣尚未充分獨立，有類於穀之輔幣」（見《山至數篇》「彼穀重而穀輕」條下）；「水豫」是「作者蓋察知北人水戰之不習，必須爲之豫，故設爲此寓言，漢武帝則從而實踐之耳」（見《輕重甲篇》「桓公曰，天下之國莫强於越」條）。以及既承認《輕重》諸篇是「文景時同一學派之文匯」（見《集校·引用校釋書目提要》四十二條），而在討論「高田十石」時，却又雜採安井衡説「十石、五石、一石,蓋十畝所收」,張佩綸説「李悝治田百畝,歲收畝一石半,今曰高田十石,恐無此理」,而認爲「意者周地産量不高,卽高田亦僅歲收畝一石,其十一之税爲十石耶?」硬要把漢武帝時卽已達到畝産十石的農業生産水平(見《史記·河渠書》及《漢書·溝洫志》)拿來和幾百年前李悝時代的水平相比(見《山權數篇》「高田十石」條)等等。這些提法,或則關係到中國古代貨幣史及貨幣學理論的問題,或則關係到研究歷史的方法問題,都得分別作爲專題,從長討論,這裏就不一一先贅了!

管子輕重篇新詮

管子輕重〔一〕一——巨(筴)乘馬〔二〕

〔一〕元材案：輕重一詞，最早見於《國語·周語》。《周語》云：「周景王時，患錢輕，將更鑄大錢。單穆公曰：不可。古者天降災戾，於是乎量資幣，權輕重以救民。民患輕，則爲之作重幣以行之，於是有母權子而行，民皆得焉。若不堪重，則多作輕幣而行之，亦不廢重，於是有子權母而行，大小利之。今王廢輕而行重，民失其資，能毋匱乎？……王弗聽，卒鑄大錢。」但細繹全文之意，不過謂大錢之分量重，小錢之分量輕。其所謂之輕重，乃具體之輕重，與本書所謂輕重之爲抽象意義者不同。歷史上開始用輕重一詞與本書有類似之意義者，只有賈誼一人。賈誼諫漢文帝除盜鑄錢令文云：「銅畢歸於上。上挾銅積以御輕重。錢輕則以術斂之，重則以術散之，貨物必平。」此處所謂輕重，已不是錢幣大小之輕重，而擴大爲萬物(包括錢幣在內)多寡貴賤之輕重。但賈誼尚未將輕重一詞與管仲互相聯系。至司馬遷作《史記》，始有管仲通輕重之説。《史記·齊太公世家》云：「桓公既得管仲，設輕重魚鹽之利。」《管晏列傳》云：「管仲既任政相齊，……貴輕重，慎權衡。」又《貨殖傳》云：「齊桓公用管仲之謀，通輕重之權，徼山海之利以朝諸侯。」但對於何謂輕重及輕重之內容如何，司馬氏並未作出任何解釋。《史記》注者多持「輕重，錢也」之説，然錢雖是輕重之筴中的重要工具，而錢之本身則並不等於輕重。根據對本書各篇之綜合分析，輕重一詞，實含有廣狹二義。第一，從廣義言之，輕重一詞之內容至爲廣泛，不僅限於萬物之多寡貴賤。據《揆度》及《輕重戊》兩篇所列舉古代帝王在所謂「以輕重爲天下」之前提下所採取之各種具體措施，計有「造六峜」，「作九九之數」，「樹五穀」，「鑽燧生火」，「童山竭澤」，「燒曾藪」，「封土爲社，置木爲閭」，「北用禺氏之玉，南貴江漢之珠」，「疏三江，鑿五湖」，「立皁牢，服牛馬」，「循六峜，合陰陽」等等，無不屬於所謂輕重之筴的範圍。有時輕重之含義竟擴展至於人事懲奬方面，如《揆度篇》所引「輕重之法」，即其明證。《史記·索隱》稱「《管子》有《理人輕重之法》七篇」，今已不存。《揆度》所引，或即出於此書，今已無由判知之矣！第二，從狹義言之，則所謂輕重之筴者，乃專指物價政策而言。本書各篇所論輕重之筴，涉及範圍雖極爲廣泛，但在此等極廣泛之內容中，實更側重於物價政策。關於此點，本書作者從復雜之社會經濟現象中，總結出不少與物價有關之規律。其最根本之一條，即《國蓄篇》所謂：「夫物多則賤，寡則貴。散則輕，聚則重。人君知其然，故視國之羨不足而御其財物。」此數語是本書各篇中貫穿一切財政經濟政策之基本規律。是從計然「論其有餘不足而知貴賤」(《史記·貨殖傳》)之理論發展而來。計然僅僅說明「物多則賤，寡則貴」之自然現象而加以應付，本書則又進一步推演出「聚則重，散則輕」之人爲規律，作爲實施「以御輕重」的依據。所謂「聚則重，散則輕」，《揆度篇》又稱之爲「臧(藏)則重，發則輕」。臧即聚，發即散。蓋一切貨物之價格，雖是由貨物數量與貨幣數量之比例所決定，但實際上影響貨物價格者，並不是全國所有之貨物量與貨幣量，而只是出現於市場中之貨物量與貨幣量。至於儲藏不用之貨幣與保存不售之貨物，對於一切貨物價格並不發生影響。因此，實行輕重之筴時，便不必將全國所有之貨物量與貨幣量，予以真正之增加或減少，而只須以「聚」「散」之手段進行「斂輕」「散重」，使流通於市場之貨幣量或待售於市場之貨物量，依照客觀之需要而增加之或減少之，即可以達到「以重射輕，以賤泄平」的目的，既可以獲得「君必有什倍之利」，又可以起「財之横可得而平」之平抑物價的作用。本書各篇所提出之種種對内、對外、平時、戰時、列國分立、天下一統等等輕重原則，無不由此基本規律演繹而出。當在各該篇再詳論之，此不先贅。

〔二〕巨乘馬，諸本「巨」作「臣」，元本、朱本作「匡」。何如璋云：「『巨』字無義，後人乃改爲『臣』。按『臣』亦費解。當是『筴』之誤。本文有『筴乘馬之數求盡』句可證。」元材案：「筴乘馬」三字本文凡四見，《乘馬數篇》亦六見，知其爲著者所常用之專門術語。何説是也。「筴」即《鹽鐵論·刺復篇》「東郭偃、孔僅建鹽鐵策諸利」及《輕重篇》「大夫君以心計策國用」之策，乃計劃、籌謀之意。「乘馬」，《禮·投壺》：「爲勝者立馬，一馬從二馬，三馬既立，請慶多馬。」鄭注：「馬，勝籌也。謂之馬者，若云技藝如此，任爲將帥乘馬也。」《佩文韻府》引此注，末有「乘又去聲」四字。乘讀去聲爲計算。鄭意蓋謂任爲將帥計算之事，非如孔疏所云「堪爲將帥而騎馬」也。可見馬爲計算用之籌碼。《漢書·律曆志》：「其算法，用竹徑一分，長六寸，二百七十一枚而成六觚爲一握。」此種籌碼，既爲一切計算之所通用，苟能運用之者，則心中有數，萬無一失。故《鹽鐵論·貧富篇》大夫云：「奉禄賞賜一二籌策之積，浸以致富成業。故分土若一，賢者能守之。分財若一，智者能籌之。夫白圭之廢居，子貢之三致千金，豈必賴之民哉？運之六寸，轉之息耗，取之貴賤之間耳。」然則筴乘馬者，即「運之六寸」之意。猶《史記·貨殖傳》及《鹽鐵論·輕重篇》之言「運籌策」，《漢書·貨殖傳》之言「運籌算」，《紅樓夢》第五十五回之言「籌畫計算」矣。又案本書題名，共有三種形式。第一，以三字爲題者，如本篇及《乘馬數》、《問乘馬》、《(山)海王》、《山國軌》、《山權數》、《山至數》等七篇是。第二，以二字爲題者，如《事語》、《國蓄》、《地數》、《揆度》、《國准》等五篇是。第三，以干支爲題者，如《輕重甲》以下七篇是。

提要：全文共分三大段。從「桓公問管子曰」起至「謂之内戰」爲第一段，論政令失宜，以致「穀地數亡」及「藉而無止」之害。從「桓公曰善哉」起至「高下之筴不得不然之理也」爲第二段，論筴乘馬之最終目的，在於在「不奪民時」的基礎上，運用「高下之筴」，使農民女工所有生産品皆歸入於封建國家掌握之中。從「桓公曰何謂筴乘馬之數」起至「此有虞之筴乘馬也」爲第三段，論如何使「力歸於上，功歸於府」之具體進行方法。又分三步：(一)春時以貨幣發放農貸。(二)秋收後，穀價跌落，以幣准穀收回農貸，藏於州里倉廩中。(三)穀既爲政府所掌握，聚則重，穀重而萬物輕，然後又以穀准幣，向民間賤價收購器械財物。全文用桓、管問答，一氣呵成，爲本書中首尾最完整之文字。

桓公問管子〔一〕曰：「請問乘馬〔二〕。」

管子對曰：「國無儲在令〔三〕。」

桓公曰：「何謂國無儲在令？」

管子對曰：「一農之量壤百畝也〔四〕，春事〔五〕二十五日之內。」

桓公曰：「何謂春事二十五日之內？」

管子對曰：「日至〔六〕六十日而陽凍釋，七十日而陰凍釋〔七〕。陰凍釋而秇稷〔八〕，百日不秇稷，故春事二十五日之內耳〔九〕也。今君立扶臺〔一〇〕，五衢〔一一〕之衆皆作〔一二〕。君〔一三〕過春而不止，民失其二十五日，則五衢之內阻棄之地也〔一四〕。起一人之繇〔一五〕，百畝不舉〔一六〕。起十人之繇，千畝不舉。起百人之繇，萬畝不舉。起千人之繇，十萬畝不舉。春已失二十五日，而尚有〔一七〕起夏作，是春失其地，夏失其苗〔一八〕，秋起繇而無止，此之謂穀地數亡〔一九〕。穀失於時〔二〇〕，君之衡〔二一〕籍而無止〔二二〕。民食十伍之穀，則君已籍九矣〔二三〕。有衡求幣焉〔二四〕。此盜暴〔二五〕之所以起，刑罰之所以衆也。隨之以暴〔二六〕，謂之內戰〔二七〕。

〔一〕元材案：桓公問管子，及管子對曰云云，只是作者假借兩人問答之詞，以說明其爲封建統治者設計之各種有關財政經濟政策的一些具體意見，即馬克思所謂「召喚過去的亡靈來爲自己效力」而已。蓋猶「某甲」「某乙」之意，非眞齊之桓公與其相管仲有此一段談話也。全書中所有人名、地名、國名、官名，均仿此。

〔二〕元材案：依上下文義推之，「乘馬」上當脱一「筴」字。下文「筴乘馬之數未盡也」句正承此而言。

〔三〕安井衡云：「國無儲蓄，在政令失宜。」張佩綸云：「《爾雅·釋詁》：『在，察也。』《月令》注：『令，謂時禁也。』《王制》：『國無九年之蓄曰不足，無六年之蓄曰急，無三年之蓄曰國非其國也。』無儲察令，重農制用之要。」郭沫若云：「安井説非是。原文並無『失宜』字樣。『國』指城市言，『儲』猶言囤積。言城市之蓄賈或大夫之家不宜有所囤積，須在上之號令有以散之。唯此篇錯簡殊甚，『桓公問管子曰請問乘馬』，而『管子對曰國無儲在令』，頗覺答問不相銜接。」元材案：此「國」字即《國蓄篇》「國有十年之蓄」之國，指封建國家而言。令即號令。《漢書·主父偃傳》引《周書》曰：「安危在出令。」「在令」「在出令」意義全同。本書著者對於號令實甚重視，認爲號令乃所謂輕重之筴中最大要素之一。故「令」字在本書中，凡八十餘見。蓋「令有緩急，則物有輕重」（《國蓄》）。故從正面言之，「發號出令而一農之事有二十金之筴」（《輕重甲》）。從反面言之，「爲人君而不審其號令，則一國而有二君之正」（同上），「是君朝令一怒，布帛流越而之天下」（同上）。此蓋言國家必須有儲蓄。其所以無儲蓄者，乃由於號令之不當。故宜權度其號令之徐疾以補救之。下文即號令不當以致無儲之具體説明。桓公問經濟計劃（請問筴乘馬），管子分三層答復，即先言無計劃（亡策乘馬）而亂發號令以致無儲之害；次論經濟計劃之最終目的，在於採用輕重之筴，使農夫女工所有生産品皆歸入於統治者手中；最後論實現「力歸於上，功歸於府」之具體方法。針鋒相對，不得謂爲「不相銜接」也。

〔四〕張佩綸云：「『量』當作『糧』。《説文》：『糧，穀食也。』言農夫終歲之穀食係於百畝，而百畝之收穫係乎春事二十五日之内。」郭沫若云：「『一農』古本、劉本、朱本均作『二農』，『二』蓋『上』之古字也。」元材案：量，數量也。壤，田地也。《孟子·梁惠王篇》：「百畝之田，勿奪其時，數口之家可以無飢矣。」《漢書·食貨志》引李悝云：「今一夫挾五口，治田百畝。」又引晁錯云：「今農夫五口之家……其能耕者不過百畝。」可見一夫百畝，乃中國古代歷史上之傳統説法。《山至數篇》云：「地量百畝，一夫之力也。」義與此同。二氏説非。

〔五〕何如璋云：「『春事』，春耕之事。」

〔六〕元材案：日至者，依天文學謂日行赤道南北，冬至至極南，夏至至極北。故日至有二，一爲夏至，二爲冬至。夏至又謂之長至，冬至亦謂之短至。《禮·雜記》：孟獻子曰：「正月日至，可以有事於上帝。七月日至，可以有事於祖。」《疏》云：「正月，周正月建子之月也。日至，冬至日也。七月，周七月建午之月也。日至，夏至日也。」此指冬至。

〔七〕劉績云：「陽凍，地上也。陰凍，地下也。」豬飼彦博云：「『七十』下蓋脱『五』字。」安井衡、俞樾説同。元材案：添五字是。

〔八〕劉績云：「『秇』同『蓺』。別本作『種』。言七十日陰凍釋，蓺稷，若百日則過時不蓺矣。是蓺種惟在二十五日之内。」孫星衍云：「『秇』，古『蓺』字」。

〔九〕丁士涵云：「『耳』乃『畢』字誤。謂日至百日而不蓺稷，則春事二十五日全被曠廢也。」張佩綸云：「『耳也』之『也』疑衍」。于省吾云：「『耳』本應作『弭』。弭彌古字通。彌，終也。此言春事二十五日之内終也。」元材案：「耳」即《漢書·食貨志》「既聞耳矣」之「耳」。王先謙《補注》引沈欽韓曰：「耳者且止之辭。」又引周壽昌曰：「耳乃語助，猶云『既聞之矣』。」古籍中用「耳」字者甚多。《禮·祭統》：「夫銘者壹稱而上下皆得焉耳矣。」《孟子·離婁篇》：「人之易其言也，無責耳矣。」一作爾。《論語·雍也篇》：「女得人焉爾乎？」《孟子·滕文公篇》：「彼有取爾也。」義與耳同。諸説皆非。

〔一〇〕張佩綸云：「扶臺未聞。《漢志》：瑯邪郡邞縣。豈以地名臺歟？」尹桐陽説同。章炳麟云：「扶蓋蒲之假借。如匍匐字或作蒲伏（左昭十三年傳），或作扶伏（左昭二十一年傳），是蒲扶通之證。」元材案：各書皆無齊桓公修建扶臺之記載，此亦著者假託之詞，以上各説皆失之。

〔一一〕元材案：衢，《爾雅·釋宮》：「四達謂之衢。」《孫子·九地篇》：「四達者衢地也。」五衢一詞，本篇二見，《輕重丁篇》三見。謂四通八達之道路。《管子·重令篇》云：「故令一出，示民邪途五衢。」又《鹽鐵論·力耕篇》云：「諸殷富大都，無非街衢五通，商賈之所臻，萬物之所殖者。」《通有篇》云：「居五諸侯之衢，跨街衝之路。」蓋戰國、秦漢人常用語。此處指五方。五衢之衆，猶《禮記·王制》之言「五方之民」矣。

〔一二〕元材案：「作」即《史記·平準書》「作者數萬人」之作。惟此處當動詞用，謂從事繇役。

〔一三〕「君」，安井衡云：「古本作『若』。」元材案：君乃封建國家之最高統治者，一切發號施令之權皆操於君。此論「國無儲在令」，仍以作君爲是。

〔一四〕「阻棄之地」，何如璋云：「五衢乃國中近郊之地。言君築臺，必役五衢之衆。過春不止，則五衢之地皆阻棄不耕矣。」元材案：何釋阻棄爲不耕，甚是。惟以五衢爲國中近郊之地，亦未合。五衢即五方，五衢之内，猶東西南北中五方之内也。張佩綸以「五衢之内」當作「五鄉之内」，許維遹以「阻讀如苴」，聞一多以「阻棄當爲菹萊」，皆不可從。

〔一五〕元材案：「起」即《山權數》「君請起十乘之使」之起。尹注：「起，發也。」即徵發之意。「繇」即《史記・高紀》「高祖常繇咸陽」之繇，《集解》應劭曰：「繇，役也。」

〔一六〕何如璋云：「舉，謂發土也。」元材案：「不舉」，猶言不得耕種。上文云，「一農之量壤百畝也。」故起一、十、百、千人之繇即有百、千、萬、十萬畝之田不得耕種。此蓋就「過春不止，五衢阻棄」之意而申論之。

〔一七〕元材案：「有」與「又」通。下文「有衡求幣焉」之「有」仿此。

〔一八〕安井衡云：「失地謂不耕，失苗謂不芸。」

〔一九〕元材案：「無止」二字，在本書中凡十四見。謂無有止境也。上言春繇之害，此言夏作秋繇層出不窮，其害更甚！故曰：「穀地數亡。」數亡者，既亡之於春，又亡之於夏秋也。《乘馬數篇》云：「春夏秋冬不知時終始，作功起衆，立宮室臺榭，民失其本事。君不知其失諸春筴，又失諸夏秋之筴也。」義與此同。

〔二〇〕戴望云：「元本『於』作『其』。」

〔二一〕丁士涵云：「衡讀如横。下同。」安井衡云：「衡，官名。周有川衡、林衡，齊以名稅斂之官，蓋取其平也。」龐樹典云：「衡，稅官也。山澤之官有虞衡，地官有林衡、川衡。《左傳》昭二十年，齊侯疥一篇，有山林之木，衡鹿守之。與舟鮫、虞候、祈望，同爲官守之名。」石一參書，兩衡字均逕改爲横。郭沫若云：「丁説是也。除正賦之外，又横取附加稅。而，猶乃也。」元材案：衡字在本書，除《輕重戊》「衡山」之「衡」係地名，及《輕重乙》「以是與天子提衡争秩於諸侯」之「衡」係與「珩」通者不計外，其餘二十一「衡」字則均從度量衡之衡演繹變化而來。《漢書·律曆志》云：「權與物均而生衡。」此爲衡字之本義。而在本書中，則引申而爲平準之代名詞。《揆度篇》云：「故守四方之高下，國無游賈，貴賤相當，此謂國衡。」可見所謂衡者，其主要作用，乃在「守四方之高下，國無游賈，貴賤相當」。與《史記·平準書》所述：「大農諸官盡籠天下之貨物，貴則賣之，賤則買之。如此，富商大賈無所牟大利，則反本，而萬物不得騰躍，故抑天下之物，名曰平準」者，内容蓋完全相同。惟本書衡字，似比《史記》更推進一步。不僅消極的「守四方之高下」而已，而且又須積極的從事於「使物一高一下，不得常固」之工作，以便收得「一可爲十，十可爲百」之大利。故《輕重乙篇》云：「衡無數也。衡者使物一高一下，不得常固。」又云：「衡數不可調，調則澄，澄則常，常則高下不貳，高下不貳，則萬物不可得而使固(用)，故曰衡無數。」即其證也。此外各衡字，則多指平準政策之運用而言。如《國蓄篇》云：「衡絶則重見。」《山至數篇》云：「人君操穀幣金衡而天下可定也。」《地數篇》云：「以巨橋之粟二十倍而衡黄金百萬，終歲無籍於民。」《輕重甲篇》云：「運金之重以衡萬物。」《輕重乙篇》云：「故君請重重而衡輕輕。」又云：「惟曲衡之數爲可耳。」是也。至此處兩衡字，與《輕重乙篇》「衡謂寡人曰」及《輕重丁篇》「寡人多務，令衡籍吾國之富商蓄賈稱貸家以利吾貧萌」之衡。則當作執行「國衡」即平準政策之職官或機關講。安井氏及龐氏説最爲近之。惟此處之衡，應爲漢官而非齊官。《史記・平準書》云：「初大農管鹽鐵，官布多。置水衡，欲以主鹽鐵。及楊可告緡錢，上林財物衆，乃令水衡主上林。」《漢書・百官公卿表》云：「水衡都尉，武帝元鼎二年初置，掌上林苑，有五丞。屬官有上林、均輸、御羞、禁圃、輯濯、鍾官、技巧、六廐、辨銅九官令丞。又衡官、水司空、都水、農倉，又甘泉、上林、都水七官長丞皆屬焉。」可見此所謂衡者，非水衡都尉，即當爲其屬官中之衡官。《鹽鐵論・禁耕篇》云：「縣官設衡立準，人從所欲。」蓋即指此而言。丁、石、郭三氏説皆不可從。

〔二二〕元材案：籍，征斂。籍而無止，猶言「賦斂無度」。

〔二三〕安井衡云：「民食不足，出什五之息以貸於富者，故云『食什五之穀』也。云君已税九，則齊時税什四矣。蓋此篇戰國間學管氏者所作，因其所見立説，非桓公時實税什四也。」張佩綸云：「『民食什五之穀』，當作『民食穀之十，則君已籍九。』言十籍其九，民無餘食也。」許維遹云：「九與什相對比，不當有伍字。下文云：『國穀之横一切什九』，亦以什九相對比。今本『伍』字蓋校者習見什伍連文而妄增之。」聞一多云：「『伍』疑當作『一』。君籍什之九，則民食什之一也。」郭沫若云：「『十伍』字不誤。《漢書·食貨志》引李悝云：『今一夫挾五口，治田百畝，歲收畝一石半，爲粟百五十石。……食，人月一石半，五人終歲爲粟九十石。』是民食已超過什五之數。但歲有豐歉，人有老弱，口有多少，李悝僅舉其平例，此亦約舉其成數而已。民所食僅及收入之半，而上除正税外復賦籍其九，是民所食者遠不逮其收入十分之一也。」元材案：民食什五之穀，可作兩種解釋。《漢書·食貨志》引董仲舒云：「或耕豪民之田，見税十五。」此謂佃農須繳納其收穫十分之五於地主，作爲地租，故所自食者僅爲十分之五。此一義也。又同上書引王莽下令云：「漢氏減輕田租，三十而税一。常有更賦，罷癃咸出，而豪民侵陵，分田刼假。厥名三十，實什税五也。」此謂農民於負担封建國家賦税之外，又須繳納地主田租，合而計之，實占其收穫什分之五。故所自食者亦只十分之五。此又一義也。此言穀失其時，而衡又籍而無止，人民所收穫者已有百分之五十爲地主所掠奪以去，今又加上衡之所籍，是不啻人民收穫百分之九十，盡入於統治者階級之手中，故曰「則君已籍九矣」。諸氏説皆非。

〔三四〕豬飼彦博云：「有、又同。衡、横同。」何如璋、李哲明説同。元材案：「衡」即上文「君之衡籍而無止」之衡。「有衡」當作「衡有」。「有」即「又」。幣即貨幣。謂衡對所籍之數，又要求以貨幣繳納。豬飼氏説失之。

〔三五〕元材案：「暴」即暴力。指人民不堪封建國家壓迫剥削之苦，起而以暴力相對抗。謂之

「盜暴」者，乃作者污蔑之詞。《乘馬數篇》作「淫暴」，義與此同。

〔二六〕元材案：「隨之以暴」之「暴」，與「此盜暴之所起」之「暴」意義不同。後者指人民不堪封建國家壓迫剥削之苦，起而以暴力相對抗。前者則謂封建國家利用其反動政權，以暴力對人民加以鎮壓。「隨之以暴」，《揆度篇》及《輕重甲篇》均作「隨之以法」，《乘馬數篇》則作「君行律度焉」，「律度」即「法」。可見封建國家所謂之「法」，即暴力之代名詞，本書作者亦自承之矣。

〔二七〕元材案：「內戰」，謂統治者與被統治者間均以暴力相對待，無異於國內戰争。《揆度篇》謂之「內撕民」，《輕重甲篇》謂之「下艾民」，義與此同。解詳各該篇。

桓公曰：「善哉！」

筴乘馬〔一〕之數〔二〕求〔三〕盡也。彼王者不奪民時〔四〕，故五穀興豐〔五〕。五穀興豐，則士輕禄，民簡賞〔六〕。彼善爲國者，使農夫寒耕暑耘〔七〕，力歸於上，女勤於纖微而織歸於府者〔八〕，非怨民心傷民意，高下之筴，不得不然之理也〔九〕。

〔一〕王念孫云：「『筴』上當有『管子曰』三字」。戴望云：「『善哉』下當有脱文。『筴乘馬之數』云云，是管子語。」

〔二〕元材案：「數」字在本書各篇中凡一百三十七見。除《乘馬數篇》「君不知其失諸春筴，又失諸夏秋之筴數也」之「數」，是注文誤入者不計外，有作自然之理講者，如「民無饘賣子者數也」

(《巨(筴)乘馬》)之類是也。有作數量講者，如「萬乘之國人數開口千萬也」、「鐵官之數」(《海王》)、「而囷窌之數皆見於君矣」(《輕重乙》)之類是也。有作計算講者，如「阸之准數一上十，豐之筴數十去九」(《山權數》)，「以冬至日始數四十六日冬盡而春始」(《輕重己》)之類是也。又有作頻字或屢字講者，如「數欺諸侯者無權與」(《輕重甲》)之類是也。其餘則皆本書所習用之專門術語。

此又可以分爲下列三類：

(一)某數之類——如「乘馬數」(《乘馬數》)、「至數」(《事語》、《山至數》)、「軌數」(《山國軌》)、「權數」、「教數」、「貢數」(《山權數》)、「會數」、「縣數」(《山至數》)、「地數」(《地數》)、「王數」(《國准》、《輕重丁》)、「壤數」(《輕重乙》)、「衡數」(《輕重乙》、《輕重丁》)、「繆數」(《輕重丁》)是。

(二)某人之數之類——如「泰奢之數」(《事語》)、「武王之數」(《地數》)、「堯舜之數」(《揆度》)、「神農之數」(《揆度》)、「五家之數」(《國准》)是。

(三)某事之數之類——如「筴乘馬之數」(《巨(筴)乘馬》、《乘馬數》)、「乘馬之數」(《乘馬數》)、「定壤之數」(《事語》)、「人用之數」(《海王》)、「四壤之數」(《山國軌》)、「行三權之數」、「守三權之數」、「廣狹之數」、「權柄之數」、「使君不迷妄之數」(以上均《山權數》)、「輕重之數」(《山權數》、《揆度》、《輕重甲》、《輕重乙》)、「行幣乘馬之數」、「守天下之數」、「准時五勢之數」(《山至數》)、「得失之數」(《山權數》、《地數》)、「貴糶之數」、「准衡之數」(《地數》)、「大准之數」、「財餘以滿不足之數」、「五官之數」、「國筴之數」、「亡國之數」(以上均《揆度》)、「爲國之數」(《輕重甲》)、

「曲衡之數」、「輕重高下之數」(《輕重乙》)、「九九之數」(《輕重戊》)是。

在以上三類「數」字之中，有作「筴」字講者，如「權數」一作「權筴」(《山權數》)，「地數」(《地數》)一作「壤筴」(《揆度》)，「通於高下輕重之數」(《輕重乙》)一作「通於高下徐疾之筴」(《地數》)是也。有作「道」字講者，如「寡人欲西朝天子而賀獻不足，爲此有數乎」(《輕重丁》)而在下文則作「天子之養不足，號令賦於天下，則不信諸侯，爲此有道乎」(同上)是也。亦有作「法」字講者，如《揆度篇》「神農之數」，《淮南・齊俗篇》則作「神農之法」是也。至各個「數」字之具體解釋，當依各該字所在篇中上下文文義以爲決定，茲不先贅。此處「筴乘馬之數」及「得筴乘馬之數」之「數」字，則當作「筴」字或「法」字講。筴即「計筴」，法即「法術」或「辦法」。「筴乘馬之數」猶《史記・黥布傳》滕公之言「籌策之計」矣。

〔三〕安井衡云：「『求』當爲『未』字之誤。」張佩綸云：「此上管子未言筴乘馬，而桓公忽求盡筴乘馬之數，而後乃言何謂筴乘馬之數，錯脱顯然。」郭沫若云：「自『桓公曰善哉』以下至『高下之筴不得不然之理也』八十四字(『管子曰』三字在內)，當在本篇之末，承接『此有虞氏之筴乘馬也』，錯簡於此。蓋下文始言『筴乘馬之數』，此突言『筴乘馬之數未盡也』，於文失序。」元材案：安井說是也。張、郭兩氏説皆非。上文桓公問「請問筴乘馬」，管子答以無筴乘馬之害。及桓公稱善之後，管子又答以以上所言，還未盡筴乘馬之能事。故下文即備陳盡其能事之具體進行方法。層次分明，上下銜接，謂爲「失序」，殆不然矣。

〔四〕郭沫若云：「『王者』，十行無注古本作『三者』，蓋指上文春、夏、秋三時而言也。」元材案：「王者」一詞，在本書中凡九見，或指天下一統之國君而言，《輕重甲篇》云：「事至而不妄，故可以立爲天下王。」又《國准》及《輕重戊》皆有「黄帝之王」、「有虞之王」、「夏人之王」、「殷人之王」、「周人之王」語，可證。或指與「霸者」及「殘國亡家」相對之「明主」而言，《山至數篇》所謂「故王者藏於民，霸者藏於大夫，殘國亡家藏於篋」是也。此處王者亦指所謂「明主」而言。郭氏以訛傳訛，殊不可從。「不奪民時」，即《孟子·梁惠王篇》「不違農時」之意，承上文「穀失於時」而言。

〔五〕戴望云：「『與豊』二字不詞。『與』乃『舆』字之誤。『與』讀爲舉。舉，皆也。後人不知『與』字之義，妄改爲興耳。《山權數篇》『萬物興豊』，與此同誤。」元材案：「興豊」二字又分見《山權數篇》及《地數篇》。《吕氏春秋·審時篇》云：「及時之稼興。」高注：「興，昌也。」又《詩·小雅》云：「天保定爾，以莫不興。」《箋》：「興，盛也。」《小雅》又云：「在彼豊草。」《傳》：「豊，茂也。」興豊複詞，即昌大茂盛之意。《輕重乙篇》云：「其五穀豊滿而不能理也。」或作「興豊」，或作「豊滿」，其義一也。戴説失之。

〔六〕元材案：士指戰士。輕，輕視。簡，《吕氏春秋·驕恣篇》高注：「賤也。」輕、簡皆不以爲重之意。此與《山權數篇》「則民簡其親而輕其過」，皆以簡、輕爲對文，句法相同。

〔七〕孫星衍云：「《藝文類聚》五、《太平御覽》二十四引，『暑』俱作『熱』。」元材案：《事語篇》亦作「暑」。

〔八〕王念孫云：「『女勤於纖微而織歸於府』，當依《事語篇》作『女勤於緝績徽織而功歸於府。』元本織正作功。『功歸於府』與『力歸於上』對文。今本脱『緝織功』三字。『徽』誤作『微』，又衍『纖』『而』二字。」元材案：本書各篇同文而異字之處甚多，此殆由於各篇作者不是一人所致，似不必據彼改此。《鹽鐵論・力耕篇》云：「汝漢之金，纖微之貢，所以誘外國而釣羌胡之寶也。」又《通有篇》云：「今世俗競於淫靡，女極纖微，工極技巧。」又《漢書・張安世傳》：「内治產業，累積纖微。」然則「纖微」一詞，固漢人之常用語矣。織即《山國軌》「女貢織帛」之織。《説文》「織，布帛之總稱。」即女工生產品。「府」即《山至數篇》「府無藏財」之府。《曲禮》「在府言府」注：「謂寶藏財賄之處。」凡掌財幣之官皆曰府，如《周官》「内府」、「外府」、「泉府」，及秦漢時代之少府，皆是。

〔九〕元材案：「高下」二字，本書凡二十四見，皆指四時或四方之物價而言。「高下之筴」，則指封建國家之物價政策即所謂「輕重之筴」而言。張佩綸云：「此即『不違農時，穀不可勝食』之意。乃以爲高下之筴，實乖經義。」今案本書作者，在各篇中，雖襲用古書中語意甚多，然此種襲用之語意，一至本書之中，其含義即與原書不同。不僅對於所謂「經義」者如此，即對於其它諸子百家甚至《管子》其它各篇，亦無不如此。然則「乖於經義」，正是本書之惟一特色。若處處要求與所謂「經義」者相合，便不足以通輕重篇之微言大義矣。故「不奪民時」，雖出於《孟子》，然其實則與《孟子》之專以穀不可勝食爲目的者大異其趣。此蓋申言上文「未盡」之意，謂僅僅作到「不奪民時」，而無筴以守之，則五穀興豐之結果，必將引起士民輕禄簡賞之心，反非封建國家之本意，不唯無益而且有害。此與《地數篇》所謂「夫本富而財物衆，不能守，則稅於天下。五穀興豐，吾賤而天下貴，則稅於天下。然則吾民常爲天下虜矣」及《輕重乙篇》所謂：「昔者紀氏之國强本節用者，其五穀豐滿而不能理也，四流而歸於天下。若是則紀氏其强本節用，適足以使其民穀盡而不能理，爲天下虜。是以其國亡而身無所處。」所持論點蓋全相同。故善爲國者，於不奪民時之後，應立即運用所謂高下之筴，使農夫女工在不奪民時的條件之下，所有由耕織而得之生產品，均不得不大部分落入封建國家府庫之中，而毋令其流散於外。然後方盡所謂筴乘馬之數之能事。換言之，即封建國家之所以要不奪民時，并非以造成「士輕祿，民簡賞」之自由景象爲目的，而實以培養稅源，使「田野充而民財足，民財足，則君賦斂焉不窮」（《揆度篇》語），以便造成一切人力皆爲封建國家而工作爲目的也。此處「不得不然」四字，亦宜注意。不得不然者，謂人民在封建國家實行高下之筴即物價政策之下，雖欲不使其「力歸於上」「功歸於府」而不可得也。《山至數篇》云：「彼善爲國者，不曰使之，使不得不使。不曰用之，使不得不用。」《揆度篇》云：「故善爲天下者，毋曰使之，使不得不使。毋曰用之，使不得不用。」義與此同。

桓公曰：「爲之奈何？」

管子曰：「虞國〔一〕得筴乘馬之數矣。」

桓公曰：「何謂筴乘馬之數？」

管子曰：「百畝之夫〔二〕：『予之筴〔三〕，率二十七〔四〕日爲子之春事。資子之幣〔五〕。』春秋〔六〕，子穀大登〔七〕，國穀〔八〕之重〔九〕去分〔一〇〕。謂農夫曰：『幣之在子者以爲穀而廩〔一一〕之州里〔一二〕。』國穀之分在上〔一三〕，國穀之重再十倍〔一四〕。謂遠近之縣里邑百官〔一五〕；『皆當奉器械備〔一六〕。』曰：『國無幣，以穀准幣〔一七〕。』國穀之櫎〔一八〕，一切什九〔一九〕。還穀而應穀，國器皆資〔二〇〕，無籍於民〔二一〕。——此有虞之筴乘馬也。」

〔一〕龐樹典云：「虞國，虞叔之國，後爲晉所滅者也。在春秋之前，虞國盛時，必有善政，爲管子所取法。逮其亡也，宮之奇、百里奚尚爲鄰國所畏忌。而百里奚入秦，穆公用之以興。虞國之法，亦必有爲秦所用者。是以商鞅襲之，以耕戰霸。知筴乘馬之數爲得矣。」元材案：此說甚荒謬。下文云：「此有虞之筴乘馬也。」既曰「有虞」，則非春秋之虞可知。此「虞國」及「有虞」，蓋亦作者任意假託之詞。然亦實爲一定政治背景下之意識形態的反映。考《漢書·王莽傳》載：始建國元年「王莽曰：『惟王氏，虞帝之後也，出自帝嚳。於是封嬀昌爲始睦侯，奉虞帝後。』又曰：『予前在攝時，始建郊宮，定祧廟，立社稷……以著黃、虞之烈焉。自黃帝至於濟南伯王而祖世氏姓有五矣。黃帝二十五子，分賜厥姓，十有二氏。虞帝之先，受姓曰姚。其在陶唐曰嬀，在周曰陳，在齊曰田，在濟南曰王。予伏念皇初祖考黃帝，皇始祖考虞帝，以宗祀於明堂，宜序於祖宗之親廟。……姚、嬀、陳、田、王氏凡五姓者，皆黃、虞苗裔，予之同族也。』又曰：『予之皇始祖考虞帝，受嬗於唐。』又曰：『敢有非井田聖制，無法惑衆者，投諸四裔，以禦魑魅，如皇始祖考虞帝故事。』」又始建國四年，復下書曰：「伏念予之皇始祖考虞帝受終文祖……。」又地皇元年下書曰：「予之皇初祖考黄帝定天下。」又曰：「九廟：一曰黄帝太初祖廟，二曰帝虞始祖昭廟。」又《元后傳》：「考元皇后，王莽之姑也。莽自謂黄帝之後。其自本曰：『黄帝姓姚氏，八世生虞舜。舜起嬀汭，以嬀爲姓。至周武王，封舜後嬀滿於陳，是爲胡公。十三世生完。完字敬仲，奔齊。齊桓公以爲卿，姓田氏。十一世田和有齊國，三世稱王。至王建，爲秦所滅。項羽起，封建孫安爲濟北王。至漢興，安失國。齊人謂之王家，因以爲氏。』」由此可見王莽與黄、虞二帝關係之密切。故班固云：「而莽晏然自以爲黄、虞復出也。」今觀本書，開宗明義第一章，即提出有虞爲所謂筴乘馬之創立者。《地數篇》則以黄帝爲「陶天下爲一家」之典型。在《揆度》、《國准》、《輕重戊》，或以黄帝、堯、舜並稱，或以黄帝、有虞並稱。皆與一般敍述古代帝王世系者不同。其必爲作者受王莽宣傳祖德之影響有以使然甚明。此本書之成不得在王莽篡漢以前之一證也。

〔二〕元材案：「百畝之夫」上脱「謂」字。

〔三〕元材案：「予」當作「子」，與下文四「子」字皆爲稱農夫之詞。筴，計也。「子之筴率二十七日爲子之春事」，即今俗所謂「一日之計在於晨，一年之計在於春」之意。

〔四〕王引之云：「『七』當爲『五』，上文『春事二十五日之内』是也。古『五』字作『×』，與七相似，故『五』訛爲『七』。」

〔五〕元材案：資者貸也。「資子之幣」，謂以貨幣借貸之於農夫，猶今人之言農業貸款矣。

〔六〕王念孫云：「春秋當爲泰秋。」安井衡說同。元材案：泰與大通，與孟義近。《山國軌》有「泰春、泰夏、泰秋、泰冬」。《山至數》有「泰春、泰夏、泰秋」。《輕重丁》作「孟春、大夏、大秋、大冬」，是其證。《通典·食貨》十二引《山國軌篇》注云：「泰，當也。」今本《山國軌篇》無此注。

〔七〕元材案：《漢書·文紀》：「歲一不登。」顏師古注云：「登，成也。」又《增韻》：「登，熟也。」

〔八〕元材案：國穀二字，在本書中，明見二十四，暗見二。而以《山至數篇》及《地數篇》所言，意義最爲明顯。《山至數》云：「彼諸侯之穀十，使吾國穀二十，則諸侯穀歸於吾國矣。諸侯穀二十，吾國穀十，則吾國穀歸於諸侯矣。」又曰：「故國穀倍重，故諸侯之穀至也。」又曰：「山處之國，常操(國)穀參分之一。汜下多水之國，常操國穀三分之一。水泉之所傷，水泆之國，常操(國穀)十分之三。漏壤之國，謹下諸侯之五穀。」《地數篇》云：「而國穀二十倍，巨橋之粟亦二十倍。」前者以國穀與諸侯之穀對言，後者以國穀與封建國家所有巨橋之粟對言。可知所謂國穀者，既不是諸侯之穀，又非封建國家所有之穀，乃指國境以內所有之穀(包括封建國家及民間所有之穀)而言。《輕重甲篇》作「國粟」，義與此同。其他「國器」(《巨(筴)乘馬》、《山至數》)、「國銅」(《山權數》)、「國幣」(《山至數》)、「國財」(《山至數》、《地數》)，皆仿此。

〔九〕元材案：重主要表現在貨物缺乏，價格昂貴，引起人們之重視等方面。

〔一〇〕安井衡云：「分，半也。去分，減半也。」何如璋云：「分，半也。言穀之重價減其半也。」元材案：分字在本書，凡四十五見（計《巨（筴）乘馬》二見，《乘馬數》四見，《海王》一見，《山權數》六見，《山至數》十六見，《地數》一見，《揆度》四見，《輕重甲》六見，《輕重乙》二見，《輕重丁》三見）。共可分爲二大類。即第一，分字上附有數目字者爲一類。如十分、五分、四分、三分、二分、一分是。此類分字除《揆度篇》「然則國財之一分在賈人，……賈人出其財物，國幣之少分廩於賈人」，兩分字，因「一分」與「少分」對言，應作「半」字講外，其餘各分字之意義自明，無庸贅釋。第二，分字之上無數目字者爲一類。如：

一、國穀之重去分。二、國穀之分在上。（以上《巨（筴）乘馬》）三、霸國守分上分下，游於分之間而用足。（《乘馬數》）四、升加分彊，釜五十也。（《海王》）五、大豐則藏分，阨亦藏分。六、阨所以益也，何以藏分？（以上《山權數》）七、穀價去上歲之分。八、幣輕，穀重上分。九、以國幣之分復布百姓。（以上《山至數》）十、升加分耗而釜五十。（《地數》）十一、輕重之分使然也。十二、皮幹筋角之徵去分，民之籍去分。十三、萬物之賈輕去其分。十四、絓絲之籍去分而斂。（以上《輕重甲》）十五、分有四時。（《輕重乙》）以上十五條，依上下文義細繹之，除（十一）與（十五）兩條分字讀如糞字，應屬於另一性質，與吾人之討論無關外，其餘之十三條，凡十六字，似又可分爲兩小類，即第一，分字下附有名詞者爲一類。如（四）（十）兩條是。第二，分字下無名詞，而獨立使用者爲一類。如（一）（二）（三）（五）（六）（七）（八）（九）（十二）（十三）（十四）等條是。第一小類之兩分字，均應作半字講。尹注云：「分彊，半彊也」是也。彊即鏹，耗即毫，均指錢言。分彊分耗，謂半錢也。鹽百升而釜。升加半錢，故曰釜五十。若不作半字講，便不得云釜五十矣。第二小類之各分字，則一律作未定數講，蓋即若干分之意。即如本篇下文「國穀之分在上」一語，在其他各篇中，或曰：「國穀三分，二分在上。」（《山至數》）或曰：「上歲之二分在下，下歲之二分在上，則二歲者四分在上。」（同上）或曰「操國穀三分之一」，或曰「操十分之三」，或曰「操十分之二」。（同上）此實因地之肥墝，時之凶豐有所不同，故所操之數亦不能一致。故不得不以未定數表示之也。然則國穀之重去分者，猶言穀價減落若干分之意矣。二氏説皆失之。

〔一一〕元材案：廩，倉廩。此處作動詞用，謂以倉廩儲藏之也。

〔一二〕元材案：州里二字之内容各書所言不同。《管子・度地篇》云：「州者謂之術，不滿術者謂之里。故百家爲里，里十爲術，術十爲州。」是百家爲里，萬家爲州也。《周禮・地官・遂人》云：「五家爲鄰，五鄰爲里。」是二十五家爲里也。《風俗通》云：「五家爲軌，十軌爲里。里者止也，五十家共居止也。」是五十家爲里也。又《周禮・地官》云：「五黨爲州」注：「州，二千五百家。」《論語・衛靈公篇》：「雖州里行乎哉！」朱注：「二千五百家爲州。」是二千五百家爲州也。此處州里指基層行政機構。

〔一三〕龐樹典云：「上即《山國軌篇》『穀爲上，幣爲下』之上。上下猶今言市價高低，與貴賤同義而小有別。蓋貴賤之中，更有貴賤，是謂上下。例如金值貴於銀，銀值貴於銅。此一定之貴賤也。而金銀銅之價，又自有其一時之貴賤。此無定之上下也。在上猶今市語所謂看高抬高，疑與『在令』同義。蓋隸於國穀之分者，其價可以令定之。故曰『國穀之分在上』。」元材案，此說之誤點有二：以國穀爲即國家所有之穀。既爲國家所有，故其價可以由國家用命令決定之。一也。以「在上、在下」與「爲上、爲下」混爲一談。二也。第一點之誤，上文已詳辨之。第二點所關尤大。蓋「在上在下」與「爲上爲下」雖只一字之差，而兩者所含意義則迥然不同。「在上」之「上」與「在下」之「下」乃分，指封建國家與人民而言。「爲上」之「上」與「爲下」之「下」，則分指物價之高低而言。故「在上」「在下」云者，謂某物退出流通界而由封建國家加以儲藏，某物則在民間流通。「爲上」「爲下」云者，則謂某物之價進佔上風，某物之價退居下風。猶上海人之言看漲看跌矣。「爲上」《山至數篇》又作「爲君」。如云「穀爲君，幣爲下。」君即上也。

〔一四〕元材案：「國穀之重再十倍。」再者，二也。《揆度篇》云：「事再其本，民無饘者賣其子。三其本若爲食。四其本則鄉里給。五其本則遠近通。然後死得葬矣。事不能再其本，而上之求焉無止。」《輕重甲篇》與此略同。又《揆度篇》引神農之數曰：「一穀不登，減一穀，穀之法什倍。二穀不登，減二穀，穀之法再什倍。」可見再什倍者，即二十倍之意。《史記·平準書》云：「於是弘羊賜爵左庶長，黄金再百斤焉。」《漢書·食貨志》作「賜黄金者再百焉」。顔師古注云：「凡再賜百金。」亦是以再爲二。此蓋對上文「國穀之重去分」而言。謂穀在民間之時，因散而輕，因多而賤。今爲國家所廪，流通於市場者少，聚則重，寡則貴，故其價可漲至二十倍也。安井衡以「秋成前穀貴，至此復貴，故曰再」，何如璋以「『十』當作『一』，言其價重一倍也，十則大懸殊矣」，張佩綸以「『再十倍』

當作『稱十倍』，即《山國軌》『穀坐長而十倍』」，均失之。

〔一五〕元材案：「官」爲「工」之借字。百官即百工。《尚書·堯典》：「允釐百工」，《史記·五帝本紀》作「信飭百官」，即其證。

〔一六〕元材案：奉即《山至數篇》「械器不奉」之奉。《漢書·食貨志》顔師古注：「奉，謂供事也。」器械兼農業生產工具及兵器而言。備即《鹽鐵論·本議篇》「工所以備器械」、「器械不備」與《通有篇》「器械之備」之備。謂器械乃國家必需之物，皆當由百工供奉備用。豬飼彦博以「械字疑衍」，許維遹以「備字疑衍」者皆非。

〔一七〕元材案：「以穀准幣」一語，又兩見《山國軌篇》。「國無幣，以穀准幣」者，謂國家所有之幣，前已借之於民，故庫藏空虚，不得不以穀代之。實則欲以「一切什九」之穀直時而櫎其器械，非真無幣也。《山國軌篇》收斂女貢織帛及萬物與梁渭陽瑣之牛馬，亦皆用此方法。

〔一八〕朱長春云：「今吴方言謂計大略曰櫎。」段玉裁云：「櫎即桄字也。古曠切。」安井衡云：「《國蓄》櫎字凡三出。詳玩文意，皆謂時價，即漢儒所謂月平也。蓋櫎與横通，横與衡通。衡，平也。輾轉相訓。櫎有平義，時價一定無高低，故謂時價爲櫎耳。」何如璋云：「櫎者物價之限。《韻會》：櫎與横同。横即衡也。」尹桐陽改櫎爲横，石一參、黄鞏則皆逕改爲衡。梁啓超云：「按《説文》櫎字下云：『所以庋器也。』李善《文選·注》云：『櫎者門窗廡之通名。』然則櫎也者，物之所憑藉也，又物之所以資之流通者也。今世經濟學上之術語所謂金融者即此物也。」于省吾云：「安井説是也。《國蓄》『而財之橫可得而平也』。《山國軌》『橫』字數見，橫並應讀作衡。段玉裁謂橫即桄字，於義未符。」許維遹云：「《説文·木部》：『橫，所以几器。』几器猶庋藏之器。引申爲量名。而本書由量名變爲穀價之名。《山至數篇》、《山國軌篇》以『市橫』連文。市橫即市價也。又以『鄉橫』『市准』相對。橫與准，類相從也。至云『鄉穀之橫若干，請以穀視市橫而庚子牛馬』，則橫爲穀價明矣。此云『國穀之橫一切什九』，意謂國穀之價值，一律上取什分之九。即《山國軌篇》所云『環穀而應假幣，國幣之九在上，一在下』也。」聞一多云：「許説『橫』爲穀價名，至確。然竊疑『橫』之爲穀價，與凡穀之價不同。《説文》：『榷，水榷，橫木所以渡也。』《淮南子·繆稱篇》高注：『獨梁，一木之水榷也。』引申爲榷筦之榷。《漢書·武帝紀》：『初榷酒酤。』韋昭注曰：『以木渡水曰榷。謂禁民酤釀，獨官開置，如道路設木爲榷，獨取利也。』《車千秋傳》：『自以爲國家興榷筦之利。』師古注曰：『榷謂專其利使入官也。』是榷即今所謂政府專賣。榷橫聲義俱近。橫本訓橫木，而橫與橫通，故榷一曰橫。管書言橫，蓋謂政府專賣穀類之價格也。」元材案：聞説以橫爲政府專賣穀類之價，其説最精。惟疑橫即榷字之借，則有未必。考本書著者言經濟，多以含有管制或獨占意義之字爲術語。如《國蓄篇》：「爲籠以守民」之「籠」字；《乘馬數篇》「章四時，守諸開闔」及《輕重甲篇》「君章之以物則物重，不章以物則物輕」之「章」字；《山至數篇》「行欄牢之筴」之「欄牢」字，即其明證。此等術語，漢人最喜用之，亦惟漢人始能用之。籠之初義，本爲鳥檻。《莊子·庚桑楚篇》始抽象用之，初則云：「以天下爲籠，則雀無可逃。」次則云：「湯以庖人籠伊尹，秦穆公以五羊之皮籠百里奚。」然猶不過謂以其所好籠之而已。至漢武帝用張湯、桑弘羊主計政，乃特取「籠」字爲一切統制經濟之專門名詞。故《漢書・張湯傳》云：「湯承上指，籠天下鹽鐵，排富商大賈。」《史記・平準書》云：「大農諸官盡籠天下之貨物。」《鹽鐵論・本議篇》大夫云：「開委府於京以籠貨物。」《禁耕篇》大夫云：「異時鹽鐵未籠。」文學云：「縣官籠而一之。」又《輕重篇》御史云：「大夫君運籌策，建國用，籠天下鹽鐵諸利以排富商大賈。」顔師古《漢書》注云「籠羅其事，皆令利入官。」此籠字之義也。章即鄣，本有二義。一爲河防。《禮・祭法》：「鯀鄣洪水而殛死。」《管子・立政篇》：「溝瀆不遂於隘，鄣水不安其藏。」又曰：「通溝瀆，修鄣防，安水藏。」是也。二爲邊防。《漢書・張湯傳》：「居一鄣。」顔師古注云：「鄣謂塞上要險之處，别築一城，因置吏士而爲鄣蔽，以扞寇也。」是也。至漢人言經濟，則亦取「鄣」字爲利權獨占之代名詞。《鹽鐵論・錯幣篇》所謂「吴王擅鄣海澤」，《園池篇》所謂：「公家有鄣假之名。」即其例矣。此章字之義也。至「欄牢」二字，本爲閑養牛馬之圈。《晏子春秋》：「君之牛馬老於欄牢。」《漢書・王莽傳》：「與牛馬同蘭。」《説文》：「牢，閑養牛馬圈也。從牛冬省。取其四周帀也。」《鹽鐵論・後刑篇》云：「是猶開其欄牢。」是也。然尚無經濟學上之意義。至本書始以之與「籠」字及「章」字，同被用爲經濟學上之重要術語。此欄牢二字之義也。此外爲漢人所習用而爲本書所未及者尚有二字。一曰徼。《史記・平準書》云：「通輕重之權，徼山海之業。」徼者，邊徼也。以木栅爲蠻夷界也。又訓遮。其意義蓋與「章」字略同。二曰榷。其意義，上引聞氏説已言之甚詳。顔師古又云：「榷者，步渡橋。《爾雅》謂之『石杠』，今之『略約』是也。禁閉其事，總利入官，而下無由以得，有若渡水之榷，因立名焉。」以上諸術語之造成，或則取譬於鳥獸之牢籠，或則借喻於邊防之徼鄣，或則立名於渡水之榷木，凡皆以說明「國利之必歸於君」與「塞民之(養)〔羨〕，阸其利途」之不可或弛而已。本書既有無數證據證明爲漢人所作，而書中所言又皆屬於財政經濟之管制與獨占問題。以此例彼，則此「櫎」字，自亦當依《廣韻》訓爲「兵欄」，方可得其旨趣。其取義之由，蓋與「徼」字「章」字相同。計本書中「櫎」字凡九見。茲記之於左：

1國穀之櫎一切什九。（本篇）2而財之櫎可得而平也。（《國蓄》）3某鄉女勝事者終歲績，其功業若干。以功業直時而櫎之。終歲，人已衣被之後，餘衣若干。4鄉穀之櫎若干。5女貢織帛苟合於國奉者皆置而券之。以鄉櫎市準曰：上無幣，有穀，以穀准幣。6民鄰縣四面皆櫎，穀坐長而十倍。7府官以市櫎出萬物，隆而止。8請以穀視市櫎而庚子。（以上《山國軌》）9泰夏賦穀以市櫎。（《山至數》）據此，則櫎字實有二用。即第一，作動詞用，如（3）（6）兩條是也。第二，作名詞用，如（1）（2）（4）（5）（7）（8）（9）等條是也。此與籠、徼、榷等字之亦有二用者正同。其作名詞用者，有時指穀價而言，如（1）（4）（8）（9）等條是也。有時指女工生産品之價而言，如（3）（5）兩條是也。有時又泛指一切財物之價而言，如（2）（7）兩條是也。許、聞二氏謂爲專指穀價者，未免失之太狹。惟此等物價，不僅非出於自然，而實爲政府實施輕重之筴之後而始産生者，而且又有「鄉櫎」「市櫎」之區別。其性質略同於王莽之「市平」。其作動詞用者，則含有「軌據」即「以數制之」之意。例如「鄰縣四面皆櫎，穀坐長而十倍」，與下文「百都百縣軌據，穀坐長而十倍」，句法即完全相同。「四面皆橫」者，謂四方之穀，皆由國家以軌數據而守之，有如兵欄之約束其士卒者然。《山權數篇》所謂「置四限，高下令之徐疾，毆屏萬物，守之以筴」，即此意也。

〔一九〕郭沫若云：「『一切什九』，殊爲不詞。疑是『一均什斗』之誤。均、切，斗、九，篆文形極近似。『均』假爲『鈞』也。《小匡篇》云：『小罪入以金鈞，分宥薄罪，入以半鈞。』尹注『三十金曰鈞』。三十金當即三十錢。李悝云：『石三十（錢）』（見《漢書・食貨志》），則齊魏穀價適相當也。」又云：「按管書中所言穀價頗不一致。《國蓄篇》云：『中歲之穀，糶石十錢。』《輕重甲篇》『粟賈釜四十。』又《輕重丁篇》『齊西之粟釜百泉，則鏂二十也，齊東之粟釜十泉，則鏂二泉也。』依齊舊制，釜爲六斗四升，鏂爲一斗六升。依田氏新制，釜爲一石二斗五升，鏂爲二斗五升。三者相差均頗懸絶。此言『一鈞什斗』，蓋由作者作如此假設而已。」元材案：此説可商。「一切」一詞，乃秦漢人常用語。《史記・李斯傳》「請一切逐客」。《貨殖傳》：「以武一切，用文持之。」又《鹽鐵論・復古篇》：「扇水都尉所言，當時之利權，一切之術也。不可以久行而傳世。」《漢書・平紀》：「吏在伍二百石以上，一切滿秩如真。」《貢禹傳》：「用度不足，乃行一切之變。」《匈奴傳》：「恐議者不深慮其終始，欲以一切省繇戍。」劉向《戰國策序》：「戰國之時，君德淺薄，爲之謀策者不得不因勢而爲資，據時而爲畫。故其謀扶急持傾，爲一切之權，雖不可以臨教化，兵革救急之術也。」顔師古注《平紀》云：「一切者，權時之事，非經常也。猶如以刀切物，苟取整齊，不顧長短縱横，故言一切。」「什九」者，十分之九也。

《山國軌篇》云：「穀一廩十，君常操九。」《山權數篇》云：「物一也而十，是九爲用。」穀之原價本僅爲一，由於爲國家所收藏，藏則重，故坐長加十。除原價外，獲利九倍。故曰「國穀之橫，一切什九」也。

〔三〇〕丁士涵云：「當作『還穀而應幣』。《山國軌篇》曰：『然後調立環乘之幣。』又曰：『上無幣有穀，以穀准幣，環穀而應筴。』（『以穀准幣』，即是國筴，故『應幣』謂之『應筴』。）又曰：『貲家假幣，皆以穀准幣，直幣而庚之，穀爲下，幣爲上。百都百縣軌據，穀長十倍。環穀而應假幣。』是其證。」何如璋云：「『應穀』，『穀』字宜作幣，沿上而誤。應幣者謂准所需之幣，以穀應其數也。」張佩綸云：「還穀應幣，即《周禮·旅師》用粟春頒秋斂之遺法。」郭沫若云：「丁校非是。『還穀而應穀』不誤。『還穀』者指假幣於民而使之以穀償還。『應穀』者指以穀代幣，購置器械以備公用。承上兩事而言，故下文結之以『穀器皆資，無籍於民。』言穀物與器用皆足，而不增加稅籍。『穀器皆資』，『穀』字原作『國』，因音近而訛。丁所引《山國軌篇》『資家假幣』云云，乃富家向官家假幣，官家以賤價之穀代幣而與之，預約以幣償還其穀。及穀貴，富家乃不得不准貴穀之價而償幣。故曰『環穀而應假幣。』丁未得其解。」元材案：以上諸說皆非也。《山國軌篇》所謂「還穀而應筴，國奉決」，是以穀准幣支付「國奉」之價。所謂「還穀而應假幣，國幣之九在上，一在下」，則是以穀准幣，清償所負委貲家所假給政府之債。以彼例此，則此處「還穀而應穀」，當作「還穀而應器」。謂百工所奉器械之價，只須以「一切什九」之穀支付之，即足以清償債務而有餘。故下文即承之曰：「國器皆資，無求於民」也。「資」當作「贍」，字之訛也。説詳《山權數篇》。「國器」一詞，又見《山至數篇》，指合於國用之各種器械而言。「國」字不誤。

〔三〕張佩綸云：「無籍於民者，縣邑里之器械本當征之於民，今以穀幣出入之贏餘資之，不必别取於民。」元材案，此説是也。惟於此有應注意者三點：第一，「國器皆資」之「資」，乃「贍」之誤字，上已言之。張氏讀爲資，當改正。第二，「無籍於民」一類之文句，在本書中實數見而不一見。如《乘馬數篇》云：「故開闔皆在上，無求於民。」《國蓄篇》云：「故萬民無籍而國利歸於君也。」又云：「故不求於萬民，而藉於號令也。」《山國軌篇》云：「今四壤之數，君皆善官而守之，則籍於財物，不籍於人。」又云：「乘令而進退，無求於民。」又云：「不籍而贍國，爲之有道乎？」又云：「軌守其時，又官天財，何求於民？」又云：「齊之戰車之具具於此，無求於民，此去丘邑之籍也。」《地數篇》云：「軍五歲，無籍衣於民。」又云：「終身無籍於民。」《揆度篇》云：「五官之數，不籍於民。」《輕重甲篇》云：「然則自足，何求於民也。」《輕重乙篇》云：「請以令斷山木，鼓山鐵，是可以無籍而自足。」《輕重丁篇》云：「故國八歲而無籍。」又云：「故周天子七年不求賀獻。」又云：「未嘗籍求於民，而使用若河海。」又曰：「王霸之不求於人而求之終始。」一書之中，蓋不僅三致意焉而已。蓋本書著者言財政經濟政策，正以無籍而用足爲其中心之主張。其所持理由，約有三端。《國蓄篇》云：「以室廡籍，謂之毁成。以六畜籍，謂之止生。以田畝籍，謂之禁耕。以正人籍，謂之離情。以正户籍，謂之養贏。」《海王篇》及《輕重甲篇》略同。此以籍民爲妨害國民之生産力，一也。《國蓄篇》又云：

「今人君籍求於民，令曰十日而具，則財物之賈什去一。令曰八日而具，則財物之賈什去二。令曰五日而具，則財物之賈什去半。朝令而夕具，則財物之賈什去九。先王知其然，故不籍於萬民而籍於號令也。」此以籍民爲强奪國民之所得，一也。《輕重甲篇》云：「皮幹筋角之徵甚重，重籍於民而貴市之皮幹筋角，非爲國之數。」又云：「今君之籍取以正，萬物之賈輕去其分，皆入於商賈。」此以籍民爲足以損民而益商，三也。以此之故，著者認爲籍求於民，實非理財之善法，故主張施行輕重之筴以代之。梁啓超名之曰「無籍主義」。誠有味乎其言之也。然此種無籍主義，實亦本之於秦漢時代的理財家而非著者所特創。《鹽鐵論·非鞅篇》大夫曾有「商君相秦，外設百倍之利，收山澤之税」，「是以征伐敵國，攘地斥境，不賦百姓而師以贍」之言。《漢書·吴王濞傳》亦載：「吴有豫章銅山，即招致天下亡命者盜鑄錢，東煮海水爲鹽。以故無賦，國用饒足。」至漢武帝用桑弘羊爲大農，其所獲成績，更爲巨大。《史記·平準書》云：「於是天子北至朔方，東到泰山，巡海上，並北邊以歸。所過賞賜，用帛百餘萬匹，錢金以巨萬計，皆取足大農。……而諸農各致粟山東，漕益歲六百萬石。一歲之中，太倉甘泉倉滿；邊餘穀。諸均輸帛五百萬匹。民不益賦而天下用饒。」又《鹽鐵論·輕重篇》御史云：「大夫君運籌策，建國用，籠天下鹽鐵諸利，以排富商大賈，買官贖罪，損有餘，補不足，以齊黎民。是以兵革東西征伐，賦斂不增而用足。」又《漢書·蕭望之傳》載張敞云：「昔先帝（指武帝）征四夷，兵行三十餘年，百姓猶不加賦而軍用給。」所謂「不賦百姓而師以贍」，「以故無賦國用饒足」，「民不益賦而天下用饒」，「賦斂不增而用足」，及「百姓猶不加賦而軍用給」，無疑是本書所謂「無籍而用足」之所自昉。此又本書之成，不得在秦漢以前之一證也。第三，此種無籍主義，形式上雖「但見予之形，不見奪之理」（《國蓄》），但實際上，其所給予人民之危害性，則更甚於奪。即以「還穀而應器」一事而論：還與環同。謂國家既以幣准穀掠取農民手中因受季節性影響而跌價之五穀，又以穀准幣，利用通過國家囤積居奇而暴漲至重二十倍之五穀掠取名義上爲百工，實際上爲兼營手工業生產之農民所有之器械。如此，一轉手間，遂使農民於不知不覺中受到雙重之剥削。誠如列寧在《帝國主義是資本主義的最高階段》一書中，論及德國帝國主義輸出資本時所指出：「它要從一條牛身上剥下兩張皮來，第一張皮是從貸款取得的利潤；第二張皮是在同一筆貸款用來購買克虜伯的產品或鋼業辛迪加的鐵路材料等等時取得的利潤。」却仍以十分欣賞之態度，美其名曰「國器皆贍，無求於民」。作者之剥削階級立場，於此殆已暴露無遺。

管子輕重二——乘馬數

元材案：篇中言「此筴乘馬之數亡也」。又曰：「筴乘馬之數盡於此乎？」又曰：「此之謂筴乘馬之數。」可知「乘馬數」即「筴乘馬之數」。

提要：本篇共分四段。第一段，從「桓公問管子曰：有虞筴乘馬已行矣」至「無求於民」，以「戰國」與「王國」互爲對文，論列國分立與天下一統處境之不同，故筴乘馬之法亦隨之而異。第二段，從「朝（霸）國守分上分下」起至「此國筴流已」，此又分三小段。從「朝（霸）國守分上分下」起至「此筴乘馬之數亡也」爲第一小段，以「霸國」「王國」及「亡筴乘馬之君」互爲對文，論「守分上分下」「守始」「守高下」（卽守時）之法及「不知時終始」之害。從「乘馬之准」至「此國筴流已」爲第二小段，以「鬭國」（卽戰國）及「王國」互爲對文，論列國分立時對外貿易之價格規律及天下一統時「持流」之法。《山至數篇》所謂「爲諸侯則高下萬物以應諸侯，徧有天下則賦幣以守萬物之朝夕，調而已」，義與此同。第三段，從「乘馬之數盡於此乎」至「穀輕而萬物重」，論貨幣與萬物的交換價值之對比關係及五穀與萬物的交換價值之對比關係。第四段卽最後一段，論「相壤定籍」及「以滿補虛」之方法及其功用。

桓公問管子曰：「有虞筴乘馬已行矣。吾欲立〔一〕筴乘馬，爲之奈何？」

管子對曰：「戰國〔二〕修其城池之功，故其國常失其地用〔三〕。王國則以時行〔四〕也。」

桓公曰：「何謂以時行？」

管子對曰：「出准之令〔五〕。守地用、人筴〔六〕。故開闔皆在上〔七〕，無求於民。」

〔一〕元材案：立者，設立也。猶今言立法。謂有虞所行，吾亦欲仿而行之。此與《地數篇》「武王立重泉之戍，今亦可以行此乎」，語意略同。日本昌平學元本「立」作「主」者非。

〔二〕元材案：「戰國」「王國」對文。「戰國」與下文「鬭國」同義，皆指列國分立時之國家而言。「王國」則指天下一統之國家而言。

〔三〕元材案：地用，謂土地之生產作用，即「地力」或「地利」之意。戰國以力征爲務，農民多被征發以從事於國防工事如城池等之工程，無暇耕種，故田園荒蕪，不能發生生產作用。《巨(筴)乘馬篇》所謂「穀地數亡」，即此意也。

〔四〕元材案：「以時行」一語，又見《史記·絳侯世家》：「竇太后曰：『人主各以時行耳。』」《索隱》：「謂人主各當其時而行事，不必一一相法也。」此處「以時行」，乃下文「此國筴之時守也」及「章四時」之意。內容包括「守地用、人筴」二者而言。前者重在「不奪民時」，以免失其地用。後者重在「守四時之朝夕」，觀下文便知。

〔五〕石一參云：「出准之令，出入皆以令爲准。」元材案：此即《山國軌》「乘令而進退」、《山權數》「以此與令進退」之意。

〔六〕元材案：守字在本書凡八十見。謂管制而據守之也。地用解已見上。人筴即人謀。守地用謂不違農時。守人筴，則指霸國之「守分上分下」及王國之「守始」、「守高下」與「持流」等而言。

〔七〕元材案：開闔本篇凡二見，《地數篇》亦一見。《地數篇》云：「伊尹善通移輕重、開闔、決塞，通於高下徐疾之筴，坐起之費（案費字疑衍）時也。」又《七法篇》云：「予奪也，險易也，利害也，難易也，開閉也，殺生也，謂之決塞。」開閉即開闔，猶今言開關。開闔皆在上，即一切輕重、決塞、高下、徐疾、坐起、予奪、險易、利害、難易、殺生之權皆操於封建國家統治者之手。此蓋言不守地用，則穀地數亡，一切財用皆將無所自出。不守人筴，則不僅歲凶旱水泆之時無以備天之權，且即「本富而財物衆，如不能理」，亦有「税於天下，爲天下虜」之危險。故統治者發號施令，必以守地用、人筴二者爲主要目標。如此，則開闔皆可聽統治者之自由，不必加賦於民，而國用自無不足之患矣。

「朝國〔一〕守分上分下，游於分之間而用足〔二〕。王國守始〔三〕，國用〔四〕一不足則加一焉，國用二不足則加二焉，國用三不足則加三焉，國用四不足則加四焉，國用五不足則加五焉，國用六不足則加六焉，國用七不足則加七焉，國用八不足則加八焉，國用九不足則加九焉，國用十不足則加十焉。人君之守高下〔五〕，歲藏三分，十年則有五年之餘〔六〕。若歲凶旱水泆〔七〕，民失本〔八〕，則修宮室臺榭，以前無狗後無彘者〔九〕爲庸〔一〇〕。故修宮室臺榭，非麗其樂也〔一一〕，以平國筴也〔一二〕。今至於其亡筴乘馬之君，春秋冬夏不知時終始。作功起〔一三〕衆，立宮室臺榭，民失其本事〔一四〕，君不知其失諸春筴，又失諸夏秋之筴數也〔一五〕。民無饘賣子〔一六〕，數也〔一七〕。猛毅之人淫暴，貧病之民乞請〔一八〕。君行律度焉〔一九〕。則民被刑僇〔二〇〕而不從於主上。此筴乘馬之數亡也〔二一〕。

〔一〕元材案：「朝國」當依古本、劉本、朱本、趙用賢本作「霸國」。本書中多以王、霸並稱。本篇下言「王國」，則此當爲「霸國」無疑。

〔二〕丁士涵云：「當作『上下游於分之間而用足』。『分』字涉上下文而衍。上下游於分之間，即下文所謂『乘馬之准，與天下齊准』也。」何如璋云：「『上分』句，謂上守國穀之半也。仍半乃散之百姓。故下游於分之間，而地力之用既足矣。」龐樹典則以「朝國守分」爲一句，「上分下」爲一句，「游於分之間而用足」爲一句。而曰：「『朝國』，諸侯之國。『分』讀爲分財之分。三『分』字同義」。又云：「『朝國守分』，與『王國守始』爲對文。朝國守分者，用民之財不出於應分之外也。『上分下』者，謂人君分民之財以爲國用也。游於分之間而用足者，不過求於民而奪其財，同暴君亡國之所爲。蓋立筴乘馬之法，不過游於分之間而已。此之謂『朝國守分』。」于鬯云：「此當讀『霸國守分上分下』爲句。守者勿失之謂。言勿失之於分之上，亦勿失之於分之下。譬如分爲十數，則勿失之於十一，是爲分之上。亦無失之於九，是爲分之下。故曰『游於分之間』。分之間者，卽分上分下之間。游於分之間，卽申明守分上分下之義也。」郭沫若以「朝國守分」爲句，「上分下」爲句。而曰：「朝，古本、劉本、朱本、趙用賢本以下均作霸。分謂半也。《事語篇》所謂『轂十而守五』。『上分下』，黃鞏《管子編注》作『上與下』，是也。『分』字與『與』字草書形近。」元材案：丁、何、龐、郭諸説皆非也。于鬯斷句得之，而解釋則有未當。此處「分」字當作未定數講，説已見《巨(筴)乘馬篇》。「分上分下」，指財物之輕重貴賤而言。此與《揆度篇》云：「若此則幣重三分，財物之輕三分，原文輕下衍一重字，今刪。賈人市於三分之間，國之財物盡在賈人」，及《鹽鐵論・貧富篇》大夫云：「運之六寸，轉之息耗，取之貴賤之間」，語意相同。所謂「分上分下」，卽「幣重三分，財物之輕三分」之意也。所謂「游於分之間」，卽「市於三分之間」與「取之貴賤之間」之意也。惟於此有應注意者，彼處之「市」者與「取」者，爲賈人及大夫本人，此處之「游」者則爲「霸國」之統治者。又幣與財物之或輕或重，不一定皆爲「三分」，故此處特以未定數之「分」字表示之，亦猶《鹽鐵論》之以抽象之「貴賤」字表示之也。

〔三〕俞樾云：「按『國用一不足則加一焉，國用二不足則加二焉』云云，是乃無筴之甚者。何以謂之『王國』？疑『王國』乃『亡國』之誤。」上文云：『出准之令，守地用人筴。故開闔皆在上，無求於民。霸國守分上分下，游於分之間而用足。』夫『無求於民』者上也。『游於分之間而用足』者次也。然則此爲最下矣。『王國』之誤無疑也。」元材案：此說非是。考「守始」二字，乃本書著者所最津津樂道之一種經濟政策。《揆度篇》云：「人君操始，民不得操卒。」又曰：「不察於終始，不可以爲至矣。」又曰：「故先王謹於其始。」《輕重丁篇》云：「請問王數之守終始。」《輕重戊篇》云：「守物之始，終身不竭。」始者物之初生也。故《山國軌篇》云：「國軌布於未形，據其已成。」《山權數篇》云：「動於未形，而守事已成。」《輕重戊篇》亦云：「物之生未有形，而王霸立其功焉。」果如俞氏之說，王國爲亡國之誤，則亡國豈能守始耶？此蓋言王者之國能運用所謂輕重之筴，謹守於物之終始，使其不爲富商蓄賈所乘，而利歸於君，故可量出爲入，加一加二乃至加九加十，皆得自由爲之。此如《巨（筴）乘馬篇》所言以貸款方式守農民之穀於「春事二十五日」之前，而據之於「泰秋子穀大登，國穀之重去分」之後。又如《輕重丁篇》所言「守其三原」之法，亦以「籍於布則撫之絲，籍於穀則撫之山，籍於六畜則撫之術」爲其唯一之手段。前者之結果爲「國穀之重再十倍」，後者之結果則爲「布五十倍其賈」。故《輕重丁》又云：「善爲國者守其國之財，湯（蕩）之以高下，注之以徐疾，一可以爲百，未嘗籍求於民，而使用若河海。」然則不僅加九加十而已。惟此處「加一加二」云云，與《海王篇》之「升加分彊，升加二彊」及「鍼之重加一，刀之重加六，耜鐵之重加七」，微有不同。彼處之加一加二，係以錢爲單位，其義狹。此處則爲無定數，其義廣。可以指錢數而言，如上引《海王篇》之例是也。《國蓄篇》「中歲之穀，糶石十錢；歲凶穀貴，糶石二十錢」，《山至數篇》「諸侯之穀十，使吾國穀二十」，《輕重甲篇》「故善者重粟之賈釜四百」，及《輕重乙篇》「則請重粟之賈釜三百」，「滕魯之粟釜百，則使吾國之粟釜千」，亦屬於此一類。又可以指倍數而言。如上引「國穀之重再十倍」，「布五十倍其賈」，及其它所謂「坐長加十」、「重有加十」，皆其例也。此蓋言霸國守分上分下而用足，王國守始而用更足。皆申言上文「守地用、人筴，則開闔皆在上，無求於民」之意。俞氏不明著者所謂輕重之筴，與「一可爲十，十可爲百」及「無可爲有」之義，妄以「王國」爲「亡國」之誤，殊爲可哂。又豬飼彦博以「『加』當作『假』，貸也」（郭沫若同），何如璋以「『不足』指歲歉，『加』者加給以所守之穀以濟國用之不足」，陶鴻慶以「『守始』爲『守加』」，龐樹典以「『守始』爲『守經守常』」，誤與俞同。

〔四〕元材案：「國用」一詞，又分見《山權數篇》及《地數篇》。指國家財用。《禮記・王制》：「冢宰制國用」，注：「如今度支經用」是也。又《鹽鐵論・力耕篇》云：「異物內流則國用饒。」《憂邊篇》云：「羣臣盡力畢議，册滋國用。」又《輕重篇》云：「大夫君運籌策，建國用。」可見「國用」一詞，亦秦漢人常用術語矣。

〔五〕元材案：「高下」解已見《巨(筴)乘馬篇》。「守高下」有二義，一爲「守四時之高下」。《輕重丁篇》所謂「王霸之不求於人，而求之終始，四時之高下，令之徐疾而已矣」是也。一爲「守四方之高下」。《揆度篇》所謂「故守四方之高下，國無游賈，貴賤相當」是也。前者指季節性之物價言，後者指地方性之物價言。

〔六〕王引之云：「『五』當爲『三』。歲藏十分之三，至十年則餘三十分。每十分而當一年，故三十分而爲三年之餘也。」元材案：王說是也。《禮・王制》：「三年耕必有一年之食，九年耕必有三年之食。以三十年之通制國用，雖有凶旱水溢，民無菜色。」《鹽鐵論・力耕篇》文學云：「故三年耕而餘一年之蓄，九年耕有三年之蓄。」與此正合。

〔七〕安井衡云：「『泆』『溢』通。」元材案：《王制》云：「雖有凶旱水溢，民無菜色。」《賈誼新書・禮篇》亦云：「雖有凶旱水溢，民無饑饉。」即皆作「溢」。

〔八〕元材案：「本」字在本書凡四十見。有作根源講者，如《山權數》「此刑罰之所起，而亂之之本也」，《地數篇》「此見戈之本也」是也。有作國字講者，如《地數篇》「守圉之本」，「夫善用本者」，「夫齊衢處之本」是也。有作本錢講者，如《國蓄》「愚者有不賡本之事」，「民事不償其本」，《揆度》「無本者貸之圃彊」，「事再其本」云云是也。有作農事講者，如《輕重戊》「代民必去其本」，「衡山之民釋其本」是也。此處「本」字亦當作農事講。失本即失去農業收入。《巨(筴)乘馬篇》所謂「春失其地，夏失其苗，秋起繇而無止，此之謂穀地數亡」，義與此同。安井衡以「本」爲「資本」，與此處上下文不合。

〔九〕安井衡云：「前無狗，後無彘，言貧甚也。狗守門，故云前；彘居牢，故云後。」聞一多云：「《國蓄篇》：『歲適美，則市糶無予，而狗彘食人食。』蓋有餘食以分狗彘，是猶未甚貧。若狗彘都無，則貧已甚矣。如此者，賃之以修宮室臺榭而給之食。此以工代賑之法也。」元材案：「狗彘食人食而不知檢」，語出《孟子》。原意蓋指地主階級以人食食狗彘而言。猶《輕重丁篇》之言「城陽大夫嬖寵被絺綌，鵝鶩含餘秫」矣。聞氏以之屬於貧民，有欠斟酌。

〔一○〕元材案：庸字在本書凡六見（《乘馬數》一見，《山至數》二見，《地數》、《輕重甲》、《乙》各一見）。尹注《輕重甲篇》云：「庸，功也。」俞樾云：「按尹説未合。庸當爲傭。《史記·陳涉世家》：『嘗與人傭耕。』《索隱》引《廣雅》云：『傭，役也。』《漢書》每以『庸』爲之。」今案：庸字亦漢人通用語。《漢書·周勃傳》：「取庸苦之不與錢。」《司馬相如傳》：「與庸保雜作。」《景紀》：「後三年詔吏發民若取庸采黄金珠玉者坐臧爲盜。」又《鹽鐵論·禁耕篇》云：「郡中卒踐更者多不勘，責取庸代。」顔師古注《司馬相如傳》云：「庸，謂賃作者。」蓋指受人雇用之勞動者而言。

〔一一〕元材案：「宫室臺榭」一詞，最早見於《書·泰誓》：「惟宫室臺榭陂池侈服。」傳云：「土高曰臺，有木曰榭。」《鹽鐵論·通有篇》及《貧富篇》亦有「宫室臺榭」語。「麗」即《淮南子·精神篇》「今高臺層榭，人之所麗也」之麗，高誘注：「麗，美也。」「其」與「之」同。「非麗其樂」，即「非麗之樂」，謂非以美爲樂也。

〔一二〕聞一多云：「『筴』疑當爲『災』。」元材案：「國筴」一詞，在本書中凡十三見（《乘馬數》、《山權數》各三見，《山至數》五見，《揆度》及《輕重乙》各一見），皆指國家之經濟政策而言，猶言國計也。《宋史·張方平傳》：「方平畫上十四策。富弼曰：『此國計大本，非常奏也。』」此國筴即國計之證。平國筴云者，即《荀子·富國篇》「明主使天下必有餘，而上不憂不足。如是則上下俱富，交無所藏之。是知國計之極也」之意。此蓋後世以工代賑之法。朱長春所謂「周政荒政弛力，而此主役庸。弛者得自力於餬口，庸者得力食於官工」是也。聞說失之。

〔一三〕元材案：起即征發。解已見《巨（筴）乘馬篇》。

〔一四〕元材案：「本事」一詞，又分見《海王》及《輕重丁篇》。此處及《丁篇》之「本事」，均應作「農事」講。《管子·權修篇》：「有地不務本事。」尹注：「本事，謂農也。」是也。《海王篇》之「本事」，則與此不同，尹注彼處云：「本事，本鹽也。」是也。

〔一五〕元材案：此處「數」字乃「筴」字之注文，寫者誤以入正文者。《漢書·律曆志注》引蘇林曰：「筴，數也。」即其證。此處兩筴字皆宜訓爲「計」。「春筴」及「夏秋之筴」，猶今人之言春計及夏秋之計矣。

〔一六〕元材案：糟，《說文》：「糜也。」「無糟賣子」，《山權數篇》凡三見，《揆度篇》一見。「賣子」，《輕重甲篇》兩見。又《揆度篇》云：「輕重不調，無糟之民不可責理，鬻子不可得使。」鬻子即賣子。可見當時賣子之風之盛！

〔一七〕元材案：「數也」之「數」當作自然之理講。《呂氏春秋·壅塞篇》：「寡不敵衆，數也。」高注：「數，道數也。」道數也者，猶云道理固如此也。各本「也」多作「矣」，俞樾以「數也」二字爲衍文；何如璋以「數」乃「疏數」之義，均失之。

〔一八〕元材案：「猛毅」二字又分見《管子·法法篇》及《參患篇》。惟兩處皆指殘暴之封建國家統治者而言，此處則指年富力强而富有革命性之勞動人民而言。淫，淫亂；暴，暴動。即《巨（筴）

乘馬篇》「盜暴」之意。或謂之「淫暴」，或謂之「盜暴」，皆著者誣蔑勞動人民之詞。「乞請」又見《山權數篇》，卽《輕重己篇》「路有行乞者」之意。此謂民之富有革命性者起而以暴力相對抗，貧病者則流爲乞丐也。賈誼《陳政事疏》云：「有勇力者聚徒而衡擊，罷夫羸老易子而齩其骨。」義與此同。

〔一九〕元材案：律度指封建國家鎮壓人民之法律及制度。

〔二〇〕元材案：僇同戮，卽殺戮。

〔二一〕元材案：「筴乘馬之數亡也」，卽失筴之意，猶賈讓《治河策》之言「是爲無策」矣。

「乘馬之准，與天下齊准。彼物輕則見泄，重則見射。此鬬國相泄，輕重之家相奪也〔一〕。至於王國，則持流〔二〕而止矣。」

桓公曰：「何謂持流？」

管子對曰：「有一人耕而五人食者，有一人耕而四人食者，有一人耕而三人食者，有一人耕而二人食者。此齊力而功地田筴相員。此國筴之時守也〔三〕。君不守以筴，則民且守於上〔四〕。此國筴流已〔五〕。」

〔一〕元材案：乘馬卽計算，解已見《巨（筴）乘馬篇》。准者標准，猶言水平。「物輕則見泄，重則見射」二語，又見《山權數篇》。泄即渫字。《漢書・食貨志》晁錯云：「粟有所渫」，又曰：「大渫天下粟」，顔師古注云：「渫，散也。」《山至數篇》「而天下不吾泄矣」，作泄，義同。輕則見泄，猶言輕則流散。重則見射，猶言重則成爲争奪之目標。鬭國即戰國，亦即列國。輕重之家，又見《山至數篇》及《輕重甲篇》，謂通於輕重之筴者，猶今言經濟專家、財政專家也。此言「乘馬之准，與天下齊准」，謂當列國分立時，應使國内物價與國際間物價保持一均衡而合理之比率。蓋一國之物價比率，如較鄰國爲低，則鄰國諸侯必起而乘吾之弊，以賤價收購民間之貨物。而吾國之貨物因而大量流出於國外，如《輕重丁篇》萊人之失其纂茈。所謂「物輕則見泄」者此也。反之，一國之物價比率如較鄰國爲高，則鄰國諸侯又必各出其所藏蓄之萬物，昂其價而售之於吾國，以射取其利，而吾國之資金又將大量流出於國外。如《輕重甲篇》伊尹以文繡纂組一純得粟百鍾（粟在古代經濟社會中占有特别重要地位，故亦得稱爲資金，説詳下）於桀之國。所謂「物重則見射」者，此也。《山權數篇》云：「見泄者失權也，見射者失筴也。」二者有一於此，皆不足以立足於國際經濟競争之間。故善爲國者，必須隨時注意於國際經濟情況之變化，而調整其物價之國際比率，使其與四鄰各國相適應。至其具體進行之方法，從其他各篇聯系觀之，似又可分爲下列二種。即：第一、《地數篇》所謂：「夫善用本者，若以身濟於大海，觀風之所起。天下高則高，天下下則下。天下高我下，則財利稅于天下。」（《輕重丁篇》云：「昔者癸度居人之國，必四面望於天下。天下高亦高。天下高我獨下，必失其國於天下。」與此同。）第二、《輕重乙篇》所云「故善爲國者，天下下我高，天下輕我重，天下多我寡，然後可以朝天下」是也。前者謂天下高，我亦當與之同高；天下下，我亦當與之同下，即《山權數篇》所謂「重與天下調」者也。後者則謂天下下我亦當高，即《山至數篇》所謂「彼諸侯之穀十，使吾國穀二十，則諸侯穀歸吾國」，《輕重乙篇》所謂「滕魯之粟釜百，則使吾國之粟釜千，滕魯之粟四流而歸我」者也。大抵本書各篇著者之對外貿易政策與中世紀歐洲之重商學派及近世之資本主義者所持之見解實大有不同。後二者之對外貿易政策，皆以出超爲其主要之目標。故往往竭其全力以獎勵本國貨物之輸出。而前者之對外貿易政策，則除在少數之特殊場合下可以將某種貨物輸出，如《山至數篇》之「漏壤之國」，推銷「彫文梓器以下諸侯之五穀」，《地數篇》與《輕重甲篇》之以高價推銷海鹽於梁趙宋衞濮陽而吸收其黃金，及《輕重戊篇》之以高價推銷五穀於所欲征服之魯梁萊莒楚代衡山等國外，其餘則一律以輸入外國之貨物爲重。如《海王篇》之：「因人之山海假之，名有海之國，讎鹽於吾國」；《地數篇》之「人來本者，因吾本幣，食吾本粟，騏驥黃金然後出，然後天下之寶壹爲我用」；《輕重甲篇》之「高杠柴池，以致天下之牛馬」；《輕重乙篇》之「爲諸侯之商賈立客舍，使天下之商賈歸齊若流水」；及《輕重丁篇》所謂「石璧謀」「菁茅謀」者之吸收「天下諸侯之黃金、珠玉、文采、布帛」等等，無非提高物價、獎勵輸入之具體表現。蓋在農業經濟時代，各國國內生産皆不發達，貨物需要超過供給。故貨物之輸入愈多，則其國度愈富，而國力亦因之而愈强。《鹽鐵論·力耕篇》大夫云：「汝漢之金，纖維之貢，所以誘外國而釣羌胡之寶也。夫中國一端之縵，得匈奴累金之物，而損敵國之用。是以贏驢駝馳銜尾入塞，驒騱騵馬盡爲我有，鼲貂狐貉采旃文罽充於内府，而璧玉珊瑚琉璃咸爲國之寶。是則外國之物内流而利不外泄也。異物内流則國用饒，利不外泄則民用給矣。」特以「異物内流，利不外泄」爲執行均輸平準政策之主要任務，所論正可與此互相發明。

〔二〕元材案：流即計然「財幣欲其行如流水」之流。本書以「流水」二字連用之文句不一而足。如《輕重甲篇》云「則天下之歸我若流水」，又曰「天下歸湯若流水」，又曰「天下聞之，必離其牛馬而歸齊若流（水）」，又曰「民乎其歸我若流水」，《輕重乙篇》云「施乎其歸我若流水」，又曰「天下之商賈歸齊若流水」，《輕重丁篇》云「天下之金四流而歸周若流水」是也。其他僅言流而不言水者，如《山權數篇》之「其在流筴者，百畝從中千畝之筴也」，《山至數篇》之「市朝同流」，《揆度篇》之「大夫已散其財物，萬人得受其流」，《輕重乙篇》之「其五穀豐滿而不能理也，四流而歸於天下」，《輕重丁篇》之「石璧流而之天下，天下財物流而之齊」，亦皆以流水爲喻。此與今日經濟學上所謂「流通」者取義蓋完全相同。惟本書著者所指之流通，實包括自然之流通與人爲之流通在内，而且對於自然之流通，亦力主以人力控制之，使其爲我所使，爲我所用。其由此引申而成之特定術語，則有下列諸種。即：（一）持流——如本篇云云是。（二）行流——如《山權數篇》「用貢：國危出寶，國安行流」是。（三）守流——如《山至數篇》「謹守重流」，《揆度篇》「君守其流，則民失其高」是。（四）搏流——如《國准篇》「益利搏流」是。（五）奪流——如《輕重甲篇》「故伊尹得其粟而奪之流」是。（六）戰流——如《輕重甲篇》「請戰衡、戰准、戰流、戰權、戰勢」是。持流與守流同義。持即《史記·貨殖傳》「以武一切，用文持之」之持。守即「以末致財，用本守之」之守，謂持而守之也。故本篇下文又云：「君不守以筴，則民且守於上」。上言「持流」，此乃以「守」釋之。可見「持流」即「守流」，著者亦自承之矣。「行流」者，謂「行而通之，勿令壅塞」。此即《鹽鐵論·力耕篇》「凶年惡歲，則行幣物流有餘而調不足」與上引計然「財幣欲其行如流水」之意。又《鹽鐵論》御史云：「上大夫君與(以)搜粟都尉管領大農事，炙刺稽滯，開利百脈，是以萬物流通，而縣官富實。」義與此合。「摶流」之摶，應有二義。《說文》：「摶，索持也。」又《史記·李斯傳》：「鑠鍊金百鎰，盜跖不摶。」《索隱》云：「摶猶攫也，取也。凡鳥翼擊物，必轉足取攫。故人取物，亦云摶也。」故摶流不僅可訓爲「持流」、「守流」，且含有「奪流」之義。蓋兼「內守國財而外因天下」而言之者也。「奪流」之奪，亦有二義。《山至數篇》云：「大夫裂壤而封，積實而驕上，請奪之以會。」又曰：「君用大夫之委以流歸於上。君用民以時歸於君。」此奪國內之流也。上引「伊尹得其粟而奪之流」，及《輕重乙篇》云「滕魯之粟四流而歸我若下深谷」，此奪國外之流也。「戰流」，則統括上述各種政策之國際競爭而言。質言之，在消極方面，須以能自守其流而無奪於天下爲主。而在積極方面，則又須以能奪天下之流爲主。上引《鹽鐵論》所云：「異物內流，利不外泄」，即「戰流」之最高原則矣。此文所論，蓋謂天下一統之王國，與列國分立之戰國(或鬬國)，其所處之經濟環境不同，故所應採取之經濟政策自亦不能一致。戰國處於國際競爭之場合下，故其經濟政策，不僅在國內有因國防工事之興築而常有失其地用之困難；而且在國外，亦當隨時以國際經濟情況之變化爲轉移。否則，便有「見泄」、「見射」之危險。若王國則天下一統，諸侯皆爲郡縣，國際競争已不存在。故其經濟政策當以對内爲主，而無對外之必要。《山至數篇》云：「爲諸侯，則高下萬物以應諸侯。偏有天下，則賦幣以守萬物之朝夕，調而已。」所謂「爲諸侯」云云，即「霸國守分上分下，游於分之間而用足」及「鬭國相泄，輕重之家相奪」之意。「偏有天下」云云，即「王國則以時行」及「至於王國，則持流而止」之意也。

〔三〕宋翔鳳云：「員，數也。謂以筴通田之數。」張佩綸云：「此當作『齊功力而地田相員』。《呂覽・修務注》：『齊，等也。』《詩・傳》：『員，均也。』即地均，言等其功力之勤惰，均其田地之肥磽。」李哲明云：「『地』字絶句，『功』讀爲攻，治也。員，數也。謂以筴通田之數也。」聞一多云：「上『此』字衍。『時』讀爲持。持亦守也。此釋上文『持流』之義。」郭沫若云：「張説難通。不可據以改竄原文。『齊力而功地』者，謂齊民力以攻治土地。『田筴相員』者謂以土地與農業政策相輔而行，員猶運也。上『此』字不宜衍。『時守』乃守時之倒言耳。」元材案：員讀如《地員篇》之員。《説文》：「員，物數也。從員口聲。凡員之屬皆從員。」「䞓，物數紛紜亂也。從員云聲。」員爲物數，䞓從員，則物數紛紜謂之䞓，即物數紛紜謂之員。此言勞力相等（齊力）而所得結果則大相逕庭（功地田筴相員）。故有一人耕而所食有五、四、三、二人之不同也。然使天下皆一人耕而一人食之，則終歲勤苦，僅足餬口，自無餘利之可言。正因其結果不能盡同，所謂「智者有什倍人之功，愚者有不賡本之事」，而有餘不足之别於是焉起。政府於此，苟不能以有計劃之經濟政策，「委施於民之所不足，操事於民之所有餘」，則不僅「民有百倍之生」，而政府亦將有受制於富商大賈之虞矣。

〔四〕豬飼彦博云：「『上』當作『下』。」張佩綸説同。郭沫若云：「此『民』字指地主或富商畜賈而言。」元材案：豬飼説非，郭説是也。筴卽輕重之筴。「君不守以筴，則民且守於上」卽《山國軌篇》「君不以軌守，則民且守之」與「不陰據其軌皆(者)下制其上」之意。

〔五〕聞一多云：「『筴』下當有『之』字，『已』當爲『也』。『此國筴之流也』與上『此國筴之時守也』句法一律。『流』爲『守』之反，君不守以筴，而民且守於下，故爲『國筴之流』。」郭沫若云：「聞於句法强求一律，但於理難通。流謂失也。『此國筴流已』卽上文『此筴乘馬之數亡也』。所謂『持流』，卽防止此國筴之亡失耳。」元材案：以「流」爲「失」，郭説是也。但「持流」之流指貨幣與商品之流通過程而言，此「流」字則只當「失」字講。「此國筴流已」與上文「此筴乘馬之數亡也」皆「失筴」之意。《鹽鐵論·非鞅篇》云：「此計之失者也。」又《地廣篇》：「好事之臣爲縣官計過也。」義與此同。

桓公曰：「乘馬之數盡於此乎〔一〕？」

管子對曰：「布織財物，皆立其貲〔二〕。財物之貲與幣高下〔三〕，谷獨貴獨賤〔四〕。」

桓公曰：「何謂獨貴獨賤？」

管子對曰：「穀重而萬物輕，穀輕而萬物重。」

〔一〕元材案：「乘馬」上當脱「筴」字。《巨(筴)乘馬篇》「筴乘馬之數」凡二見，本篇上下文亦共三見，可證。

〔二〕安井衡云：「立，定。貲，價也。立其貲，猶言定其價。」元材案：「立貲」一詞，又見《山國軌篇》及《揆度篇》。從三處上下文義推之，除定價外似還與訂立合同有關。即《山國軌篇》所謂「女貢織帛苟合於國奉者，皆置而券之」及《山至數篇》所謂「皮革筋角羽毛竹箭器械財物苟合於國器君用者皆有矩券於上」之意。謂一切女工所生産之布織及百工所生産之器械財物，皆應由政府以一定之價格，采用契約方式預爲定購，以備軍國之用也。蓋上文所舉「守始」「守高下」及「持流」等莢，均僅以穀爲對象。此則更進一步，運用所守之穀，以收斂民間之布織財物，方爲極盡筴乘馬之數之能事。與《巨（筴）乘馬篇》運用再十倍之穀以收購器械，旨意全同。

〔三〕元材案：此二句指立貲之原則而言。「與幣高下」者，謂貨幣購買力與萬物價格互爲高下，亦即互爲反比例之意。《山至數篇》所謂「幣重而萬物輕，幣輕而萬物重」者是也。

〔四〕元材案：此句當與下文「穀重而萬物輕，穀輕而萬物重」（《國蓄》、《山至數》及《輕重乙》均同）及《山至數篇》「彼幣重而萬物輕，幣輕而萬物重」、「彼穀重而金輕，穀輕而金重」（《輕重甲篇》同）等語合併考察，方能獲得正確之理解。著者認爲在無數復雜錯綜之社會經濟關係中，以穀、幣及萬物之間的輕重對比關係爲最重要，因而得出如下之三條規律：第一，「幣重而萬物輕，幣輕而萬物重。」第二，「幣重則穀輕，幣輕則穀重。」第三，「穀重而萬物輕，穀輕而萬物重。」第一條即「財物之貲與幣高下」之意，亦即貨幣購買力與萬物價格之高下互爲反比例之意。上已言之。第二、

第三兩條，則正是著者對「穀獨貴獨賤」之具體説明。關於此點，梁啓超在其所著《管子傳》中，曾提出解釋云：「吾初讀之不解其所謂。及潛心探索其理，乃知當時之穀兼含有兩種性質。一曰爲普通消費目的物之性質，二曰爲貨幣之性質。當其爲普通消費目的物也，其價格固與百物同爲貨幣之價格所左右。當其爲貨幣也則反是，而其價格常能左右百物之價格。」又曰：「管子之所以調和金穀者亦然。前此人民以穀爲幣，而其不適於媒介之用者既甚多，乃廣鑄金幣以代之。故穀則猶今日之實幣也，金屬貨幣則猶今日之紙幣也。今各國中央銀行所以能握全國金融之樞機者，皆由實幣與紙幣調劑得宜。既能以幣御物，又能以紙幣御實幣。管子之政策亦猶是也。時而使穀在上幣在下，時而使幣在上穀在下。此猶各國實幣有時貯之於中央銀行，有時散之於市場，凡以劑其平廣其用而已矣。」今案梁氏此論，無論對本書中之穀幣關係問題或對資本主義國家之中央銀行理論問題，皆屬似是而非。第一，本書既言「穀」爲「獨貴獨賤」之物，則穀價之高下，並不包括在「幣重則萬物輕，幣輕則萬物重」的「萬物」之内。梁氏以「穀之價格，固與百物同爲貨幣之價格所左右」，其錯誤與胡寄窗所謂「當管子分析貨幣與萬物的輕重關係時，穀物是包括在萬物之内的」蓋完全相同。（見所著《中國經濟思想史》上册第十章管子經濟學説。）第二，關於穀與貨幣之性質，在本書各篇中，區别亦極爲分明。《國蓄篇》云：「五穀食米者，民之司命也。黄金刀幣者，民之通施也。」（《輕重甲篇》同。《輕重乙篇》通施作通貨。）《揆度篇》云：「穀者民之司命也。刀幣者溝瀆也。」雖《巨（筴）乘馬篇》及《山國軌篇》均有「以穀准幣」及《山至數篇》有「以幣准穀」之言，亦不過謂在某種場合下，可以按時價將貨幣折算成穀，或將穀折算成貨幣，作爲臨時之支付手段。但穀仍是穀而不是貨幣。事實上，本書中之所謂「幣」或「黄金刀幣」（《輕重乙》作刀布）乃貨真價實之貨幣，而所謂之「穀」或「五穀食米」（《輕重乙》作粟米），則是人民生活之所必需，是一種在社會經濟中佔有特别重要地位之物品。《國蓄篇》所謂「凡五穀者萬物之主也」，即此意也。正由於穀是「民之司命」，又爲「萬物之主」，所以穀即從萬物中脱穎而出，具有「獨貴獨賤」之可能性與必然性。因此，在著者所謂輕重之筴中，萬物之輕重，甚至在一定條件下，貨幣之輕重均是處於被動地位，而穀之輕重則處於主動地位。封建國家必須以全力控制國内之穀，《山至數篇》所謂「彼守國者守穀而已矣」是也。而其守之之法，則如《國蓄篇》所云「執其通施以御其司命」（《輕重乙篇》作「先王善制其通貨以御其司命」）。質言之，即通過貨幣之收散以調整穀價之高下而已。至其具體進行之情形，當於各篇中分别論之。

公曰：「賤〔一〕筴乘馬之數奈何？」

管子對曰：「郡縣〔二〕上臾之壤〔三〕，守之若干〔四〕。間壤〔五〕守之若干。下壤守之若干。故相壤定籍而民不移〔六〕，振貧補不足，下樂上〔七〕。故以上壤之滿，補下壤之衆〔八〕。章四時，守諸開闔〔九〕。民之不移也，如廢方於地〔一〇〕。——此之謂筴乘馬之數也。」

〔一〕王念孫云：「『賤』字涉上文『獨貴獨賤』而衍。下文云：『此之謂筴乘馬之數也』，無『賤』字。」豬飼彦博説同。龐樹典云：「管子言『穀獨貴獨賤』，又言『穀輕』。故公再問『賤筴乘馬之數。』『賤』非衍文也。」尹桐陽云：「『賤』同『踐』，行也。説文：『躔，踐也。』《方言》云：『行也。』」郭沫若云：「尹説得之。《山至數篇》云：『行幣乘馬之數奈何？』可證。『賤』字不宜删。」元材案：「賤」即「行」字之誤，兩字草書形近而訛，不必輾轉相訓。

〔二〕龐樹典云：「郡衍文。齊桓時未聞有郡。《管子》中之郡縣皆戰國時人語。此篇爲當日原文，必無郡字。此郡字爲唐宋人寫者妄增。《巨乘馬篇》『謂遠近之縣里邑』，《山國軌篇》『縣有軌』、『某縣之人若干』，及『鄰縣』、『百縣』，皆無郡字。可證。」元材案：本書中言郡者不一而足。除此處外，《山至數篇》云：「君下令謂郡縣屬大夫里邑。」又曰：「不以時守郡爲無與。」可見以郡縣並稱，正是本書成於秦統一以後之又一旁證。不得謂爲唐宋時人所妄增也。

〔三〕陳奂云：「臾，古腴字。上臾之壤猶膏腴之地耳。」元材案：古本、劉本、朱本即均作「腴」。

〔四〕元材案：《漢書·食貨志》「或用輕錢，百加若干」，顔師古注云：「若干，且設數之言也。干猶箇也。謂當如此箇數耳。」又《賈誼傳》「令齊趙楚各爲若干國」，顔師古注云：「若干，豫設數也。」王先謙《補注》引王鳴盛曰：「凡數之不可知而約略舉之，或其文太繁而撮舉之者曰若干。今人猶然。」今案本書言「若干」二字之處甚多，皆作未定數講，猶言多少也。

〔五〕陳奂云：「間猶中也。」元材案：間壤，《山國軌篇》作「間田」，又作「中田」。

〔六〕元材案：「相壤定籍而民不移」，即《國語·齊語》「相地而衰征則民不移」之意。壤即地，籍即征也。又《呂氏春秋·季秋覽》云：「諸侯所稅於民輕重之法，貢職之數，以遠近土地相宜爲度。」義與此同。

〔七〕王念孫云：「『下樂上』上當有『而』字。」

〔八〕豬飼彦博云：「衆當作缺。」俞樾云：「衆字不可通。疑本作『補下壤之虛』。虛與滿相對。《國蓄篇》曰：『萬物之滿虛。』又曰：『守歲之滿虛。』並其證也。」丁士涵説同。尹桐陽云：「衆同盅，虛也。」龐樹典云：「滿，穀滿。衆，民衆。衆不僅民浮於食，財物浮於食亦衆也。」元材案：當以俞説爲是。

〔九〕龐樹典云：「章猶明也。開闔猶言決塞。管氏之輕泄重射，代民謀利如此。蓋民之需要供求，萬物之盈歉虛滿，四時不同。非章之，無以平準之。不獨農時也，四民皆有四時。故齊語曰：『工審其四時，商察其四時。』後人但言農，偏而不全矣。」元材案：章讀如《鹽鐵論·錯幣篇》「吴王擅鄣海澤」，「故王者外不鄣海澤」，《園池篇》「公家有鄣假之名」及《國病篇》「外鄣海澤」之鄣，謂障而守之也，亦漢人通用術語。其取義之由，已詳《巨(筴)乘馬篇》。此即《國蓄篇》「乘四時之朝夕，御之以輕重之准」，及《山國軌篇》「軌守其時」與「春夏秋冬之輕重在上」之意。《輕重甲篇》云：「君章之以物則物重，不章以物則物輕。」章字亦當讀如鄣，義與此同。

〔一〇〕劉績云：「方則不行，故曰廢方。」豬飼彦博云：「廢猶置也。方謂方物。《孫子》曰：『方則止，圓則行。』」丁士涵云：「廢古通置。公羊宣八年傳注：『廢，置也。』置者不去也。齊人語。」張佩綸云：「方，《説文》：『併船也。』置方於水則能移，置於陸則不能移。」元材案：方即《孟子・離婁篇》「不以規矩不能成方圓」之方。豬飼説得之。

管子輕重三——問乘馬（亡）

張佩綸云：「按《巨乘馬篇》首云：『請問乘馬。』此篇名『問乘馬』，與彼重複，未詳所以名篇之旨。淺人僞立此名以足篇數，而後目之爲亡篇，可謂工於作僞。」龐樹典云：「《巨乘馬》首曰：『桓公問管子曰：請問乘馬。』是《巨乘馬》之前半爲《問乘馬篇》無疑。自『筴乘馬之數求盡也』以下方爲《巨乘馬》本篇。其下篇卽《乘馬數》本篇。三篇之中均有逸簡。後人因《問乘馬篇》錯入《巨乘馬篇》，遂將《問乘馬》第六十八，《巨乘馬》第六十九，《乘馬數》第七十，移爲《巨乘馬》第六十八，《乘馬數》第六十九，《問乘馬》第七十。而所亡之篇遂爲管子輕重第三矣。」元材案：《問乘馬篇》原文已亡，其内容如何，實無能推測而知。且《巨（筴）乘馬篇》「請問乘馬」一語，「乘馬」上脱「筴」字，是彼處之問乘馬，乃爲「問筴乘馬」，與此《問乘馬》亦無干。二氏乃必自作聰明，强爲臆斷，殆與多聞闕疑之義不符矣。石一參《管子今銓》第三卷《乘馬九府問答》中，則逕取《山至數篇》「桓公請問幣乘馬」一段替補，謂「恰與《乘馬數篇》文義相承」。尤非。

管子輕重四——事語

張佩綸云：「《戰國策·劉向別録》：『中書本號或曰《國策》，或曰《短長》，或曰《事語》。』此篇亦名《事語》。疑子政校中秘書時，以《事語》之述六國時事近於《國策》者入《國策》，而其述齊桓時事類於《管子》者入《管子》，故仍以《事語》名篇。其爲戰國游士依託管子無疑。」又云：「此篇必不止二節。《山至數篇》之『梁聚』、『請士』、『特命我曰』三節，《輕重乙》之『衡謂寡人曰』一節，均當以類録入。蓋後人强分之以足篇數，愈雜糅不可讀矣。」元材案：本書所述，雖以齊桓、管仲爲問答之主體，然只是著者假託之詞，與齊桓時事初無關係，予在《巨(筴)乘馬篇》已詳論之。即如張氏所云「以齊桓時事類於《管子》者入《管子》，故仍以《事語》名篇」。然本書各篇之假託齊桓時事者，實不止張氏所舉數節爲然，乃僅此篇可名爲《事語》，不知張氏又將何以解之？且古人行文，體例本不如後世之謹嚴。節數多寡，原無一定。故《管子》其他各篇亦多長短不一。《論語》、《孟子》及諸子書莫不皆然。若必一一爲之補訂，則古籍之可議者，不止《管子輕重篇》一書而已！至本書之篇名取義，或以篇首所見之字爲題，如《巨(筴)乘馬》、《國蓄》、《山國軌》、《山權數》、《地數》、《國准》等是。或以篇中之内容爲題，如《乘馬數》、《山至數》、《揆度》等是。或以干支爲題，如《輕重甲、乙、丙、丁、戊、己》等是。本篇篇首，即問「事之至數」，故即以《事語》爲題，蓋亦屬於第一類。此等方法，亦古籍中通用之例，正不必以《戰國策》之一名《事語》，遂疑此篇爲《戰國策》之一部分也。

提要：全文共分二大段：第一段論「泰奢之數」不可用於「危隘之國」。第二段論佚田所提「用非其有，使非其人」之觀點亦不合，其理由爲「不定内不可以持天下」。兩段皆以「積蓄」爲中心。前者謂「非有積蓄、積財」，不可以「用人、勸下」。後者謂「國有十年之蓄」，始能操「十勝」之權。

桓公問管子曰：「事之至數〔一〕可聞乎？」

管子對曰：「何謂至數〔二〕？」

桓公曰：「秦奢〔三〕教我曰：『帷蓋〔四〕不修，衣服不衆，則女事不泰〔五〕。俎豆之禮不致牲〔六〕，諸侯大牢，大夫少牢。不若此〔七〕，則六畜不育。非高其臺榭，美其宫室，則羣材不散〔八〕。』此言何如？」

管子曰：「非數也。」

桓公曰：「何謂非數？」

管子對曰：「此定壤之數也〔九〕。彼天子之制〔一〇〕，壤方千里，齊諸侯〔一一〕方百里，負海子〔一二〕七十里，男五十里，若胸臂之相使也〔一三〕，故准徐疾〔一四〕贏不足〔一五〕，雖在下也不爲君憂〔一六〕。彼壤狹而欲舉〔一七〕與大國争者〔一八〕，農夫寒耕暑芸，力歸於上，女勤於緝績徽織，功〔一九〕歸於府者，非怨民心，傷民意也。非有積蓄，不可以用人；非有積財，無以勸下〔二〇〕。泰奢之數〔二一〕，不可用於危隘之國。」

桓公曰：「善。」

〔一〕元材案：「至數」一詞，又見《漢書·東方朔傳》。「朔云：『朔狂，幸中耳。非至數也。』」但彼處是指東方朔善於測算而言，與《後漢書·王渙傳》所謂「神算」之意義相同。此處「至數」之至即《管子·法法篇》「夫至用民者」之至，尹注云：「至，善也。」數者，《說文》：「計也。」至數即善計。猶《鹽鐵論·本議篇》之言「長策」，《非鞅篇》之言「巨計」，《利議篇》之言「異策」或「奇計」，《誅秦篇》之言「至計」矣。

〔二〕張佩綸云：「此三句乃《山至數》篇首。『何謂至數』亦當是桓公問辭。」元材案：此說非是。本書所討論者，只是一個財政經濟問題。反復申述，不離其宗。故各篇同文之處不一而足。必如張氏說，言至數者應歸之《山至數》。則《地數篇》及《輕重甲篇》之論煮鹽，與《輕重乙篇》之論鼓鐵，皆應歸之《海王篇》。一切言積蓄者皆應歸之《國蓄篇》。而其它同文之處，亦應一一爲之分別重新釐定而後可矣。至「何謂至數」，明是管子語，乃亦必强定爲桓公之辭。然則上文「事之至數可聞乎」，又是何人問語耶？

〔三〕何如璋云：「所謂泰奢者，不必實有其人，桓公設爲問難以明輕重之數。下文佚田之類仿此。」姚永概云：「『秦奢』，字作『秦』。後『泰奢之數不可用於危隘之國』，字又作『泰』。此篇之泰奢、佚田，皆是寓言，非實有其人也。作『秦』乃誤字。」元材案：兩氏說皆是也。

〔四〕元材案：帷蓋二字又見《輕重丁篇》。《禮·檀弓》：「敝帷不棄，爲埋馬也。敝蓋不棄，爲埋狗也。」帷，車帷。蓋，車蓋。二者皆紡織物，乃女工生產品。

〔五〕元材案：「女事不泰」，宋本作「士女不泰」，非是。女事謂女工生產之事。泰，通也。女事不泰，猶言女工生產不發達。

〔六〕豬飼彥博云：「不當作必。」戴望云：「不字衍文。」元材案：「不致牲」當依豬飼說作「必致牲」。下文太牢、少牢，即致牲之等級。《國語·楚語》：「諸侯祀以太牢，大夫祀以少牢。」但對太牢少牢之解釋，歷來說者不一。《大戴記·曾子天圓》：「諸侯之祭牲牛曰太牢，大夫之祭牲羊曰少牢。」此一說也。又《公羊》桓八年傳「冬曰烝」注云：「禮，天子諸侯卿大夫牛羊豕凡三牲曰太牢，天子元士、諸侯之卿大夫羊豕凡二牲曰少牢。」程大昌《演繁露》云：「牛羊豕具爲太牢，但有羊豕而無牛，則爲少牢。今人獨以太牢爲牛，失之也。」此又一說也。但祭祀必須用牲則一，故曰「必致牲」。戴說失之。

〔七〕金廷桂曰：「『不若此』三字衍文。」元材案：此乃緊承上文而言。上文言祭祀之禮，諸侯必致太牢，大夫必致少牢。不若此，則六畜之需要減少，故人民不肯繁育之也。金說非。

〔八〕元材案：《鹽鐵論·通有篇》大夫云：「《管子》曰：『不飾宮室，則材木不可勝用。不充庖廚，則禽獸不損其壽。無味利，則本業所出。（盧文弨云：味疑末。）無黼黻，則女工不施。』」所引管子曰云云，似即此處所謂「泰奢之數」，惟字句、順序皆不相符。

〔九〕元材案：定即《漢書·賈誼傳》「割地定制」及「地制一定」之定。定壤與下文「彼壤狹而欲舉與大國争」之「狹壤」即所謂「危隘之國」互爲對文。前者分授土地，自天子以至於子男皆有定制，而其權操於天子。故能令海内之勢「如身之使臂，臂之使指，莫不制從」。與後者之處於「一股之大幾如腰，一指之大幾如股」之地位者，實不可同日而語。著者認爲泰奢之數，僅可適用於前者而不適用於後者。故下文曰「此定壤之數，不可用於危隘之國」，亦猶《乘馬數篇》之言「霸國」「王國」之分及《山至數篇》之言「爲諸侯」與「偏有天下」之分矣。

〔一〇〕元材案：「彼天子之制」以下五句，又見《孟子·萬章篇》、《禮記·王制篇》及《春秋繁露·爵國篇》。本書《輕重乙篇》亦有之。惟彼處「齊」作「仳」。又取消「五十里」一級而於天子之下、仳諸侯之上另加「兼霸之壤三百有餘里」一級。與《揆度篇》所謂「千乘之國，中而立市，東西南北度百五十餘里」相同。其意義當於《揆度篇》再論之。

〔一一〕豬飼彦博云：「齊，中也。謂中國諸侯。」宋翔鳳、俞越説同。元材案：齊即《淮南·原道篇》「齊靡曼之色」之齊。注：「齊，列也。」齊諸侯，即列諸侯，猶言列侯矣。

〔一二〕元材案：負海者，《輕重乙篇》云：「東方之萌帶山負海，北方之萌衍處負海。」《漢書·地理志》：「太公以齊地負海寫鹵。」此蓋借用之爲邊遠地區之代名詞。張佩綸以「負海」屬上爲句，謂「齊諸侯即齊國，負海自指齊言」，宋翔鳳謂「負海子」爲「蠻夷之子」，均失之。

〔一三〕元材案：「若胸臂之相使也」，《輕重乙篇》作「若此，則如胸之使臂，臂之使指也」。似皆出自賈誼《陳政事疏》。

〔一四〕元材案：徐疾一詞，在本書凡十七見，皆指號令言。《揆度篇》「號令者徐疾也」是也。《地數篇》云：「令有徐疾，物有輕重。」《國蓄篇》作：「令有緩急，故物有輕重。」可見徐疾即緩急。

〔一五〕元材案：「贏不足」，《九章算術》之一，以御隱雜互見者。即藉有餘不足以求隱雜之數之法也。亦作「盈不足」。又作「盈朒」。《輕重乙篇》作「羨不足」，義與此同。

〔一六〕元材案：「在下」即《山國軌篇》「國幣之九在上，一在下」及「幣在下，萬物皆在上」之「在下」，謂在民間流通也。此謂在定壤之國，財穀雖以奢侈而流通在民間，然中央政府猶得以號令之徐疾，就其有餘不足者準而平之，故不足爲病。《山至數篇》所謂「乘四時，行攔牢之策，以東西南北相被原作彼，誤。據《丁篇》校改。用平而准」，即此義也。

〔一七〕俞樾云：「『舉』即『與』之誤而衍者。」吴汝綸則以意於「舉」字下增一「兵」字。元材案：舉即《漢書·嚴安傳》「陳勝吴廣舉陳」之舉。顔師古注云：「舉謂起兵也。」二氏説皆非。

〔一八〕聞一多云：「『彼壤狹而欲舉與大國争者』下有挩文。」郭沫若云：「自『定壤之數也』至此句止，凡六十四字，別篇脱簡羼入於此，故所答非所問。」又曰：「自『農夫寒耕暑耘』，至『非怨民心，傷民意也』三十字，乃《匡乘馬篇》別本脱簡。故所答非所問。」又云：「『此定壤之數也』以下至『不爲君憂』五十三字，乃《輕重乙篇》別本脱簡，羼入於此。當删。」元材案：本篇與《輕重》各篇及其他古書同文之處甚多。如必一一認爲是別本脱簡而删之，則豈復能成文耶？蓋原文共分二節。從「此定壤之數也」至「不爲君憂」爲第一節，乃説明「地制壹定」之國，財穀雖以奢侈而流通於民間，然政府猶得以號令之徐疾，就其有餘不足者準而平之，故曰「此定壤之數」。從「彼壤狹而欲舉與大國争者」至「不可用於危隘之國」爲第二節，乃説明若在壤狹之國，則一切財穀非絶對由封建國家管制而獨佔之，使其「力歸於上」「功歸於府」，便有「稅於天下」而「吾民常爲天下虜」（《地數篇》語）之危險，故曰「非數」。一問一答，段落分明，既無脱文，亦非錯簡。似不可删。

〔一九〕元材案：功即《山國軌篇》「某鄉女勝事者終歲績，其功業若干」之功業。此處指「緝績徽織」等生産品而言。

〔二〇〕元材案：「蓄積」指五穀，承「農夫寒耕暑芸，力歸於上」而言。「積財」指女工生産品，承「女勤於緝績徽織，功歸於府」而言。前者俸禄所出，故曰「非有蓄積，不可以用人」；後者賞賜所出，故曰「非有積財，無以勸下」也。

〔二一〕郭沫若云：「『數』當是『教』之誤。上文『管子曰，非數也。桓公曰，何謂非數』，兩『數』字亦同是『教』字之誤。均承『泰奢教我曰』而言。」元材案：此説可商。「數」字乃本書各篇習用之專門術語，説已詳《巨（筴）乘馬篇》。「泰奢之數」，與《地數篇》「武王之數」，《揆度篇》「堯舜之數」，「神農之數」，及《國準篇》「五家之數」句例全同。此乃緊承上文「事之至數」與「何謂至數」兩「數」字而言。蓋桓公認爲泰奢所教乃所謂「事之至數」，而管子則認爲「泰奢之數不可用於危隘之國」，只能謂爲「定壤之數」而不能稱爲「至數」，故曰「非數」。非數者，猶《鹽鐵論・擊之篇》及《西域篇》之言「非計也」。若改爲「教」字，則不僅所答非所問，而且與全書文風亦不符合矣。

桓公又問管子曰：「佚田〔一〕謂寡人曰：『善者〔二〕用非其有，使非其人〔三〕。何不因諸侯權以〔四〕制天下？』」

管子對曰：「佚田之言非也。彼善爲國者，壤辟〔五〕舉則民留處，倉廩實則知禮節。且無委致圍，城肥致衝〔六〕。夫不定内，不可以持天下。佚田之言非也。」

管子曰〔七〕：「歲藏一，十年而十也。歲藏二，五年而十也。穀十而守五，綈素〔八〕滿之，五在上。故視歲而藏〔九〕，縣時〔一〇〕積歲，國有十年之蓄〔一一〕。富勝貧，勇勝怯，智勝愚，微勝不微〔一二〕，有義勝無義，練士勝歐衆〔一三〕，凡十勝者盡有之〔一四〕。故發如風雨，動如雷霆，獨出獨入，莫之能禁止〔一五〕，不待權與〔一六〕。佚田之言非也。」

桓公曰：「善。」

〔一〕何如璋云：「佚田者假設之名。與上文泰奢一例。」

〔二〕元材案：「善者」二字在本書凡六見。此外「善爲國者」六見，「善爲天下者」三見。《地數篇》作「善用本者」。用卽爲，本卽國也。又《揆度篇》有「善正商任者」一語。依各語比較觀之，「善者」二字，當可作三種解釋，一即「善爲國者」，二即「善爲天下者」，三即「善爲某事者」。本篇下文管子曰：「彼善爲國者」云云，則此處「善者」二字蓋亦指「善爲國者」而言。

〔三〕張文虎云：「用非其有，即所謂來天下之財也。使非其人，即所謂致天下之民也。」元材案：二語又分見《地數》及《輕重甲篇》。其他諸子書亦多有之。《商君書·錯法篇》云：「故明主用非其有，使非其民。」此人即民也。《淮南·主術篇》作人，與此同。又《呂氏春秋·用民篇》云：「湯武非徒用其民也，又能用非己之民。能用非己之民，國雖小，卒雖少，功名猶可立。古者多由布衣定一世者矣，皆能用非其有也。用非其有之心，不可不察之本。」依畢沅校增下「不」字。又《分職篇》云：「先王用非其有，如己有之，通乎君道者也。」又《圜道篇》云：「主也者，使非有者也。」字句皆大同小異。蓋古有此語而佚田稱之。

〔四〕王紹蘭云：「按『權以』二字連讀。『以』猶『與』也，古多通用。權以猶權與也。《輕重甲篇》：『數欺諸侯者無權與。』即其證。《說文》：『與，黨與也。』『權與』謂利權親與。『因諸侯之權』，即謂『用非其有』。『因諸侯之與』即謂『使非其人。』故佚田云：『何不因諸侯權以制天下。』管子則謂『善爲國者不待因諸侯之權與』也。『權與』正對『權以』之文。若讀『因諸侯權』爲句，『以制天下』爲句，則管子但云『不待權』可矣，何必贅言『與』乎？」

〔五〕元材案：「壤辟舉」云云，《管子·牧民篇》語，又見《輕重甲篇》。惟《牧民篇》及《輕重甲篇》「壤」皆作「地」。壤、地二字義相通。辟即《孟子·告子篇》：「我能爲君辟土地」之辟。朱注：

一辟與闢通，開墾也。」舉即「百畝不舉」、「千畝不舉」、「萬畝不舉」、「十萬畝不舉」之舉。解已見《巨(筴)乘馬篇》。「倉廩實」，指國家積蓄而言，觀下文「國有十年之蓄」云云可證。與《牧民篇》之指人民積蓄者不同。

〔六〕肥，古本、劉本、朱本、趙本均作脆。劉績云：「委，委積也。無食則人欲圍而取之。脆，不堅也。衝，衝車也。城不堅，則人思毀之。」于鬯云：「無蓋讀爲廡。與下句『城脆致衝』之『城』字對。」元材案：二語又見《輕重甲篇》。本篇主要在論積蓄之重要，不宜又發爲「廡委致圍」之論。于説非是。肥即《山至數篇》「古者輕賦稅而肥籍斂」之肥。丁士涵云：「肥，古俷字。《集韻》：『俷，薄也。』《列子・黃帝篇》曰：『所偏肥，晉國黜之。』張湛注云：『肥，薄也。』」今案丁説是也。《史記・三王世家》《燕王策》云：「毋俷德。」《集解》徐廣曰：「『俷』一作『菲』。」《索隱》引孔文祥云：「菲，薄也。」劉氏逕改爲脆，失其義矣。

〔七〕元材案：「管子曰」三字衍，否則其上必另有桓公問語。此蓋承上文「定内」之意申言之。

〔八〕元材案：「綈素」二字不詞。丁士涵認爲「綈素」即《揆度篇》之「夷疏」，《輕重甲篇》誤作夷競。丁氏釋《輕重甲》云：「『夷競』二字不可解。《揆度篇》曰：『夷疏滿之。無食者予之陳，無種者貸之新。』又《事語篇》曰：『穀十而守五，綈素滿之，五在上。』上下文皆言穀，必非繒綈。夷疏與綈素同聲。則《揆度篇》之『夷疏滿之』，即《事語篇》之『綈素滿之』矣。」凡從夷從弟之字，古皆通用。其素疏二字通用者，惟有果蔬之疏古通用素。《禁藏篇》果蓏素食當十石。《墨子・辭過篇》：「古之民未知爲飲食時，素食而分處。」《爾雅》曰：『穀不熟曰饑，疏不熟曰饉。』穀之外，蔬最爲重。故管子言穀，必兼及蔬也。據此以推，則『夷競』之『競』，疑本是『疏』字。俗書競疏形近而訛。故對粟言之。粟言『積』，疏言『夷』者，夷讀如《周官·薙氏》『夏日至而夷之』之夷。鄭注曰：『夷之，以鉤鐮迫地芟之也。若今取茭矣。』先鄭注曰：『夷氏掌殺草。故《春秋傳》曰：如農夫之務去草，芟夷蘊崇之。又今俗間謂麥下爲夷下，言芟夷其麥，以其下種禾豆也。』又《稻人》：『夏以水殄草而芟夷之。』注先鄭說：『芟夷如《春秋傳》曰：芟夷蘊崇之。今時謂禾下麥爲夷下麥。言芟刈其禾，於下種麥也。』案先鄭言夷禾夷麥，《管子》言夷疏，皆是剪取之意。後鄭又以取茭爲況。蓋草萊必迫地芟之。蔬是草萊之可食者，惟夷之乃得當耳。《事語篇》『綈』字本是『稊』字。『夷』之通『稊』，猶『荑』之通『蕛』。淺人因下『素』字，遂取同聲之『綈』字改之，而失其解矣。」今案：此說甚精確。此謂十分之穀，政府守其五分，另以百蔬補充人民之食用。如《輕重乙篇》所謂「山諸侯之國，則斂疏藏菜，此之謂豫戒」者，亦足以維持其生活。則政府手中可常操國穀百分之五十矣。蓋百蔬對於民食，本甚重要。《管子·立政篇》云：「六畜不育於家，瓜瓠葷菜百果不備具，國之貧也。」又曰：「六畜育於家，瓜瓠葷菜百果備具，國之富也。」又《禁藏篇》云：「夫民之所生，衣與食也。食之所生，水與土也。所以富民有要，食民有率。率三十畝而足於卒歲。歲兼美惡，畝取一石，則人有三十石。果蓏素食當十石，糠秕六畜當十石，則人有五十石。布帛麻絲旁入奇利未在其中也。故國有餘藏，民有餘食。」又《荀子·富國篇》云：「夫不足，非天下之公患也，特墨子之私憂過計也。今是土之生五穀也，人善治之，則畝數盆，一歲而再獲之。然後瓜桃棗李一本數以盆鼓，然後葷菜百疏以澤量，然後六畜禽獸一而剸車，黿鼉魚鱉鰌鱣以時別一而成羣，然後飛鳥鳧雁若烟海，然後昆蟲萬物生其間，可以相食養者不可勝數也。」皆以百疏與五穀六畜並提，即此所云「夷蔬滿之」之義。猶解放前各地農諺之言「糠菜半年糧」矣。

〔九〕元材案：視歲而藏，即視其歲之上、中、下而決定其所應藏之數。如李悝平糴法：「上熟糴三舍一，中熟糴二舍一，下熟中分之。」即其例也。

〔一〇〕元材案：縣即《山至數篇》「縣死其所」之縣，與懸同，繫也。有累積之義。《荀子・性惡篇》云：「加日縣久。」楊倞注云：「加日，累日也。縣久，懸繫以久長。」義與此同。

〔一一〕元材案：「國有十年之蓄」一語又見《國蓄》及《輕重乙篇》。《賈誼新書》亦屢言之，《無蓄篇》云：「禹有十年之蓄，故免九年之水。湯有十年之積，故勝七年之旱。」《憂民篇》云：「王者之法，民三年耕而餘一年之食，九年而餘三年之食，三十歲而民有十年之蓄。」又曰：「王者之法，國無九年之蓄，謂之不足。無六年之蓄，謂之急。無三年之蓄，國非其國也。」可見「十年之蓄」乃漢人之最高理想矣。

〔一二〕豬飼彥博云：「『微』疑當作『能』。《七法》曰：『以能勝不能』。」安井衡云：「『微』讀爲『媺』。媺，善也。」李哲明云：「『微』字無義。疑當爲『媺』。媺古美字。美者善也。《孟子》曰：『充實之謂美。』故得與富勇諸字並舉。」元材案：微即《呂氏春秋・決勝篇》「凡兵之勝，敵之失也。勝失之兵必隱、必微、必積、必摶。隱則勝闇矣，微則勝顯矣，積則勝散矣，摶則勝離矣。諸摶攫柢噬之獸，其用齒角爪牙也，必託於卑微隱蔽，此所以成勝」之微。此以「微」與「不微」對文，彼以「微」與「顯」對文，蓋皆指嚴守機密與不嚴守機密而言。諸氏說皆失之。

〔一三〕元材案：「歐」當作毆。《漢書・韓信傳》：「經所謂毆市人而戰之也。」師古注云：「毆與驅同。忽入市廛而毆取其人令戰，言非素所練習。」毆衆，義與此同。

〔一四〕豬飼彦博云：「『十』當作『六』，不然，上文缺四勝。」安井衡云：「十，猶全也。言十勝無一敗者，藏穀中盡有之。」張佩綸云：「『十勝』只言六勝。案《樞言篇》『七勝』，與此大同小異。疑十當作七，挩去一句耳。此駁佚田因諸侯之說。」于鬯云：「此『十』字當誤，否則上文有脫。」郭沫若云：「此言『富勝貧，勇勝怯，智勝愚，微勝不微，有義勝無義，練士勝毆衆，凡十勝者盡有之。』僅舉六勝而統之以『十』。《樞言篇》『衆勝寡，疾勝徐，勇勝怯，智勝愚，善勝惡，有義勝無義，有天道勝無天道，凡此七勝者貴衆。』兩文互有出入，合計之則恰是『十勝』之數。蓋本作『衆勝寡，富勝貧，疾勝徐，勇勝怯，智勝愚，微勝不微，善勝惡，有義勝無義，有天道勝無天道，練士勝毆衆。』『微』乃周密之意。十勝既備，則本篇奪其四，《樞言》奪其三。《樞言》『七勝』乃『十勝』之訛。古文『七』作『十』，『十』作『十』，僅縱横畫有長短之別，極易互訛。」元材案：除郭引《樞言篇》外，《管子・七法篇》及一九七二年臨沂銀雀山漢墓出土《王兵篇》亦有與此相類之文字。《七法篇》云：「是故以衆擊寡，以治擊亂，以富擊貧，以能擊不能，以教卒擊毆衆白徒，故十戰十勝，百戰百勝。」《王兵篇》

云：「夫以治擊亂，以富擊貧，以能擊不能，以教士擊敺民，此十戰十勝之道。」（一九七六年《文物》第十二期銀雀山漢墓竹簡整理小組：《臨沂銀雀山漢墓出土〈王兵篇〉釋文》。下同。）此謂國有十年之蓄，則富力雄厚，一切勝利條件皆盡有之矣。《漢書・食貨志》賈誼所謂「苟粟多而財有餘，何爲而不成？以攻則取，以守則固，以戰則勝，懷敵附遠，何招而不至。」義與此同。共止六勝而曰「十勝」者，舉其大數而言，亦猶《七法篇》共止五勝，《王兵篇》亦止四勝，而或曰「十戰十勝，百戰百勝」，或曰「此十戰十勝之道」也。本書與《管子》其他各篇並不是一個思想體系，不能據彼改此，更不能挹彼注兹。以上諸説均太迂！

〔一五〕元材案：「發如風雨」四句又見《輕重甲篇》。此蓋軍事家常用語。銀雀山漢墓出土《王兵篇》云：「動如雷電，起如飛鳥，往如風雨，莫當其前，莫害其後，獨出獨入，莫能禁止。」《管子・七法篇》云：「故舉之如飛鳥，動之如雷電，發之如風雨。莫當其前，莫害其後。獨出獨入，莫能禁圉。」《幼官篇》云：「説行如風雨，發如雷電。」又《淮南・兵略篇》云：「卒如雷霆，疾如風雨。若從地出，若從天下。獨出獨入，莫能應圉。」凡皆以描繪國力之强大無敵而已。

〔一六〕丁士涵云：「『待』當爲『恃』。『不恃權與』，正與上文『桓公曰何不因諸侯權以制天下』相對。因，依也。恃，亦依也。二字同義。」元材案：此語又見《管子・七法篇》、《幼官篇》及銀雀山出土《王兵篇》。《七法篇》「待」作「恃」。《幼官篇》及《王兵篇》皆作「待」，待字不誤。

管子輕重五——海王

元材案：「海王」當作「山海王」。山海二字，乃漢人言財政經濟者通用術語。《鹽鐵論》中即有十七見之多。本篇中屢以「山、海」並稱。又前半言鹽，後半言鐵。鹽者海所出，鐵者山所出。正與《史記·平準書》所謂「齊桓公用管仲之謀，通輕重之權，徼山海之業，以朝諸侯。用區區之齊顯成霸名」及《鹽鐵論·輕重篇》文學所謂「管仲設九府徼山海」之傳説相符合。王即《輕重甲篇》「故爲人君而不能謹守其山林菹澤草萊，不可以立爲天下王」之王，謂以壟斷山海之利權而王天下也。尹註釋「海王」爲「以負海之利而王其業」者非。

提要：本文共分四段。第一段，從「桓公問於管子曰吾欲籍於台雉（榭）」至「惟官山海爲可耳」，論籍於台雉（榭）等四籍之危害性並提出「官山海」之主張。第二段從「桓公曰何謂官山海」至「人無以避此者數也」，論正鹽筴——鹽專賣政策之利。第三段從「今鐵官之數曰」至「無不服籍者」，論鐵器專賣政策之利。第四段即最後一段，論「人用之數」——即本國無山海因人之山海之筴。全文用桓管互相問答，一氣呵成。與《揆度》及《輕重甲、乙》等篇之用許多不相聯系的短篇雜湊而成者完全不同。

桓公問於管子曰：「吾欲藉〔一〕於臺雉〔二〕，何如？」

管子對曰：「此毁成也〔三〕。」

「吾欲籍於樹木〔四〕。」

管子對曰：「此伐生也〔五〕。」

「吾欲籍於六畜〔六〕。」

管子對曰：「此殺生也〔七〕。」

「吾欲籍於人，何如〔八〕？」

管子對曰：「此隱情也〔九〕。」

桓公曰：「然則吾何以爲國？」

管子對曰：「唯官山海〔一〇〕爲可耳。」

〔一〕姚永概云：「藉當從下文一例作籍。下同。」郭沫若云：「此篇起處與《輕重甲篇》第六節之起處及《國蓄篇》文大同小異，足見乃一人所依託。」元材案：姚説是也，郭説可商。本篇及《輕重甲篇》與《國蓄篇》均有此一段文字，但三篇中除字句上有異同外，其最大之分歧，即本篇與《甲篇》皆無「田畝」與「正户」二籍而另有「樹木」一籍，《國蓄篇》則反是。此蓋由於三篇作者對於是否征收田畝税之一問題，各有其不同之主張。當於《國蓄篇》詳論之。

〔二〕王引之云：「臺爲宫室之名，䧺乃築牆之度。臺、䧺二字意義不倫。䧺蓋𡠗之訛也。𡠗與射同，即榭字之假借。《乘馬數》、《事語》、《地數》、《輕重甲》諸篇言臺榭者屢矣，則此亦當然。《爾雅》曰：『闍謂之臺，有木者謂之榭。』」元材案：此説是也。籍於臺榭，與《國蓄篇》之「以室廡籍」，《輕重甲篇》之「籍於室屋」，均指房屋税而言，蓋猶後世之房捐。龐樹典以「臺䧺」爲「磚瓦」，穿鑿可哂！

〔三〕元材案：毁成，《國蓄篇》及《輕重甲篇》同。尹注《國蓄篇》云：「是使人毁壞廬室。」安井衡云：「人苦暴斂，則將毁臺。」尹桐陽云：「屋成而毁之以圖免税。」

〔四〕元材案：此又桓公問也。下仿此。籍於樹木，《輕重甲篇》同，《國蓄篇》無。蓋猶後世之森林税。

〔五〕元材案：伐生，《輕重甲篇》同。尹桐陽云：「伐，斬也。」

〔六〕元材案：《國蓄篇》作「以六畜籍」，《輕重甲篇》作「欲籍於六畜」。此如漢翟方進之奏「增馬牛羊算」，即《漢書・西域傳》陳忠所謂「孝武算至舟車，訾及六畜」者也。訾亦算也，即籍之意。蓋猶後世之牲口税。

〔七〕元材案：「殺生」，謂殺其牲口以圖免税。《輕重甲篇》同。《國畜篇》作「謂之止生」。又《管子・八觀篇》云：「六畜有征，閉貨之門也。」義與此同。

〔八〕元材案：「籍於人」，《國蓄篇》作「以正人籍」，《輕重甲篇》作「欲籍於萬民」。尹桐陽云：

「所謂丁税。《周禮》太宰之職，『以九賦斂財賄』。鄭玄以賦爲口率出泉。《漢書·昭帝紀》：『元鳳四年，毋收四年五年口賦。』如淳引《漢儀注》曰：『民年七歲至十四出口賦錢，人二十三。二十錢以食天子。其三錢者武帝加口錢以補車騎馬也。』口賦謂籍人税也。」蓋猶後世之人頭税。

〔九〕金廷桂云：「隱當爲離。《國蓄篇》曰：『以正人籍，謂之離情。』此作『隱』，費解。」安井衡云：「情，實也。籍於人，必將詐滅其口數，此隱情之實也。」元材案：安井説是也。隱即《論語》「父爲子隱，子爲父隱」之隱，謂隱匿其實際口數不以告人也。《輕重甲篇》同。《國蓄篇》作「謂之離情」。離情即脱離實際情況之意。

〔一〇〕安井衡云：「官，職也。使山海供職。言盡其利也。」何如璋云：「官山海者，設官於山以筦鐵，設官於海以課鹽也。《左傳》：（昭二十年）『山林之木，衡鹿守之。海之鹽蜃，祈望守之。』殆山海之舊官歟？」石一參云：「因山海自然之利而設官，則無上四弊而用足。」元材案：三氏説皆非也。「官」即「管」字之假借。《史記·平準書》：「浮食奇民欲擅管山海之貨。」《鹽鐵論·復古篇》：「往者豪強大家得管山海之利。」又《貧富篇》：「食湖池，管山海。」又《漢書·食貨志》：「商鞅顓川澤之利，管山林之饒。」即皆作「管」，可以爲證。一作筦。《平準書》：「桑弘羊爲大農丞筦諸會計事。」或作「斡」。上引《平準書》「欲擅管山海之貨」，《漢書·食貨志》即作「斡」。《漢書·食貨志》又云：「莽乃下詔曰：夫《周禮》有賒貸，《樂語》有五均，傳記各有斡焉。今開賒貸，張五均，設諸斡者，所以齊衆庶，抑并兼也。」又云：「羲和魯匡言：名山大澤鹽鐵布帛五均賒貸，斡在縣官。惟酒酤獨未斡。請法古，令官作酒。」又云：「莽復下詔曰：夫鹽，食肴之將。酒，百藥之長，嘉會之好。鐵，田農之本。名山大澤饒衍之藏，五均賒貸，百姓所取平，卬以給澹。鐵布銅冶，通行有無，備民用也。此六者非編户齊民所能家作，必卬於市。雖貴數倍，不得不買。豪民富賈，即要貧弱。先聖知其然也，故斡之。每一斡，爲設科條防禁，犯者至死。」是也。管者，《史記·集解》引張晏云：「若人執倉庫之管籥。」《漢書》顔師古注云：「斡謂主領也，讀與管同。」從上引各文推之，所謂「管」者，乃漢人特用術語，蓋即資產階級經濟學上之所謂「獨佔」。謂山海天地之藏，如鹽鐵及其他各種大企業之「非編户齊民所能家作」者，均應歸國家獨佔，由國家經營管理之，以免發生「浮食奇民」或「豪民富賈」以「富羨役利細民」或「要貧弱」之弊。同時即以經營所得之一切官業收入，作爲上述各種賦稅之代替，以實現其所謂「不籍而贍國」之財政理想。此與塞利格曼《租稅論文集》第一章所述「古代歐洲政府之收入，泰半賴於公有產業」者頗相暗合。本書「官」字凡三十見。其假「官」爲「管」者佔其大多數。當於各篇分別詳之。又案：《鹽鐵論》中，除「管山海」外，又另有「擅山海」（《復古》）、「總山海」（《園池》）、「徼山海」（《輕重》）及「障山海」（《國病》）等語，意義皆同。

桓公曰：「何謂官山海？」

管子對曰：「海王之國，謹正鹽筴〔一〕。」

桓公曰：「何謂正鹽筴？」

管子對曰：「十口之家十人食鹽，百口之家百人食鹽〔二〕。終月〔三〕，大男食鹽五升少半〔四〕，大女食鹽三升少半，吾子〔五〕食鹽二升少半〔六〕。——此其大曆〔七〕也。鹽百升而釜〔八〕。令鹽之重升加分彊〔九〕，釜五十也。升加一彊，釜百也。升加二彊，釜二百也。鍾二千，十鍾二萬，百鍾二十萬，千鍾二百萬。萬乘之國，人數開口〔一〇〕千萬也。禺筴之，商日二百萬〔一一〕，十日二千萬，一月六千萬。萬乘之國正九百萬也〔一二〕。月人三十錢之籍，爲錢三千萬〔一三〕。今吾非籍之諸君〔一四〕吾子而有二國之籍者六千萬。使君施令曰：吾將籍於諸君吾子，則必囂號。今夫給之鹽筴〔一五〕，則百倍〔一六〕歸於上，人無以避此者，數也。」

〔一〕尹注云：「正，稅也。」石一參云：「鹽筴猶言鹽籍。」元材案：二氏說非也。謹即《國蓄篇》「君養其本謹也」及「守其本委謹」之謹，慎也。謂慎重其事不敢忽略也。正即《地數篇》「君伐菹薪，煮沸水爲鹽，正而積之三萬鍾」之正。正即征。此處當訓爲征收或征集，與其他各處之訓爲征稅者不同。蓋本書所言鹽政，不僅由國家專賣而已，實則生產亦歸國家經營。觀《地數篇》「君伐菹薪，煮沸水爲鹽」及「陽春農事方作，令北海之衆毋得聚庸而煮鹽」，即可證明。惟國家經營，亦須僱傭工人。工人不止一人，鹽場所在又不止一處，故不得不「正而積之」，此即正鹽之義矣。蓋筴者政策也，解已見《巨（筴）乘馬篇》。此謂海王之國，當以極慎重之態度運用征鹽之政策。蓋鹽之爲物乃人生生活之必需品，其需要爲無伸縮力的。爲用既廣，故政府專利，定能收入極大之利也。

〔二〕元材案：此段文字又見《地數篇》。惟《地數篇》「食」作「咶」。謂鹽爲人生日用之所必需，無論男女大小，有一口即有一口之需要也。

〔三〕龐樹典云：「『終月』疑爲齊語。猶魯語之『期月』，蓋終一年也。」元材案：此説謬甚。下文云：「日二百萬，十日二千萬，一月六千萬。」又《地數篇》亦作「一月」。則原文係以月計，非以年計明矣。

〔四〕尹注：「少半，猶劣薄也。」元材案，即不及一半之意。

〔五〕尹注：「吾子，謂小男小女也。」俞樾云：「吾當讀爲牙。《後漢書・崔駰傳》注曰：『童牙，謂幼小也。』吾子即牙子。其作吾者，牙吾古同聲。猶騶吾之或爲騶牙矣。《太玄・勤次三》曰：『羈角之吾，其泣呱呱。』義與此同。《集韻》有『犽』字，音牙。云『吴人謂赤子曰孲犽。』蓋即牙字而加子旁耳。」張佩綸説同。陳奂云：「《地數篇》曰：『凡食鹽之數，嬰兒二升少半。』則吾子謂嬰兒也。吾讀爲蛾。《學記》曰：『蛾子時術之。』鄭君注曰：『蛾，蚍蜉也。蚍蜉之子，微蟲耳。』吾子即蛾子，皆幼稚之稱。下文及《國蓄篇》，吾子凡三見，尹注皆同。」金廷桂曰：「案《正字通》曰：『吾，古本《管子》作童字。』是。」元材案：「吾子」二字，指未成年之小男小女而言。各家解釋皆無異議。《地數篇》即作「嬰兒」。至其取義之由，當是著者隨手採用某時某地之方言。觀《墨子・公孟篇》：「公孟子曰：『三年之喪，學吾子之慕父母。』」下文又云：「子墨子曰：『夫嬰兒子之智，獨慕父母而已。』」上言「吾子」，下言「嬰兒子」，可見吾子即嬰兒，《墨子》中早已言之矣。又案從居延出土的《戍卒家屬廩食簿》來看，在漢代，凡是年十五以上即稱爲大男大女。又《湖北江陵鳳凰山十號漢墓出土簡牘》中，有「大女楊凡」的記載。（見一九七四年《文物》第七期裘錫圭：《湖北江陵鳳凰山十號漢墓出土簡牘考釋》。又居延出土《建武三年候粟君所責冠恩事》中亦有「市庸平賈大男日二斗」的記載（見一九七八年《文物》第一期）。《漢書·趙充國傳》：「斬大豪有罪者一人，賜錢四十萬。中豪十五萬。下豪十一萬。大男三千，女子及老小千錢。」亦以大男及女子老小分别言之。與此同。則所謂大男大女者乃指成年人而言。惟此處無老者，當是已包括於大男大女中，故不及耳。

〔六〕元材案：《趙充國傳》又云：「凡萬二百八十一人，用穀月二萬七千三百六十三斛，鹽三百八斛。」計每人每月用鹽二升九合强。較此處吾子稍多，較大女爲少，較大男則相差甚遠，當是男女老小之平均數。然即此亦足證龐樹典解「終月」爲「期月」之爲無據矣。

〔七〕尹注：「曆，數。」元材案：大曆猶言大略。

〔八〕尹注云：「鹽十二兩七銖一黍十分之一爲升，當米六合四勺也。百升之鹽七十六斤十二兩十九銖二絫，爲釜，當米六斗四升。」張文虎云：「以後者計之，前者當云鹽十二兩六銖九絫一黍十分之二爲升。」元材案：本書量名，計有鏂、釜、鍾、升、斗、石等字。鏂即區。左昭三年傳晏子云：「齊舊四量：豆、區、釜、鍾。四升爲豆。各自其四以登於釜。釜十則鍾。陳氏三量，皆登一焉。鍾乃大矣。」杜注：「登，加也。加一，謂加舊量之一也。以五升爲豆，四豆爲區，四區爲釜，則區二斗，釜八斗，鍾八斛。」陸德明《釋文》：「本或作『五豆爲區，五區爲釜』者，謂加舊豆區爲五，亦與杜注相會。非於五升之豆又五五而加。故曰釜八斗，鍾八斛也。」據此，則齊制實爲以四進及以十進並行之法。陳氏之制稍有變更。然皆與「百升而釜」之數不符。考《輕重丁篇》云：「齊西之粟釜百泉，則鏂二十也。齊東之粟釜十泉，則鏂二泉也。請以令籍人三十泉，得以五穀菽粟決其籍。若此，則齊西出三斗而決其籍，齊東出三釜而決其籍。」知本書每釜實爲五鏂，乃晏子所述陳氏之制，而非齊之舊制。惟其算法與杜注異。以意推之，本書當是以四升爲豆，五豆爲鏂，五鏂爲釜。如此則一鏂二十升，一釜一百升，恰合「百升而釜」之數。且與一釜百泉，三斗三十泉之數亦無衝突。至其何以必須如此計算？或因漢人對於《左傳》原文，本有此與杜注不同之一種解釋。或則左氏所記晏子「陳氏三量，皆登一焉」之「三量」，本是「二量」之譌。二量者豆與區也。四豆加一爲五豆，四區加一爲五區。然已無由證明之矣。尹注文不對題，石一參則逕改爲「鹽自升而釜」，均失之。

〔九〕元材案：「升加分彊」之「彊」字，歷來釋者可分三說。一說以有餘爲彊。尹注云：「分彊，半彊也。令使鹽官稅其鹽之重，每一斗（張文虎云：「斗當作升」）加半合爲彊而取之，則一釜之鹽得五十合而爲之彊。」張佩綸云：「《宋書·曆志》：『一爲强半法以上，排成之。不滿半法廢棄之。並少爲少强，並半爲半强，並大爲大强。』此云『升加分彊，則釜五十』。《廣雅》：『升四曰豆，豆四曰區，區四曰釜，釜十曰鍾。』若升加半錢，則豆加二錢，區加八錢，釜加三十二錢，不及五十之數。故必加半彊，始合五十之數。其一彊二彊仿此。言一錢二錢有畸也。」是也。又一說則以附加之價爲彊。聞一多云：「附加之價曰彊。《小爾雅・廣詁》：『强，益也。』《九章算術》：『凡有餘贏命曰强。』」是也。第三説則以彊爲錢。豬飼彦博云：「『彊』當作『鏹』，錢也。」安井衡云：「分，半也。彊讀爲繦。繦與鏹通，錢貫也。因遂稱錢爲繦。鏹或作鏹，俗字也。……鹽價之貴，升加半錢。一釜百升，適得五十錢之贏也。」黄鞏云：「强同鏹。一强一錢，分强半錢也。」是也。今案一、二兩説皆非也。第三説中，安井氏及黄氏繦鏹不分，均不可從。豬飼氏最爲得之。《正字通》云：「鏹繦音同義别。錢謂之鏹。以索貫錢謂之繦。」據此則此處彊字當依《通典・食貨》十二引作「强」。强即鏹之假借字，指錢而言。與《國蓄篇》「歲適凶則市糴釜十繦而道有餓民」及「萬室之都必有萬鍾之藏，藏繦千萬；千室之都必有千鍾之藏，藏繦百萬」之「繦」字指「錢貫」而言者，不可混爲一談。蓋此處「彊」字如釋爲「錢貫」之「繦」，則「升加分彊」必不止於「釜五十」。而《國蓄篇》之「繦」字如釋爲「錢」之「鏹」，則所謂「歲適凶則市糴釜十繦」者，乃與同篇下文所謂「中歲之穀，糴石十錢」者相等，是「凶歲」「中歲」並無區别矣。重者指鹽價而言。分者半也。蓋謂海鹽一升之價除成本外，另加半錢，則每百升可得贏利五十錢。故曰「升加分彊，釜五十也」。下文一彊二彊皆仿此。《地數篇》「彊」作「耗」，耗亦錢也。謂之耗者，當是著者採用某地方言，猶同篇之以「咶鹽」代「食鹽」矣。

〔一〇〕元材案：「開口」二字又分見《管子・問篇》及《揆度篇》。《問篇》云：「問問原作冗。據丁士涵校改。國所開口而食者幾何人？」《揆度篇》云：「百乘之國，爲户萬户，爲開口十萬人。千乘之國，爲户十萬户，爲開口百萬人。萬乘之國，爲户百萬户，爲開口千萬人。」是「開口」乃指人口總數而言。

尹注以「開口」爲「大男大女之所食鹽」者非。

〔一二〕尹注云：「禺讀爲偶。偶，對也。商，計也。對其大男大女食鹽者之口數而立筴以計所稅之鹽，一日計二百萬，合爲二百鍾。」豬飼彦博云：「禺、偶同。謂加二也。商謂所加之稅也。言大數千萬，一日食鹽千鍾，故升加二錢而取之，則得二百萬錢也。」安井衡云：「禺、偶同。偶，合也。大男食鹽，月五升少半，大女三升少半，吾子二升少半。一家十口，假令大男女四人，吾子六人，一家月所食爲三斗一升三合三勺三撮。十分之，人得一合有奇。以合算萬乘之國月所食之鹽，適盡千鍾。是商利比舊日增二百萬之贏也。」于省吾云：「『商』本應作『啇』。啇古適字。《輕重戊》『以商九州之高』，『商』亦『啇』之譌。言以適九州之高也。安井衡訓禺爲合，是也。此言合筴之，適日二百萬也。」郭沫若云：「『禺』讀爲偶然之偶，『偶筴之』猶嘗試算之也。『商』爲『啇』之誤，于說得之。蓋其算法，準萬乘之國開口千萬人計，不問其爲大男大女或吾子，平均每月每人可食鹽三升，則千萬人爲三萬鍾。月三十日，一日則爲千鍾也。故如升加二强，則一日所獲適爲二百萬。」元材案：禺，訓爲合，安井說是也。筴，算也。商即《漢書·溝洫志》「皆明計算，能商功利」之商。顔師古注云：「商，度也。」猶今言「估計」或「約計」。蓋萬乘之國，開口而食之人，不論男女大小，共約千萬。所食之鹽，平均每日以千鍾計，升加二錢，合而算之，估計每日可收鹽價盈利二百萬，十日二千萬，一月六千萬也。一三如六，故一月可得六千萬也。以上諸說皆非。

〔一三〕尹注云：「萬乘之國，大男大女食鹽者千萬人，而稅之鹽一日二百鍾，十日二千鍾，一月六千萬，千鍾也。今又施其稅數，以千萬人如九百萬之數，則所稅之鹽一日百八十鍾，十日千八百鍾，一月五千四百鍾。」王引之云：「正與征同。『萬乘之國正』絕句。萬乘之國正，常征也。欲言征鹽筴之善，故以常征相比較也。『九百萬也』者，『九』當爲『人』。《揆度篇》曰：『萬乘之國爲戶百萬戶，爲開口千萬人，爲當分者百萬人。』是萬乘之國雖有開口千萬人，其當分之人但有百萬。萬乘之國征，但征其當分之人百萬。故曰『萬乘之國正，人百萬也』。」俞樾云：「『九』乃『人』之誤。『正人』二字連文。《國蓄篇》云：『以正人籍，謂之離情。以正戶籍，謂之養贏。』是『正人』『正戶』當時有此名目。尹注彼曰：『正數之人若丁壯也。』此『正人』之義亦當與彼同。《揆度篇》曰：『萬乘之國爲戶百萬戶，爲開口千萬人，爲當分者百萬人。』是萬乘之國正人只百萬而已。故曰『正人百萬』也。王氏引之説與予同，而誤以『正』字絕句，讀爲征，則猶未得。」元材案：「九」當作「人」，王、俞兩説是也。「正」字下屬爲句，俞説是也。正人百萬，月人三十錢，得三千萬。若九百萬則一人月三十錢，爲錢止二千七百萬，不得云三千萬矣。尹氏不知「九」爲「人」字之誤，又以常征爲稅鹽，模糊已甚，文、義蓋兩失之。

〔一三〕尹注云：「又變其五千四百鍾之鹽而籍其錢，計一月每人籍錢三千，凡千萬人，爲錢三萬萬矣。以籍之數而比其常籍，則當一國而有三千萬人矣。」王引之云：「當分之人，每月籍其錢，人各三十。《輕重丁篇》曰『請以令籍人三十錢』是也。一人三十錢，百萬人則當爲錢三千萬，故曰『月人三十錢之籍，爲錢三千萬』也。」俞樾云：「此以籍於正人相比較，每月每人以三十錢計，正人百萬，所得不過三千萬也。」元材案：王、俞説是也。尹説尤模糊，令人不可通曉。又案「三十錢之籍」，似以漢武時代爲背景者。《漢書·西域傳》：「征和四年輪台詔云：『前有司奏欲益民錢三十助邊用。是重困老弱孤獨也。』」王先謙《補註》引徐松曰：「《惠紀》應劭註：『《漢律》人出一算。算百二十錢。惟賈人與奴婢倍算。』今口增三十，是百五十爲一算。其時有司有此奏而未行。故《蕭望之傳》張敞曰：『先帝征四夷，兵行三十餘年，百姓猶不加賦。』」可見武帝時確有請增賦人三十錢之議。今本篇及《輕重丁篇》兩言籍人三十錢，與有司所奏請增加之數正相符合。以意推之，《輕重丁篇》之請籍三十錢，乃爲救濟災荒而起，不過一時權宜之計。本篇則從經常制度上着想，故極力反對之。上言「以正人籍，謂之離情」是也。蓋謂正鹽所得之贏利，非任何收入所能比擬。即令每月每人加籍三十錢，所得亦不過三千萬，僅爲正鹽所得贏利之一半而已。而況兩者之間，一則可以引起「諸君吾子之囂號」，一則「百倍歸上」而「人無以避」，孰優孰劣，尤爲判然乎？不言二十錢，又不言四十錢，却恰恰以「三十錢」爲限，必是有司奏准加賦一事之反映實無可疑。此又本書之成不得在漢武帝以前之一證也。

〔一四〕元材案：諸君指大男大女而言。尹注以諸君爲「老男老女」，謂「六十已上爲老男，五十已上爲老女」，與小男小女均不在征籍之內。張佩綸則以「諸君」爲「都君」，謂即左昭二十七年傳杜注「都君子在都邑之士有復除者」之「都君子」，「其人不在征籍。蓋以鹽筴加價，則有復除者亦無不食鹽」。均非。

〔一五〕洪頤煊云：「『今』當作『令』。」王念孫曰：「案《通典》正作『令』。又案下文『今鹹之重加一也』，『今』亦『令』之譌。上文云：『令鹽之重升加分彊』，文義正與此同。」元材案：下文「今鹹之重加一也」，今字當作令，是也。此「今夫」即《中庸》「今夫山」、「今夫海」之今夫，乃古文家常用語。如改今爲令，則「夫」字爲衍文矣。「給」，謂取給。

〔一六〕俞樾云：「『百』字衍文。上云『月人三十錢之籍，爲錢三千萬』。今吾非籍之諸君吾子也，而有二國之籍者六千萬。是國之常征止三千萬。鹽筴之利得六千萬，適加一倍。故曰『倍歸於上』。若作『百倍』則太多矣。」陶鴻慶云：「『百』當爲『自』之誤。言不必籍於諸君吾子而自然得其倍數也。」聞一多云：「陶謂『百爲自之誤』是也。其解『自』義爲『自然』則誤。『自』當訓自己，謂某數自己，實不定之詞。與今算學之x同。倍猶二也。《食貨志》『自四』、『自三』、『自倍』，猶言四乘x，三乘x，二乘x也。『自』既等於x，故『自倍』亦可省言『倍』。」元材案：以上各説皆迂拘可笑。謂之「百倍」者，乃作者故意夸大之詞。謂依此而行，雖取之百倍於平日之數，人亦無得而避之也。本書言倍數之處不一而足。計「三倍」一見（《輕重乙》），「五倍」五見（《揆度》及《輕重戊》），「六倍」一見（《揆度》），「十倍」二十三見（《國蓄》、《山國軌》、《山權數》、《山至數》、《揆度》、《輕重甲、乙、丁》）；「再十倍」或「二十倍」共七見（《巨（筴）乘馬》、《地數》、《揆度》、《輕重丁》），「四十倍」三見（《輕重甲、丁》），「五十倍」二見（《輕重丁》），「百倍」九見（《海王》、《國蓄》、《輕重甲、乙》）。凡此皆著者用以吹噓其所謂輕重之筴所獲利益之大。《輕重乙篇》所謂「發號施令，物之輕重相什而相伯」，《輕重丁篇》所謂「善爲國者守其國之財，……一可以爲百。未嘗籍求於民，而使用若河海」，此之謂也。然所謂「百倍」云云，並不是本書著者所獨創。《鹽鐵論·非鞅篇》大夫云：「夫商君相秦也，内立法度，……外設百倍之利，……不賦百姓而師以贍。」然則所謂「百倍之利」，在商鞅時即已見諸實踐矣。然於此有應注意者，即鹽鐵之價提高，對封建國家固然有利，但對於人民則危害甚大。在封建社會中，所謂大男大女，小男小女，無不處於不同階級之地位。而鹽則爲人生之所必需。富人有錢有勢，鹽價雖高，對於生活並無影響。貧民則除忍受殘酷剥削之外，只有實行「淡食」（《鹽鐵論·水旱篇》賢良語），以示消極之反抗而已。漢宣帝地節四年（公元六六），即因「鹽價咸貴，衆庶重困」，而有「其減天下鹽價」之舉（《漢書·宣紀》）。此乃由於著者地主階級局限性之必然結果，不足怪也。

「今鐵官之數〔一〕曰：一女必有一鍼〔二〕一刀〔三〕，若〔四〕其事立。耕者必有一耒〔五〕一耜〔六〕一銚〔七〕，若其事立。行服〔八〕連軺輂〔九〕者必有一斤〔一〇〕一鋸〔一一〕一錐〔一二〕一鑿〔一三〕，若其事立。不爾而成事者天下無有。今鍼〔一四〕之重加一也〔一五〕，三十鍼一人之籍。刀之重加六，五六三十，五刀一人之籍也。耜鐵之重加七〔一六〕，三耜鐵一人之籍也。其餘輕重皆准此而行〔一七〕。然則舉臂勝事，無不服籍者〔一八〕。」

〔一〕元材案：鐵官之名始於秦時。《史記·自敘》云：「司馬蘄孫昌爲秦主鐵官，當始皇之時。」

惟秦時鐵官是否專爲收税而設？抑已實行鐵器專賣之制度？今已不能詳知。至漢武帝元狩四年，用東郭咸陽孔僅之策，舉行天下鹽鐵，郡置鐵官。不出鐵者則置小鐵官。實行鐵器國營並禁止私鑄。犯者鈦左趾，没入其器物。及桑弘羊爲政，又大加推廣。於是全國鐵官達四十郡爲官四十八處之多。考當日鐵官之任務，大約以（一）開採鐵礦，（二）鑄作鐵器及（三）專賣鐵器爲主。《鹽鐵論·禁耕篇》文學云：「故鹽冶之處，大校皆依山川，近鐵炭，其勢咸遠而作劇。郡中卒踐更者多不勘（堪），責取庸代。縣邑或以户口賦鐵，而賤平其准。良家以道次發僦運鹽鐵，煩費，邑或以户。百姓病苦之。」此鐵礦由鐵官開採之證也。雖或有「責取庸代」及「賤價賦鐵」之舉。然此不過下級執行人員之流弊，原則上則開礦亦由政府自營，與煮鹽同矣。又《本議篇》大夫云：「是以先帝建鐵官以贍農用。」《水旱篇》大夫云：「今縣官鑄農器，使民務本，不營於末，無飢寒之累。鹽鐵何害而罷？」賢良曰：「縣官鼓鑄鐵器，大抵多爲大器，務應員程。」又曰：「故民得占租鼓鑄煮鹽之時，鹽與五穀同價，器和利而中用。今縣官作鐵器，多苦惡，用費不省。」此鐵器由鐵官鑄作之證也。《史記·平準書》云：「卜式爲御史大夫，見郡國多不便縣官作鹽鐵，鐵器苦惡，賈貴，或彊令民賣買之。」又《鹽鐵論·水旱篇》賢良云：「今總其原，一其價，器多堅䃘，善惡無所擇。吏數不在，器難得。家人不能多儲，多儲則鎮生。棄膏腴之日，遠市田器，則後良時。鹽鐵賈貴，百姓不便。貧民或木耕手耨，土耰淡食。鐵官賣器不售，或頗賦與民。」此鐵器由鐵官專賣之證也。漢武帝時桑弘羊之法蓋如此。今觀本篇已用「鐵官」一詞。且其所謂「鐵官之數」，雖一針、一刀、一錐、一鑿，亦在調查與統計之中，其爲政府所自作，實無可疑。而從下文「加一、加二、加六、加七」之言推之，則此等針、刀、錐、鑿之屬，又係由政府所自賣，證據尤爲顯明。此二點，皆與桑弘羊所行之法完全相同。惟《輕重乙篇》亦有此一段文字，不僅所載各種生産工具，比本篇大有增加（計女工方面增加二種，農民方面增加三種，車工方面增加三種），而且對於衡所主張之鐵礦國營政策，堅決反對，而另行提出「量重計贏，民七君三」之民營官管辦法以爲代替。此乃由於《輕重乙篇》與本篇不是一時一人之作有以使然。其詳當於《輕重乙篇》再論之。此處「數」字，指鐵官所掌握之各種調查統計數字而言。

〔二〕元材案：鍼，所以縫衣者也。見《説文》。竹部箴下段注曰：「綴衣箴也。以竹爲之，僅可聯綴衣。以金爲之，乃可縫衣。」又《漢書·廣川惠王越》傳：「以鐵鍼鍼之。」知漢時鍼確爲鐵制。《輕重乙篇》作「箴」，義同。

〔三〕元材案：刀即《漢書·廣川惠王越》傳「去與地餘戲，得袖中刀」及「燒刀灼潰兩目」之刀，當是指婦女所用之剪刀而言。

〔四〕尹注云：「若猶然後。」元材案：此説是也。《輕重乙篇》即作「然後」。

〔五〕元材案：耒，《説文》：「手耕曲木也。」《易·繫辭》：「揉木爲耒。」可見最初是用木制。此處既列爲鐵制工具之一，則已爲鐵製甚明。《鹽鐵論·未通篇》云：「内郡人衆，……不宜牛馬，民蹠耒而耕。」又《□疾篇》云：「秉耒抱插、躬耕射織者寡。」《鹽鐵取下篇》云：「以容房闈之間垂拱持案食者，不知蹠耒躬耕者之勤也。」又《漢書·王莽傳》：「予之東巡，必躬載耒。每縣則耕，以勸東作。」《考工記·車人》：「車人爲耒庇，長尺有一寸。中直者三尺有三寸。上句者二尺有二寸。」注：「耒謂耕耒，庇謂耒下岐。」

〔六〕元材案：《易·繫辭》：「斲木爲耜。」據本篇下文言「耜鐵」，則此時亦已用鐵制。《禮·月令》「修耒耜」注及《考工記·匠人》注，均謂「耜爲耒頭金，金廣五寸」。但此處明言一耒一耜，知兩者各自爲一器。《呂氏春秋·任地篇》云：「是以六尺之耜，所以成畝也。其博八寸，所以成甽也。」黄東發云：「耜者今之犁，廣六尺，旋轉以耕土。其塊彼此相向，亦廣六尺而成一疄。此之謂畝。而百步爲畝，總畝之四圍總名。其博八寸，所以成甽者，犂頭之刃逐塊隨刃而起，其長竟畝，其起而空之處，與刃同其闊，此之謂甽。」則耜與耒非一物明矣。

〔七〕尹注云：「大鋤謂之銚，羊昭反。」元材案：銚即鋤草用之大鋤。《鹽鐵論·申韓篇》御史云：「犀銚利鉏，五穀之利而閒草之害也。」文學云：「非患銚耨之不利，患其舍草而去苗也。」是其證。

〔八〕尹注：「連，輦名。所以載作器人挽者。」元材案：《周禮》「巾車連車組輓」，《釋文》：「連亦作輦。」又《鄉師》注：「故書輦作連。」輦，《説文》：「輓車也。」段注云：「謂人挽以行之車也。」此乃漢人通用之運輸工具。《鹽鐵論·鹽鐵取下篇》云：「戍漕者輦車相望。」又《結和篇》云：「發屯乘城，輓輦而贍之。」《史記·貨殖傳》：「蜀卓氏見虜略，獨夫妻推輦行。」皆其證。

〔九〕王念孫云：「『輂』，當依朱本作『輂』。《通典》引此亦作『輂』。故尹注云：『大車駕馬』。」元材案：上文已言「連」，連即輂，此不得再言輂。王説是也。輂亦漢人通用之交通運輸工具。《史記·淮南衡山列傳》淮南厲王「令男子但等七十人與棘蒲侯柴武太子奇謀，以輂車四十乘反穀口。」《集解》引徐廣曰：「大車駕馬曰輂。已足切。」《漢書》作輂，亦誤。

〔一〇〕元材案：斤，《説文》：「斫木斧也。」《正字通》：「以鐵爲之，曲木爲柄，剞劂之總稱。」即今木工用之斧頭。

〔一一〕元材案：鋸，《説文》：「槍唐也。」段注：「槍唐，蓋漢人語。」徐灝箋：「槍唐，蓋狀鋸聲。」《正字通》：「解器也。鐵葉爲齟齬，其齒一左一右，以片解木石也。」即今之鋸子。

〔一二〕元材案：錐，《説文》：「鋭器也。」即用以穿孔之工具。《輕重乙篇》作鑽。

〔一三〕元材案：鑿，《説文》：「穿木也。」即挖槽或穿孔用之鑿子。

〔一四〕元材案：「今」當依王念孫校作「令」。與上文「令鹽之重」句例正同。

〔一五〕何如璋云：「重加一，謂比往時之價加一錢。下加六加十，准此。」吴汝綸云：「加一，加一錢也。每鍼加一錢，三十鍼則三十錢。三十鍼則爲一人之籍也。五刀三耜鐵仿此。」

〔一六〕王引之云：「『七』當爲『十』」。上文云『月人三十錢之籍』，謂每一人月有三十之籍也。今每一耜鐵籍之加十錢，三耜鐵則三十錢，而當每月一人之籍矣。故曰『耜鐵之重加十，三耜鐵一人之籍也。』上文『令鍼之重加一也，三十鍼一人之籍。刀之重加六，五六三十，五刀一人之籍也。』皆三十錢當一人之籍。是其例也。」元材案此説甚是。「耜鐵」又見《輕重乙篇》，即犁頭之鐵刃。

〔一七〕元材案：「其餘」指上文「銚、斤、鉏、鑿」等鐵制工具而言。准此而行，猶言以此類推也。

〔一八〕元材案：勝讀爲任，音近互通。「舉臂勝事者」謂能勝任勞動生産之人。服即《山國軌篇》「巨家重葬其親者服重租，小家菲葬其親者服小租」之服。服假作負。《周禮·考工記》「牝服二柯」，鄭司農注：「服讀若負。」服籍即服租，謂負担租税也。鐵與鹽不同。鹽是無論男女老幼皆不可缺，鐵則只有有勞動能力之人方有需要，故服籍者僅以「舉臂勝事者」爲限。惟於此有應注意者，此處所謂加一加二云云，均是於舊價外另行加價之數，正如何如璋所云：「重加一，謂比往時之價加一錢」，與上文「鹽之重升加分彊」云云相同。蓋鹽鐵皆爲國營，由國家專賣，故可隨時擡價出售，以增加國家之收入。此一解釋，實甚重要。蓋爲了解本書各種輕重之筴之重要法門。不僅對鹽鐵二者之加一加二應如此講，即《乘馬數篇》所謂「國用一不足則加一焉」云云及《國蓄篇》所謂「中歲之穀，糶石十錢」云云，亦應如此講。舊日學者不明此理，咸以加一加二爲加税。如《通考》著者引其父馬廷鸞之言云：「管仲之鹽鐵，其大法税之而已。鹽雖官嘗自煮之，以權時取利，亦非久行。鐵則官未嘗冶鑄也。與桑弘羊之法異矣。」甘乃光云：「鐵政不甚佳。因鐵所製造者爲生産工具。今税及生産工具，似非開源善政。至後世如漢武帝有『敢私鑄鐵者鈦其左趾』之命令，未免庸人自擾。管子本來不如此。」因此，甘氏又據《輕重乙篇》「量重計贏，民七君三」之記載，謂「管子主張將鐵之原料征收税項，因恐農製品征收税項，則人民得器難。」唐慶增亦云：「管子鐵業國有，則完全爲收稅起見。」又曰：「管仲鹽鐵二政雖並稱，而性質略異。鹽由官禁，增價出賣，更運至他國以爲利藪。於鐵則對於人民之採用原料者課以稅。其利率爲君得三而民得七。贏利均分，而由人民經營之。此其政策之特點也。鐵稅以法不良，後世行之者少。桑弘羊、孔僅曾行之。惟征之於器，與管子之征於原料者不同。」三氏之誤，第一，由於不知本書所言「加一加二」云云，實封建國家實行鹽鐵專賣時所加之價，而非普通之所謂「征收稅項」。第二，由於不知鐵器鑄作、鐵器專賣與開採鐵礦爲二事而非一事。甘、唐兩氏所引《輕重乙篇》之例，乃屬於開採鐵礦之範圍。該篇著者主張礦産雖屬封建國家所有，但應由人民開採，而由政府按「民七君三」之比例，分配其贏利，以爲人民租借礦地之報酬。如此者始可名之曰稅。若「加一加二」云云，則爲官業加價，不得名之曰稅也。第三，由於不知本篇與《輕重乙篇》不是一時一人所作。本篇及《地數篇》所論之鹽鐵政策，實即東郭咸陽、孔僅、桑弘羊等在漢武昭時所施行之政策之反映。如《地數篇》云：「苟山之見榮者，謹封而爲禁。有動封山者，罪死而不赦。有犯令者，左足入，右足斷。」與甘氏所謂漢武帝「敢私鑄鐵器者鈦其左趾」之命令及上文所論各節完全相同。即其明證。至《輕重乙篇》所論「量重計贏，民七君三」之辦法，則爲另一作者鑒於自漢成帝以來鐵官徒迭次暴動之教訓，因而提出與現行政策相反之修正意見之反映。既將兩個不同時代兩種不同主張混爲一談，而又將反映漢代事實之管子書與所反映之漢代事實强爲區别，認爲管子書真是管仲所作，而百端爲之回護，謂爲「管子本來不如此」。而對漢武帝則肆意攻擊，謂爲「未免庸人自擾」。一事兩斷。如此論史，是亦不可以已乎？

桓公曰：「然則國無山海不王乎〔一〕？」

管子曰：「因人之山海，假之名有海之國〔二〕讎鹽於吾國，釜十五，吾受而官出之以百〔三〕。我未與其本事也〔四〕，受人之事，以重相推〔五〕。——此人用之數〔六〕也。」

〔一〕元材案：無山海則無鹽鐵，無鹽鐵則上述之官山海政策亦將無由施行，故曰「國無山海不王」也。因著者又有所謂「人用之數」，故特發爲此問以便提出。

〔二〕尹注云：「雖無海而假名有海，則亦雖無山而假名有山。彼國有鹽而糶於吾國爲讎（舊作集，誤）耳。」丁士涵云：「當讀『之』字絶句。『名』與『命』同。『有』乃『負』字誤。《事語篇》曰：『負海子七十里。』負海之國多鹽，令之讎於吾國，即所謂『因人之山海假之』也。」安井衡云：「國無鹽鐵，買諸他邦而粥之，是假有鹽鐵之名也。一説：『名當爲各，下屬爲句。』」張佩綸云：「假之義若《春秋》『鄭伯以璧假許田』之假。《公羊傳》曰：『假之何？易之也。易之則其言假之何？爲恭也。』《穀梁傳》曰：『假不言以，言以非假也。非假而曰假，諱易地也。』太公賜履雖至東海，而桓公之世萊夷未滅。其能盡徵山海之利以鹽鐵立富强之基者，萊已私屬於齊，故得假之以爲利也。」郭沫若云：「抄本《冊府元龜》四百九十四引作『集鹽於吾國』。考尹注云：『彼國有鹽而糶於吾國爲集耳。』則尹所見本亦作『集』也。以作『集』爲是，如爲『售』字則尹不必爲之作注。」元材案：以上諸説皆非也。此當作「因人之山海」爲句，「假之名有海之國」爲句。「因人之山海」者，正針對桓公「國無山海不王乎」之問題而發。謂本國雖無山海，因人之山海亦同樣可以爲山海王也。假者假設也。「名」當作「若」，因字形相近而譌。「假之若有海之國」，與《吕氏春秋·本生篇》「譬之若修兵者」云云，語例相同，皆比喻之詞也。此蓋舉「因人之海」以爲例。謂吾國無海固亦無鹽，但假如從有海之國，用廉價輸入其成鹽，再以高價由政府專賣，結果所得贏利亦不下於自煮。海既如此，山亦如之。如不作舉例講，則上文明言「因人之山海」，而下文則僅言海而不言山，便不免缺漏不全，有如張佩綸所云「山海並重，而鹽詳鐵略，疑原本不止此」之嫌矣。讎，尹注釋爲「售」。今本作「集」者，誤也。《漢書·食貨志》「收不讎」，又云「周於民用而不讎者」，顏師古注皆云：「讎讀曰售。」可證。

〔三〕尹注云：「受，取也。假令彼鹽平價釜當十錢者，吾又加五錢而取之，所以來之也。既得彼鹽，則令吾國鹽官又出而糶之，釜以百錢也。」王引之云：「『十五』當爲『五十』。『釜五十』者，升加分也。『出之以百』者，升加一也。上文曰：『鹽百升而釜。令鹽之重升加分彊，釜五十也；升加一彊，釜百也。』分者半也。『有海之國，讎鹽於吾國』，每升加錢之半，十升而加五錢，百升而加五十錢，故『釜五十』也。吾國受而使鹽官出之，則倍其數而升加一錢，十升而加十錢，百升而加百錢，故『以百』也。若作『釜十五』，則與『出之以百』多寡不相因矣。」張佩綸云：「『釜十五』當作『釜五十』。彼國加分彊，則吾國加一彊。此非獨收榷鹽之利，亦兼防利之落於鄰國，故必受而官出之。」郭沫若云：「抄本《册府元龜》四百九十三引正作『釜五十』。」元材案：若如王、張二氏言，有海之國升加分疆而爲五十，則在未加之前其原價當爲若干耶？吾國加一疆而官出之以百，果包括升加分疆之五十及有海之國之原價在内耶？抑在外耶？此問題不得解決，則所謂「吾受而官出之以百」者，爲盈爲虧，實不可知。古人行文不應如此含混。據尹注云云，則尹所見本亦作「釜十五」。仍以作「釜十五」爲正。釜十五者，謂每釜價十五錢耳。尹注亦非。「吾受而官出之以百」，當作「吾受而官之」爲句，「出以百」爲句。《山至數篇》云：「諸侯受而官之」，句法與此正同。「官」即「管」，解詳上文。「出以百」者，謂吾既以每釜十五錢之價買進，再以釜百錢之價賣出，故獲利甚大。《山至數篇》所謂「藏輕，出輕以重」，即此意也。「出之」二字誤倒。

〔四〕尹注云：「與，用也。本事，本鹽也。」元材案：「與」，參加也。「本事」解已見《乘馬數篇》。謂我並未參加煮鹽之生産過程。

〔五〕尹注云：「以重推，謂加五錢之類也。推猶度也。」元材案：推當作准。《輕重丁篇》云：「萊有推馬」，王壽同注彼處云：「推乃准之誤。下文云云可證。」此「推」字亦當與彼同。「准」即上文「其餘輕重皆准此而行」及《山至數篇》「散大夫皆准此而行」之准。「受人之事，以重相准」者，謂我並不須參加煮鹽之生産過程，但受取鄰國之既成生産品以爲專賣之資。至其價格之高低，則完全以輸入時之輕重爲準。輸入輕，則出之亦輕；輸入重，則出之亦重也。

〔六〕元材案：「人用」當作「用人」。《通考》十五引即作「用人」。數，筴也。用人之數，即因人之山海而利用之之策，與《事語篇》所謂「善爲國者用非其有，使非其人」意義相同。

管子輕重六——國蓄

元材案：本書凡十九篇，亡三篇，實存十六篇。十六篇中有十四篇皆爲問答體，獨本篇及《輕重己篇》不用問答體。此可注意者一也。又其他各篇皆用具體寫法，本篇及《輕重己篇》獨用抽象寫法。卽前者多以具體故事（雖是假託之詞）爲敍述之對象，後者則以一般原理原則爲敍述之對象。此可注意者二也。又其他諸篇中，往往有若干段文字與本篇或完全相同，或大同小異。如本篇「國有十年之蓄」一段見於《輕重乙篇》，「凡將爲國，不通於輕重」一段見於《揆度篇》；「且君引鏹量用」一段及「是故萬乘之國必有萬金之賈」一段均見於《輕重甲篇》，「使萬室之都必有萬鍾之藏」一段見於《山權數篇》，「穀貴則萬物必賤」一段分見於《乘馬數》、《山至數》及《輕重乙》等三篇，「夫以室廡籍」一段，分見於《海王》及《輕重甲篇》，「玉起於禺氏」一段分見於《地數》、《揆度》及《輕重乙篇》，「今人君籍求於民」一段，分見於《揆度》及《輕重甲》等篇，皆其例也。此外本篇中所有單詞獨句及各種特别術語散在其他諸篇者，幾於無處無之。此可注意者三也。又《漢書·食貨志》記管子輕重之法，而所引用則僅爲本篇之文。《通典·食貨》八記錢幣，《食貨》十二記輕重，其關於《管子》部分之材料，本篇十九皆被採録。此可注意者四也。關於此種現象，何如璋曾解釋云：「舊本《輕重》共十九篇，亡三篇。其《國蓄》一篇管子所自著。《臣乘馬》、《乘馬數》、《事語》、《海王》、《山國軌》、《山權數》、《山至數》七篇則齊史之文，與《國蓄篇》互相發明。其《地數》、《揆度》、《國准》、《輕重甲、乙、丁、戊》共七篇乃齊東野人之語。間有詞義不謬者，當是前七篇錯卷，作僞者故意雜亂以混其真。卷末《輕重己》一篇專記時令，非輕重也。子政校讎不審，誤攙入者耳。」（何如璋《管子析疑·總論》，見温廷敬編印《茶陽三家文鈔》上册《何少詹文抄》卷一。）又釋《輕重甲篇》云：「輕重各篇惟《國蓄》是管子經言。其《巨乘馬》以下十一篇，則齊史記述之作。自此以至終篇，乃後人所附益。文非一手，大都假爲問答以訓釋《國蓄》輕重之義。」此其所論何者爲管子自著，何者爲齊史之文，何者爲齊東野人之語，既無具體證明，實不足據。但其以《國蓄》爲管子經言，《巨乘馬》以下十一篇則齊史記述之作，皆與《國蓄篇》互相發明。自《輕重甲篇》以至終篇，乃後人所附益，大都假爲問答以訓釋《國蓄》輕重之義，則正可一語道破本篇與其他輕重諸篇間之相互關係。竊意本篇乃全書之理論綱領。其他諸篇所提出之種種具體問題及其討論與解決問題之種種方法，或則就此綱領中之原理原則加以補充發揮，或則提出與綱領相反之意見，或則將此綱領中之特別術語加以解釋，何氏所謂「與《國蓄篇》互相發明」者，信不誣也。

提要：本篇全文共可分爲十段，兹分别説明於後：

第一段，從「國有十年之蓄」至「民力可得而盡也」，論貨幣與五穀均應由國家獨占其最大部分及運用貨幣控制五穀，即「執其通施以御其司命」之術。

第二段，從「夫民者信親而死利」至「故天下樂從也」，論政府辦理財政，應以「但見予之形，不見奪之理」爲最高原則，即是説財政榨取應建立在使人民不易覺察之基礎上。如此方能使人民樂於從命。

第三段，從「利出於一孔者」至「親君若父母」，論國家專利政策之作用及其重要。

第四段，從「凡將爲國」至「惡能以爲治乎」，論通於輕重及調通民利之重要。又分五小段：（1）「凡將爲國」等五句總冒。（2）「是故萬乘之國」八句，論爲國者失其利權，則豪商大賈將竊而據之，必釀成「臣不盡忠，士不盡死」之不良後果。（3）「歲有凶穰」至「貧富之不齊也」，申言利不在國，則在於商。上失輕重之權，下據并兼之勢，將使富者益富，貧者益貧，雖有法令無所用之。（4）「且君引錣量用」至「利有所并也」，論民有飢餓由於穀有所藏，民用不足由於利有所并。（5）「然則人君」至「惡能以爲治乎」，申論不通於輕重不能爲治，反語之以明其重要。

第五段，從「歲適美」至「財之横可得而平也」，論人民有餘則輕，不足則重。政府應採取賤買貴賣之策以平其價而收其利。

第六段，從「凡輕重之大利」至「民無廢事而國無失利也」，論政府應分區設立平准基金。在春夏生產季節發放農貸。到秋收後按市價折收實物——春賦以斂繒帛，夏貸以斂秋實——以期收到「民無廢事」（使生產者維持其再生產）與「國無失利」（使政府獨占高利貸收入）之效果。

第七段，從「凡五穀者萬物之主也」至「貴賤可調而君得其利」，論五穀與萬物之價互爲反比例及政府所以御之之術。又分四小段：（1）「凡五穀者萬物之主也」至「而國利歸於君」，論政府當利用穀與萬物互爲反比例的關係，進行輕重之筴，以期無籍而贍國。（2）「夫以室廡籍」至「偏行而不盡也」，承「萬民無籍」句言。（3）從「故天子籍於幣」至「千人得餘」，承「國利歸於君」言，論穀專賣利益之大。（4）從「夫物多則賤」至「而君得其利」，論多寡羨不足與物價貴賤之關係及政府運用輕重之筴以調貴賤而收其利之法。

第八段，從「前有萬乘之國」至「然後萬乘可資也」，論運用輕重之筴應因國勢而不同。

第九段，從「玉起於禺氏」至「以御民事而平天下也」，論貨幣之作用在於「以守財物，以御民事」。

第十段即最後一段，論國家號令可以引起物價之變動，因而主張「不求於萬民而籍於號令」，即通過號令改變商品之輕重關係，人爲地造成物價之劇烈波動，大作其投機生意以獲取最大之利潤。

國有十年之蓄〔一〕而民不足於食，皆以其技能望君之禄也。君有山海之金而民不足於用，是皆以其事業交接於君上也〔二〕。故人君挾其食，守其用，據有餘而制不足〔三〕，故民無不累於上也〔四〕。五穀食米，民之司命也〔五〕。黃金刀幣，民之通施也〔六〕。故善者執其通施以御其司命〔七〕，故民力可得而盡也〔八〕。

〔一〕元材案：「國有十年之蓄」一語又見《事語篇》及《輕重乙篇》，解已見《事語篇》。此句上，

《通典・食貨》十二引有「管子曰：『夫富能奪，貧能予，乃可以爲天下。』」三句。並有尹注云：「富者能奪抑其利，貧者能贍恤其乏，乃可爲君。」此句下亦有尹注云：「用之蓄積常餘十年。」今本皆脱，宜據補。又案「夫富能奪」三句，又見《揆度篇》，但無尹注。

〔二〕元材案：以上四句又見《輕重乙篇》。惟《乙篇》「年」作「歲」。「而民不足於食」作「而民食不足者」。「技能」作「事業」。「金」作「財」。「而民不足於用」作「而民用不足者」。「君上」作「上者」。而意義則同。「皆以其技能望君之禄」，元本、朱本「皆」上有「是」字，與下文一例，當從之。「民不足於用」，宋本「足」作「罪」，誤。「食」指五穀食米。「用」指黄金刀幣。「技」即《山權數篇》「有官五技」之技。「能」即同篇「能皆已官」及《山至數篇》「何不官百能」、《揆度篇》「能爲司馬，能治田土，能爲官」、《國准篇》「官能以備物」之能。技能連用，蓋包括七能五技六家（見《山權數》）、百官、百工及其他凡有一能一技之長者而言。事業即職業。禄即俸禄。交接猶云交换。

〔三〕元材案：挾者持也，即守之義。據亦守也。制謂控制。「有餘」承上「國有十年之蓄」及「君有山海之金」而言。「不足」承上「民不足於食」及「民不足於用」而言。「據有餘而制不足」，謂政府以其有餘之糧食與貨幣，控制糧食貨幣不足之人民，使其聽命於政府，爲政府所使用也。《鹽鐵論・錯幣篇》云：「故人主積其食，守其用，制其有餘，調其不足。」文義與此稍異。此因「國有十年之蓄，君有山海之金」，有餘在政府手中，故謂之「挾」。彼則「物有所并，穀有所藏」，而「民有相妨之富」，有餘在富商蓄賈手中，故應制而調之也。

〔四〕王念孫云：「《通典・食貨》十二引此，『累』作『繫』。又引尹注云：『食者民之司命。言人君惟能以食制其事，所以民無不繫於號令。』今本『繫』作『累』，又全脱尹注。」于省吾云：「按類書每臆改古籍，不可爲據。累本有繫義，不必改爲繫。《禮記・儒行》『不累長上』，注：『累猶繫也。』下云：『列陳繫累獲虜』，繫累連語，累亦繫也。」元材案：于説是也。此「累」字與《輕重乙篇》「若此則民疾作而爲上虜矣」之「虜」字及《輕重甲篇》「然則是大臣執於朝而列陳之士執於賞也」之「執」字，乃本書作者特用術語。累即下文「繫累」及《孟子・梁惠王篇》「繫累其妻子」之累。虜即下文「獲虜」及《漢書・樊噲傳・注》「生得曰虜」之虜。執即《周書》「予其執拘以歸於周」之執。均當作俘虜講。此蓋言人民之所以願意竭盡其技能，努力於事業者，徒以糧食與貨幣皆掌握在政府手中，而彼則無之。故不得不以此作爲交换條件，以爲向政府取得其所需要之糧食及貨幣之惟一手段。故著者認爲只要政府能將大量之糧食及貨幣掌握在自己手中，勿使爲富商蓄賈所挾所守，經常保持政府有餘而人民不足之不均衡狀態，則據有餘而制不足，人民雖欲不爲我使，不爲我用，亦不可得矣。《事語篇》云：「非有積蓄，不可以用人，非有積財，無以勸下。」義與此合。

〔五〕元材案：此二語又分見於《山權數》、《揆度》、及《輕重乙》等篇。惟「五穀食米」，《山權數篇》作「穀」，《揆度篇》作「五穀」，《輕重乙篇》作「五穀粟米」，字句各有異同。郭沫若謂「食」當爲「粟」者非。司命，星名。《史記・天官書》：「文昌六星，四曰司命。」《楚辭・九歌》有《大司命》、《少司命》二篇。五臣注：「司命主知生死，輔天行化，誅惡護善也。」此謂五穀食米者人得之則生，失之則死，生死之權全繫於五穀食米之有無，故喻之爲司命。言其所關甚大，猶今人之言生命綫矣。

〔六〕元材案：通施即通貨。《輕重乙篇》云：「黄金刀布者，民之通貨也。」可證。此亦漢人通用術語。《鹽鐵論　錯幣篇》大夫云：「交幣通施，民事不及，物有所并也。」文學云：「故王者外不障海澤以便民用，內不禁刀幣以通民施。」謂之「通施」者：《詩·周南》「施於中穀」，傳云：「施，移也。」言得此則有無可以互相交通移易也。故《輕重甲篇》逕作「通移」。本書作者認爲貨幣之職能不僅是流通手段，而且是流通之渠道。亦即貨物流通以全社會範圍看來不能不有之一定通行渠道。而此種渠道必須通過貨幣始能體現。離開渠道，貨物流通便無法進行。馬克思所謂「貯藏貨幣表現爲流通中的貨幣的引水渠與泄水溝」（見馬克思《政治經濟學批判》，人民出版社一九五五年第一版第九十一頁）者也。《揆度篇》云：「刀布者溝瀆也。」義與此同。

〔七〕元材案：「執」即掌握。御即控制。「執其通施」猶言「守其用」。「御其司命」猶言「挾其食」。執其通施以御其司命者，謂政府應將貨幣之鑄造及發行權完全掌握在自己手中。然後以所鑄造及發行之貨幣，運用賤買貴賣之輕重筴收購大量之糧食而獨占之。《山權數篇》所謂：「梁山之陽綪緛夜石之幣天下無有。管子曰：以守國穀。歲守一分以行五年，國穀之重什倍異日。」《山至數篇》所謂：「吾國歲非凶也，以幣藏之，故國穀倍重。」《國准篇》所謂：「立施以守五穀。」皆其例也。

〔八〕元材案：「故民力可得而盡」者，包括上文「以技能望君之祿」與「以事業交接於君上」之各種人民而言。糧食既皆爲政府所獨占，則人民爲求得糧食之滿足起見，除竭盡其技能，努力於事業外，别無他道。故《山至數篇》云：「君有山，山有金，以立幣。以幣准穀而授禄。故國穀斯在上，穀賈什倍。農夫夜寢早起，不待見使，五穀什倍。士半禄而死君，農夫夜寢早起，力作而無止。」又曰：「彼穀七藏於上，三游於下。謀士盡其慮，智士盡其知，勇士盡其死。」以「農夫」與「士」以及「謀士」「智士」「勇士」並舉，與此正合。張佩綸謂「『民力可得而盡』猶『盡力溝洫』之意，非竭民之財力」，則專指「農民」而言，失其義矣。

夫民者信親而死利〔一〕，海内皆然。民予則喜，奪則怒，民情皆然。先王知其然，故見予之形，不見奪之理〔二〕。故民愛可洽於上也〔三〕。租籍者所以强求也。租税者所慮而請也〔四〕。王霸〔五〕之君去其所以强求，廢其所慮而請，故天下樂從也。

〔一〕元材案：親，愛也。信親，信其愛己之人。即《孟子·離婁篇》所謂「愛人者人恒愛之」之意。死利者，《史記·貨殖傳》云：「天下熙熙，皆爲利來。天下攘攘，皆爲利往。」利之所在，人必趨之，雖死不避，故曰死利。猶言「鳥爲食亡，人爲財死」也。《揆度篇》云：「幣重則民死利。」《鹽鐵論·錯幣篇》云：「上好貨則下死利。」又《毁學篇》云：「貪夫死利。」義與此同。

〔二〕元材案：以上六句，又見《輕重乙篇》。「故見予之形，不見奪之理」者，謂政府製定財政經濟政策，必須建立在使人民不易覺察之基礎上，表面上是對人民有所賜予，而實質上則是奪之於無形。尹注所謂「民(原誤『民』爲『與』,據張佩綸校改)可使由之,不可使知之」者是也。

〔三〕孫星衍云:「按《通典》十二引『民愛』作『民憂』。此『愛』字誤。」元材案:上文言「見予之形,不見奪之理」,正是「民予則喜」之事,此處何得以「民憂」承之?仍以作「愛」爲是。洽即《書·大禹謨》「好生之德,洽於民心」之洽。正義:「洽謂沾漬優渥。『洽於民心』,言潤澤多也。」此言「民愛可洽於上」,特倒言之耳。尹注訓「洽」爲「通」者非。

〔四〕尹注云:「在工商曰租籍,在農曰租稅。慮猶計也。請,求也。」豬飼彥博云:「《輕重乙》曰『租籍者君之所宜得也。正籍者君之所强求也。』『租籍』當從彼作『正籍』。正、征同。」洪頤煊、丁士涵、郭沫若説同。元材案:尹説謬甚。豬飼説亦未爲得。本書各篇同文異字之處甚多。前輩學者常用據彼改此之法,斷定某處某字宜依某處某字校改。此實不明本書體例之尤者。事實上此種同文異字,正是後篇作者對前篇所用字之翻譯,亦可以説是用更通俗之字或作者所在地之方言以代替前篇不易懂之字。兹特略舉數例加以説明。(1)本篇及《海王篇》「吾子」,《地數篇》作嬰兒。可見吾子即嬰兒。(2)《海王篇》「食鹽」,《地數篇》作「咶鹽」。咶即食之另一説法。《漢書·吴王濞傳》「狧糠及米」,師古注曰:「狧古䑛字。䑛,用舌食也。蓋以犬爲喻也。音食爾反。」《史記》作舐。疑咶、狧、䑛、舐皆食字之各地方言。(3)《海王篇》「若其事立」,《輕重乙篇》「若」皆作「然後」。(4)《地數》、《揆度》兩篇「禺氏邊山」,《輕重乙篇》作「禺氏旁山」,旁即邊也。(5)《國蓄篇》「耕田發草」,《輕重甲篇》作「耕發草土」,《輕重丁篇》則作「墾田發務」。務即蓩,毒草也。説見《丁篇》。(6)《地數篇》「守國之本」,《輕重甲篇》作「守國之國」。又《地數篇》「夫齊衢處之本」一節中數「本」字,《輕重乙篇》皆作「國」字。知本字亦有作國字講者。(7)《海王篇》「升加分彊」,《地數篇》作「升加分耗」。豬飼彦博云:「彊當作鏹,錢也。」彊、耗皆錢之又一名詞。(8)《揆度篇》「當壯者」,《輕重戊篇》作「丁壯者」。當卽丁也。(9)本篇「通施」,《輕重甲篇》作「通移」,《輕重乙篇》則作「通貨」。《史記·夏、殷、周本紀》載三代事,所引《尚書》,多與今本《尚書》不同,皆司馬遷用漢人口語所翻譯,而非司馬遷所見《尚書》又另有所謂秘本。如果據史改書,或據書改史,便成爲天下之最大笑話矣。細繹此處「租籍」「租稅」,與《輕重乙篇》「正籍」「租籍」間之關係,亦是兩篇作者所用術語之不同,而不是誰錯誰正之問題。最足注意者,卽兩篇文字中對於「廢」字之用法。廢字在本篇及《乘馬數篇》「如廢方於地」之廢字皆作「置立」講。但在《輕重乙篇》則又作爲「廢棄」講。豬飼彦博謂「廢當作斂,《輕重乙》曰:『亡君廢其所宜得而斂其所强求』,正與此反」,郭沫若謂「廢當爲發,言平發其歲入以利民」者皆非。至本篇所謂「租籍」(《乙篇》謂之「正籍」),乃指「以室廡籍」等諸籍而言。所謂「租稅」(《乙篇》謂之「租籍」)則指所謂「官山海」「官天財」及其他通過輕重之筴而獲得之各種專賣事業的贏利而言。前者或爲「毁成」,或爲「伐生」,或爲「止生」,或爲「禁耕」,或爲「離情」,或爲「養贏」,皆是一種强制收入,所謂「見奪之理」者。故曰「所以强求」。後者則如《海王篇》之「正鹽筴」,與本篇之「藉於食」,則「舉臂勝事無不服籍者」,「雖百倍歸於上而人亦無以避之」,所謂「見予之形」也。故曰「所慮而請」。「所慮而請」者,謂此乃人人心意中之所欲而求之不得者。《乙篇》

謂之「君之所宜得」，乃從政府方面立言，然其意義則一而已。

〔五〕元材案：「王霸」，《通典》作「五霸」，非。本書「王霸」連稱之例甚多，與此正同。

利出於一孔者〔一〕，其國無敵。出二孔者其兵不詘〔二〕。出三孔者不可以舉兵。出四孔者其國必亡〔三〕。先王知其然，故塞民之養〔四〕，隘其利途〔五〕。故予之在君，奪之在君，貧之在君，富之在君〔六〕。故民之戴上如日月，親君若父母。

〔一〕尹注云：「凡言利者不必貨利，慶賞威刑皆是。」安井衡云：「孔，穴也。猶言門。出於一孔，專出於君也。二孔，君與相也。三孔四孔，則分出於臣民矣。」元材案：本書言利字之處不一而足，僅本篇卽十五見，大抵皆指經濟利益而言。此處尤與慶賞威刑無關。尹說失之。利孔猶言利門，安井說是也。利出一孔，謂利益從一條渠道流出，此處引申爲經濟利益，應完全由封建國家統一掌握，例如上言國家「執其通施，以御其司命」，卽利出一孔之具體運用矣。

〔二〕許維遹云：「『不』當爲『半』。『其兵半詘』，猶言其兵半數力詘，半數未力詘。」元材案：此說非是。尹注云：「詘與屈同。屈，窮也。」其兵不詘，謂雖不勝，但亦不至爲敵所屈。

〔三〕元材案：此數語商、韓書亦有之。《商君書·靳令篇》云：「利出一空者其國無敵。利出二空者國半利。利出十空者其國不守。」又《弱民篇》云：「利出一孔則國多物。出十孔則國少物。守一者治，守十者亂。」又《韓非子·飾令篇》亦云：「利出一空者其國無敵。利出二空者其兵半用。利出十空者民不守。」」字句與此皆大同小異，而其意義則有別。商、韓所謂「利出一空」者，蓋欲壹民於農戰。乃從政治軍事上立言者也。此則謂一切天財地利及其他由賤買貴賣而得之各種奇入旁利均應由國家獨占之，不使人民自由經營。乃從財政經濟上立言。蓋卽所謂國家壟斷經濟政策者也。至《新唐書·儒學傳·柳沖傳》載柳芳之論《姓系録》及《通典·選舉》六載禮部員外郎沈既濟之議選舉，亦皆引本篇此文爲據，則尤與原旨無涉矣。

〔四〕尹注云：「養，利也。羊向反。」何如璋云：「塞猶充也。塞其養，民乃足。隘其途，利乃一。」張佩綸云：「養讀如字。《詩》『遵養時晦』《毛傳》：『養，取也。』」元材案：「養」當爲「羨」字之訛也。《鹽鐵論·錯幣篇》大夫云：「禁溢羨，厄利途。」「禁」與「塞」同義。厄卽阨，與隘通。本篇上下文語意，與《錯幣篇》相同者不一而足，則此二語亦當與彼有其互相沿襲之關係。然則塞民之羨，卽禁民溢羨之意矣。聞一多說與予同。

〔五〕元材案：隘卽《揆度篇》「乘天勢以隘制天下」之隘。上引《鹽鐵論·錯幣篇》作「厄」。厄卽阨，與隘通。限制、阻止之意。「塞民之羨，隘其利途」者，蓋緊承上文「利出一孔」一段而言。謂利出多門，爲害既如此其大，則政府唯有由國家壟斷一切利權，以免爲富商蓄賈所乘而已。

〔六〕元材案：此言予奪貧富之權，均應由國家掌握。卽《揆度篇》所謂「夫富能奪，貧能予，乃可以爲天下」之意。《尹文子·下篇》云：「故古之爲國者，無使民自貧富，貧富皆由於君，則君專所制，民知所歸矣。」又《商君書·說民篇》云：「治國之本，貴令貧者富，富者貧。貧者富，富者貧，國强。」義與此同。又案《史記·貨殖列傳》亦以貧富予奪四字並舉，與此處及《揆度篇》相同。然而兩者之意義則完全相反。《貨殖傳》以自由競争爲主，故認爲人民之或貧或富，應由各個人自己負責，而以各個人能力之巧拙爲其決定之主要因素，並無任何人可以予之奪之。故曰：「貧富之道，莫之奪予。」「巧者有餘，拙者不足。」本書著者則主張應由政府實行國家獨占之經濟政策，以政府之予奪爲調治社會上貧富之唯一原動力。故曰：「予之在君，奪之在君。貧之在君，富之在君。」蓋司馬遷乃自由主義經濟學派之代表人物，其在財政經濟上之意見，着重在於爲新興地主階級——「當世千里之中賢人所以富者」——服務。故力主自由放任，力主「以末致財，用本守之」，力主「爲權利以成富」，力主「故善者因之，……最下者與之争」。而本書著者則代表干涉主義經濟學派，其在財政經濟上之意見，着重在爲封建地主階級統治者服務，着重在通過所謂輕重之筴，以充實封建國家之財政收入。故力主干涉主義，力主「挾其食，守其用，據有餘而制不足」。力主「善者執其通施以御其司命」，力主「塞民之羨，阨其利途」。力主「爲籠以守民」。力主「散積聚，鈞羨不足，分并財利而調民事」。换言之，即司馬遷之所謂「善者」，適爲本書著者之所謂「最下者」，而司馬遷之所謂「最下者」，又適爲本書著者之所謂「善者」。此種經濟思想上之大分野，最可注意。如果認爲表現在《貨殖傳》中的思想，是司馬遷對漢武帝、桑弘羊的經濟政策所持的不同政見，則本書著者乃是完全站在捍衛漢武帝、桑弘羊經濟政策的立場上對司馬遷的不同政見所給予的針鋒相對的有力批判。然則本書之成，不得在《史記》以前，此又其一證矣。

凡將爲國，不通於輕重〔一〕，不可爲籠〔二〕以守民。不能調通民利，不可以語制爲大治〔三〕。是故萬乘之國必有萬金之賈，千乘之國必有千金之賈。然者何也？國多失利，則臣不盡其忠，士不盡其死矣〔四〕。歲有凶穰，故穀有貴賤。令有緩急，故物有輕重。然而人君不能治，故使蓄賈游市，乘民之不給，百倍其本〔五〕。分地若一，强者能守。分財若一，智者能收〔六〕。智者有什倍人之功〔七〕，愚者有不賡本〔八〕之事。然而人君不能調，故民有相百倍之生也〔九〕。夫民富則不可以祿使也，貧則不可以威罰也〔一〇〕。法令之不行，萬民之不治，貧富之不齊也。且君引錣〔一一〕量用，耕田發草，上得其數矣〔一二〕。民人所食，人有若干步畝之數矣。計本量委則足矣〔一三〕。然而民有飢餓不食者，何也？穀有所藏也〔一四〕。人君鑄錢立幣〔一五〕，民庶之通施〔一六〕也，人有若干百千之數矣〔一七〕。然而人事〔一八〕不及、用不足者何也？利有所并藏也〔一九〕。然則人君非能散積聚，鈞羨不足〔二〇〕，分并財利〔二一〕而調民事也，則君雖强本趣耕〔二二〕，而自〔二三〕爲鑄幣而無已，乃今使民下相役耳。惡能以爲治乎〔二四〕？

〔一〕元材案：「不通於輕重」一語，又見《山至數篇》。又《山權數篇》云「君通於輕重之數」，《輕重乙篇》云「通於輕重高下之數」，《史記・平準書》云「通於輕重之權」，可見「不通於輕重」，即「不通於輕重之數」或「不通於輕重之權」之意。

〔二〕孫星衍云：「案《通典·食貨》十二引此，無『爲籠』二字。『民』作『人』。」吳汝綸點勘本，即依《通典》校删。元材案：「籠」字，乃漢代理財家特用術語。其意義及其重要，予在《巨（筴）乘馬篇》已詳論之。此處「爲籠」二字必不可删。

〔三〕元材案：「調通民利」，即下文「散積聚，鈞羨不足，分并財利而調民事」之意。「語制」，講求法制。「大治」一詞，又分見《揆度篇》及《管子·任法篇》。惟本書所謂「大治」，與《任法篇》所謂「大治」，内容又大有不同。《任法篇》云：「君臣上下貴賤皆從法，此謂爲大治。」其意以爲只要全國上下皆能遵守國家法制，即可達到大治之目的。至於如何始能使全國上下遵守法制，僅提出「愛人不私賞，惡人不私罰，置儀設法，以度是斷」等就法論法的抽象標準，換言之，只要統治者能一切按照法制行事，即爲已足。本書著者則從經濟政策的角度出發，認爲「法令之不行，萬民之不治，皆是『貧富之不齊』的結果，因而提出如果不能調通民利，使人民貧富不致過分懸殊，則所謂「大治」，不過是一句空話。此乃本書著者對《任法篇》法治思想之繼承與改造。而本書與《管子》其它各篇成書年代之先後，亦可於此窺見之矣。又案：「不能調通民利」二語，《揆度篇》作「不能調民利者不可以爲大治」，無「通」字及「語制」二字。然意義則全同。

〔四〕元材案：此緊承上文「不通於輕重，不可爲籠以守民」二句而言。「萬乘之國」四句又見《輕重甲篇》。國多失利，謂政府不能實行國家壟斷政策，不能爲籠以守民，故爲商賈所乘，而國利遂多所散失。此如漢代富商大賈，在武帝時，則有東郭咸陽齊之大煮鹽，孔僅南陽大冶（《史記·平準書》）及「當世千里之中賢人所以富者」，蜀卓氏、程鄭氏、宛孔氏、齊刁間、周師史、宣曲任氏、橋姚、無鹽氏、關中田嗇、田蘭、韋家栗氏、安陵杜氏、杜杜氏等，或則「致產累千金」，或則「起富數千萬」（《史記·貨殖傳》）。在成、哀、王莽時，又有「成都羅裒，貲至鉅萬，臨菑姚偉，貲五千萬」。「雒陽張長叔、薛子仲訾亦十千萬」。及「京師富人杜陵樊嘉、茂陵摯綱、平陵如氏苴氏、長安丹平王君房、豉樊少翁、王孫大卿爲天下高訾。樊嘉五千萬，其餘皆鉅萬矣」（《漢書·貨殖傳》）凡此皆《史記·平準書》所謂「而富商大賈或滯財役貧，轉轂百數，廢居居邑，封君皆低首仰給，冶鑄煮鹽，財或累萬金而不佐國家之急，黎民重困」者。故「國有萬金之賈」，即可作爲國家散失萬金之說明。「國有千金之賈」，即可作爲國家散失千金之說明。「臣」指公卿大夫及百官言。「士」指戰士言。《輕重甲篇》云：「故軒冕立於朝，爵祿不隨，臣不爲忠。中軍行戰，委予之賞不隨，士不死其列陳。然則是大臣執於朝，而列陳之士執於賞也。」亦以「臣」與「士」、「大臣」與「列陳之士」互爲對文。蓋國利既盡入商賈之手，政府財政必感困絀，而祿賞之費無由支付。故百官戰士皆不肯盡忠盡死也。又案此以國有富商大賈爲「國多失利」之結果。與《輕重甲篇》以國多富商大賈爲「中一國而二君之正」之正原作二王，誤。依《丁篇》校改。皆是著者主張排斥富商蓄賈之具體表現。唐慶增不察前後文義與全書宗旨，乃斷章取義，舉此「萬乘之國必有萬金之賈」數語，謂即管子重商之證（見所著《中國經濟思想史》第六篇第二章二二三頁），胡寄窗亦以爲是管子重視貿易之證（見所著《中國經濟思想史》上册第十章三四九頁）,失之遠矣。

〔五〕元材案：自「歲有凶穰」至「而物利之不平也」,緊承上文「不能調通民利,不可以語制爲大治」二句而言。「令有緩急,故物有輕重」。《通典·食貨》十二引此文注云：「上令急於求米則民重米,緩於求米則民輕米。所緩則賤,所急則貴。」貴原誤作遺,以意改。其説是也。「緩急」,《地數篇》作「徐疾」。徐疾,緩急,皆指國家征收期限有寬有緊而言。「不能治」《漢書·食貨志》引作「不能理」,理亦治也。蓄賈,《食貨志》作「畜賈」。顏師古注云：「畜讀曰蓄。蓄賈謂賈人之多蓄積者。」「乘民之不給」,顏師古注云：「給,足也。」《食貨志》晁錯請貴粟疏云：「而商賈……日游都市,乘上之急,所賣必倍。」與此語意略同。又《管子·七臣七主篇》云：「彼時有春秋,歲有敗凶,政有緩急。政有緩急,故物有輕重。歲有敗凶,故民有羨原誤作義,依王念孫校改。不足。時有春秋,故穀有貴賤。而上不調淫,尹注：「淫,過也。謂穀物過於貴賤,則上當收散以調之。此之不爲,故游商得什佰之贏以棄其本也。」張佩綸云：「『淫』疑是『准』之誤。《輕重篇》屢見。」元材案：「淫」當作「治」。《國蓄篇》「然而人君不能治」,又曰「然而人君不能調」,當即據此而分言之。故游商得以什佰其本也。百姓之不田,貧富之不訾,皆用此作。城郭不守,兵士不用,皆道此始。」與此文大同小異。

〔六〕元材案：「分地若一」四句,《鹽鐵論·貧富篇》作「故分土若一,賢者能守之。分財若一,智者能籌之。」又《管子·侈靡篇》云：「强者能守之,智者能收之。」《史記·貨殖傳》亦云：「巧者有餘,拙者不足。」蓋皆指個人而言。與《地數篇》「能者有餘,拙者不足」之指封建統治者而言者不同。

〔七〕甘乃光云：「什倍人之功，卽以一取什之意。」

〔八〕尹注云：「賡，償也。」梁啓超云：「不賡本，賡猶續也。謂資本不能回復循環也。」元材案：賡同更。《史記·平準書》：「悉巴蜀租賦不足以更之。」《集解》引韋昭曰：「更，續也。或曰：更，償也。」是也。賡又同庚。《禮記·檀弓》：「請庚之。」鄭注：「庚，償也。」是也。《山國軌篇》云：「直幣而庚之。」又曰：「請以穀視市櫎而庚之。」卽皆作「庚」。「不賡本」，猶今俗言「不够本」，「不顧本」也。

〔九〕丁士涵云：「當作『故民利有百倍之失』。上文云：『然而人君不能治，故使蓄賈游市，乘民之不給，百倍其本。』此言智者之多取利，以致愚者之不償本，故民利有百倍之失矣。下文曰『夫民利之時失而物利之不平也』，是其證。今文『利』誤『相』，又倒置『有』字下。『失』又誤『生』。遂不可讀矣。」元材案：《山權數篇》云：「而民失生矣。」彼「生」字與此「生」字，皆當作產業講。《詩·邶風·北風》「既生既育」，《箋》云：「生，謂財業也。」又《史記·平準書》云：「皆致生累千金。」《漢書·食貨志》「生」作「產」，卽其證。「民有相百倍之生」，謂貧富相隔百倍，卽下文「物利不平」之意。此四句《鹽鐵論·錯幣篇》作「智者有百人之功，愚者有不更本之事。人君不調，民有相妨之富也。」「賡」作「更」，「生」作「富」，義實相通。丁說失之。

〔一〇〕元材案：「民富則不可以祿使也」云云，《鹽鐵論·錯幣篇》作「民太富則不可以祿使也，太强則不可以威罰也。」「太强」似是「太貧」之譌。《管子・侈靡篇》云：「甚富不可使，甚貧不知耻。」亦以貧富互爲對文。蓋民太富則百事自足，無求於君。《輕重乙篇》云：「家足其所者，不從聖人。」此民富不可以禄使之説也。至人民生活不安定，最低限度之物質生活亦不能令其滿足，則無以服從政府命令，政府亦無法使用之。《管子・治國篇》云：「民貧則難治也。」《侈靡篇》云：「足其所欲，贍其所願，則能用之耳。今使衣皮而冠角，食野菜，飲野水，孰能用之？」此民貧不可以罰威之説也。貧富不齊之害蓋如此。故著者力主應由政府從根本上以所謂輕重之筴調而治之。

〔二〕尹注云：「錣，籌也。丁劣反。」元材案：此段文字，共分兩節，一節言穀，一節言錢。「計本量委」是對穀而言。疑「引錣量用」句當在「民庶之通施也」句下，乃對錢而言。計穀數時用「計本量委」，計錢數時用「引錣量用」。錢穀分言，界限極爲明顯。若如今本，將此語置於「耕田發草」之上，便不僅與「計本量委」句相重複，而且「量用」二字亦與「民人所食」不相銜接矣。錣即《淮南・道應篇》「白公勝罷朝而立，倒杖策，錣上貫頤」之錣。高注：「策，馬捶，端有針以刺馬，謂之錣。倒杖策，故錣貫頤也。」是錣即策馬之捶。以策計數，乃漢人通俗。《漢書・石廣傳》：「廣爲太僕。御出，上問『車中幾馬』？廣以策數馬畢，舉手曰：『六馬。』」「引錣量用」，猶言以策數錢。尹訓錣爲籌，籌有籌策之義。亦可通。

〔三〕豬飼彦博云：「『土』一作『上』。《輕重甲》作『躬犁墾田，耕發草土，得其穀矣』。未詳孰是」。郭沫若云：「『上』當爲『土』。『草土』連文，本書習見。『數』當爲『穀』」，《輕重甲篇》文可證，當據改」。元材案：「數」當爲「穀」，郭説是也。惟「上」字不必改。《輕重甲》下文云：「强本趣耕，發草立幣而無止。」「草」下亦無「土」字。仍以作「上」字下屬爲宜。

〔一三〕尹注云：「委，積也。」安井衡云：「本，謂田所生。委，末也，謂人所食。言一人食若干步畝所生之粟，自有定數。計田所生之本，量人所食之末，則其用自足矣。」姚永概云：「『委』讀如《禮記》『或原也，或委也』之委。本、委相對。尹注非。」元材案：《漢書・食貨志・注》引李奇云：「委，積也。」王先謙《補注》云：「上得民所食若干步畝之數，則可計本而量其積。」仍以尹説爲是。計本量委，謂計算生産，估量貯存。

〔一四〕尹注云：「言一國之内耕墾之數，君悉知之。凡人計口授田，家族多少，足以自給。而人乏於食者，謂豪富之家收藏其穀故。」《漢書・食貨志》顔師古注云：「言富人多藏穀，故令貧者食不足也。」元材案：顔説是也。藏即囤積。尹注言「計口授田」，與此處無關。

〔一五〕王念孫云：「『人君』當爲『今君』。此與上文『且君引錣量用』云云，皆是指桓公而言。非泛言人君也。今作『人君』者，涉上下文『人君』而誤。《通典・食貨》八所引亦誤。《輕重甲篇》正作『今君鑄錢立幣』。」元材案：此説非也。本篇與《輕重甲篇》體例不同。《甲篇》係用桓公、管子互相問答，故曰「今君」云云。本篇則爲泛論性質，不專指任何一個國君，故曰「人君」。且本篇前後「人君」二字連用者計十二見，「君」字單用者計十九見，皆是泛言「人君」，文義甚明。若改爲「今君」，則其餘亦當同時改動而後可矣。又案「立幣」一詞，在本書凡六見。（除此處外，《山國軌》、

《山權數》、《山至數》、《國准》各一見，《輕重甲》二見。）皆指鑄造錢幣而言。本文下文即有「鑄幣」，可以爲證。又本書言「立幣」，皆與「人君」二字緊相連接。可知在著者心目中，貨幣鑄造之權，皆應由封建國家統治者實行壟斷。所謂「善者執其通施」，不僅掌握貨幣發行之權而已。

〔一六〕元材案：「通施」，《輕重甲》作「通移」，《輕重乙》作「通貨」。解已見上。

〔一七〕王念孫云：「『若干』二字涉上文『人有若干步畝之數』而衍。上文『步畝之數』無定，故言『若干』。此既云『人有百十之數』（舊本『十』誤作『千』，據《輕重甲》及《通典》引改），則不得更言『若干』矣。」顔昌嶢云：「王説誤。此『若干百千之數』與上文『若干步畝之數』同爲無定之詞。『若干』二字非衍文。『百千』蓋成數名，猶言若干百若干千也」。元材案：顔説是也。若干百千即幾百幾千。《通典・食貨》八引作「人有若干百十之數」，「十」是「千」之誤。

〔一八〕尹注云：「民事謂常費也，言人之所有多少，各隨其分而自足。君上不能調均其事，則豪富并藏財貨，專擅其利。是故人常費不給以致匱乏。」元材案：據此，則「人事」當作「民事」，乃唐人避諱而未改正者。《鹽鐵論・錯幣篇》即作「民事」。「及」與「給」同。

〔一九〕王念孫云：「藏字衍。併與屏同。屏即藏也。上言『穀有所藏』，此言『利有所併』，互文耳。《漢書・食貨志》引正作『利有所併也』。《輕重甲篇》曰：『有餓餒於衢閭者何也？穀有所藏也。』又曰：『民有賣子者何也？財有所併也。』則『併』下并無『藏』字明矣。」元材案：《鹽鐵論・錯幣篇》大夫云：「交幣通施，民事不及，物有所併也。計本量委，民有飢者，穀有所藏也。」亦是「併」

「藏」兩字分用。王説得之。

〔二〇〕尹注云：「羨，餘也。」梁啓超云：「『鈞』同『均』。」

〔二一〕豬飼彦博云：「《輕重甲篇》無『利』字，是。」張佩綸説同。郭沫若云：「『利』當爲『制』（古作剬），屬下讀，即『制而調民事也』爲句。」元材案：豬飼説是。

〔二二〕尹注云：「本謂務農。趣讀爲促。」

〔二三〕吴志忠云：「『自』疑『日』字誤。」

〔二四〕尹注云：「言人君不能權其利門，制其輕重，雖鑄幣無限極而與人，徒使豪富侵奪貧弱，終不能致理也。惡音烏。」元材案：「乃今」猶言「今乃」。「下相役」，即《山權數篇》之「下陰相隸」。隸即役。謂貧弱之人爲豪富所奴役。以上承「分地若一，分財若一」二段而申論人君不能調之害。

歲適美〔一〕，則市糶無予〔二〕而狗彘食人食〔三〕。歲適凶，則市糴釜十繦〔四〕而道有餓民。然則豈壤力〔五〕固不足而食固不贍也哉？夫往歲之糶賤，狗彘食人食，故來歲之民不足也。物適賤，則半力而無予，民事不償其本〔六〕。物適貴，則什倍而不可得，民失其用〔七〕。然則豈財物固寡而本委不足也哉？夫民利之時失而物利之不平也〔八〕。故善者委施〔九〕於民之所不足，操事於民之所有餘〔一〇〕。夫民有餘則輕之，故人君斂之以輕。民不足則重之，故人君散之以重。斂積之以輕，散行之以重。故君必有什倍之利，而財之橫

可得而平也〔二〕。

〔一〕元材案：《史記·貨殖傳》云：「大陰在卯穰，明歲衰惡。至午旱，明歲美。至酉穰，明歲衰惡。至子大旱，明歲美。有水。至卯積著率歲倍。」以衰惡、穰、美分別爲言。如衰惡爲凶年，穰爲豐年，則美當爲大有年。猶《孟子·滕文公篇》之言「樂歲」矣。

〔二〕俞樾云：「按《方言》：『予，讎也。』此予當訓爲讎。讎即售字。《說文新附》：『售，賣去手也。』《詩·抑篇·箋》：『物善則其售價貴。』《釋文》云：『售本作讎。』蓋古無售字，即以讎爲之。此文『無予』即『無售』也。猶《詩》云『賈用不售』矣。下文云：『穀賤則以幣予食，布帛賤則以幣予衣。』言穀賤則以幣售食，布帛賤則以幣售衣也。兩予字亦當訓讎。」元材案：俞說是也。市糴無予，謂價雖賤亦無法售出。

〔三〕元材案：「狗彘食人食」及下文「道有餓民」，皆出自《孟子·梁惠王篇》。

〔四〕元材案：繦謂錢貫，解見《海王篇》及本篇下文。

〔五〕聞一多云：「『力』字涉下文『半力』而衍。」元材案：「壤力」即「地力」，「力」字非衍文。《史記·貨殖傳》「李悝盡地力之教」。地力即土地之生産力。聞氏說非。

〔六〕豬飼彥博云：「『半力而無予』，謂物價適賤，僅償工人勤力之半而無人買取之也。」何如璋云：「半力二句，言穀價祇抵功力之半，不足償其本也。」張佩綸云：「力猶勤也。半力而無予，言得價僅及其力之半，斯不償其本矣。半、倍對文。」元材案：三氏說皆是也。力即《乘馬數篇》「此齊力而功地田筴相員」，《事語篇》「力歸於府」及《揆度篇》「其人力同而宮室美者良萌也，力作者也」之力。猶今人之言勞動力也。半力謂物價太低，不及生産時所費勞力之半。此乃吾國古代用勞動力計算物價之最早文獻。本義自明。俞樾以「半力」爲「半分」之誤，吴汝綸以「半力」爲「半價」之誤，尹桐陽以「力同扐，數之奇餘也，半扐者謂半價或僅得實價之零數」，郭沫若以「半力」爲「半分」即「四分之一」，于省吾以「半力」爲「半刀」之誤者均非。

〔七〕元材案：以上兩「物」字均指萬物財物而言，即手工業産品。民事不償其本，指生産者言。民失其用，指消費者言。謂價賤則對生産者不利，價貴則對消費者不利也。

〔八〕元材案：以上承「歲有凶穰，穀有貴賤」一段而申論「人君不能治」之害。「民利之時失」云云，謂政府未能利用萬物高下之時，以賤買貴賣之術調通民利，而人民又不能自爲之，遂致物利有如此巨大之差别也。蓋一國之五穀財物，通豐凶而計之，原可截長補短，無有餘不足之患。特以政府不能預爲之謀，遂有此弊耳。《鹽鐵論·輕重篇》御史云：「今以天下之富，海内之財，百郡之貢，非特齊、楚之畜，趙、魏之庫也，計委量入，雖急用之，宜無乏絶之時。顧大農等以術體躬稼，則（王先謙云：「則，法也」）后稷之烈。軍四出而用不繼。非天之財少也，用鹹石調均有無補不足亦非也。」意與此同。

〔九〕元材案：委，積也。施即《左傳》「旅有施舍」之施。注：「施，予恩惠。」《周禮》：「門關之委積，以施惠於民。」此以「委施」連稱，蓋謂當人民不足時，政府應以平日之所委積者平價出售，以資救濟。雖非無條件之賜予，然人民得此救濟，既可以免除富商蓄賈之剥削，又能獲得需要之滿足，故曰委施也。

〔一〇〕元材案：「操事」一詞又見下文及《山權數篇》。《管子·法法篇》亦有「愚民操事於妄作」之語。猶言從事。

〔一一〕《漢書·食貨志·注》引李奇曰：「民輕之時，爲斂糴之。重之時，官爲散也。」何如璋云：「善通輕重者，因民有餘則斂之以輕。因民不足，則散之以重。斂輕而積之，則輕者重。散重而行之，則重者輕。輕者重故君得其利。重者輕而財之櫎亦平。斯固上下交利之術也。」元材案：《漢書·食貨志》所載賈誼《諫除盜鑄錢令》云：「銅畢歸於上。上挾銅積以御輕重。錢輕則以術斂之，重則以術散之，貨物必平。……以臨萬貨，以調盈虚，以收奇羡，則官富實而末民困。」與此内容殆全相同。所謂「斂之以輕」，即「錢輕則以術斂之」之義也。所謂「散之以重」，即「重則以術散之」之義也。所謂「故君必有什倍之利」，即「則官富實」之義也。所謂「財之櫎可得而平」，即「貨物必平」之義也。不過本篇斂散之對象爲五穀萬物，而賈誼所論斂散之對象則爲錢幣，微有區别耳。櫎字解已見《巨(筴)乘馬篇》。財櫎即萬物之平價。

凡輕重之大利，以重射輕，以賤泄平〔一〕。萬物之滿虚隨財准平而不變。衡絶則重見〔二〕。人君知其然，故守之以准平〔三〕。使萬室之都〔四〕必有萬鍾之藏，藏繦〔五〕千萬。

使千室之都必有千鍾之藏，藏繦百萬。春以奉〔六〕耕，夏以奉芸。耒耜械器鍾穰〔七〕糧食畢取贍於君。故大賈蓄家不得豪奪〔八〕吾民矣。然則何？君養其本謹也〔九〕。春賦以斂繒帛，夏貸以收秋實〔一〇〕。是故民無廢事，而國無失利也〔一一〕。

〔一〕安井衡云：「物重，以我重射隣國之輕。物輕，以我賤泄注於平價之地。所以調貴賤也。」何如璋云：「欲射其輕也，則斂之以重而輕者至。欲泄其重也，則散之以賤而貴者平。」陶鴻慶云：「輕重相劑，正取其平。以賤泄平，義難通矣。疑『平』當作『貴』。以重射輕，以賤泄貴，二句相互爲文。下節云：『夫物多則賤，寡則貴，散則輕，聚則重。』亦以輕重貴賤對言。可證也。」元材案：安井及陶氏説非也。何氏説於義爲近。此蓋言民有餘則輕之，輕則賤，政府宜稍高其價以收斂之，使歸於上。如此者謂之「以重射輕」。計然所謂「賤取如珠玉」，白圭所謂「人棄我取」，《山至數篇》所謂「以重藏輕」，桑弘羊所謂「賤則買之」是也。民不足則重之，重則貴，政府於此，又宜以曩所收斂之穀物，稍低其價而散之於民，使市場價格趨於平衡。如此者謂之「以賤泄平」。計然所謂「貴出如糞土」，白圭所謂「人取我與」，《山至數篇》所謂「五穀相靡而重去什三」，桑弘羊所謂「貴即賣之」是也。《揆度篇》云：「民重則君輕，民輕則君重。此乃財餘以滿不足之數也。」義與此同。

〔二〕豬飼彥博云：「『財』當作『時』。」張佩綸説同。郭沫若云：「豬飼校改『財』爲『時』，可從。然當以『時』字斷句。原文當讀爲『萬物之滿虛隨時，准平而不變，衡絶則重見』，『而』亦猶則也。謂准平則物價穩定。豬飼以『不變衡』爲句，非是。」元材案：此當作「萬物之滿虛隨財准平而不變」爲句，「衡絶則重見」爲句。滿卽有餘，虚卽不足也。准平卽平准。此乃漢代理財家特用術語。《史記・平準書》「元封元年，桑弘羊請置平準於京師，都受天下委輸……盡籠天下之貨物，貴卽賣之，賤則買之。如此，富商大賈無所牟大利則反本，而萬物不得騰踴，故抑天下物，名曰平準。」《鹽鐵論・本議篇》云：「開委府於京，以籠天下貨物，賤卽買，貴則賣，是以縣官不失實，商賈無所貿利，故曰平準。」財准平者，指下文所謂「萬鍾千鍾之藏」及「藏繦千萬百萬」而言，其性質與下引趙贊請置之「常平輕重本錢」，蓋完全相同。以今語釋之，卽所謂「平準基金」者也。變者波動也，此謂萬物有有餘不足之時，因政府有充分之平準基金可以賤買貴賣，其價格必可不至發生甚大之波動。換言之，卽政府有控制物價之能力，故不至於有過貴過賤之患。上文所謂「而財之櫎可得而平」，蓋謂此也。「衡絶則重見」者言政府既有充分之平準基金，自可隨時調均輕重，使其不至發生巨大波動。然若平時毫無準備，物賤不能高價收買，物貴不能減價出售，有如稱物而無權，必將失其均衡。失其均衡，則畸輕畸重之形見矣。《揆度篇》所謂「善爲國者如金石之相舉，重鈞則金傾」，此之謂也。以上各説皆非。

〔三〕元材案：上論「財准平」之理，此言實施「財准平」之法。准平卽財准平。

〔四〕元材案：「都」，《漢書・食貨志》引作「邑」。

〔五〕元材案：繦，《漢書・食貨志・注》引孟康曰：「繦，錢貫也。」王先謙《漢書補注》引王鳴盛曰：「下文『賈人緡錢』，顏亦云『緡謂錢貫』。《通典・注》：『緡者絲也，以貫錢。一貫千錢。《詩》

云：「維絲伊緡。」』宋人亦以千錢爲一貫。竊謂同一錢貫，而異其名，當有大小之別。緡既是千錢，則一繦當爲百錢也。計萬室之邑每室粟一鍾。以李悝之言度之，可備四五人一月之食。每室錢千繦，爲錢一萬，可備糴穀種及買耒耜器械並饁饟之用。曰『必有』，明其不可更少，實欲其厚於此數也。此萬鍾與藏繦皆人君所藏以贍民者。萬鍾以備散，藏繦以備斂也。」今案王氏以一繦爲百錢，只是臆測之詞。說無佐證，似不可信。仍當以一繦千錢爲合。上文「歲適凶，則市糴釜十繦而道有餓民」，一繦千錢，十繦萬錢，極言其價之貴。《史記・平準書》云：「漢興，接秦之弊……米石至萬錢。」即「市糴釜十繦」之實例矣。《通典・食貨》十及《太平御覽》八二三引，「繦」俱作「鏹」者非。說詳《海王篇》「彊」字注。

〔六〕《漢書・食貨志》顏師古注：「奉，謂供事也。」猶言供應。

〔七〕洪頤煊云：「『鍾饟』當爲『種饟』。《漢書・食貨志》引此作『種饟』。師古曰：『種，五穀之種也。』《山國軌篇》尹注亦作『種饟糧食』。」俞樾說同。元材案：此說是也。饟者，《漢書・食貨志》顏師古注云：「與餉同。謂餉田之具也。」

〔八〕元材案：《漢書・食貨志》顏師古注云：「豪謂輕侮之也。字亦作『勢』。蓋通用耳。」今案：《韻會》云：「豪，强也。」豪奪即强奪。猶言憑藉財勢進行剝削掠奪。

〔九〕元材案：「然則」當是「然者」之誤。「然者何」，謂所以如此者何故也。上文云：「然者何也？」即其證。「養其本謹」即下文「守其本委謹」之意。戴望以「『何』字即『則』之誤而衍者」。李哲明謂「『君』當爲『㠯』，古『以』字，形似而譌。『本謹』當作『本委』」。許維遹謂「『君』疑『若』之訛」。郭沫若謂「『君』乃『居』字之誤。『何居』猶何故也」。均非。

〔一〇〕尹注云：「蓋方春蠶家闕乏，而賦與之，約收其繒帛也。方夏農人闕乏，亦賦與之，約取其穀實也。」元材案：此「實」字與《山國軌篇》「有實者皆勿左右」、「秋十日不害斂實」，《山至數篇》「積實而驕上」、「出實財」、「君實鄉州藏焉」等「實」字皆指「五穀」而言。《國語·晉語》「而又受其實」，《注》：「實，穀也」，是也。

〔一一〕尹注云：「人之所乏，君悉與之，則豪商富人不得擅其利。」何如璋云：「賦者與也。春之所賦，夏斂其織。夏之所貸，秋收其實。故農不廢耕芸之事，而國亦不失收斂之利也。《山國軌》『謹置公幣』兩段，卽是引申此文。參看自明。」元材案：「民無廢事」，謂生產者能維持其再生產。「國無失利」，謂政府能獨占高利貸之收入。又案：此節所論，與唐人趙贊所謂「常平輕重本錢」者對比研究意義當更易理解。《舊唐書·食貨志》下，「建中三年九月，户部侍郎趙贊上言曰：『伏以舊制置倉儲粟，名曰常平。軍興以來，此事闕廢。或因凶荒流散，餓死相食者不可勝紀。古者平準之法，使萬室之邑必有萬鍾之藏，千室之邑必有千鍾之藏。春以奉耕，夏以奉芸。雖有大賈富家不得豪奪吾人（民）者，謂能行輕重之法也。自陛下登極以來，許京城兩市置常平官糶鹽米。雖經頻年少雨，米價不復騰貴，乃卽日明驗，實要推而廣之。當軍興之時，與承平或異。事須兼儲布泉以備時需。臣今商量，請於兩都並江陵、東都、揚、汴、蘇、洪等州府各置常平輕重本錢。上至百萬貫，下至數十萬貫，隨其所宜，量定多少。準置斛斗疋緞絲麻等。候物貴則下價出賣，物賤則加價收糴。權其輕重以利疲人（民）。』從之。贊于是條奏諸道要都會之所皆置吏，因商人財貨，計錢每貫稅二十文。天下所出竹、木、茶、漆，皆十一稅之，以充常平本。」其法蓋全出於此。吳汝綸所謂「後世常平、青苗等法所本」者，此卽其一例矣。

凡五穀者，萬物之主〔一〕也。穀貴則萬物必賤，穀賤則萬物必貴。兩者爲敵，則不俱平〔二〕。故人君御穀物之秩相勝〔三〕而操事於其不平之間。故萬民無籍而國利歸於君也。夫以室廡籍，謂之毁成。以六畜籍，謂之止生。以田畝籍，謂之禁耕。以正人籍，謂之離情。以正戶籍，謂之養贏〔四〕。王者不可畢用，故五者偏行而不盡也〔五〕。故天子籍於幣，諸侯籍於食〔六〕。中歲之穀，糴石十錢。大男食四石，月有四十之籍。大女食三石，月有三十之籍。吾子食二石，月有二十之籍。歲凶穀貴，糴石二十錢。則大男有八十之籍，大女有六十之籍，吾子有四十之籍〔七〕。是人君非發號令收嗇而戶籍也〔八〕。彼人君守其本委謹，而男女諸君吾子無不服籍者也〔九〕。一人廩食，十人得餘。十人廩食，百人得餘。百人廩食，千人得餘〔一〇〕。夫物多則賤，寡則貴。散則輕，聚則重〔一一〕。人君知其然，故視國之羨不足而御其財物。穀賤則以幣予食，布帛賤則以幣予衣〔一二〕。視物之輕重而御之以准。故貴賤可調而君得其利〔三〕。

〔一〕元材案：據下文「穀貴則萬物必賤，穀賤則萬物必貴」，是萬物價格之高下，全爲穀價之高下所決定，故曰「萬物之主」。

〔二〕元材案：「穀貴則萬物必賤」云云，與「穀重而萬物輕，穀輕而萬物重」意義相同，解已見《乘馬數篇》。「兩者爲敵，則不俱平」者，謂穀與萬物之價互爲反比例，故不得歸於平衡也。

〔三〕尹注云：「秩，積也。食爲民天，故五穀之要可與萬物爲敵，其價常不俱平。所以人君視兩事之委積可彼此相勝，輕重於其間，則國利不散也。」張榜云：「秩宜作迭。」王念孫云：「秩讀爲迭。迭，更也。穀貴則物賤，穀賤則物貴。是穀與物更相勝也。集韻『迭』『秩』并『徒結切』。聲相同，故字相通。」宋翔鳳云：「秩，次也。謂穀物以次第相勝。」何如璋云：「秩，《廣韻》：『次也，常也，序也。』言穀物之數互爲貴賤。」元材案：以上四氏説皆可通，尹注非。秩相勝者卽互爲反比例之意。蓋政府輕重之筴之得以施行，其竅妙卽全在於穀與萬物之互爲反比例而不得歸於平衡。苟非然者，則兩者之間同貴同賤。同貴同賤則高下不貳。雖有計然、白圭，亦將無所施其技，豈尚能收「萬民無籍而國利歸於君」之效耶？

〔四〕尹注云：「小曰室，大曰廡。毁成是使人毁壞廬室。止生是使人不兢牧養。禁耕是止其耕稼。正人，正數之人，若丁壯也。離情謂離心也。嬴謂大賈蓄家也。正數之户既避其籍，則至浮浪，爲大賈蓄家之所役屬，增其利耳。」何如璋云：「按正籍一户止一人，是豪富與小民均出，故謂養贏。注義未明。」張佩綸云：「贏，有餘賈利也。《毛傳》：『養，取。』『養贏』卽《龍子》所謂『取盈』。舊注非。」姚永概云：「『以正人籍』，計口而籍之也。計口則人無免者，故曰『離情』。『以正户籍』，計户而籍之也。計户則大户口多者利矣。故曰『養贏』。」元材案：諸籍又分見《海王篇》及《輕重甲篇》。惟「室廡」《海王篇》作「臺榭」，《輕重甲篇》作「室屋」。又兩篇皆無「田畝」及「正户」二籍而另有「樹木」一籍。可證本篇作者是反對「籍於樹木」又不主張征收田畝税者，與《山國軌篇》「去其田賦以租其山」相同。胡寄窗謂管子所謂「無籍於民」是指强求的征籍而言，不包括所謂「君之所宜得」而又爲人民「所慮而請」的租金與土地税在内。既未注意及本篇與《山國軌篇》對於取消田賦之主張，而又誤認爲「地租」是「既是『君之所宜得』的收入，也是各種類型的土地占有者『所慮而請』的『自愿』繳納，不屬於强制收入的範圍」，實有未合。至「養贏」一詞，似不專指大户口多者而言，又包括「避籍浮浪，役屬於大賈蓄家」者在内。《鹽鐵論·禁耕篇》大夫云：「是以養强抑弱而藏於跖也。强養弱抑，則齊民消。若衆穢之盛而害五穀。」養强卽養贏也。郭沫若謂「贏」當爲「羸」者非。

〔五〕豬飼彦博云：「『偏』當作『徧』。因其不可畢用，故偏行之。」元材案：《通典·食貨》十二引此亦作「偏」。但仍以作「徧」爲是。《國准篇》云：「請兼用五家而勿盡也。」又云：「五家之數，皆用而勿盡。」《輕重戊》云：「並用而毋俱盡也。」卽此「偏行而不盡」之意。《通典》及豬飼氏説均失之。

〔六〕元材案：此論天子諸侯宜各以「籍於幣」、「籍於食」爲國用之主要來源，不當以「籍於萬民」爲務。惟幣、食二者不可絶對分開。上文言「據其食，守其用，據有餘而制不足」。又云「善者執其通施以御其司命」。所謂「財准平」之法，亦以「萬鍾千鍾之藏」與「藏繦千萬百萬」並稱。可見二者乃輕重政策之兩大工具，如鳥之有左右翼者然。任缺其一，皆將無法進行。而此處乃特爲分開言之者，蓋在天下一統之時，只有中央政府得操貨幣鑄造與發行之權，至於地方郡國，則但須利用中央政府所鑄造發行之貨幣，作爲御穀物輕重之間之資金即爲已足，固無庸自行鑄造與發行貨幣以混亂全國之金融體系也。何如璋釋此文云：「籍於幣，籍於食，言天子諸侯所籍不同，以治國與治天下殊也。《山至數篇》『爲諸侯，則高下萬物以應諸侯。徧有天下，則賦幣以守萬物之朝夕，調而已』，即是此義。」其説是也。又案此處「籍於幣」「籍於食」，與《輕重丁篇》所云「且君幣籍而務，則賈人獨操國趣；君穀籍而務，則農人獨操國固」之「幣籍而務」「穀籍而務」意義不同。幣籍而務、穀籍而務者，謂以斂幣斂穀爲務也。籍於幣，籍於食，則不過以幣與食爲施行輕重政策之本錢。前者以幣穀爲籍之目的，後者則以幣食爲籍之手段。故特加一「於」字以別之。此等處最不可忽視。

〔七〕尹注云：「六十爲大男，五十爲大女，吾子謂小男小女也。按古之石，准今之三斗三升三合。平歲每石税十錢，凶歲税二十者，非必税其人。謂於操事輕重之間約收其利也。」安井衡云：「上文云『歲適凶，則市糴釜十繦』。然則中歲石十之價，不止十錢。蓋亦謂所加之邪贏，故名籍耳。」何如璋云：「中歲，平歲。『糴石十錢』，言以上歲所積，糴之中歲，石加十錢。故下云『大男食四石，月有四十之籍』也。」元材案：此處所論，蓋卽所謂粮食專賣政策。其法與《海王篇》之鹽鐵專賣政策大致相同。《海王篇》言鹽，則曰「令鹽之重升加分彊，升加一彊，升加二彊」，言鐵則曰「令鍼之重加一，刀之重加六，耜鐵之重加十」，皆指加價而言。則此處所謂「中歲糴石十錢，凶歲糴石二十錢」者，亦系指專賣後所得純利而言。尹氏所云「謂於操事輕重之間約收其利」，安井衡所謂「蓋亦謂所加之邪贏」，何如璋所謂「石加十錢」是也。如作穀之實價講，則下文所謂「月有四十、三十、二十及八十、六十、四十之籍」爲不可解矣。大男大女及吾子解已見《海王篇》。尹注謂「六十爲大男，五十爲大女」者非。又案《鹽鐵論·散不足篇》賢良云：「夫一家之肉，得中年之收十五斗粟，當丁男半月之食。」半月食十五斗，一月共食三石。又《漢書·匈奴傳》嚴尤諫伐匈奴云：「計一人三百日食用糒十八斛。」糒卽乾糧。一人三百日食乾糧十八斛，一個月食一石八斗。按穀每斛出乾糧六成計算，與《鹽鐵論》所舉數頗合。又《漢書·趙充國傳》：「合凡萬二百八十一人，用穀月二萬七千三百六十三斛。」計每月每人食二斛六斗六升餘。前者所食與本篇大女相同。後者是軍人食量，依理應大於一般人。但所食之數，僅比吾子稍多，去大男大女均相差甚遠。當是賢良有意誇大，而本篇作者則比賢良又更爲誇大，猶《海王篇》及《地數篇》之言食鹽之數矣！

〔八〕尹注云：「嗇，斂也。」丁士涵云：「『收』疑『畝』字誤。」元材案：兩氏說是也。「畝嗇户籍」一語又見《輕重乙篇》，畝亦誤爲收。畝嗇户籍者，謂按畝而斂，挨户而籍。

〔九〕尹注云：「委，所委積之物也。謹，嚴也。言人君不用下令稅斂於人，但嚴守利途，輕重在我，則無所逃其稅也。」元材案：《海王篇》云：「今吾非籍之諸君吾子而有二國之籍者六千萬。……今夫給之鹽筴，則百倍歸於上，人無以避此者，數也。」又曰：「舉臂勝事，無不服籍者。」與此處所言，語意全同。服籍，解已見《海王篇》。

〔一〇〕何如璋云：「廩，積也。一人積之，十人得仰其餘。百人千人視此。言儲蓄之要也。」張佩綸云：「廩，稟之誤。說文：『稟，賜也。』此就上農夫食九人計之。一人之賜穀十人得餘，十人之賜穀百人得餘，百人之賜穀千人得餘。一說：廩，藏也。此釋上『穀有所藏』。言一人所藏之穀食，散之則十人得餘。十人所藏之穀食百人得餘，百人所得之穀食千人得餘。」元材案：兩氏說皆非也。上文方暢論糧食專賣政策利益之大，此處不得以私人藏穀或賜穀承之。《漢書·貢禹傳》禹上書言：「陛下過意徵臣……拜爲諫大夫，秩八百石，奉錢九千二百，廩食太官。」又云：「諸官奴婢十萬餘人戲游無事，稅良民以給之，歲費五六鉅萬。宜免爲庶人，廩食。令代關東戍卒乘北邊亭塞候望。」顔師古注前「廩食太官」云：「太官給其食。」注後「廩食」云：「給其食。」是知「廩食」即食於官。惟此處則是指向政府倉廩中糴取穀食而言。餘即《山至數篇》「穀之重一也，今九爲餘」之餘，謂盈利也。此謂糧食既由政府專賣，則加一加二乃至加九加十，皆在政府掌握之中，非人民所能過問。如此，但須有人依恃購買政府倉廩之穀以爲食者，則政府所獲盈利便足以爲養活十人之用。以此類推，廩食之人愈多，可得之餘愈大，而得餘之人亦因之而愈衆。故曰一人十人百人廩食，則十人百人千人得餘也。以上論糧食專賣政策，承「諸侯籍於食」而言。以下論運用貨幣進行買賤賣貴，承

「天子籍於幣」而言。

〔二〕元材案：此「物」字包括貨幣本身及其他一切貨物而言。蓋從計然所謂「論其有餘不足而知貴賤」之説發展而來，其含義與近世資産階級經濟學者英人休姆(D·Hume)之貨幣數量説頗爲近似。休姆之意，以爲一切貨物之價格，由貨物數量與貨幣數量之比例決定之。貨物數量或貨幣數量發生重大變化，一切貨物價格即有漲跌。即貨物量增加，價格下落；貨物量減少，價格騰貴。反之，貨幣量增加，價格騰貴；貨幣量減少，價格下落。又以爲影響一切貨物價格者並非全國之貨幣量，亦非全國之貨物量；而爲出現在市場中之貨物量與流通於市場中之貨幣量。儲藏不用之貨幣對於一切貨物價格不發生影響。保存不售之貨物對於一切貨物之價格亦不發生影響。故決定一切貨物價格者，僅爲流通之貨幣量與待售之貨物量之比例而已。本文後二句實最重要。在計然時代，尚只發現「有餘則賤，不足則貴」，即所謂「物多則賤，寡則貴」之原理。換言之，即計然對於物價之規律，尚止發現其上半截，尚只發現物價之自然規律。至於如何實現此一自然規律之人爲的規律，即所謂「散則輕，聚則重」的規律，則直至本文著者始得完全認識。蓋政府運用「物多則賤，寡則貴」之原理時，並非將全國之貨物量或貨幣量予以真正之增加或減少，有如一九二二年秋季資本主義各國經濟發生危機時，巴西則將咖啡抛入海中，美國則將小麥代煤用以燃燒火車蒸汽鍋，又將牛乳傾入河中，將魚類食物抛入海中，並毁滅牲畜，摧殘禾苗，以期減少市場上之糧食與棉花。(見列昂節夫《政治經濟學》第一章第七節)但須以散聚之手段，實行斂輕散重，使流通於市場之貨幣量或待售於市場之貨物量，依照客觀之需要而增加之或減少之。即可達其目的而有餘矣。關於此一原理，本書中各篇論述之者不一而足。而其最足以説明此一原理者，莫過於下列二條：第一：「國幣之九在上，一在下，幣重而萬物輕。斂萬物應之以幣，幣在下，萬物皆在上，萬物重什倍」。（《山國軌》）第二：「則一國之穀貲在上，幣資在下，國穀什倍。數也。」（《山至數》）所謂「在上」，即謂貨幣或貨物從市場中退出而爲政府所收藏。所謂「在下」，則謂貨幣或貨物仍在市場中流通。著者之意認爲如果流通中之貨幣，由政府收回百分之九十，使流通中之貨幣數量，只爲原有十分之一，則幣價上升而物價大跌。此時，政府即宜以貨幣出籠，大量收購貨物，則貨物之絶大部分退出市場，而爲政府所收藏。于是流通中之貨幣數量大爲增加，而待售之貨物數量大爲減少，幣價大跌而物價大漲。因此物價之變動隨流通於市場貨幣數量之增減而漲跌，而單位貨幣之價值亦隨流通於市場中貨幣數量之多寡而降升。當然所謂貨幣數量説本身，就是一種極其錯誤的貨幣理論。無論計然或本書著者也好，或者資産階級學者休姆也好，他們都不懂得這一道理：「貨幣加入流通的時候，它的價值是已經規定好了的。」（馬克思：《資本論》第一卷，人民出版社一九五八年第一版第七十九頁）但在一千多年前，本書對此一問題，即已有較詳細之論述，實亦不可多得矣！

〔一三〕劉績云：「《通典·注》：『與當爲易。』隨其所賤而以幣易取之，則輕重貴賤由君上也。」張爾田云：「布帛指作衣之布帛。謂穀與布帛多時，則政府出幣收買，以幣賦民，故曰『予衣』『予食』。

予者賦也。若遇穀與布帛少時，則政府出穀與布帛而收回所發之幣。此處未言，蓋互文以見義也。」元材案：此予字亦當訓爲售，解詳上文。「穀賤則以幣予食，布帛賤則以幣予衣」者，即《史記·貨殖傳》「白圭樂觀時變，故人棄我取，人取我予。夫歲熟，取穀，予之絲漆繭。凶，取絮帛，予之食」之意。《史記》此處未言貨幣，然下文有「欲長錢，取下穀。長石斗，取上種」之語。則白圭並非以物易物者甚明。蓋白圭當歲熟穀賤時，則買穀而賣絲漆繭。當歲凶穀貴時，又買絮帛而賣穀。與本篇所論，實毫無二致也。劉、張二氏説皆非。

〔一三〕元材案：准者平准也。「御之以准，故貴賤可調，而君得其利」，即《揆度篇》所謂「故守四方之高下，國無游賈，貴賤相當。此謂國衡。以數相守，則利歸於君矣」原作「以利相守則數歸於君矣」，誤。以意改。之意。衡亦平准也。又《史記·平準書》云：「大農諸官盡籠天下之貨物，貴則賣之，賤則買之。如此，富商大賈亡所牟大利，則反本，而萬物不得騰踊。故抑天下之物，名曰平準。」意與此同。

前有萬乘之國，而後有千乘之國，謂之抵國。前有千乘之國而後有萬乘之國，謂之距國。壤正方，四面受敵，謂之衢國。以百乘衢處，謂之託食之君。千乘衢處，壤削少半。萬乘衢處，壤削太半〔一〕。何謂百乘衢處託食之君也？夫以百乘衢處，危懾圍阻〔二〕千乘萬乘之間。夫國之君不相中〔三〕，舉兵而相攻，必以爲扞格蔽圉之用。有功利不得鄉〔四〕。

大臣死於外，分壤而功。列陳繫累獲虜，分賞而禄。是壤地盡於功賞，而税臧殫於繼孤也。是特名羅於爲君耳，無壤之有！號有百乘之守而實無尺壤之用，故謂託食之君〔五〕。然則大國内款，小國用盡，何以及此〔六〕？曰：百乘之國，官賦軌符〔七〕。乘四時之朝夕〔八〕，御之以輕重之准，然後百乘可及也。千乘之國，封天財〔九〕之所殖，械器之所出，財物之所生，視歲之滿虚而輕重其禄〔一〇〕，然後千乘可足也。萬乘之國，守歲之滿虚，乘民之緩急，正其號令，而御其大准〔一一〕，然後萬乘可資〔一二〕也。

〔一〕元材案：抵，抵抗。距，與拒同。此謂前鄰萬乘，後鄰千乘，是强敵在前，故謂之抵國。若前鄰千乘，後鄰萬乘，是强敵在後，故謂之距國。衢，四達道也。解已見《巨（筴）乘馬篇》。「衢處」一詞又分見《地數》及《輕重甲、乙》等篇。謂處於四通八達之地位，即所謂「壤四方，四面受敵」者也。託食，猶云寄食。百乘既小，又復衢處，其君特寓公而已。削，侵削。《鹽鐵論·相利篇》大夫云「西敗於秦，地奪壤削」，「壤削」即「地削」也。又《商君書·兵守篇》云：「四戰之國貴守戰。負海之國貴攻戰。四戰之國好舉兵以距四鄰者國危。四鄰之國一興事，而己四興軍，故曰國危。四戰之國不能以萬室之邑舍鉅萬之軍者其國危。故曰四戰之國務在守戰。」意與此同。

〔二〕元材案：危慴，猶言受威脅。圍阻，猶言受包圍。

〔三〕豬飼彦博云：「『國』上疑脱『四』字。中猶和也。言四方之國不相和。」王念孫云：「『夫國』

當爲『大國』。此涉上『夫』字而誤。大國卽千乘萬乘之國。『不相中』，不相得也。」安井衡説同。俞樾云：「按『夫國』者彼國也。《漢書·賈誼傳》：『夫將爲我危。』師古曰：『夫，夫人也。亦猶彼人耳。』此『夫』字亦與彼同。以百乘之國視千乘萬乘之國，則皆彼國耳，故曰『夫國之君』。王氏説非。」元材案：俞説是也。「不相中」，《史記·封禪書》言：「康王后有淫行，與王不相中。」《索隱》引《三倉》云：「中，得也。」又《周勃世家》：「子勝之代侯，六歲尚公主，不相中睦。」《集解》引如淳曰：「猶言不相合當也。」卽不和睦之意。蓋是漢人常用語。

〔四〕劉績云：「鄉一作享。」宋翔鳳云：「當讀爲『饗』。亦通『享』。言有功利而已不得享受其功利也。」陶鴻慶説同。元材案：「有功利不得享」猶言不得享其勝利之果實。豬飼彦博據別本「鄉」作「卿」而謂「卿當作慶」者非。

〔五〕元材案：「分壤而功」應爲一句，與下「分賞而禄」互爲對文。「列陳」指列陳之士。陳同陣《輕重甲篇》云：「臣不爲忠，士不死其列陳。」又云：「大臣執於朝，列陳之士執於賞。」皆以列陳與大臣並舉，與此正同。「繫累獲虜」皆俘虜之意。《孟子·梁惠王篇》「繫累其子弟」，《漢書·樊噲傳》顔師古注「生得曰虜」是也。税臧卽税藏。指國家所儲存之賦税收入而言，猶言府庫之藏。殫，盡也。繼孤謂撫恤陣亡將士之遺族。于鬯謂「『臧』疑『賦』字之誤」者非。此謂戰事卽獲勝利，而其勝利之果實，亦非己所得享。反以「大臣死於外」及列陣之士多有繫累獲虜之勛勞，須以土地奉禄爲賞賜有功及撫恤陣亡將士遺族之用。羅者，《廣雅·釋詁》一：「列也。」謂如此不過被列名於國君之林而已。表面上雖號稱有百乘之守，實際上則不得尺壤之用，故謂之「託食之君」也。《管子·權修篇》云：「有萬乘之號而無千乘之用。」《輕重乙篇》云：「是有萬乘之號而無千乘之用也。」義與此同。趙本以「分壤而功列陳」爲句。梅本以「分壤而功列」爲句。豬飼彦博以「分賞而禄」當作「分禄而賞」。張佩綸以「無壤之有」四字爲衍文。聞一多以「功」爲「封」之譌。皆非。又案：「託食之君」一語，又見《輕重丁篇》。但彼處是從經濟生産上立言，謂非五穀所生之地太多，故謂之託食之君。此則從軍事國防上立言，壤地盡於功賞，税藏殫於繼孤，結果亦等於託食之君。是其不同耳。

〔六〕元材案：款同窾。《史記·自序》：「實不中其聲者謂之窾。」《集解》引徐廣曰：「音款，空也。」《漢書·司馬遷傳》作「款」，服虔曰：「款，空也。」是其證。内款即《鹽鐵論·本議篇》大夫所謂「内空府庫之藏」之意。「及」通「給」。豬飼彦博云：「猶足也。」是也。此緊承上文而言，謂大國内空，小國用盡，何以給之也。丁士涵謂「『及』乃『反』字誤」，陶鴻慶謂「『及』爲『支』字誤」者，均失之。

〔七〕元材案：「官」即「管」。賦即上文「春賦以斂繒帛」之賦，貸也。符，《説文》：「信也。」漢制以竹長六寸分而相合。《周禮·小宰》「聽稱責以傅別」注：「傅別謂券書也。故書作傅辨。鄭大夫讀爲符別。杜子美讀爲傅別。」軌符謂合於客觀需要之適量借券，亦即合於《山國軌篇》所謂「軌程」之借券。内容實包括借錢與借物二種。借錢者，如《山國軌篇》之「賦軌幣」，《山至數篇》之「縣州里受公錢」是也。借物者又包括借械器與借糧食二種。前者如《山國軌篇》之「無貲之家皆假之械器，功已而歸公折券」，後者如《揆度篇》之「無食者予之陳，無種者貸之新」是也。其非國家所發行者則不謂之「軌符」而但言「符」。《輕重乙篇》所云「百符而一馬」是也。官賦軌符者，謂一切借貸均應由國家管制而獨占之，不得放任人民之自爲也。《漢書・食貨志》羲和魯匡言：「五均賒貸，斡在縣官。」即其義矣。

〔八〕安井衡云：「『朝夕』猶貴賤也。物從四時而貴賤，故云『四時之朝夕』也。」何如璋云：「『朝夕』猶上下也。」尹桐陽云：「『朝夕』猶漲落也。」許維遹云：「『朝夕』猶豐斂也。」元材案：安井說是也。乘即《史記・高紀》「皆堅守乘城」之乘。《索隱》李奇云：「乘，守也。」「朝夕」二字又分見《山國軌》、《山至數》、《輕重乙》、《輕重丁》等四篇。皆當讀如潮汐，乃海水定期漲落之稱。本書所言朝夕，除《輕重丁篇》之「朝夕外之」爲潮汐本義外，其餘或曰「四時之朝夕」（本篇），或曰「國穀之朝夕」（《山國軌》），或曰「萬物之朝夕」（《山至數》），或曰「天下之朝夕」（《輕重乙》），則皆假借爲物價漲落之代名詞。因物價亦常隨季節而有所變動，故曰「四時之朝夕」也。

〔九〕安井衡云：「封者，專利自私，不與民共之也。天財，財之不假人功而生者，金銀珠玉竹石草木之屬皆是也。」戴望云：「當作『千乘之封國』，今本誤倒。」何如璋云：「『天財』之『財』爲『材』，方與下文不複。《荀子・强國》『其國險塞，形勢便，山林川谷美，天材之利多，是形勝也。』可證。『天財所殖』三句，謂山澤有利者封禁而守之，以所出之財物與歲之滿虛相乘。」尹桐陽云：「封，界也。爲界而使民不敢侵。《地數篇》曰：『苟山之見榮者，君謹封而祭之。』」顏昌嶢云：「『封』字貫下三句讀。《左傳》『宿敢不封殖此樹』，杜注：『封，厚也。』此言天財之所殖，械器之所出，財物之所生，皆封厚之，然後千乘可足也。」聞一多云：「封、邦古通。此蓋一本作國，一本作邦，寫者並存之，後又改邦爲封也。《立政篇》『修火憲，敬（儆）山澤，林藪草木，天財之所出，以時禁發焉。』是『天財』謂樹木。『天財之所殖』猶言樹木之所蕃殖也。《荀子·强國篇》『山林川谷之美，天材之利多』，材、財同。」郭沫若云：「以何、尹説爲是。《立政篇》云『以時禁發』，即此『封』字義。」胡寄窗云：「天財系指山澤産物之加工品。」元材案：安井説是也。「天財」一詞，除本篇外，《山國軌篇》凡兩見，《地數篇》凡三見。蓋即今日經濟學上所謂「自然資源」(Natural Resources)《管子·立政篇》云：「修火憲，敬山澤林藪草木，天財之所出，以時禁發焉。」《乘馬篇》云：「因天財。」《荀子·强國篇》云：「天材之利多。」天材即天財也。封者，積土爲牆以爲界限，以免爲人所侵入。械器財物及金銀銅鐵皆天財之重要産物。此謂凡是屬於自然資源而爲械器財物及金銀銅鐵之所自出生者，政府皆應封而禁之，以爲國家所有。即《山國軌篇》所謂「官天財」者也。又《地數篇》云：「苟山之見榮者，君請封而祭之。」又云：「苟山之見榮者，謹封而爲禁。有動封山者罪死而不赦。有犯令者，左足入，左足斷。右足入，右足斷。然則其與犯之遠矣。此天財地利之所在也。」《輕重甲篇》云：「故爲人君而不能謹守其山林菹澤草萊，不可以爲天下王。」孔僅、東郭咸陽言：「山海天地之藏宜屬少府，陛下不私以屬大農。」《鹽鐵論·力耕篇》大夫云：「王者塞天財。」魯匡言：「名山大澤鹽鐵錢布五均賒貸斡在縣官。」意義皆與此同。

〔一〇〕何如璋云：「祿當作准。上下文可證。」元材案：祿即俸祿。乃承上文「皆以其技能望君之祿」、「富則不可以祿使也」及「分賞而祿」等祿字而言。滿虛猶豐凶也。蓋歲豐則穀多，歲凶則穀少。故必輕重其祿以應之，然後可免不足之患。但「輕重其祿」，並非直接增加或減少之。著者蓋仍主張運用所謂輕重之筴，使其自增自減。《山至數篇》云：「君有山，山有金，以立幣。以幣准穀而授祿。故國穀斯在上。穀賈什倍。農夫夜寢早起，不待見使，五穀什倍。士半祿而死君，農夫夜寢早起，力作而無止。」即輕重其祿之義矣。何氏說非。

〔一一〕張佩綸云：「『大准』當作『失准』。」元材案：大准乃本書專用術語。《揆度篇》自有定義。張說失之。

〔一二〕元材案：資乃澹之誤字。說詳《山權數篇》。

玉起於禺氏〔一〕，金起於汝漢〔二〕，珠起於赤野〔三〕，東西南北距周七千八百里，水絕壤斷〔四〕，舟車不能通。先王爲其途之遠，其至之難，故託用於其重，以珠玉爲上幣，以黄金爲中幣，以刀布爲下幣。三幣〔五〕握之則非有補於煖也，食之則非有補於飽〔六〕也。先王以守財物，以御民事，而平天下也。今人君籍求於民，令曰十日而具，則財物之賈什去一。令曰八日而具，則財物之賈什去二。令曰五日而具，則財物之賈什去半。朝令而夕具，則財物之賈什去九。先王知其然，故不求於萬民而籍於號令也〔七〕。

〔一〕元材案：此數語本書凡四見，而字句略有不同。禺氏，《地數篇》作「牛氏邊山」，《揆度篇》作「禺氏之邊山」，《輕重乙篇》作「禺氏之旁山」。禺氏、牛氏一音之轉，皆月支之又一翻譯。關於「玉起禺氏」，王國維曾有如下之考證云：「周末月氏故居，蓋在中國之北。《逸周書·王會解》：『伊尹獻令，列禺氏於正北。』《穆天子傳》：『己亥，至于焉，居禺知之平。』禺知亦即禺氏。其地在雁門之西北，黄河之東，與獻令合。此二書疑皆戰國時作。則戰國時之月氏，當在中國正北。《史記·大宛列傳》始云：『月氏居敦煌、祁連間。』則已是秦、漢間事。又云：『月氏爲匈奴所敗，乃遠去，過宛，西擊大夏而臣之。遂都嬀水北，爲王庭。其餘小衆不能去者保南山羌，號小月氏。』考月氏爲匈奴所敗，當漢文帝四年，而其西居大夏，則在武帝之初。然則月氏既敗於匈奴以後，徙居大夏以前，果居於何處乎？近日東西學者均以爲在伊犁方面。其所據者，《大宛列傳》中單于言『月氏在吾北』一語也。然單于之言未必審方位。即以伊犁當之，亦在匈奴之西，不得云北也。案《管子·國蓄篇》云『玉起於禺氏』。《地數篇》云『玉起於牛氏邊山』。《揆度篇》云『北用禺氏之玉』，又云『玉起於禺氏之邊山，此度去周七千八百里』。又《輕重甲篇》云：『禺氏不朝，請以白璧爲幣乎？崑崙之虛不朝，請以璆琳琅玕爲幣乎？』又云：『懷而不見於抱，挾而不見於掖，而辟千金者，白璧也。然後八千里之禺氏可得而朝也。簪珥而辟千金者，璆琳琅玕也。然後八千里之崑崙之虛可得而朝也。』《輕重乙篇》云：『金起於汝漢之右衢，珠起於赤野之末光，玉起於禺氏之旁山。此皆距周七千八百餘里。』皆以禺氏爲産玉之地。余疑《管子輕重》諸篇爲漢文景間所作。其時月氏已去敦煌、祁連間而西居且末、于闐間，故云『玉起於禺氏』也。蓋月氏西徙，實由《漢書・西域傳》之南道，其餘小衆保留南山，一證也。其踰葱嶺也，不臣大宛、康居而臣大夏，二證也（《西域傳》：『南道西踰葱嶺，則東爲月氏、安息』）。其遷徙之迹與大夏同（《大唐西域記》：『于闐尼壤城東行四百餘里有覩火羅故國』），三證也。則月氏東去敦煌、祁連間之後，西居大夏之前，其居必在且末、于闐間，從可知也。」（《觀堂别集補遺》：《月氏未西徙大夏時故地考》）今案：王氏因此一事，遂判定《管子輕重》諸篇全爲漢文景間所作，而忽視本書其他各篇涉及文景以後漢代時事之種種事實，實未免有「只見樹木不見森林」之嫌。然其論禺氏卽月氏，及禺氏所以與玉發生關係之原因，則至爲詳確可信，故備録之。

〔二〕元材案：「金起於汝漢」，《地數篇》作「金起於汝漢之右洿」，《揆度篇》作「黄金起於汝漢水之右衢」，《輕重乙篇》亦作「金起於汝漢之右衢」。此外，《地數篇》又云「夫楚有汝漢之金」，《揆度篇》亦云「汝漢水之右衢黄金，一筴也」，《輕重甲》云「楚有汝漢之黄金」。皆以黄金産於汝漢。《鹽鐵論・力耕篇》大夫云：「汝漢之金，纖微之貢，所以誘外國而釣羌胡之寳也。」然則汝漢黄金，乃漢時用金之最主要來源。惜其産地何在及情況如何，今已不能詳知之矣。

〔三〕元材案：産珠之地本有二處。一卽江漢，或曰江陽。《山至數篇》云：「江陽之珠，一筴也。」《揆度篇》云：「至於堯舜之王，所以化海内者，北用禺氏之玉，南貴江漢之珠。」又云：「江陽之珠，一筴也。」秦漢間人亦嘗言之。《呂氏春秋・重己篇》云：「人不愛崑山之玉，江漢之珠。」又《貴生篇》云：「以隨侯之珠，彈千仞之雀。」又《淮南・説山訓》亦有「不愛江漢之珠」語。隨即今湖北隨縣，正在江漢之間。江陽有二，一爲漢之江陽，犍爲郡屬縣，即今四川省瀘州市。（《史記・惠景間侯者年表》有江陽侯蘇嘉，《索隱》云：「縣名，在東海。」又《漢書・王子侯表》元鳳六年，封城陽慧王子仁爲江陽侯，注亦云在東海。然《漢志》東海郡無江陽縣。《水經・江水注》列蘇嘉封國於犍爲，最爲得之。）該處從古未聞有産珠之説。二爲王莽之江陽，據《漢書・地理志》，即漢江夏郡西陵縣。原文云：「西陵有雲夢官。莽曰江陽。」西陵故城在今湖北省黄岡縣西北。雲夢官者，管理雲夢澤之官。雲夢有二澤，分跨今湖北省大江南北。江南爲夢，江北爲雲，面積八九百平方里。今湖北省京山縣以南，枝江縣以東，蘄春縣以西，及湖南省北部邊境，華容縣以北，皆其區域。澤中物産豐富，故漢時除西陵有雲夢官外，在南郡偏縣（今湖北省荆門縣西）亦有雲夢官一處。據上引各書皆言「江漢之珠」，則所謂江陽者，也不是犍爲郡之江陽，而爲王莽改西陵爲江陽之江陽，蓋無可疑。然則江漢之間，從戰國秦漢直至王莽之時，數百年間，固嘗爲産珠地重點之一矣。一即赤野，或曰「赤野之末光」。其地當在南方。《鹽鐵論・力耕篇》文學云：「珠璣犀象出於桂林。」桂林，秦所置郡。屬縣有合浦，即今廣東合浦縣。沿海古産珠。東漢孟嘗爲合浦太守，珠去復還，世因有「合浦還珠」之傳説。所謂赤野之末光，豈謂是耶？

〔四〕安井衡云：「《揆度篇》『北用禺氏之玉』，則禺氏在北，赤野蓋在崑崙墟之西，此二者未詳遠近。汝漢近在荆、徐之間，與周相距固無七千八百里之遠，舟車相通，未嘗水絶壤斷。大抵輕重諸篇尤多妄論，皆不足辨也。」聞一多云：「周，圓周也。『距周』謂自圓心至圓周之距離，算學家所謂半徑者也。」元材案：此一數字，在本書中凡四見，完全相同。此與《地數篇》及《輕重乙篇》所謂「地之東西二萬八千里，南北二萬六千里」，必皆有其所本。「水絶壤斷」，乃漢武帝時齊人延年上書中語，見《漢書·溝洫志》。至「周」字在本書中凡十六見（《國蓄》一、《山國軌》二、《山至數》一、《地數》一、《揆度》一、《國准》一、《輕重甲》一、《輕重乙》一、《輕重丁》五、《輕重戊》二），皆作周王朝或周地講。《鹽鐵論·力耕篇》云：「美玉珊瑚出於昆山，珠璣犀象出於桂林，此距漢萬有餘里。」本書有不少證據是漢人所作，則所謂「距周七千八百里」云者，當卽「距漢萬有餘里」之變詞，徒以本書託爲管子所作，故不得不改漢爲「周」耳。若如聞氏說，則所謂圓心者，究在何處耶？

〔五〕元材案：以珠玉、黄金、刀布同用爲幣而稱之爲「三幣」，於古無聞。至秦并天下，始行三等貨幣制。《史記·平準書》云：「至秦，中一國之幣爲三等：黄金以溢名，爲上幣，銅錢識曰半兩，重如其文，爲下幣，而珠玉龜貝銀錫之屬爲器飾寶藏，不爲幣，然各隨時而輕重無常。」（《漢書·食貨志》「三等」作「二等」。顔師古注云：「上幣者，二等之中黄金爲上而錢爲下也。」）漢興，錢制屢有更改，然大抵仍循秦制。據「然各隨時而輕重無常」一語，則珠玉在秦漢時雖不爲幣，而一般人之心理，以其難得，皆甚寶貴之。其價值與地位，往往遠駕於黄金之上，蓋與今日資本主義各國之鑽石黄金不爲幣而喜儲蓄之者情形正復相同。雖無貨幣之名，而實際則等於最高等之貨幣。故《平準書》卽云「秦中一國之幣爲三等」。事實上，在漢時珠玉確已取得最高等貨幣之地位。故《漢書·

景紀》後三年春正月詔云：「黃金珠玉，飢不可食，寒不可衣。以爲幣用，不知其始終。」《食貨志》晁錯請貴粟疏云：「夫珠玉金銀，飢不可食，寒不可衣，然而人貴之者，以上用之故也。其爲物輕微易藏，在於把握。可以周海内而無飢寒之患。」《貢禹傳》：「禹言宜罷采珠玉金銀之官，毋復以爲幣。」此皆以珠玉金銀並列，即其明證。本書所論三等幣制，不僅是以秦漢時實際情形爲其背景，而且其所謂「三幣握之則非有補於煖也，食之則非有補於飽也」二語，亦顯係從上引景帝詔文及晁錯疏文蛻化而來。又「先王以守財物，以御民事而平天下」數語，則與賈誼諫除禁鑄令文所謂「挾銅積以御輕重，以臨萬貨，以調盈虛，以收奇羨」云云有因襲之關係。此亦本篇爲漢人所作之又一證也。又案《通典·食貨》八引此，「平天下也」以下，有「是以命之曰衡。衡者使物一高一下，不得有調也」十九字。又引尹注云：「若五穀與萬物平，則人無其利。故設上中下之幣而行輕重之術，使一高一下，乃可權制利門，悉歸於上。」今本正文注文皆脱去。《輕重乙篇》「衡無數」節本此。

〔六〕郭沫若云：「抄本《册府元龜》五百一唐玄宗開元二十年劉秩議引作『舍之則非有損於飽也』，於義較長。蓋三幣珠玉黃金刀布均不可食。」元材案：上引《漢書·景紀》詔云：「黃金珠玉，飢不可食，寒不可衣。」又《食貨志》晁錯疏云：「夫珠玉金銀，飢不可食，寒不可衣。」即皆作「食」字。似不可據後人引文校改。

〔七〕元材案：此以「不求於萬民而籍於號令」爲全文作結。與晁錯請貴粟疏所云「急政暴虐，賦斂不時，朝令而暮改，當具有者半賈而賣，亡者取倍稱之息，於是有賣田宅鬻子孫以償債者矣」，語意相同，凡以極論「强求」之「征籍」對人民財物所造成損失之大而已。蓋政府强制征課捐税，則人民爲獲得繳納捐税之錢，勢必賤價出售其所有之財物，以便如期交付。催征之期限愈短，富商蓄賈對於物價之壓抑愈甚，而人民財物之損失亦因之而愈大。恩格斯論俄羅斯與印度共産主義共同體之情形有云：「它們爲了要獲得納税的錢，必須把它們的生産物一部分並且是一個不斷增大的部分賣掉。這種税，是憑國家的毫無憐惜的專制主義屢屢憑非刑拷打來誅求的。這種生産物售賣時，絶不會顧到生産成本。支付的日期到了，農民絶對地必須有貨幣。商人給什麽價錢，他們就得憑什麽價錢來賣。」（馬克思《資本論》第三卷，人民出版社一九五三年第一版九四六頁恩格斯《附注》）可見財政搾取的時限對於人民財物所造成之損害，往往比沉重之捐税本身更爲沉重，不僅中國古代爲然矣。《揆度篇》及《輕重甲篇》「君朝令而夕求具」節均本此。

管子輕重七——山國軌

何如璋云：「『山』字無義，當是『官』字。文中桓公問『官國軌』可證。官者設官治事以立軌數也。」張佩綸云：「通篇但言『國軌』，未嘗專指山國。與『山權數』『山至數』之『山』字均不可解。」孫毓棠云：「『山』疑是『上』字之誤。『上』通『尚』。『山國軌』『山權數』『山至數』皆猶《墨子》之『尚賢』『尚同』。《墨子》『尚賢』，《淮南・氾論》及《漢書・藝文志》皆作『上賢』。」郭沫若云：「『山國軌』『山權數』『山至數』之『山』字均衍文。」元材案：三篇篇名皆有『山』字，似不能三篇皆有衍誤。必有其所以命名之由。《漢書・楊敞傳》：「惲遷中郎將。郎官故事：令郎出錢市財用給文書，迺得出，名曰山郎。」張晏注曰：「山，財用之所出，故取名焉。」《釋名》：「山，産也。産萬物者也。」《鹽鐵論・禁耕篇》亦云：「山海者財用之寶也。」據此，則凡物産所生，財用所出者，皆可名之爲山，乃漢人之習俗。本篇及《山權數》《山至數》，皆係專言物産財用者。且篇中所論又多直接與山有關。如本篇云：「宮室器械非山無所仰。然後君立三等之租於山。」《山權數篇》云：「湯以莊山之金鑄幣，……禹以歷山之金鑄幣。」又曰：「梁山之陽綪緥夜石之幣天下無有。……以守國穀。」《山至數篇》云：「君有山，山有金，以立幣。」又其他輕重諸篇亦多有言山者。如《國蓄篇》云：「君有山海之金。」《國准篇》云：「出金山立幣。」《輕重乙篇》云：「山生金木無息。」而尤以《地數篇》言之更詳。《地數篇》云：「地之東西二萬八千里，南北二萬六千里。其出水者八千里，受水者八千里。出銅之山四百六十七山，出鐵之山三千六百九山。此天地二字原缺，據孫星衍校補。之所以分壤樹穀也。戈矛之所發，刀幣之所起也。能者有餘，拙者不足。封於泰山，禪於梁父，封禪之王，七十二家，得失之數皆在此內。是謂國用。」所謂得失之數皆在此內，謂自古至今，封禪之君不下七十二代之多，得此則興，失此則亡。得失之由，無不在此地數之內。惟《地數篇》包括水、陸、山三者而言，故曰「地數」。本篇及《山權數》、《山至數》則專指山而言，故曰「山國軌」「山權數」「山至數」也。然則本書之以山名篇，殆亦取義於「山者財用所出」，與漢人之以山名郎者蓋全相同。此亦本書成於漢人之一證也。國軌之義見下。

提要：此文共分五段。第一段，從「請問官國軌」至「而欲爲國不可」，論爲國必先通於軌數。第二段，從「行軌數奈何」至「此君失也」，論別羣軌，相壤宜。第三段，從「軌意安出」至「謂之國軌」，論「軌據」之具體措施。又分八步：（一）調查統計田畝、人口、糧食、衣物之確實數據。（二）按照上述調查統計所得結果，分別高田、山田，用貨幣發放農貸。（三）秋收五穀豐登，穀價跌落，按照十七比例，向高田收斂五穀，以造成穀價坐長十倍之局勢。（四）用十倍之穀收購女工織帛。（五）穀散則賤，又從大家、委貲家借用貨幣收購五穀，並同時管制鄰縣之穀，使穀價再次坐長十倍。（六）然後用此十倍之穀按現價償還所借貲家之幣，使全國貨幣十分之九又爲政府所有，造成幣重物輕之局勢。（七）再以重幣收購萬物，造成萬物重十倍之局勢。（八）最後由政府按照現價拋售萬物直到價格低落爲止。第四段，從「不籍而贍國」至「此之謂時作」，論「官天財」之法。卽將由農業季節性引起最迫切需要之各種生活與生產資料，由政府預爲囤積，以便到時貸與農民而免爲商賈所乘。第五段，從「吾欲立軌官」至「謂之國軌」。又分二小段。從「吾欲立軌官」至「此去丘邑之籍也」爲第一小段，論用鹽鐵收入作爲立軌官之資金進行下列三事：（一）分別在三壤——高田（龍夏之地）、山田（岐山至塞丘）、中田（壽陵至少沙）——發放農貸，將三壤穀物皆掌握於手中，使穀價提高二十倍。（二）用二十倍之穀收購牛馬。（三）將牛馬出租於人民，有田者加倍以借，可以獲得鞍馬千乘之結果。從「國穀之朝夕在上」至「謂之國軌」爲第二小段，論「去其田賦以租其山」的森林國營政策。其步驟有二：（一）禁止人民在「田中」或「屋側」種樹，造成「非山無所仰」之政府獨占的局勢。（二）然後按照樹木大小及其用途，分別將木料價格定爲三等，使人民無論貧富皆不能逃避服租之義務。全文除第五段第二小段有錯簡外，大體是一氣呵成。

桓公問管子曰：「請問官國軌〔一〕。」

管子對曰：「田有軌，人有軌，用有軌，鄉有軌，人事〔二〕有軌，幣有軌，縣有軌，國有軌。不通於軌數而欲爲國，不可〔三〕。」

〔一〕何如璋云：「官者，設官治事以立軌數也。」張佩綸云：「篇名山國軌，下文始言立軌官。則『官國軌』之『官』疑是衍文。」胡寄窗云：「國軌就是封建國家的經濟立法或規劃。」元材案：官卽管，解已見《海王篇》。軌與會通。本篇共有三十個軌字，而所言皆屬於會計之事。而在《山至數篇》，則直謂之「會」。如本篇言「請問管國軌」，《山至數篇》則謂之「請問國會」。本篇言「謂之國軌」，《山至數篇》則言「謂之國會」，或曰「謂之國簿」。簿亦會計也。本篇言「軌數」，《山至數篇》則言「會數」。本篇言「縣有軌，國有軌」，《山至數篇》則言「國之廣狹，壤之肥墝有數」。皆其證。梁啓超所謂「軌即統計」，最爲近之。《史記·平準書》云：「桑弘羊爲大農丞，管諸會計事。」此處「官國軌」，即「管諸會計事」之意。三氏説皆非。

〔二〕元材案：人事即民事，解已見《國蓄篇》。下仿此。

〔三〕元材案：軌數即會計之數，《山至數篇》謂之「會數」，别處亦謂之「計數」。《管子·七法篇》云：「剛柔也，輕重也，大小也，實虚也，遠近也，多少也，謂之計數。不明於計數而欲舉大事，猶無舟楫而欲經於水險也。」數者，術也，見《廣雅·釋言》。所謂「不明於計數」，「不通於軌數」，即不懂會計之術之意。蓋上述各項，皆屬於比較。而相互比較，非有極精確之調查統計不爲功。故爲國者必首重之。《鹽鐵論·刺復篇》大夫云：「夙夜思念國家之用，寢而忘寐，飢而忘食。計數不離於前，萬事簡閱於心。」義與此同。

桓公曰：「行軌數奈何？」

對曰〔一〕：「某鄉田若干？人事之准若干〔二〕？穀重若干？曰：某縣之人若干？田若

干？幣若干？而中用穀〔三〕重若干？而中幣終歲度人食，其餘若干〔四〕？曰：某鄉女勝事者終歲績，其功業若干〔五〕？以功業直時而櫎〔六〕之，終歲，人已衣被之後，餘衣若干？別羣軌，相壤宜〔七〕。

桓公曰：「何謂別羣軌，相壤宜？」

管子對曰：「有莞蒲之壤〔八〕，有竹前檀柘之壤〔九〕，有氾下漸澤之壤〔一〇〕，有水潦魚鱉之壤。今四壤之數，君皆善官而守之〔一一〕，則籍於財物，不籍於人。畝十鼓之壤〔一二〕，君不以軌守〔一三〕，則民且守之〔一四〕。民有過移長力，不以本爲得，此君失也〔一五〕。」

〔一〕元材案：「對曰」上脱「管子」二字。此列舉應行調查統計之大概項目，即所謂「諸會計事」也。

〔二〕元材案：人事之准若干者，准，平均數也。謂全鄉民生所需食用之平均數共爲幾何也。

〔三〕元材案：中字在本書凡十八見。尹注《輕重丁》云「中，丁仲反」，合也。猶言相當。《鹽鐵論》中亦有十一見之多。知此亦漢人常用語。中用穀，猶言相當於全民食用之穀。

〔四〕元材案：度即《漢書·文紀》後元年詔曰：「夫度田非益寡而計民未加益」之度。師古曰：「謂量計之。」「中幣終歲度人食其餘若干」者，謂一年之中以相當之貨幣總數量計於人民食用之總數外，尚能存餘若干也。

〔五〕元材案：「勝事」解已見《海王篇》。「女勝事者」指成年有勞動能力之女工而言。終歲績其功業若干，謂以一年計，此等女工共可績得多少布帛也。宋本無「若干」二字者非。

〔六〕元材案：橫字解已見《巨(筴)乘馬》篇。直時而橫，謂按照當時市價加以計算。

〔七〕元材案：「羣軌」指上文八軌而言，即「諸會計事」之意。「相壤宜」與左氏成二年傳「先王疆理天下，物土之宜而布其利」及《周禮》「辨土宜之法」意義相同，指下文「四壤之數」而言。謂土壤對於民居及種植之物各有所宜，故爲國必先以調查統計之方法辨别而利用之。

〔八〕元材案：莞卽水葱，多年生草，莖高五六尺，纖而長。蒲，《説文》：「水草也。」兩者皆可以織席，漢人常用之。《漢書·東方朔傳》：「莞蒲爲席。」師古曰：「莞，夫離也。今謂之葱蒲。以莞及蒲爲席，亦尚質也。莞音完，又音官。」據《太平御覽》七百九引《計然萬物録》云：「六尺藺席出河東，上價七十。蒲席出三輔，上價百。」又《居延漢簡釋文》三九一頁：「三尺五寸蒲復席青布緣二直三百。」則蒲席在漢時價值平均約值百錢至一百五十錢。莞蒲之壤，卽盛産莞蒲之地。

〔九〕元材案：竹卽竹子。前卽箭，亦竹之一種，高七八尺，葉大如箬，幹細節修，質強韌，可作箭幹。《文選·左思吴都賦·注》「箭竹細小而勁實，可以爲箭」是也。檀，硬木。《詩·將仲子兮》：「無折我樹檀。」朱注：「檀，皮青，滑澤，材彊韌，可爲車。」柘，《説文》：「桑屬。」柘材堅勁，宜用以作弓。《周禮·考工記》：「弓人取幹之道，柘爲上。」又可以爲彈。《西京雜記》：「長安五陵人以柘木爲彈，真珠爲丸，以彈鳥雀」是也。檀柘皆漢人認爲最貴重之木材。《漢書·東方朔傳》：「南山出玉石、金銀、銅鐵、豫章檀柘異類之物不可勝原。此百工所取給，萬民所仰足也。又有秔稻梨栗桑麻竹箭之饒。土宜薑芋，水多鼃魚。貧者得以人給家足，無飢寒之憂。故豐鎬之間，號爲土膏。其賈畝一金。」又《鹽鐵論·殊路篇》云：「令仲由冉求無檀柘之材。」《論誹篇》云：「檀柘而有鄉，萑葦而有藂。」本篇下文云：「畝十鼓之壤。」則所謂「竹箭檀柘之壤」者，豈卽指「號爲土膏，其賈畝一金」之南山耶？

〔一〇〕元材案：「氾下」又見《山至數篇》。「氾」，《方言》：「洿也。」「漸澤」，濕潤也。《六韜·戰車篇》亦有「氾下漸澤」語。猶言污下多水之地。

〔一一〕元材案：官卽管，官而守之，謂由國家管制獨占之。此與左昭二十年傳晏子所云「山林之木，衡鹿守之；澤之萑蒲，舟鮫守之；藪之薪蒸，虞侯守之；海之蜃鹽，祈望守之」，及《輕重甲篇》所云「故爲人君而不能謹守其山林菹澤草萊，不可以立爲天下王」；皆所謂「顓山澤之利」者也。《鹽鐵論·刺權篇》大夫云：「今夫越之具區，楚之云夢，宋之鉅野，齊之孟諸，有國之富而霸王之資也。人君統而守之，則强，不禁則亡。」統卽統制。「統而守之」，與「管而守之」意義全同。

〔一二〕元材案：鼓卽《地數篇》「民自有百鼓之粟者不行」之鼓。尹注彼處云：「鼓，十二斛也。」畝十鼓，謂每地一畝可産穀十鼓。言上述四壤，其利入之大可與「畝十鼓」之地相當。蓋極言其地獲利之多。

〔一三〕元材案：「軌守」卽下文「軌守其數」之意。謂政府應根據調查統計所得之數據，將此等地方，列入國家統制規劃之中。下文所謂「百都百縣軌據」，亦即此意。

〔一四〕元材案：此「民」字指富商蓄賈。

〔一五〕王念孫云：「『過』當爲『通』。《地數篇》、《輕重甲篇》作『通移』，《國蓄篇》作『通施』，『施』與『移』同。」郭沫若云：「『長力』疑爲『長刀』之誤。《國蓄篇》『黃金刀幣，民之通施也。』又云：『人君鑄錢立幣，民庶之通施也。』《輕重甲篇》則云：『今君鑄錢立幣，民通移。』是則民所通移者乃刀幣也。齊之法幣作長刀形，故稱之曰『長刀』也。」元材案：王說是，郭說非也。「通移」、「通施」、「通貨」皆貨幣之代名詞。「長」讀上聲，乃漢人常用語。《漢書・杜周傳》「廢奢長儉。」顏思古注云：「長謂崇貴之也。」又《鹽鐵論・非鞅篇》云：「商鞅峭法長利。」又曰：「吳起長兵攻取。」《誅兵篇》云：「周室備禮長文。」皆其證。本書《輕重戊篇》亦有「出入者長時」之言。郭氏釋彼處云：「長，謂尚也，重也。」得其義矣。力即財力。長力者，謂人民手中握有貨幣，勢必以財力爲尚，而不肯以本農爲計之得，是人君之失筴也。《鹽鐵論・刺權篇》大夫云：「今夫越之具區，楚之云夢，宋之鉅野，齊之孟諸，有國之富，而霸王之資也。人君統而守之則强，不禁則亡。齊以其腸胃予人，家强而不制，枝大而折榦，以專巨海之富，而擅魚鹽之利也。勢足以使衆，恩足以卹下。是以齊國內倍而外附，權移於臣，政墜於家。公室卑而田宗强，轉轂游海者蓋三千乘。失之於本，而末不可救。」此言「四壤之數，君不以軌守，則民且守之」，即所謂「人君統而守之則强，不禁則亡」之義也。

桓公曰：「軌意安出〔一〕？」

管子對曰：「不陰據其軌皆下制其上〔二〕。」

桓公曰：「此若言何謂也〔三〕？」

管子對曰：「某鄉田若干？食者若干？某鄉之女事若干？餘衣若干？謹行〔四〕州里曰：『田若干？人若干？人衆田不度食〔五〕若干？』曰：『田若干〔六〕？餘食若干？』必得軌程〔七〕。此調之泰軌也〔八〕。然後調立環乘之幣〔九〕。田軌〔一〇〕之有餘於其人食者，謹置公幣〔一一〕焉。大家衆，小家寡〔一二〕。山田間田曰：終歲其食不足於其人若干？則置公幣焉以滿其准〔一三〕。重歲豐年〔一四〕，五穀登。謂高舊之萌〔一五〕曰：『吾所寄幣於子者若干，鄉穀之櫎若干，請爲子什減三。』穀爲上，幣爲下〔一六〕。高田撫間田山不被穀十倍。山田以君寄幣振其不贍，未淫失也。高田以時撫於主上，坐長加十也〔一七〕。女貢〔一八〕織帛苟合於國奉〔一九〕者，皆置而券之〔二〇〕。以鄉櫎市准〔二一〕曰：『上無幣，有穀。以穀准幣。』環穀而應筴，國奉決〔二二〕。穀反准，賦軌幣。穀廩，重有加十〔二三〕。謂大家、委貲家〔二四〕曰：『上且脩游，人出若干幣〔二五〕。』謂鄰縣曰：『有實者皆勿左右。不贍，則且爲人馬假其食〔二六〕。』民鄰縣四面皆櫎，穀坐長而十倍〔二七〕。上下令曰：『貲家假幣，皆以幣准穀，直幣而庚之。』穀爲下，幣爲上〔二八〕。百都百縣軌據，穀坐長十倍〔二九〕。環穀而應假幣。國幣之九在上，一在下。幣重而萬物輕。斂萬物，應之以幣。幣在下，萬物皆在上。萬物重十倍〔三〇〕。府官〔三一〕以市横出萬物，隆而止〔三二〕。國軌：布於未形，據其已成。乘令而進退，無求於民。謂之國軌〔三三〕。」

〔一〕元材案：「軌意安出」，猶言「以軌守之」之具體措施如何，即其他各篇所謂「行事奈何」之意。

〔二〕元材案：陰，密也，猶言秘密。據即《史記·趙奢傳》「先據北山者勝」之據，守也。猶言占有或掌握。「皆」當依元本作「者」。此謂爲國者如不能將各種會計數字掌握在自己手中並嚴守秘密，便將爲富商蓄賈所乘。必須陰據者，一則預防富商蓄賈與政府争利，二則可以愚弄人民使其對政府進行所謂輕重之筴時不敢反抗。猶《國蓄篇》之言「故見予之形，不見奪之理」矣。

〔三〕聞一多云：「此若複語。若亦此也。」元材案：此語在本書凡八見。又《地數篇》亦有「此若言可得聞乎」語，皆當以「若言」二字連用。《荀子·王霸篇》云：「君人者亦可以察若言矣。」楊注：「若言，如此之言，謂已上之説。」「此若言何謂也」，即「此以上之言何謂也」之意。聞氏説非。

〔四〕吴汝綸云：「行當作循。」元材案：「行」即下文「行田疇」及《揆度篇》「君終歲行邑里」之行。此亦漢人常用術語。《漢書·終軍傳》：「徐偃使行風俗。軍爲謁者，使行郡國。」《雋不疑傳》：「每行縣。」《平當傳》：「使行流民幽州。」《溝洫志》：「宣帝地節中，光禄大夫郭昌使行河。」「丞相御史白博士許商治《尚書》，善爲算，能度功用，使行視。」「河隄都尉許商與丞相史孫禁共行視。」行卽巡視。此類之例不可勝舉。又《管子・度地篇》用行字之處亦不少。吴説失之。

〔五〕俞樾云：「不度食當作不足食。」元材案：度卽上文「而中幣終歲度人食其餘若干」之度。不度卽不足。不當改字。

〔六〕丁士涵云：「此四字疑涉上文而衍。『人衆田不度食若干』者，食不足於其人也。『餘食若干』者，田之有餘於其人食也。」元材案：此文前四句爲總冒。謹行州里計分二事：一調查其不足之情形，二調查其有餘情形。故以兩「曰」字區別之。丁説非是。

〔七〕元材案：程卽《荀子・致仕篇》「程者物之準也」之程，猶今言標準也。軌程卽調查統計所得之標準數據。《鹽鐵論・水旱篇》云：「縣官鼓鑄鐵器，大抵多爲大器，務應員程。」又云：「卒徒作不中呈，時命助之。」《漢書・尹翁歸傳》：「使斫莝，責以員程，不得取代。不中程，輒笞督。」顔師古注曰：「員，數也。計其人及日數爲功程。」此言軌程，義與員程略同。

〔八〕豬飼彦博云：「調當作謂。」李哲明説同。元材案：此説是也。泰軌卽《揆度篇》之「大會」。本書「泰」「大」常通用。本篇及《山至數篇》之泰春、泰夏、泰秋、泰冬，《輕重乙篇》泰皆作大，可證。大會卽大計。

〔九〕郭沫若云：「『環乘之幣』，就文中所敘者而推之，當是循環流通之意。本書屢言『乘馬』，卽喻流通，蓋古代陸上交通莫便於乘馬，故以之喻貨幣之流通也。環則周而復始，流通不斷也。」

元材案：此説非是。本書乘馬一詞，皆當作計算講，説已見《巨(筴)乘馬篇》。此「乘」字亦當作計算講。環者周也。「環乘」猶言「統籌」。「環乘之幣」，謂統籌所得之貨幣數據，即《山至數篇》所謂「布幣於國，幣爲一國陸地之數」之意。「調立」，乃漢人常用語。上引晁錯言「調立城邑」云云，即其證。

〔一〇〕丁士涵云：「『田』疑『曰』字誤。」元材案：「田軌」，即上文「田有軌」及「必得軌程」之意，指田畝數及肥墝數等而言。丁氏説非。

〔一一〕梁啓超云：「謹置公幣，即鑄幣。」陶鴻慶云：「『置』當爲『寄』，涉下文『則置公幣焉』而誤也。謹寄公幣者，謂以公幣暫寄於民，而以大家小家别其多寡，故下文云『重歲豐年五穀登，謂高田之萌曰，吾所寄幣於子者若干』云云，即承此而言。蓋高田有餘食，則寄幣於民爲斂穀之備，間田、山田食不足，則置幣於公以爲振贍之用也。此誤作『置』，則非其旨矣。」郭沫若云：「『置』字不誤。預置之，亦猶寄也。不應改字。」元材案：梁、陶説非，郭説近之。置與寄皆放也。「置幣」、「寄幣」猶言以貨幣借貸於人民。《鹽鐵論·復古篇》云：「設立田官，置錢入穀。」義與此同。公幣，《山至數篇》作「公錢」，指封建國家自行鑄造之貨幣，即賈誼所謂之法錢（《漢書·食貨志》）。謂之「公」者，對「私」而言。既曰「公幣」，則必有「私幣」存在可知。《史記·平準書》稱：武帝時，「郡國多姦鑄錢，錢多輕。而公卿請令京師鑄鍾官赤側，一當五。賦，官用，非赤側不得行。……其後二歲，赤側錢賤，民巧法用之，不便，又廢。於是悉禁郡國無鑄錢，專令上林三官鑄。錢既多，而令天下非三官錢不得行。諸郡國所前鑄錢皆廢銷之，輸其銅三官。而民之鑄錢益少，計其費不能相當，唯真工大姦乃盜爲之。」據王先謙《漢書補注》考證，云此事在武帝元鼎四年。赤側錢行使僅二年而廢。則此所謂「公幣」或「公錢」者豈卽三官錢之反映耶？

〔一三〕元材案：「大家」卽下文之「巨家」，指大地主言。小家則指小地主及一般農民言。下文云「謂大家、委貲家曰：上且修游，人出若干幣」，又云「巨家以金，小家以幣」，大小貧富之差，界限顯然，是其證。

〔一三〕丁士涵云：「『山田』上脱『謂』字。」元材案：丁說非也。「曰」字衍文。此蓋緊承上文而言。謂調查統計既得有標準之數據，乃更進一步根據此數據作爲舉行農貸之依據。卽將田地分爲三等：凡田畝數之有餘於其人食者爲高田。高田者《乘馬數篇》所謂「郡縣上臾之壤」也。次曰「間田」。又次曰「山田」。「間田」者中田也，《乘馬數篇》謂之「間壤」。「山田」則爲「下田」，《乘馬數篇》謂之「下壤」。皆所謂「終歲其食不足於其人」者也。《山權數篇》云：「高田十石，間田五石，庸田三石。其餘皆屬諸荒田。」然則所謂「山田」者，殆卽所謂「庸田三石」及「其餘皆屬諸荒田」者耶？此三種田内之人民，貧富有餘不足之情形不同，故貸款之數量及其舉行貸款之意義亦不一致。高田有餘，所貸之款數量必多，而其意義則爲預守其穀。山田間田不足，故其所貸之款數量亦少，而其意義則爲一種賑濟性質，故曰「以滿其准」。滿其准者，卽針對其不足之程度而酌予補充之謂也。以今語釋之，卽以貸款補其不足，以滿足其最低生活水平而已。下文云：「龍夏之地，布黄金九千。以幣貲金。巨家以金，小家以幣。周岐山至於峥丘之西塞丘者，山邑之田也。布幣稱貧富而調之。周壽陵而東至少沙者，中田也。據之以幣。巨家以金，小家以幣。」龍夏之地當即高田，故貸款之數量特大。「巨家以金，小家以幣」者即此處「大家衆，小家寡」之意也。「山邑之田布幣稱貧富而調之」者，即此處「置公幣以滿其准」之意也。

〔一四〕何如璋云：「重歲豐年，謂大熟也。重猶豐也。」元材案：此説是也。古人自有複語，猶《鹽鐵論·力耕篇》之言「凶年惡歲」矣。安井衡以重歲爲比年，梁啓超以「重」字屬上爲句，許維遹以「重」字爲衍文，郭沫若以重歲爲次年者皆非。

〔一五〕劉績云：「萌，田民也。」元材案：「萌」字在本書各篇中凡二十三見。僅在《輕重丁篇》一篇中即有「萌」字二十一個。但同篇中又有「民」字二十三個，「氓」字二個。《丁篇》於分述西南東北四方受息之萌各若干家後，又總結之曰：「凡……受子息民參萬家」。分述曰「萌」，總結曰「民」，可見「萌」即是「民」。又「南方之萌」、「東方之萌」、「北方之萌」皆作「萌」，而「西方之氓」則作「氓」。又「子爲吾君視四方……其受息之氓幾何千家」作「氓」，而下文四個「受息之萌」則皆作「萌」。可見「氓」「萌」二字亦可互用。

〔一六〕安井衡云：「横，時價也。豐年穀賤，爲減寄幣什分之三，欲多致穀也。」張佩綸云：「『什減三』，謂以所寄公幣，歸幣十之七，歸穀十之三。豐年穀賤，准價必輕，以備凶歲出之。」郭沫若云：「鄉横應比市横國横低。但因豐收，且係預約之故，穀價應減，故請減十分之三。去歲所置幣，以還穀爲上，還幣爲下。高田之萌有穀，自應還穀而不還幣。然以穀價折合，所得之穀，卽除去施予山田之幣，較去歲可得之穀猶多十倍也。」元材案：以上三氏説皆非也。橫卽市價，解已見《巨(筴)乘馬篇》。鄉穀之橫，卽鄉穀之市價也。此謂至大熟豐收之時，五穀既登，政府應卽開始收回貸款本利。此時穀價必賤，故政府對於高田之民所貸之款，一律按照現行價格折債爲穀。「請爲子什減三」者，卽政府將貸款本利，按十分之七折穀收回，其餘三分則仍責令其以貨幣償還之。《山至數篇》所謂「彼穀七原誤爲十藏於上，三藏於下」者是也。於是高田之穀遂大部入於政府之手，而貨幣則仍流通於民間。依照散輕聚重之原則，穀必重而居於上風，貨幣必輕而退居下風。故曰「穀爲上，幣爲下也」。「爲上」「爲下」與「在上」「在下」不同，説已詳《巨(筴)乘馬篇》。

〔一七〕丁士涵云：「當讀『高田撫間田』句，『不被穀十倍』句，衍『山』字，『山田以君寄幣』句。『撫』，抵也。以高田抵間田之不被穀者，相去十倍也。山田不被穀，更不止十倍。故寄幣以賑之。下文云：『周岐山至於崢丘之西塞丘者山邑之田也。布幣稱貧富而調之。』是其證。下文又云：『周壽陵而東至少沙者，中田也。振之以幣。』是中田亦寄公幣。上文云：『山田間田曰終歲其食不足於其人若干？則置公幣焉以滿其准。』是其證。」張佩綸云：「《説文》：『撫，安也，一曰循也。』以高田之所得，撫安間田。被，覆也。』山不能覆穀之處，其苦更十倍山田，則以公幣振之，視山田之惠未爲過當。《呂覽·古樂·高注》：『淫，過也。』」顏昌嶢云：「『山不被穀』，『山』字衍文，是也。間田卽中田也。撫訓安撫、撫卹之撫。下文『三壤已撫而國穀再十倍』，與此『撫』字同義。『高田』卽

《乘馬數》所云『上臾之壤』也。『高田撫間田』，卽《筴乘馬篇》所謂『以上壤之滿補下壤之虛』也。」聞一多云：「疑本作『間田撫山田』，殘缺僅存一『山』字。此謂以高田抵間田，不被之穀十倍，以間田抵山田，不被之穀亦十倍，言高田所産超出間田十倍，間田超出山田十倍，是高田超出山田二十倍也。『失』通『泆』，泆卽溢字。淫、溢皆滿也。」郭沫若云：「『山』字非衍文。『山』下奪『田』字耳。撫，補也。被，及也。『被』字斷句，言以高山之豐收與置幣換穀之贏餘補間田山田之不及，穀猶較去歲超過十倍。山田卽以往歲所置幣施與之亦無損失。」元材案：「山」下脱「田」字，是也。此當讀「高田撫」爲句，「間田山田不被」爲句，「穀十倍」爲句。「撫」卽《曲禮》「國君撫式」之撫，注云：「撫猶據也。」「被」卽《輕重丁篇》「以東之賤被西之貴」之被。謂高田之穀已由政府用「十減三」之比例據而有之。間田、山田兩地所産之穀，一則僅可自給，一則原本不足，不能互相補充，故其穀價漲至十倍也。淫者過也。「山田以君寄幣振其不贍，未淫失也」者，謂山田食本不足，政府以貸款賑濟之，雖不能獲得大利，然《乘馬數篇》云：「以上壤之滿，補下壤之虛」，此乃政府應盡之義務，不得謂爲過失之舉也。至高田之穀，則早已掌握在政府手中，聚則重，故得「坐長加十」也。「加十」者，加十倍也。上文云「穀十倍」，今又加十倍，卽二十倍。《巨（筴）乘馬篇》云：「泰秋子穀大登，國穀之重去分。謂農夫曰：『幣之在子者以爲穀而廩之州里。』國穀之分在上，國穀之重再十倍。」義與此同。諸氏説皆非。

〔一八〕張佩綸云：「貢、工通。《易·繫辭·傳》『六爻之義易以貢』，《釋文》：『貢，京、陸、虞作工，苟作功。』」元材案：「女貢」亦漢人通用術語。《鹽鐵論・論功篇》文學云：「女無綺繡淫巧之貢」，《漢書・食貨志》云：「嬪婦桑蠶織紝紡績補縫……皆各自占所爲於其所在之縣官，除其本，計其利，十一分之，而以其一爲貢。」是其證。

〔一九〕元材案：「奉」字解已見《巨(筴)乘馬篇》。國奉謂供國家之用。《山至數篇》云：「皮革筋角羽毛竹箭器械財物，苟合於國器君用者，皆有矩券於上。」「國器君用」與「國奉」同。

〔二〇〕安井衡云：「合於國所供用者，皆留而券之，不卽予直。」尹桐陽云：「置，值也。券若今期票。《墨子・號令》『叔粟米布錢金出納畜産，皆爲平直其賈，與主人券書之』。」元材案：券卽契約。《漢書・高紀》顔師古注曰「以簡牘爲契券」是也。置卽《鹽鐵論・水旱篇》「民相與市買……不棄作業，置田器各得所欲」之置，猶言購買。「置而券之」，卽定價收購，訂立合同。

〔二一〕郭沫若云：「『鄉橫』當是鄉穀之價。預定女工之織帛而以穀價爲准者，《國蓄篇》云：『五穀者萬物之主也，穀貴則萬物必賤，穀賤則萬物必貴。』古人行實物交易，穀與帛之間必有一定之比值，亦可准穀價而折合幣值也。」元材案：鄉橫指穀價言。市准，指女貢織帛之價言。上文云：「鄉谷之橫若干。」可證。「橫」與「准」皆含有政府規定價格之意，故「市准」下文又作「市橫」，猶王莽之「市平」也。本書言「以穀准幣」，「以幣准穀」，皆以貨幣與穀物爲交易之媒介。卽《國蓄篇》所謂「挾其食，守其用，據有餘而制不足」者是也。至何時「以穀准幣」，何時「以幣准穀」，則完全以對封建國家有利無利及利之大小以爲轉移，根本無一定比值之可言。郭説非。

〔二二〕元材案：「環穀而應筴」，解已見《巨（筴）乘馬篇》。「決」即《山至數篇》「苟從責者鄉決州決，故曰就庸一日而決」，《輕重乙篇》「君直幣之輕重以決其數，使無券契之責」及《輕重丁篇》「決其子息之數使無券契之責」與居延出土《建武二年候粟君所責寇恩事册》「粟君因以其賈予恩，已決」及「粟君因以其賈與恩牛，已決」（一九七八年《文物》第一期甘肅居延考古隊簡册整理小組：同上册《釋文》）之決，皆當作解除債務關係講。「國奉決」者，謂女工織帛等合於國奉之各種生産品，皆由政府預爲定價收購，並訂有合同。今皆按照現行鄉市價格，一律折穀償還。如此則政府無須另籌資金，但利用穀之循環漲落所增加之贏利，即足以解除國奉之債務而有餘矣。本篇下文收斂牛馬、《巨（筴）乘馬篇》收斂國器及《山至數篇》收斂皮革筋角等財物之方法，皆與此同。

〔二三〕丁士涵、郭沫若均以「穀」字上屬爲句。丁云：「『國奉決穀』言國用發之以穀也。上文云：『女貢織帛苟合於國奉者』即國用也。反，還也。『還准賦軌幣』，即所謂『以穀准幣』也。上文山田間田置公幣，高田置幣而償，穀坐長加十。此又以穀准幣，國奉決穀以應幣。故穀廩之重又加十也。」郭云：「『環穀而應筴』者，筴即券也。言照預約之券以穀支付。『國奉決穀』者，國用之帛一以穀決算之。其結果以賤價之穀易得多量之帛。其所多得之帛，如反照現價核算時，則應多付出穀物十倍。既少付出穀物十倍，則是谷廩又增加十倍。」元材案：兩説皆非是。此當讀「穀反准」爲句，「賦軌幣」爲句，「穀廩」爲句，「重又加十」爲句。「穀反准」者，謂政府既以穀准幣爲償付女貢織帛之用，是穀由政府手中散入民間。散則輕，故前在政府手中雖坐長十倍，今散入民間，又由重反輕，而回跌至於五穀初登時之原有水平。山至數篇》所謂「國歲反一」，「穀准反行」，即此意也。穀既由重反輕，政府又宜採用與上面不同之政策。此政策爲何？即「賦軌幣，穀廩」是也。軌幣即由調查統計而得出之一定數量的貨幣，亦即合於所謂「軌程」之貨幣。賦即《國蓄篇》「春賦以斂繒帛」之賦，貸予也。此謂政府應以一定數量之貨幣貸之於人，將此「反准」之穀購而藏之。如此，聚則重，可使穀價又加漲十倍。此數句係虛冒，以下乃再言具體進行方法。

〔二四〕何如璋云：「『大家委貲家』，謂積幣多者。」元材案：「大家」指地主。「委貲家」即《輕重丁篇》所謂「稱貸之家」，《史記·貨殖傳》謂之「子錢家」，蓋以高利貸爲業者，猶馬克思之言「專門的貨幣貯藏者」矣。（見《資本論》第三卷，人民出版社一九五八年第一版第七七一頁）

〔二五〕趙用賢云：「一本作『上且鄰循』。」戴望云：「元本『脩』作『循』。」丁士涵云：「『脩』當爲『備』，『游人』，游士也。具游士出若干幣，計直以假穀也。」張佩綸云：「《禮記·中庸·鄭注》：『脩，治也。』『游人』當爲『游民』。」尹桐陽云：「『上且脩游』，游謂游觀之處，若離宮然。」聞一多云：「此當作『上且循游』句，『人出若干幣』句。『循』與『巡』通，『循游』即巡游也。《白虎通·巡狩篇》：『巡者循也。』《華嚴經音義》上引《珠叢》：『循，巡也。』」郭沫若云：「古本、劉本、朱本作『上且鄰循游』。則『循』字當即『縣』字之誤。古文縣或作楯（金文《縣妃𣪘》），故致誤也。上且巡游鄰縣，故下文有『謂鄰縣曰』云云，又有『鄰縣四面皆橫』，預爲之準備也。」元材案：元本及聞說是也。此言政府應先以「上且循游」之名義，下令於某都某縣之大家及委貲家，責其每人借幣若干，以爲進行巡游之用。《鹽鐵論・散不足篇》賢良云：「秦始皇數巡狩五嶽濱海之館，以求神仙蓬萊之屬。數幸之郡縣，富人以貲佐，貧者築道旁。」然則此種假借名義，向人民勒索貢獻，秦始皇早已行之，非本書作者之所獨創矣。

〔三六〕安井衡云：「實，穀實也。勿左右，不許出糶也。」張佩綸云：「『實』，穀也，又財貨也。『勿左右』，謂勿假貲於左鄰右鄰也，官且自假之。」郭沫若云：「『勿左右』，謂勿游移也。民謂富民也。即上文所謂『大家委貲家』或『有實者』。」元材案：實指穀言，解已見《國蓄篇》。「皆勿左右」，《輕重甲》及《輕重丁篇》作「皆勿敢左右」。猶言不得自由處理。假即《山權數篇》「以假子之邑粟」之假，借也。「民」字下屬。《輕重丁篇》「此謂乘天嗇（菑）而求民鄰財之道也」，亦以「民鄰」連言，可證。此謂政府既擁有大量從大家、委貲家借來之貨幣，因又下令於該都縣之四鄰各都縣，將所有各都縣內有實者所藏之穀，一律加以封存凍結，不許自由買賣。謂如循游之時，或將借用此項藏穀，供隨從人馬芻米之資。梁啓超所謂「告四鄰各縣之民，使勿賤賣其穀，君所至，則人馬須借食之」是也。安井說得之。

〔三七〕郭沫若云：「依下文『百都百縣軌據』，此『横』字當爲『據』字之誤，言遵照上命也。」元材案：横字之義，解已見《巨（筴）乘馬篇》。此謂人民四鄰之穀既經政府封存凍結，不許自由買賣，則在各該都縣區域內之人民不能得到穀物之接濟，聚則重，少則貴，因而穀價必隨之而坐長至於十倍也。不必改字。

〔二八〕安井衡云：「令曰貲家所假貸之幣，以穀價准幣數，與所假貸之幣，相值而償之。於是穀爲之下流，幣爲之上入。」郭沫若云：「此因穀價既已坐長十倍，而上且多穀，故當貲家假幣時，爲上者以穀付之，而回收時准值折合，望還幣而不還穀。故下文云：『環穀而應假幣，國幣之九在上，一在下』也。」元材案：「庚」同「賡」，解已見《國蓄篇》。爲上、爲下，解已見《巨(筴)乘馬篇》。貲家假幣，卽上文用「上且循游」之名義向大家委貲家所借之幣。此謂穀價既坐長十倍，乃又下令：所有政府與大家委貲家間之債務關係，一律得以穀准幣，卽按照穀之現有市價，以相當於所貸幣數之穀償還之。故穀散而幣聚，散則輕，聚則重，於是穀又退居下風，而幣反在上風矣。兩氏皆以「爲上爲下」爲「在上在下」，失之遠矣。

〔二九〕聞一多云：「『據』當爲『横』，字之誤也。上文『鄰縣四面皆横』可證。」郭沫若云：「聞說適得其反。『軌據』謂依據也，卽照令行事。上文『鄰縣四面皆横』，『横』則當是『據』字之誤。」元材案：兩處皆不誤，不必改字。郭氏以「據」爲「遵照上命」(見上)或「照令行事」，殊有未照。横與據皆有管制義，說已見《巨(筴)乘馬篇》。都，都市。縣，縣邑。云百者，言其衆。「百都百縣」亦秦漢時人常用語。《商君書・靳令篇》云：「使百都之尊爵厚祿以自伐。」《墾令篇》云：「百縣之治一形，則從法者不敢改其制。」《呂氏春秋・仲夏紀》云：「乃命百縣雩祭祀百辟卿士有益於民者以祈穀實。」此言百都百縣，乃統全國之都縣而言之也。「軌據」謂按照「軌程」所揭示之數據而管制之，卽《山至數篇》「奪之以會」之意。蓋上文所述，不過以一都一縣爲例，此則指全國而言。謂不僅一二都縣而已，卽推而及於全國百都百縣，但能據之以軌，皆可使其穀坐長十倍，與某都某縣同。

〔三○〕元材案：穀價既坐長十倍，然後按照前例，將所有各地之債務關係卽政府向人民所借之貨幣，皆以穀按照十倍之市價償付之。如此則全國百都百縣之貨幣之十分之九，皆可退出流通界而爲政府所收藏。僅其中十分之一係政府買穀時所實際支出者仍在民間流通。於是幣值上升而物價大跌。政府既擁有大量貨幣，民間則無幣有物，需要貨幣之心甚切。政府乃更轉變其目標，以所藏十九之幣大量收購萬物，則萬物之絶大部分退出流通界而爲政府所收藏。於是流通中之貨幣數量大爲增加，而流通中之萬物則大爲減少。而向之幣重而萬物輕者，今則轉變爲幣輕而萬物重，且至於十倍矣！

〔三一〕元材案：「府官」，《漢書·貢禹傳》「禹爲河南令，以職事爲府官所責」，顔師古注云：「太守之府。」此處蓋指主持財政經濟政策之機關，如桑弘羊之平準均輸，王莽之五均司市錢府等而言。《管子·幼官篇》云：「量委積之多寡，定府官之計數。」以「委積」「計數」與「府官」並列，義與此同。

〔三二〕俞樾云：「『隆』當作『降』，古字通用。《書·大傳》『隆谷』，鄭注曰：『隆讀如龎降之降。』是其證也。此言物重則出之，及降殺而後止，故曰降而止。《廣雅·釋詁》曰：『𡱂，減也。』『降』與『𡱂』同。」張佩綸云：「《禮記·祭義·注》：『隆猶多也。』物少則價長，今以市横平之，物多則止。」郭沫若云：「俞説是也。以『萬物』斷句，張未得其讀。本篇所言乃平價政策，『隆』讀爲降者，謂物價下降。」元材案：以「萬物」斷句，郭説是也。惟謂「本篇所言乃平價政策」，似未得其旨。本書作者站在封建統治階級立場，爲封建國家利益創造出一整套「無籍而贍國」之理財理論。在其思想深處，實亦存在有兩種不同利益之矛盾。爲維持封建秩序之穩定，需要適當限制富商蓄賈之兼并，因而有時亦要求調節商品流通，以縮小物價波動之幅度。但另一方面，又要求人爲地製造供需關係之失調，通過大幅度之物價波動，以攫取最大限度之商業利潤，爲封建國家擴充其財政收入。此兩種對立之經濟思想在本書各篇中同時有所表現，但前者只處於次要、從屬之地位。可以斷言，《管子輕重》一書，實際上是一種單純爲封建國家追求商業利潤而服務之經濟理論。即以本篇所論而言，雖亦有「山田以君寄幣振其不贍」之措施，但實質上則其主要目標，皆放在「穀坐長而十倍」與「萬物重十倍」上。所謂「以市橫出萬物，降而止」者，不過在「萬物重十倍」時，將萬物拋出。但價落時，應即停止，以免受到損失。謂爲「平價政策」，未免有顛倒主從關係之嫌矣。

〔三三〕元材案：布，布置。「布於未形，據其已成」，與《山權數篇》「動於未形，而守事已成」，語意全同。例如置公幣於五穀未登之前，置券于女貢織帛未成之前，而占有其勞動成果於已登已成之後。其中經過，但須以號令進退，毫無籍求於民之迹象。當然，此所謂「無求於民」，只是將封建强制捐稅，通過所謂輕重之筴即價格政策之運用而全部轉嫁於勞動生産者身上。使勞動生産者始終處於不自覺察之中。予在《巨（筴）乘馬篇》已詳論之矣。

桓公問於管子曰：「不籍而贍國，爲之有道乎〔一〕？」

管子對曰：「軌守其時〔二〕，有官天財〔三〕，何求於民！」

桓公曰：「何謂官天財？」

管子對曰：「泰春，民之功繇。泰夏，民之令之所止，令之所發。泰秋，民令之所止，令之所發。泰冬，民令之所止，令之所發〔四〕。此皆民所以時守也，此物之高下之時也，此民之所以相并兼之時也。君守諸四務〔五〕。」

桓公曰：「何謂四務？」

管子對曰：「泰春，民之且所用者〔六〕，君已廩之矣。泰夏，民之且所用者，君已廩之矣。泰秋，民之且所用者，君已廩之矣。泰冬，民之且所用者，君已廩之矣。泰春功布日〔七〕，春縑衣，夏單衣〔八〕，捍寵纍箕勝籯屑欆〔九〕，若干日之功，用人若干。無貲之家皆假之械器勝籯屑欆公衣。功已而歸公衣，折券〔一〇〕。故力出於民而用出於上〔一一〕。春十日不害耕事，夏十日不害芸事，秋十日不害斂實，冬二十日不害除田。此之謂時作〔一二〕。」

〔一〕元材案：此承上文「無求於民」之意而引申之。不籍卽無籍，解已見《巨（筴）乘馬篇》。

〔二〕元材案：時卽下文所謂「此皆民所以時守也，此物之高下之時也，此民之所以并兼之時也」之時，指農業季節性而言。蓋春耕十日，夏芸十日，秋收十日及冬除田二十日皆能引起農業人民對生產及生活資料之迫切需要。軌守卽軌據之意，解已見上。謂此時政府如不能根據調查統計而得之軌程，及早將各種必需品預爲準備，必將造成物價上漲，而爲富商蓄賈所乘也。《乘馬數篇》「以時行」，「此國筴之時守也」，「章四時」，《山權數篇》「此之謂乘時」，《山至數篇》「王者乘時」，白圭「樂觀時變，趨時若猛獸鷙鳥之發」，陶朱公「與時逐而不資於人，能擇人而任時」，司馬遷言「既饒争時」（《史記・貨殖列傳》），亦卽此「時」字。

〔三〕元材案：「官天財」之官，亦當讀作管。天財，卽自然資源，解已見《國蓄篇》。「有」與「又」通。《鹽鐵論・力耕篇》大夫云：「王者塞天財，禁關市，執準守時，以輕重御民。」意與此同。

〔四〕元材案：此節原文意義不甚明顯。尹注云：「繇，與招反。」又云：「謂山澤之所禁發。」又案《輕重乙篇》云：「夫歲有四秋而分有四時。故曰農事且作，請以什伍農夫賦耜鐵，此之謂春之秋。大夏且至，絲纊之所作，此之謂夏之秋。而大秋成，五穀之所會，此之謂秋之秋。大冬營室中，女事紡績緝縷之所作也，此之謂冬之秋。故歲有四秋而分有四時。已得四者之序，發號出令，物之輕重相什而相伯。故物不得有常固。」與本文所論大同小異。大卽泰。《通典・食貨》十二引此文注：「泰，當也。」所謂「四時」「四秋」，蓋皆指農副業生產季節而言。

〔五〕安井衡云：「四務，百姓四時所務也。」元材案：《通典・食貨》十二引此「君守諸四務」作「君素之，爲四備以守之」。又尹注云：「四時人之所要。」皆下文「民之且所用者」之意。左昭二十三年傳「三務成功」，杜注：「春夏秋三時之務。」此連冬言，故曰「四務」也。

〔六〕何如璋云：「且所用者，且，將也。《秦策》：『城且拔矣。』《呂覽·音律》：『歲且更起。』且字注同。」張佩綸云：「且，將也（《呂覽·注》屢見）。且所用者，言所將用也。」元材案：此說是也。且者，《墨子·經說上》云：「且，自前曰且，自後曰已，方然亦且。」蓋凡事，從事前言之，或臨事言之，皆可曰且。如「上且循游，則且爲人馬假其食。」事前之且也。如《詩》「匪且有且」，《毛傳》云：「此也。」此方然之且也。惟從事後言之，則爲已然之事，不得言且。故曰「自後曰已」。此文「且」字及「君已廩之」之「已」字互爲對文，正與《墨經》所論相符。于省吾謂「『且所用』不詞。『且』本應作『宜』」者非。

〔七〕張佩綸云：「『功布日當作『布日功』。」郭沫若云：「『泰春功布日』者，『功』當爲公，聲之誤。『日』當爲曰。下文『春縑衣』，至『折券』，即爲公家所布之功令。」元材案：布，施也。功布日，謂施工之時，即「其始播百穀」之時也。張、郭二氏說皆非。

〔八〕張佩綸云：「『縑當爲兼，字之誤也。《荀子·正名篇》：『單不足以喻則兼。』是『兼』對『單』而言。『兼衣』即袷衣。單衣者，《方言》：『禪衣，江淮南楚之間謂之褋，關之東西謂之禪衣。』」元材案：《漢書·外戚傳》：「媼爲翁須作縑單衣。」縑單衣即此處之縑衣單衣，則漢人本作縑，似不必改爲兼。顔師古不知縑單衣是兩種不同之衣，而曰「縑即今之絹」。果如此說，以絹爲農民制衣之用，未免太美化封建剥削階級矣。

〔九〕洪頤煊云：「此皆械器名。籠疑作籠。糉即稯字之誤。」王念孫云：「勝當爲幐，字之誤也。《說文》：『幐，囊也。』《商子·刑賞篇》曰：『贊茅岐周之粟，以賞天下之人，不得人一幐。』《趙策》曰：『羸幐負書擔橐。』《秦策》『幐』作『縢』，義同。屑，碎米也。《廣雅》作『糈』。糉，糗字之誤。糗，乾糧也。」王引之曰：「捍蓋梩字之誤。《說文》：『梠，臿也。或作梩。』《方言》曰：『臿，東齊謂之梩。』《周官·鄉師·注》引《司馬法》曰：『輂一斧一斤一鑿一梩一鉏。』《孟子·滕文公篇》：『虆梩而掩之。』趙注曰：『虆梩，籠臿之屬。』謂虆爲籠屬，梩爲臿屬也。故《管子》亦以『梩籠』並言之。」張佩綸云：「《說文》：『箕，簸也。』屑當爲筲。《論語·鄭注》：『筲，竹器也。』稯，鄭氏《周禮·注》：『猶束也。』筲以盛飯，稯以束禾，固田家之器矣。若改爲屑糗，則事先既以乾飯廩藏，功已復以乾飯歸公，管子豈能迂瑣若此？」元材案：以上各說所釋不同，未知孰是。總之所謂梩籠纍箕幐籯屑糉公衣，即《國蓄篇》所謂「耒耜械器種饟糧食」之屬，皆政府平日以「財准平」所廩藏而待用者。上文所謂「君已廩之」者，即此物也。

〔一〇〕豬飼彥博云：「『衣』字衍。言民功既畢，而器械之屬皆歸之於公，折毀其券也。」安井衡云：「謂既歸納諸物於公，乃折假時所入之券也。」張佩綸云：「衣字似衍。《漢書·高紀》：『兩家常折券棄負。』師古曰：『以簡牘爲契券，既不徵索，故折毀之，棄其所負。』彼以棄負折券，此則以歸公折券。」元材案：三氏說皆是也。《輕重丁篇》「折其券而削其書」，尹注云：「舊執之券，皆折毀之。所書之債皆削除之不用。」此蓋謂當泰春開始施功之時，即當預計一年四季之中農民所需要者，共須春之縑衣，夏之單衣及梩籠等器械與種饟糧食各若干，施功若干日，每日須勞動力若干人。然後調查統計其確屬貧苦無資者，分別以所廩藏之械器公衣及種饟糧食貸之。及施功既畢，則令其將所假之械器公衣及種饟糧食，作價歸償而折毁其假時所立之券契。如作「歸公衣」，則公衣已服用數月之久，豈復能物歸原主耶？據此，則封建國家在「天財」二字上已前後進行剥削達三次之多。卽第一次「封天財之所殖」（見《國蓄篇》），將材料賣與人民作爲製造各種械器及女工織帛之用。第二次，以「幣重而萬物輕」之幣收斂萬物，而廩藏之。第三次，將廩藏之萬物假貸之於農民，至秋收時再按時價收回。然則所謂「軌守其數，有官天財」者對勞動人民之盤算，可謂無微不至矣。倘所云「言利事析秋毫」者非耶？

〔一一〕元材案：此處「用」字與《國蓄篇》：「故人君挾其食，守其用」之用不同。後者指黄金刀幣言，前者則指上述械器公衣種饟糧食等用物卽生産及生活資料而言。力出於民而用出於上者，勞力由人民自出，用物則由政府供給也。

〔一三〕元材案：不害，不妨害。時作謂及時而作。農民得政府之假貸，不虞用物之缺乏，則春夏秋不過十日，冬不過二十日，卽可以竣其農功矣。十日者，尹桐陽云：「《臣乘馬》曰：『春事二十五日之内。』此云十日，據最急言耳。」其説是也。張佩綸以「十日、二十日爲四時用民之力之日數」者非。

桓公曰：「善。吾欲立軌官〔一〕，爲之奈何？」

管子對曰：「鹽鐵之筴足以立軌官〔二〕。」

桓公曰：「奈何？」

管子對曰：「龍夏之地〔三〕，布黃金九千〔四〕。以幣貲金，巨家以金，小家以幣〔五〕。周岐山至於崢丘之西塞丘者，山邑之田也〔六〕，布幣稱貧富而調之。周壽陵而東至少沙者中田也〔七〕，據之以幣〔八〕。巨家以金，小家以幣。三壤已撫而國穀再什倍〔九〕。梁渭陽瑣之牛馬滿齊衍〔一〇〕。請歐之顛齒，量其高壯〔一一〕，曰：『國爲師旅，戰車歐就斂子之牛馬〔一二〕。上無幣，請以穀視市櫎而庚子。』牛馬爲上，粟二家〔一三〕。二家散其粟，反準，牛馬歸於上〔一四〕。」

管子曰：〔一五〕請立貲於民，有田倍之，內毋有，其外外皆爲貲壤。被鞍之馬千乘，齊之戰車之具具於此〔一六〕，無求於民，此去丘邑之籍也〔一七〕。國穀之朝夕在上〔一八〕，山林廩械器之高下在上〔一九〕，春秋冬夏之輕重在上。行田疇〔二〇〕，田中有木者，謂之穀賊。宮中四榮，樹其餘曰害女功〔二一〕。宮室械器非山無所仰〔二二〕。然後君立三等之租於山〔二三〕，曰：握〔二四〕以下者爲柴楂〔二五〕，把以上者爲室奉〔二六〕，三圍以上爲棺槨之奉〔二七〕。柴楂之租若干，室奉之租若干，棺槨之租若干。」管子曰：「鹽鐵撫軌。穀一，廩十，君常操九，民衣食而繇，下安無怨咎〔二八〕。去其田賦以租其山〔二九〕，巨家重葬其親者服重租〔三〇〕，小家菲葬〔三一〕其親者服小租。巨家美修其宫室者服重租，小家爲室廬者服小租。上立軌於國，民之貧富如加之以繩〔三二〕，謂之國軌。」

〔一〕安井衡云：「軌官，量度貨財之官。」元材案：軌官者謂主掌會計事宜之官。如《史記·平準書》云：「桑弘羊爲大農丞，管諸會計事」；《張丞相列傳》：張蒼「遷爲計相。一月，更以列侯爲主計四歲。……蒼又喜用算律曆，故令蒼以列侯居相府，領主郡上計者」是也。引申其義，與平准均輸等官之性質亦頗相同。

〔二〕元材案：全篇除下文「鹽鐵撫軌」四字外，更無一語及於鹽鐵。何以謂「鹽鐵之筴足以立軌官」？當是言以鹽鐵政策所獲之盈利作爲資金，爲設立軌官之用也。尹桐陽云：「鹽鐵之策行，則可得多數之黄金與幣，便用以據人之地。故必先正鹽鐵之筴，然後足以立軌官。」其説是也。蓋軌官之立，第一所需要者卽爲大量之資金，《國蓄篇》所謂「萬室之都必有萬鍾之藏，藏繦千萬。千室之都必有千鍾之藏，藏繦百萬」者也。僅龍夏之地卽須布黄金九千，其他自亦不在少數，此項資金自必有其來源。否則巧婦不能爲無米之炊，雖立軌官，亦將無濟於事。鹽鐵之筴者，卽《海王篇》所述之管山海政策，亦卽所謂鹽鐵專賣政策也。據彼處所計算，僅鹽一項，萬乘之國一月之入卽可得六千萬。鐵官之數所入當與此同。有此資金，則長袖善舞，多財善賈。軌官之立自可順利進行，無有滯礙矣。又案此亦係根據漢代事實而得之結論。漢自武帝置鹽鐵官，計鹽官二十七郡，爲官三十有六。鐵官四十郡，爲官四十有八。《漢書·食貨志》記其成績（《史記·平準書》同）云：「而縣官以鹽鐵之故，用少饒矣。」又云：「漢連出兵三歲，誅羌，滅兩粵，費皆卬大農。大農以均輸鹽鐵助賦，故能贍之。」又《鹽鐵論·輕重篇》御史云：「當是之時，四方征暴亂，車甲之費，克獲之賞，以億萬計，皆贍大司農。此皆鹽鐵之福也。」又云：「今大夫君修桓管之術，總一鹽鐵，通山川之利而萬物殖。是以縣官用饒足，民不困乏，本末兼利，上下俱足。」足見漢代桑弘羊所主持之各種經濟政策，其所得利益，實以鹽鐵專賣一項爲最大最多，而各種經濟政策之得以積極推行，亦皆唯鹽鐵之利入是賴。與此處所云「鹽鐵之筴足以立軌官」者情形正全相同。且以「鹽鐵」二字連稱亦唯漢人始有之。僅《鹽鐵論》一書中，鹽鐵二字連稱者即達三十四次之多。此又本書成於漢人之一大證也。

〔三〕郭沫若云：「自此以下，凡『管子』對答之詞，與『鹽鐵之筴』毫無關聯，當是他篇脱簡羼入於此。」元材案：此説非也。「鹽鐵之筴足以立軌官」，只是説明「立軌官」資金之來源當於鹽鐵政策所得贏利中取之。自「龍夏之地」以下，乃詳論「立軌官」以後之具體措施。惟本文確有錯簡，即下文「管子曰鹽鐵撫軌」云云二十五字，當在此處「管子對曰：龍夏之地」之上，與「桓公曰……爲之奈何」之後，説詳下。龍夏二字又見《山至數篇》。彼處云：「龍夏以北至於海莊，禽獸牛羊之地也。」「龍夏以北」與「龍夏之地」自非一地。「龍夏之地」當係上臾之壤，即「田軌之有餘於其人食者」，故放款特多。龍夏疑卽龍門大夏。《史記·貨殖列傳》「龍門碣石北多馬牛羊」，與上引《山至數篇》所言正相符合。又《始皇本紀》琅邪刻石云：「六合之內，皇帝之土，西涉流沙，南盡北户，東有東海，北過大夏。」又《李斯傳》云：「禹鑿龍門，通大夏。」《正義》：「杜預云：『大夏，太原晉陽縣。』按在今并州。」《山至數篇》所謂「龍夏以北」，當卽龍門大夏以北，亦卽《史記》「龍門之北」也。「至於海莊」，卽《史記》「碣石之北」也。此等地名皆係著者任意假設之詞，初不必有事實根據。但亦未始不可以看出其時代背景。故備言之。

〔四〕元材案：此布字及下文「布幣」之布，卽左襄三十年傳「皆自朝布路而罷」之布，注：「布路，分散。」猶言發放。「布黃金」、「布幣」謂將黃金及貨幣爲資金，發放農貸，以預購其穀物。猶《史記·平準書》之言「散幣於邛僰以集之」矣。《山至數篇》「以國幣之分復布百姓」及「布幣於國」，兩「布」字義與此同。

〔五〕元材案：貲者助也。以幣貲金，謂以貨幣爲黃金之輔也。金價貴，幣價賤，故巨家以金，小家以幣。蓋卽上文「大家衆，小家寡」之意。換言之，卽大家多借，小家少借也。

〔六〕元材案：周岐山卽周地之岐山，太王所遷者，在今陝西省岐山縣東北。峥丘又見《輕重丁篇》。細玩兩處文意，其地似在西北一帶。塞丘則又在峥丘之西，疑指西北邊郡而言。《漢書·食貨志》云：「初置張掖酒泉郡。而上郡、朔方、西河、河西開田官，斥塞，卒六十萬人戍田之。中國繕道餽糧。遠者三千，近者千餘里，皆卬給大農。」顏師古注曰：「斥塞，廣塞令卻。初置二郡故塞更廣也。」《史記・貨殖列傳》：「塞之斥也，而橋姚已致馬千匹。」然則所謂塞丘云云，豈卽漢武帝時所斥之塞之反映耶？

〔七〕元材案：古代壽陵有四。一爲燕之壽陵。《莊子・秋水篇》：「且子不聞壽陵餘子之學步於邯鄲與？」成玄英疏：「壽陵，燕之邑。」一爲趙之壽陵。《史記・趙世家》：「肅侯十五年，起壽陵。」《集解》徐廣曰：「在常山。」一爲秦之壽陵。《史記・呂不韋傳》：「孝文王后曰華陽太后，與孝文王會葬壽陵。」《正義》：「秦孝文王陵在雍州萬年縣東北二十五里。」一爲漢之壽陵。《漢書・元紀》：「永光四年，以渭城壽陵亭部原上爲初陵。」渭城本秦咸陽縣，漢高帝元年更名新城，七年罷屬長安。武帝元鼎三年更名渭城。故城在今陝西省咸陽縣東。此文既云「周壽陵」，自是指周地之壽陵而言。但周無以墓地稱壽陵之事。疑此壽陵卽漢壽陵。少沙，張佩綸云：「卽東萊郡之萬里沙。」聞一多云：「少沙卽夙沙。在今山東舊膠東道境。」今案少沙究在何處，今已無考。但既云在周壽陵之東，則其地是指東方某地而言甚明。上言「周岐山至於峥丘之西塞丘」，此言「周壽陵而東至少沙」，則著者顯係以周畿關中地區爲中心。由此以西至西北邊郡新斥之塞。由此以東則至濱海之萬里沙或夙沙。北則至於龍門大夏。由此等地望觀之，則本書必非秦漢以前所作明矣！

〔八〕丁士涵云：「據乃振字誤。」郭沫若云：「丁說非是。『壽陵而東至少沙者中田也』，既爲『中田』，且尚不知歲之豐歉，何以卽先『振之以幣』？說不可通。『據』謂枝持也，卽預貸之以幣，以作耕事之準備，將來視歲之豐歉，尚須回收，以穀物還付。」元材案：郭駁丁說是也。但「據」即「陰據其軌」及「軌據」之據，乃據而守之之意，解已詳上文。謂爲枝持，尚未得其義。

〔九〕元材案：三壤即指上文「龍夏之地」、「周岐山以西至峥丘之西塞丘」之山田與「周壽陵而東至少沙」之中田而言。此謂三地之穀已爲政府所占有，藏則重，故又坐長至於再什倍也。再十倍即二十倍，解已見《巨(筴)乘馬篇》。

〔一〇〕丁士涵云：「『齊』字衍。『滿衍』是繁盛之義。《山至數篇》云：『伏尸滿衍』，則『滿衍』二字連文。」張佩綸云：「《山權數篇》『梁山之陽』，《輕重丁篇》『龍門於馬謂之陽』。今以意定之，梁者梁騶也。《魯詩傳》：『古有梁鄒者，天子之田也。』『渭』『瑣』並淄之誤。『瑣』一作『璅』，與『淄』相近。淄陽，淄水之陽。《漢書・地理志》：『齊郡臨淄，師尚父所封，如水西北至梁鄒入泲。』《周禮・大司徒》『墳衍』，注『下平曰衍』，言牛馬滿於齊之衍也。」聞一多云：「梁，梁山；渭，渭水。自昔爲產馬之地。趙之先祖非子爲周孝王主馬於汧渭之間，是也。馬以梁渭所產者爲佳，故馬稱梁渭。『陽瑣』當作『瑣陽』。左定七年傳『齊鄭盟於瑣』。晉《地道記》『元城縣有瑣陽城』（今河北大名縣）。梁渭斥馬言，然則瑣陽殆斥牛言歟？『梁渭瑣陽之牛馬滿齊衍』者，牧養牛馬之地雖在齊，其種固不妨來自梁渭瑣陽。諸家或欲删『齊』字，或欲改梁渭陽瑣爲梁騶淄陽，失之泥矣。」郭沫若云：「『梁渭』與『陽瑣』，當是二家姓名。下文云『國爲師旅，戰車敺就，斂子之牛馬。上無幣，請以穀視市櫎而庚(更)子牛馬』，兩『子』字均指此有牛馬者言。又其下兩見『二家』字，故梁渭與陽瑣必爲二家姓名，文字始成條理。」元材案：梁卽梁山，渭卽渭水，聞説是也。但「渭陽」二字當連讀。梁渭陽，卽梁山與渭陽。梁山，《方輿紀要》：「在乾州西北五里。山勢迂迴，接扶風、岐山二縣之境。」渭陽，《漢書·地理志》：「左馮翊陽陵，故弋陽，景帝更名。莽曰渭陽。」故城在今陝西省咸陽縣東。瑣卽左定七年「齊鄭盟於瑣」之瑣，今地未詳。衍卽《漢書·郊祀志》「其口止於衍」之衍。注引李奇曰：「三輔謂山阪間爲衍。」依《山至數篇》「伏尸滿衍」一語觀之，則「滿齊衍」者，謂充滿於齊國之平野，猶《鹽鐵論·鹽鐵取下篇》之言「原馬被山，牛羊滿谷」，蓋極言牛馬之多也。此處以梁山渭陽及瑣之牛馬可以滿齊衍，與上文以齊可以在龍夏岐山以西至塞丘，壽陵以東至少沙等地區進行農貸，及《輕重丁篇》以渭水之陽爲齊郊，《輕重戊篇》以齊可以令人載粟處芊之南，魯可以削衡山之南，皆是著者任意捏造事實，以爲説明其所謂輕重之筴之舉例，初未計及所捏造事實之是否合於歷史與地理的真實情況，故遂露此破綻也。而著者之屢以周秦漢代及新莽地望（如周岐山壽陵及渭陽江陽等）及三輔方言（如衍）爲言，可見其爲長安人或雖非長安人而實際居住在長安者，實甚顯明。張佩綸不知此理，硬欲證明書中某地爲春秋時齊國之某地，徒見其徒勞無功而已！聞氏以「牛馬種來自梁渭瑣陽」釋「滿齊衍」，郭氏以「梁渭陽瑣爲二家姓名」，均嫌牽附，故不從之。

〔一二〕豬飼彥博云：「『敺』疑當作『區』。言區別馬之顛齒以相其長壯也。」張佩綸云：「『敺之顛齒』，當作『區其顛齒』。《詩》『有馬白顛』。《爾雅·釋畜》：『馬的顙白顛』。舍人曰：『的，白也。

顙，額也。額有白毛。』《論語》馬融注：『區，別也。』《後漢書・馬援傳》：『臣謹依儀氏輢中，帛氏口齒，謝氏脣鬐，丁氏身中，備以數家骨相以爲法。』區其齒，《周禮》鄭司農注：『馬三歲曰駣，二歲曰駒。』說文：『二歲曰駒，三歲曰駣。馴，馬八歲也。』量其高壯，《周禮・庾人》：『馬八尺以上爲龍，七尺以上爲騋，六尺以上爲馬。』」元材案：兩氏說皆是也。區之顛齒，所以辨馬之老少；量其高壯，所以辨馬之大小。老少大小不同，價格亦自不一，故須區而量之。

〔一二〕元材案：此當作「戰車敺就斂子之牛馬」爲句。此「敺」字與上「敺」字之作區別講者不同，此「敺」乃古「驅」字。「戰車敺就斂子之牛馬」，即《鹽鐵論・散不足篇》賢良所云：「古者諸侯不秣馬，天子有牧，以車就牧」之意。

〔一三〕張佩綸云：「『二家』當作『爲下』。牛馬爲上，粟爲下，猶上文所云：『穀爲上，幣爲下』也。」聞一多云：「張改『二家』爲『爲下』是也。『牛馬』下當重『牛馬』二字。此讀『請以穀視市櫎而庚子牛馬』句，『牛馬爲上』句，『粟爲下』句。」郭沫若云：「原文不當增改。『爲上粟二家』者，爲此納粟於『梁渭』與『陽瑣』二家也。舊說於梁渭與陽瑣均作爲地名多事追求，故於『二家』之語不得其解。官家正以粟易牛馬，安用於粟與牛馬分上下耶？」元材案：張說是也。「而庚子」即「而庚子牛馬」之省文，《輕重乙篇》「請以平價取之子」，下亦無「粟」字可證。「爲上爲下」乃本書特用術語，解已見《巨(筴)乘馬篇》及本篇上文。蓋政府以穀准幣，作爲償還牛馬之價之用，於是牛馬爲政府所占有，而穀則散入於民間。聚則重，散則輕，故牛馬之價遂進居上風，而穀則退居下風也。若作「爲上粟二家」，則全文皆不成辭矣！

〔一四〕趙用賢云：「下『二家』一本作『立貲』。」安井衡云「古本作『立貲』。」張佩綸云：「元本、朱本下『二家』作『立貲』，涉下『立貲』而誤，不足據。『二家』謂『巨家』『小家』。」郭沫若云：「『二家』即梁渭與陽瑣二家，不當改字。作『立貲』乃涉下文『請立貲於民』而誤。二家得粟，散之，以求合算。『反准』，即合算也。」元材案：張說是也。「反准」即「穀反准」之意，亦本書特用術語，解已見上文。二家者指上文「巨家」「小家」而言。此兩種之家或係高田之民，或係中田之民，皆所謂「田軌之有餘於其人食」者，與山田之須由政府「布幣而調之」或「以君寄幣振其不贍」者完全不同。二家之粟，因政府「以幣據之」而坐長至二十倍。今又由政府取以庚牛馬之主，其粟由二家而散入於民間。散則輕，故其價必將回跌至於原有之水平。如此，一轉手間，民間之牛馬則已不費政府公帑而盡爲國家所占有矣。所謂「二家散其粟，反准，牛馬歸於上」，即此意也。郭氏以「反准」爲「合算」，與本書宗旨不合，故不可從。

〔一五〕元材案：「管子曰」三字衍文。或則「管子曰」上應有「桓公曰」云云。此言以收斂之馬爲馬母而假之於民，與上文緊相銜接，不應忽又插入「管子曰」三字。

〔一六〕張佩綸云：「《說文》：『貲，小罰以財自贖也。』倍，反也。如《論語》『必使反之』之反，蓋覆之也。《漢書　哀帝紀》『諸王、列侯、公主、吏二千石，及豪富民多畜田宅，無限，與民爭利，其議限列。』今曰『內毋有其外』，限內者不罰，限外皆爲受罰之地。如此，可得千乘之馬也。」許維遹云：

「『内毋有其外』，義不可通。疑當讀作『内無有』爲句，『其外皆爲訾壤』爲句，兩『外』字衍其一。」郭沫若云：「當讀爲『有田倍(培)之内，毋有(囿)其外。』蓋有田者之疆界當於田内爲之培，不得侵越壤土，設囿於田之外。如此則畜牧有所也。」元材案：「立貲」亦本書特用術語，卽訂立合同，説已詳《乘馬數篇》。許斷句及衍一「外」字皆是。「有田倍之」者，謂放借馬母時，有田者比無田者加倍以貸也。「内」指内地，「外」指邊地。謂牛馬乃西北邊地之産物，非内地所宜。《鹽鐵論·未通篇》所謂「内郡人衆，水泉薦草不能相贍，地勢温濕，不宜牛馬」者是也。故當以邊地爲「立貲」之主要對象，而内地則無之。如此則被鞍之馬千乘不難立致，而齊之戰車亦由此得以具備，不必另向丘邑之民有所籍求矣。《漢書·食貨志》云：「令民得畜馬邊縣，官假馬母，三歲而歸，及息什一，以除告緡，用充仞新秦中。」又云：「車騎馬乏，縣官錢少，買馬難得。乃著令：令封君以下至三百石吏以上差出牡馬。天下亭，亭有畜字馬，歲課息。」前者《通鑑》列在武帝元鼎五年，後者據《集解》在「元鼎六年」。蓋武帝時，方北伐匈奴，馬隊之編建最感需要，故有此舉。今本文所謂「齊之戰車之具具於此」，豈謂是耶？

〔一七〕元材案：「去」卽下文「去其田賦以租其山」之去，除去也。「丘邑之籍」者，《漢書·刑法志》云：「地方一里爲井，……四井爲邑，四邑爲丘，丘十六井也。有戎馬一匹，牛三頭。四丘爲甸，甸六十四井也。有戎馬四匹，兵車一乘，牛十二頭。」是戰車籍於丘邑，乃古制也。今立貲壤以畜養戎馬，不賦於民而千乘以具，故曰「去丘邑之籍」。

〔一八〕安井衡云：「『朝夕』猶貴賤也。」張佩綸云：「『朝夕』如日景之朝夕，水之潮汐，猶言高下。」許維遹云：「『朝夕』與下『高下』對舉，則『朝夕』猶美惡也。《管子》一書用『朝夕』者屢矣，往往隨文見義，並無定訓，此其一也。」郭沫若云：「朝夕即潮汐，猶言漲落。安井訓爲『貴賤』，不誤。《管子·輕重篇》每以國穀兼攝主幣作用，以此操縱萬物之輕重，故曰『國穀之朝夕在上』。」元材案：朝夕指物價貴賤漲落而言，安井及郭氏説是也。郭氏「以國穀兼攝主幣作用」之説，除此處外，又分見於《山至數篇》按語中。此與梁啓超謂管書中之穀類似於近代之實幣，而金屬貨幣則相當於近代之紙幣」者（見梁著《管子傳》）同一誤解。實則本書中所言貨幣，乃貨真價實之貨幣，而穀物則是一種舉足輕重之商品，有時亦能代行貨幣支付手段之職能。本書作者之所以將穀物從萬物中抽出列爲一方者，只是由於已認識到穀物所處地位之重要。封建國家擁有貨幣，即可以在一定條件下形成「幣重而萬物輕」或「幣輕而萬物重」之局面。但僅僅如此尚有不足，國家還必須同時控制穀物，在一定條件下，形成「穀重而幣輕」或「穀輕而幣重」，與「穀重而萬物輕」或「穀輕而萬物重」，方能完全控制商品流通，使統治者獲利無窮。《山至數篇》所謂「人君操穀幣金衡而天下可定」，即此意也。

〔一九〕豬飼彦博云：「『廩』字衍。」丁士涵云：「『廩』字衍。『山林械器之高下在上』，與『國穀之朝夕在上』，『春夏秋冬之輕重在上』相對爲文。械器資於山林，故曰『山林械器』也。義見下文。」元材案：山林、械器原爲二事。山林屬於樹木專賣政策之範圍，械器則指兵器農器及其他與國器君用等有關之手工業生產品而言。「廩器械」者，即政府將所收斂之械器廩而藏之，本篇上文所謂「民之且所用者君已廩之矣」是也。兩氏説非。

〔三〇〕元材案：田疇一詞，亦漢人常用語。《鹽鐵論》中凡七見。《禮·月令》「可以糞田疇」，《疏》引蔡氏云：「穀田曰田，麻田曰疇。」

〔三一〕元材案：「田中」，田間也。「賊」即《詩·大田》「及其蟊賊」之賊，《箋》云：「食節曰賊。」《説文》：「賊，敗也。」田中有樹則害於穀，故曰「謂之木賊」。即《漢書·食貨志》所謂「田中不得有樹，用妨五穀」是也。榮即《儀禮》「直於東榮」之榮，注：「榮，屋翼也。」此當讀「宮中四榮」爲句。謂宮中四檐之側宜以樹桑爲主，故《孟子·盡心篇》云：「五畝之宅，樹牆下以桑。」《漢書·食貨志》亦云：「還廬樹桑。」若不樹桑而樹其他樹木，則桑葉缺乏，故曰「害女功」。

〔三二〕元材案：仰即《漢書·匈奴傳》「匈奴西邊諸侯作穹廬及車皆仰此山材木」之仰，恃也、資也。此蓋謂田間及房屋之四側皆不得種植樹木，使宮室械器之原料非山無所仰，而山則固爲封建國家之所「官而守之」者，故人民如欲經營墓葬，修建房屋，製造或使用械器，不得不向封建國家購買原料。此與《地數篇》及《輕重甲篇》「令北海之衆毋得聚庸而煮鹽」者，皆是限制私人生產，造成國家獨占之具體辦法。商鞅所謂「顓山澤之利」者，「山林廩械器之高下在上」殆亦其一端矣。

〔三三〕元材案：「租」即「租税者所慮而請也」之租，解已見《國蓄篇》。此處指木料價格。

〔二四〕元材案：一把之量曰握。《國語·楚語》：「烝嘗不過把握。」注：「握，長不出把者。」《周禮·醢人·疏》：「一握則四寸也。」

〔二五〕孫星衍云：「楂即槎之俗字。」孫詒讓云：「楂當爲柤之俗字。《說文》木部云：『柤，木閑也。』徐鍇《繫傳》：『閑，闌也。』柴者棧也。公羊哀四年傳云：『亡國之社蓋揜之，揜其上而柴其下。』《周禮·媒氏》「喪祝」注『柴』並作『棧』。《淮南·道應訓》云：『柴箕子之門。』柴、柤皆以細木爲闌閑，故並舉之。孫說未確。」

〔二六〕元材案：「把」即《孟子·告子篇》「拱把之桐梓」之把。趙注：「把，以手把之也。」奉者用也。室奉謂作爲修繕房屋之用也。下仿此。

〔二七〕元材案：「圍」即《莊子·人間世篇》「三圍四圍，求高名之麗者斬之；七圍八圍，貴人富商之家求樿傍者斬之」之圍。崔注：「環八尺爲一圍。」

〔二八〕郭沫若云：「以上文『高田撫間田山(田)不被穀十倍』例之，此乃言鹽鐵之利比之常穀爲十比一。然此鹽鐵之利，在上者常操其九分，而僅餘一分在下。」元材案：此說非是。「鹽鐵撫軌」者，謂以鹽鐵收入爲資金，而據守國軌也。蓋即上文「鹽鐵之筴足以立軌官」之意。「穀一，廩十，君常操九」者，操即《山至數篇》「常操國穀三分之一」、「常操國穀十分之三」之操。《漢書·嚴助傳》顏師古注云：「操，執持也。」猶言掌握。此謂穀在民間，其重爲一。政府以幣廩而藏之，則可漲至十倍。除去原有之成本外，其贏餘九倍，則完全歸入封建統治者掌握之中。《山權數篇》云：「物一也而十，是九爲用。徐疾之數，輕重之筴也。一可以爲十，十可以爲百。」語意與此全同。「繇」與「由」通。「安」卽《管子·幼官篇》「安入共命焉」之「安」。王念孫釋彼處云：「安，語詞，猶乃也。」此謂政府既常操其九，則利出一孔，人民衣食所資，皆將由政府而出，予奪貧富之權，完全掌握在封建統治者手中。人民不悟此中奥妙，但「見予之形，不見奪之理」，必將誤認爲出自政府之恩賜而表示感激，自無怨咎之可言矣。又案，此節與上下文皆不銜接，疑當在上文「管子對曰：龍夏之地」以前，「桓公曰……爲之奈何」之後，而其下又脱「桓公曰：此言何謂也」句。蓋著者以此數語提綱，及桓公再問，然後以「龍夏之地」云云説明其實施之辦法。卽第一步先以鹽鐵收入據守三壤之穀，第二步以此再十倍之穀收買牛馬，第三步復以牛馬假貸於邊地人民。此一事也。以下「國穀之朝夕在上」云云，直至「謂之國穀」，則專論「租山」之法，又爲一事，與本節固無直接關係也。

〔三九〕元材案：「去其田賦以租其山」，謂政府應實行木材專賣，免收田畝税。此與《國蓄篇》列舉應反對之諸籍時，有田畝而無樹木者，似是同一種主張。《海王》及《輕重甲》之有樹木而無田畝者又是一種主張。説已詳《國蓄篇》。此本書各篇不是一時一人之作之又一證也。又案：木材在漢代，實爲社會上需要量最大與價格最高之一種商品。《史記·貨殖傳》以「山居千章之材」及「淮北、常山以南，河濟之間千樹萩」與「木千章」爲「此其人皆與千户侯等」，或「此亦千乘之家」。《索隱》：「《漢書》作千章之楸。服虔云：章，方也。如淳云：言任方章者千枚，謂章，大材也。樂産云：萩，梓木也，可以爲輚。」據上文：「封者食租税，歲率户二百，千户之君則二十萬。」鹽鐵會議時，御史大夫桑弘羊亦屢以「隋唐之材」爲言。近年各地出土漢墓，大都有内棺外槨二層，所用木材不在少數。此處以租山代替田賦，正與此種情況相符。

〔三〇〕元材案：服租卽服籍，解已見《海王篇》。

〔三一〕元材案：菲葬，薄葬。

〔三二〕元材案：「立軌於國」，軌卽「軌程」，亦卽指上述富家出重租，貧家出小租之差别租金而言。著者在此，顯然認爲此種差别租金之實行，乃是均貧富之一種具體措施。故曰「民之貧富如加之以繩」也。此節應與上二節緊相銜接，合爲一段，乃梁啓超所稱爲「管子中之森林國有政策」者。因有「鹽鐵撫軌」一節錯簡插入其中，遂被割裂耳。本文著者蓋亦始終以所謂「無籍於民」爲其理財之唯一方法，而田賦則爲「所以强求」，租山則爲「所慮而請」。故主張去其所以强求之田賦而租之於所慮而請之山林。富者多厚葬其親而又求宫室之美，故需大木者多。使大木之價倍於小木，則富者負擔重。貧民以無購買大木之能力，多用小木，故負擔輕。課租之目的物爲建築房屋製造棺槨之林木，而租之輕重，則以人民之貧富爲衡。胡寄窗云：「差别租金制度表面上是『加惠』於貧民，實質上是更有效更狡猾的財政榨取辦法。」（見《中國經濟思想史》第十章第三五九頁）真一針見血之論也。

管子輕重八——山權數

王紹蘭云：「本篇『天以時爲權，地以財爲權，人以力爲權，君以令爲權』，先言四權，下云『失天之權則人地之權亡』，止言三權。故桓公曰：『吾欲行三權之數。』管子曰：『此三權之失也。』桓公曰：『守三權之數奈何？』管子曰：『策豐則三權皆在君。』三權凡兩見，三權數凡三見，則篇名『山』字，疑當作『三』。因與上篇《山國軌》，下篇《山至數》相厠致譌耳。」張佩綸云：「權者管子輕重之法。本篇『天以時爲權，地以財爲權，人以力爲權，君以令爲權』。下云：『吾欲行三權之數。』似篇名當作『三權數』。」元材案：有關財用者則以「山」名之，乃漢人之特殊習俗，説已詳《山國軌篇》。篇中一開頭即言「湯以莊山之金鑄幣，禹以歷山之金鑄幣」，又曰「梁山之陽綪緉夜石之幣天下無有……請立幣」，正與「山，財用之所出，故取名焉」之義例相合。何如璋云：「山者，採銅於山以立幣也。」最爲近之。王、張二氏説皆非。

提要：全文共分五段。第一段從「請問權數」至「此之謂國權」，論「三權皆在君」之道。又分四小段。從「請問權數」至「則人地之權亡」爲第一小段，論「失天之權則人地之權亡」。從「何爲失天之權」至「此守時以待天權之道也」爲第二小段，用湯禹鑄幣賑災證明「天權失則人地之權皆失」，並正面提出「歲守十分之三」的「守時以待天權」之法。從「吾欲行三權之數」至「此三權之失也已」爲第三小段，論實行三權之具體措施：第一步利用梁山特産控制國穀，提高穀價。第二步從五年積穀中提出二年所積收購國銅鑄立錢幣。第三步根據國際物價情況，規定國内物價，使其「與天下調」。否則無力對待「天權」，以致人民自相求備，使貧民變成富人之奴隸。從「守三權之數奈何」至「此之謂國權」爲第四小段，論補救之法，即「大豐藏分，阨亦藏分」。第二段從「請問國制」至「此國筴之大者也」。又分二小段。從「請問國制」至「國無筴」爲第一小段，論「地必有量」。如地無量，則國筴無法施行。從「今欲爲大國」至「此國筴之大者也」，爲第二小段，論欲以小爲大，必先通於權筴。第三段，從「善蓋天下」至「謂之准道」。又分二小段。從「善蓋天下」至「在君之決塞」，爲第一小段，論徐疾之數、輕重之筴可以一變爲十，十變爲百。從「何謂決塞」至「謂之准道」爲第二小段，論提倡仁孝，造成物散而輕之局勢，然後運用輕重之筴將散財之大部分掌握在政府手中。如此反復進行，即可以長有天下。第四段從「請問教數」至「此謂君棅」，論「奬勵七能」及「管制五技」。第五段從「權棅之數」至「此之謂國戒」，論「度法」與「禁謬」。第六段，從「輕重准施之矣」至「此之謂乘時」，論「御神用寶」之法。又分三小段。從「輕重准施之矣」至「中食三軍五月之食」爲第一小段，論立龜爲寶，以寶爲質，假借丁氏家粟，藉充軍食。從「桓公立貢數」至「國安行流」爲第二小段，論製造三種龜貨以爲「國危出寶，國安行流」之用。從「何謂行流」至「此之謂乘時」爲第三小段，論「行流」之重要及其方法——運用命令進退蓄飾價格以免受二豫之害。

桓公問管子曰：「請問權數〔一〕。」

管子對曰：「天以時爲權，地以財爲權，人以力爲權，君以令爲權。失天之權，則人地之權亡〔二〕。」

桓公曰：「何爲〔三〕失天之權則人地之權亡？」

管子對曰：「湯七年旱，禹五年水〔四〕，民之無𩟗賣子者〔五〕。湯以莊山之金鑄幣，而贖民之無𩟗賣子者。禹以歷山之金鑄幣〔六〕而贖民之無𩟗賣子者。故天權失，人地之權皆失也。故王者歲守十分之參，三年與少半成歲。三十一年而藏十一年與少半。藏三之一不足以傷民〔七〕，而農夫敬事〔八〕力作。故天毀埊〔九〕凶旱水泆，民無入於溝壑乞請〔一〇〕者也。此守時以待天權之道也〔一一〕。」

桓公曰：「善。吾欲行三權之數〔一二〕，爲之奈何？」

管子對曰：「梁山之陽綪絏夜石之幣天下無有〔一三〕。管子曰〔一四〕：以守國穀。歲守一分以行五年，國穀之重什倍異日〔一五〕。管子曰：請立幣。國銅以二年之粟顧之。立黔落力，重與天下調〔一六〕。彼重則見射，輕則見泄，故與天下調。泄者失權也，見射者失筴也〔一七〕。不備天權，下相求備，准下陰相隸〔一八〕。此刑罰之所起，而亂之之本也〔一九〕。故平則不平〔二〇〕，民富則不如貧〔二一〕，委積則虚矣〔二二〕。此三權之失也已。」

桓公曰：「守三權之數奈何？」

管子對曰：「大豐則藏分，阨亦藏分〔二三〕。」

桓公曰：「阨者所以益也，何以藏分〔二四〕？」

管子對曰：「隘則易益也，一可以爲十，十可以爲百。以阨守豐，阨之准數一上十，豐之筴數十去九，則吾九爲餘。於數筴豐，則三權皆在君。此之謂國權〔二五〕。」

〔一〕元材案：《孟子·梁惠王篇》：「權然後知輕重。」《墨子·大取篇》：「於所體之中而權輕重之謂權。」《淮南·時則篇》：「權者所以權萬物也。」公羊桓十一年傳注：「權者稱也，所以別輕重。」此爲「權」字之本義。本書「權」字亦爲輕重家之常用術語。《揆度篇》以「權」爲「正名五」之首，《輕重甲篇》以「戰權」爲「五戰」之四，其重要可知。數者術數。權數猶言行權之術數，《鹽鐵論·非鞅篇》文學云「商鞅以權數危秦國」是也。

〔二〕元材案：此所列舉本有四權，而結語只云「失天之權則人地之權亡」，不及君權者，蓋三權皆決定於君權也。

〔三〕聞一多云：「爲當爲謂。」

〔四〕元材案：禹水湯旱，戰國秦漢間人均喜言之。《莊子·秋水篇》、《墨子·七患篇》、《荀子·富國篇》及《呂氏春秋·順民篇》皆有之，惟水旱年限微有不同。漢初，賈誼、晁錯、劉安亦有同樣之論述。《賈誼新書·無蓄篇》云：「禹有十年之蓄，故免九年之水。湯有十年之蓄，故勝七年之旱。」晁錯請貴粟疏云：「故堯禹有九年之水，湯有七年之旱，而國無捐瘠者，以蓄積多而備先具也。」《淮南・主術篇》云：「湯之時七年旱。」蓋古有此傳說，故各家皆引用之也。

〔五〕王念孫云：「民之無饘賣子者，當依《通典・食貨》八所引，作『民之無饘有賣子者』。言無饘之民，有賣其子者也。今本脱『有』字。涉下文『民之無饘賣子者』而誤。」元材案：此說可從。無饘賣子，解已見《乘馬數篇》。

〔六〕元材案：以莊山之金鑄幣，又見《輕重戊篇》。《鹽鐵論・力耕篇》亦有此一段文字，惟莊山作嚴山。嚴山即莊山。東漢避明帝諱，故改爲嚴山。嚴山即嚴道山，其山産銅。《史記・佞幸傳》：「太中大夫鄧通方寵幸，上欲其富，賜之蜀嚴道銅山，得自鑄錢。鄧氏錢布天下。」《明一統志》：「嚴道廢縣，在雅州治東。秦始皇滅楚，徙嚴王之族以實其地，故名。」又《太平御覽》六十六引《蜀記》亦云：「秦滅楚，徙嚴王之族於嚴道。」《括地志》則謂「秦昭王相嚴君疾封於此，故縣有是稱」。是嚴山之得名，不論是由嚴君疾或楚莊王，要之皆在戰國末季則可確定。至其以嚴道銅山之銅鑄幣，則直至漢文帝時始由鄧通爲之。事實之彰明較著如此，而後之學者必謂本書爲秦漢以前人所作，真所不解也。歷山，《史記・五帝本紀》：「舜耕歷山。」《集解》引「鄭玄曰：在河東」。其他以歷山名者不止一處。此所云禹所鑄幣之歷山究在何處，今已無由確指之矣。

〔七〕元材案：此段文字有錯簡，各家解釋，人人不同，以豬飼彦博說爲較合。豬飼彦博云：「『三十一年而藏十一年與少半』，當作『三十三年與少半而藏十年』。」惟最後「年」字應屬下爲句。

上文云：「歲守十分之三，三年與少半成歲。」三三得九，差十分之一，須四個月乃足，不及半年，故曰「少半」也。今藏十年，故須三十三年又四個月也。爲「十年」而非「十一年」者，諸書皆言「十年之蓄」，本書《事語》、《國蓄》及《輕重乙》等篇亦曰「國有十年之蓄」，故知之也。一年藏三之一，多於「歲守十分之三」，而云「藏三之一」者，舉其大數而言之也。王引之以「『三年』二字因下文而衍，當作『歲守十分之參與少半』」。俞樾「以『三十一年』當作『三十七年』」。張文虎以「此文『三年』二字當依王説衍。『三十一年』當衍『十一』兩字。下『與少半』三字當在『藏三之一』下」。張佩綸以下「一年」爲當作「三年」。于鬯以「『三年』二字當在『與少半』之下，『成歲』之上。下『與少半』三字當在『藏三之一』之下，『不足以傷民』之上」。皆不可通。

〔八〕元材案：「敬事」謂不懈於事。李哲明以「敬」爲「亟」字之譌者非。

〔九〕尹注云：「埊，古地字。」戴望云：「『埊』下疑有脱文。」聞一多云：「戴説非是。天災行則地利失，是地爲天所毀，故曰『天毀地』也。」郭沫若云：「當以『而農夫敬事力作，故天毀埊』一氣貫下。『敁』字誤爲『故』。《廣韻》：『敁敠，稱量也。』『敁天』謂占守歲時，『毁地』謂攻芸土草也。」元材案：以上各説皆非也。「埊」當作歲。古文「歲」作「峕」，形似而訛。《乘馬數篇》云：「若歲凶旱水洪」，《國蓄篇》云「歲適美……歲適凶」，《山至數篇》云「吾國歲非凶也」，又《荀子·富國篇》云「歲雖凶敗水旱」，《禮記·王制》云「歲雖有凶旱水溢」，《管子·立政篇》亦云「歲雖凶旱」，皆作「歲」字可證。泆即溢，説已見《乘馬數篇》。此言年藏三分之一，不足以傷民，故農民皆努力生產。如此雖有水旱之災，而人民亦無饑餓之虞也。

〔一〇〕元材案：「入於溝壑」即《孟子·公孫丑篇》「老弱轉於溝壑」及《鹽鐵論·毀學篇》「死於溝壑」之意。「乞請」解已見《乘馬數篇》。

〔一一〕元材案：待即《國語·晉語》「厚箴戒圖以待之」之待。注：「備也。」「待天權」即下文「備天權」之意。又案《鹽鐵論·力耕篇》大夫云：「昔禹水湯旱，百姓匱乏，或相假以接衣食。禹以歷山之金，湯以嚴山之銅鑄幣以贈其民，而天下稱仁。」又文學云：「故三年耕而餘一年之食，九年耕而有三年之蓄，此禹湯所以備水旱而安百姓也。……是以古者尚力務本而種樹繁，躬耕趣時而衣食足，雖累凶年而人不病也。」所論與此大同小異。惟彼處以禹湯鑄幣事爲大夫語，以蓄積事爲文學語，此處則作爲管子一人之言。此事極宜注意。如謂鹽鐵會議時，大夫與文學將管子所言，各取其一半作爲自己立論之根據，似乎不大可能。其爲本書抄襲《鹽鐵論》殆無可疑。

〔一二〕元材案：「吾欲行」，即以「君令」行之之意，故止言「三權之數」。

〔一三〕豬飼彥博云：「『綪絤』當作『蒨茜』，染赤草也。」丁士涵云：「案『絤』字句。說文：『綪，赤繒也。』《輕重戊篇》：『魯梁之民善爲綈。』此『絤』字疑『綈』之誤。」張文虎云：「『絤』疑即『茜』之異文。《說文》：『茜，茅蒐也。』段氏以爲即『蒨』字。又云：『綪，赤繒也。以茜染，故謂之綪。』則本一字。」李哲明云：「字書無『絤』。疑當爲『茜』。《史記·貨殖傳》『若干畝巵茜』，《集解》：『茜，一名紅藍。其花染繒，赤黃也。』《說文》『茜，茅蒐也。』又：『綪，赤繒也。以茜染，故謂之綪。』定四年《左傳》『綪茷』，

注：『綪茷，大赤也。取染草名也。』是綪、茜本爲一類。作絤者涉綪旁糸而訛。」元材案：此文似多訛誤，不可强解。大意謂梁山之陽有兩種特産，一即綪絤，一即夜石之幣。因其爲「天下無有」，故政府可利用之以爲購藏國穀之資。梁山之陽即梁山之南（梁山在乾州西北五里），解已見《山國軌篇》。

〔一四〕元材案：此處及下文兩「管子曰」，皆衍文。或則兩「管子曰」前，脱「桓公曰」云云等字。

〔一五〕于鬯云：「『一』當作『二』。故下文云『以行五年，國穀之重什倍異日』。必歲守二分則五年而什倍。若歲守一分，則五年止五倍，與下文不合矣。」元材案：此說非是。「分」指穀量言，倍指穀價言，兩者不能混爲一談。《事語篇》云：「歲藏一，十年而十。」《巨(筴)乘馬篇》云：「國穀之分在上，國穀之重再什倍。」然則歲守一分以行五年，當爲五分。國穀之五分在上，故其重什倍異日，乃輕重之筴之必然結果矣。

〔一六〕元材案：此當作「請立幣」句，「國銅以二年之粟顧之」句，「立黔落力」句，「重與天下調」句。立幣即鑄造錢幣，解已見《國蓄篇》。國銅，指國境以内所有之銅礦而言。顧即《漢書·食貨志》賈誼所謂「法使天下公得顧租鑄銅錫爲錢」之顧，顔師古注云：「顧租謂顧庸之直，或租其本。」「黔落力」三字不詞，疑有訛誤。此蓋謂國穀既多爲政府所購藏，其價必漲。然後提出一部分所購藏之穀（二年所積，即上文「歲守一分以行五年」之五分之二）募人開採國銅，以爲鑄造錢幣之用。而對於國内之物價，則必須使其與國際間之物價，保持一均衡而合理之比例關係，故曰「重與天下調」。「重與天下調」者，即所謂「乘馬之准，與天下齊准」者也，解已詳《乘馬數篇》。

〔一七〕元材案：「彼重則見射，輕則見泄」二語，解已見《乘馬數篇》。「泄者失權也」，王念孫云：「『泄』上亦當有『見』字。『見泄』『見射』，皆承上文而言。」

〔一八〕元材案：此當作「不備天權」句，「下相求備」句，「准下陰相隸」句。「備天權」即上引《鹽鐵論・力耕篇》文學所謂「備水旱」之意。「下相求備」，即上引同篇大夫所謂「百姓匱乏，或相假以接衣食」之意。謂政府如不能事先有所準備，則每當歲凶旱水泆，饑饉薦臻之時，人民只有向大家委貲家乞求借貸以爲自備。如此，則當其有者半價而賣，無者取倍稱之息。於是有賣田宅鬻子孫者矣。准即「以穀准幣」之准，此處與「中」字之用法相同。相隸即《國蓄篇》「乃今使民下相役耳」之意。陰者私也。民下相役，非法令所能公然允許，故必私行之。准下陰相隸，謂等於使人民私相奴役也。張佩綸以「備」爲「脩」之誤，「准」爲「權」之誤，謂「備准」當作「脩權」。聞一多亦以「求」字斷句，「備准」上敓「不」字，而謂「此言不備天權則民相乞求，不備准則民私相隸役」。均不合。

〔一九〕王念孫云：「『而亂之之本』，衍一『之』字。」何如璋云：「『之』字乃『亡』字，以形近致訛。『亂亡』與『刑罰』對。」元材案：下文云：「此亂之至也。」亦是「亂」字單用。仍以王説爲是。

〔二〇〕元材案：平則不平，指貧富懸殊而言。

〔二一〕元材案：民富則不如貧，富指富商大賈而言。謂在貧富懸殊情況之下，人民太貧則不可以罰威，固非好事，但太富又不可以祿使，結果可能削減封建政權之統治能力，其危險性更爲巨大。《輕重乙篇》所謂「家足其所者，不從聖人」，義與此同。

〔三二〕元材案：委積則虛，謂政府既不能守時以備天權，故穀物皆爲富商蓄賈所并藏，而政府之倉廩則空無所有。猶《史記·平準書》之言「府庫益虛」矣。

〔三三〕元材案：此處「分」字仍當作「若干分」講。阨歲即凶歲，《漢書·元帝紀》「百姓仍遭凶阨」是也。此謂豐歲宜藏其五穀之若干分，凶歲亦宜藏其若干分。《事語篇》所謂「視歲而藏」，李悝所謂「善平糴者，必謹觀其上、中、下熟，上熟糴三舍一，中熟糴二舍一，下熟中分之」，即其義矣。

〔三四〕俞樾云：「此本作『阨者所以隘也』。故管子對曰『隘則易益也』，正承桓公此語而言。今作『所以益也』，即涉下句『益也』二字而誤耳。《禮記·禮器篇》：『君子以爲隘矣。』《釋文》曰：『隘本作阨。』是阨、隘義得相通，故曰『阨者所以隘也』。隘誤作益，於義難通。且《管子》『隘則易益』之言爲贅設矣。」元材案：阨、隘古字通，解已詳《國蓄篇》。此處當作艱窘講，《國策·齊策》「若自在隘窘之中」是也。「益」仍當作「益」。益者增益也，猶今言補助。亦即《山國軌篇》所謂「山田以君寄幣振其不贍」之意。桓公之意，蓋謂凶歲之時，正農村經濟艱窘之際，政府方補助而賑濟之之不暇，豈復能藏其五穀之若干分與豐歲同耶？俞說非。

〔三五〕元材案：「隘則易益」者，此益字與上益字不同。上益字對人民言，此益字則對政府言。謂正惟農村經濟艱窘之際，更易運用輕重之筴，造成獨占價格，故一可以變而爲十，十可以變而爲百。《輕重丁篇》所謂「一可以爲百」者是也。「以阨守豐」者，謂以守阨歲者守豐歲。上者加也。去者減也。（見《山至數篇》尹注）蓋當凶歲之時，穀物缺乏，人民食用不足。不足則其價必貴，故其輕重之准，恒爲「數一上十」。「數一上十」者，謂政府收購穀物之初，其價本僅爲一，及廩藏既久，市場需要增加，必可坐長而至十倍。即《山國軌篇》所謂「軌據，穀坐長十倍」者也。當豐歲之時，則粒米狼戾，市糶無予，而狗彘食人食，其價必賤，故其輕重之筴，恒爲「數十去九」。「數十去九」者，謂政府若於此時收購穀物，往往本值十倍者，只須一倍之錢即可得到。然則一轉手間，一可爲十，十可爲百，而政府常有九之餘矣。《山國軌篇》所謂「穀一廩十，君常操九」，本篇下文所謂「物一也而十，是九爲用」者皆此意也。「於數筴豐」者，數即「山權數」之數，亦即《揆度》「人君以數制之」之數，即術數。筴即運籌、策畫。「於數筴豐」，猶言筴豐於數，謂守三權之道無他，在能運用輕重之筴，以守阨歲者守豐歲，使無爲富商蓄賈所乘，則政府必有十倍百倍之利矣。如此者謂之國權。國權者，《戰國策·楚策》云：「是以國權輕於鴻毛而積禍重於泰山。」謂國君應將國權操在自己手中，否則不僅無益而且有害，故曰「君以令爲權」。

桓公問於管子曰：「請問國制。」

管子對曰：「國無制，地有量〔一〕。」

桓公曰：「何謂國無制，地有量？」

管子對曰：「高田十石，間田五石〔二〕，庸田〔三〕三石，其餘皆屬諸荒田。地量百畝，一夫之力也〔四〕。粟賈一，粟賈十，粟賈三十，粟賈百〔五〕。其在流筴者，百畝從中千畝之筴也。然則百乘從千乘也，千乘從萬乘也〔六〕。故地無量，國無筴〔七〕。」

桓公曰：「善。」

「今欲爲大國，大國欲爲天下，不通權筴，其無能者矣〔八〕！」

桓公曰：「今行權奈何？」

管子對曰：「君通於廣狹之數，不以狹畏廣；通於輕重之數，不以少畏多。此國筴之大者也〔九〕。」

〔一〕元材案：制即《孟子·滕文公篇》「取於民有制」之制。謂國家之制取於民，須隨土地之産量以爲轉移。産量有「高田十石，間田五石，庸田三石」之不同，則制取之方亦因之而異。故曰：「國無制，地有量」，非真無制也，以量爲歸耳。

〔二〕安井衡云：「高田，上腴之地。十石、五石、三石，蓋十畝所收。治國篇：『常山之東，河汝之間，早生而晚殺，五穀之所蓄熟也。四種而五獲，中年畝二石。』」張佩綸云：「《漢書·食貨志》：『李悝盡地力之教，治田百畝，歲收畝一石半，爲粟百五十石。上熟其收自四，餘四百石。中熟自三，餘三百石。下熟自倍，餘百石。小饑則收百石，中饑七十石，大饑三十石。』然則一畝之收，大熟之年歲收亦止四石。今曰『高田十石』，恐無此理。」郭沫若云：「李悝云：『治田百畝，歲收畝一石半，爲粟百五十石。除十一之税十五石，餘百三十五石。』此云『高田十石，間田五石，庸田三石』，與歲收之數不合，與十一之税亦不合。意者齊地産量不高，即高田亦僅歲收畝一石，其十一之税爲十石耶？間田、庸田可類推。」元材案：《史記·河渠書》載，韓使水工鄭國間説秦，令鑿涇水自中山西邸瓠口爲渠，並北山東注洛三百餘里，欲以溉田。……秦以爲然，卒使就渠。渠就，用注填閼之水，溉澤鹵之地四萬餘頃，收皆畝一鍾。於是關中爲沃野，無凶年。」又《貨殖傳》云：「名國萬家之城帶郭千畝畝鍾之田……此其人皆與千户侯等。」本書《輕重乙篇》亦有「河埮諸侯畝鍾之國也」語。鍾有兩種計算法。據《海王篇》「鹽百升而釜」計算，十釜爲鍾，是每畝可收十石。據孟康《漢書·食貨志·注》「六斛四斗爲鍾」計算，亦可收六石四斗。《河渠書》又云：「河東守番係言『穿渠引汾溉皮氏、汾陰下，引河溉汾陰、蒲阪下，度可得五千頃。五千頃故盡河壖棄地，民茭牧其中耳。今溉田之，度可得穀二百萬石以上。』」五千頃得穀二百萬石以上，是每畝可得穀四石强。又云：「其後莊熊羆言：臨晉民願穿洛以溉重泉以東萬餘頃故鹵地。誠得水，可令畝十石。」又《淮南子·主術篇》云：「夫民之爲生也，一人蹠耒而耕，不過十畝。中田之獲，卒歲之收，不過畝四石。」又《漢書·溝洫志》載賈讓《治河策》，亦有「高田五倍，下田十倍」語。彼處所謂「高田」，乃指地勢高亢，灌溉不及之山地而言，相當於本篇之庸田。所謂「下田」，則指水利富足，便於灌溉之沃野而言，相當於本篇之「高田」。如以晁錯所言「百畝之收不過百石」爲基數，則高田可收五石，下田可收十石。如以李悝「歲收畝一石半」爲基數，則高田爲七石半，下田爲十五石。又據《齊民要術·種穀第三篇》引漢成帝農學家氾勝之云：實行區田法後，可以「畝收百斛」及「美田十九石，中田十三石，薄田十一石」。可見時代愈晚，産量愈高。此在漢代，確實有其科學上之根據，決非誇大之詞。第一，由於田畝面積之擴大。《鹽鐵論·未通篇》御史云：「古者制田，百步爲畝。……先帝（案指武帝）哀憐百姓之愁苦，衣食不足，制田二百四十步而一畝。」是漢畝面積比以前增加至百分之一百四十。按李悝産量水平，僅此一條即可畝得三石六斗。第二，由於大規模水利事業之推行。此點只看《史記·河渠書》及《漢書·溝洫志》便可證明。第三，由於鐵制生産工具之發達。《漢書·地理志》所載漢代鐵官之數，達四十八處之多。第四，由於從趙過發明代田法及氾勝之發明區田法，耕作方法不斷有所改善。凡此皆糧食産量增加之有利條件。本篇所言産量，顯然是漢代史實之反映。此又本書成於漢人之一證矣。三氏説皆失之。

〔三〕王引之云：「『庸田』字義不可通。『庸』當爲『庳』，字形相似而誤。庳田，下田也。」安井衡云：「『庸』，凡庸。『庸田』，下田也。」元材案：安井説是也。今人稱無用之人爲庸才，然則庸亦有下義。「高田」即上田，「間田」即中田，「庸田」即下田。《乘馬數篇》所謂「上臾之壤」、「間壤」、「下壤」，與此正同。

〔四〕元材案：「地量百畝，一夫之力也」，即「一農之量壤百畝也」之意，解已見《巨（筴）乘馬篇》。

〔五〕王引之云：「『粟賈三十』，衍『三』字。粟賈一者，令增其賈而爲十。粟賈十者，令增其賈而爲百。故百畝可以當千畝，百乘之國可以當千乘，千乘可以當萬乘也。」元材案：此說非是。此蓋言上述四種田區之穀賈，因産量有多少而貴賤不同。高田每畝可得十石，其産量特多，多則必輕而賤。間田以下，産量依次遞減，愈少則愈重而貴。穀價之貴賤，適與産量之多寡成反比例。故高田爲一，間田爲十，庸田三十，而荒田則爲百。《輕重乙篇》云：「狄諸侯畝鍾之國也，故粟十鍾而錙金。程諸侯山諸侯之國也，故粟五釜而錙金。」《輕重丁篇》亦云：「齊東之粟釜百泉，則鏂二十也。齊西之粟釜十泉，則鏂二泉也。」即其例矣。

〔六〕元材案：「在」通「察」。流即《山至數篇》「謹守重流」之流，流筴即「謹守重流」之筴。謂政府苟能明察於「謹守重流」之筴，以時據高田間田之穀而有之，勿令其自由流散，則可坐長加十，從而百畝之筴可以當千畝之用也。推而廣之，百乘當千乘，千乘當萬乘，理與此同。中即「而中用穀重若干」之中，解已見《山國軌篇》。

〔七〕張佩綸云：「此反言以足上意。言地若無量，國則無筴矣。」元材案：此說是也。《輕重丁篇》「舉國而一，則無貲；舉國而十，則有百」，義與此同。古本劉本朱本作「地有量」及豬飼彥博謂「疑當作『地有量，國無制』」者皆失之。

〔八〕張佩綸云：「『欲爲大國』上奪『小國』二字。『今小國欲爲大國』以下，管子之言。」元材案：此數句當爲管子語，張說是也。下文「桓公曰今行權奈何」，正承此「不通權筴」而發問者。故此文之上當脱「管子對曰」四字。惟「欲爲大國」，即包括「小國」在内，不加「小國」二字亦可通。權筴即權數。通權筴，即明於行權之數。謂不明於行權之數，則不能化小爲大也。此蓋承上文「其在流筴者百畝從中千畝之筴也」而言。《史記·貨殖傳》白圭云：「其智不足與權變，雖欲學吾術，終不告之矣。」「不通權筴」，與「其智不足與權變」意義全同。

〔九〕丁士涵云：「案『通於輕重之數』下，脱『不以輕畏重，通於多少之數』十一字。上文云：『通於廣狹之數，不以狹畏廣。』是其句例。」張佩綸云：「『輕重』當作『多少』，與上句一例。輕重是書總名。淺人因下有輕重之筴，妄改之。」郭沫若云：「丁、張之説均非。輕重者價格貴賤之謂也。物雖少而有術以貴其價，則不畏多矣。原文不應增改。」元材案：郭説是也。物多則輕，少則重。此即上文所謂「通權筴」之意。蓋言若能通於廣狹之數，則湯以七十里，文王以百里而王天下（《孟子》語），管仲以區區之齊一匡天下，九合諸侯，故曰「不以狹畏廣」。若能通於輕重之筴，則豐固可益，阨亦易益，一可以爲十，十可以爲百，故曰「不以少畏多也」。「國筴」即國計。《荀子·富國篇》云：「是知國計之極也。」「國筴之大」，即「國計之極」之意。

桓公曰：「善蓋天下，視海内長譽而無止〔一〕，爲之有道乎？」

管子曰：「有。」

曰〔二〕：「軌守其數，准平其流〔三〕。動於未形，而守事已成〔四〕。物一也而十，是九爲用。徐疾之數，輕重之筴也。一可以爲十，十可以爲百〔五〕。引十之半而藏四，以五操事，在君之決塞〔六〕。」

桓公曰：「何謂決塞〔七〕？」

管子曰：「君不高仁，則問不相被。君不高慈孝，則民簡其親而輕過。此亂之至也〔八〕。則君請以國筴十分之一者〔九〕樹表置高〔一〇〕，鄉之孝子聘之幣，孝子兄弟衆寡不與師旅之事〔一一〕。樹表置高而高仁慈孝，財散而輕。乘輕而守之以筴，則十之五有在上〔一二〕。運五如行事，如日月之終復。此長有天下之道，謂之准道〔一三〕。」

〔一〕元材案：此處「善」字與上文「桓公曰善」之善不同。此善字當下屬，讀「善蓋天下，視海內長譽而無止」十二字爲句。善即善惡之善。蓋即《史記·項羽本紀》「力拔山兮氣蓋世」之蓋。「蓋天下」者，猶言天下無敵也。《管子·七法篇》論爲兵之數，上言「兵未出境而無敵者八」，下即以八事「不蓋天下不能正天下」反承之，即其證。「視」與「示」通。《漢書·高紀》：「因説漢王燒棧道，視項羽無東意。」《史記》「視」作「示」。顔師古注云：「《漢書》多以『視』爲『示』，古通用字。」是也。長即下文「此長有天下之道」之長。無止，即無窮。「長譽而無止」，猶《詩·振鷺篇》之言「以永終譽」矣。張佩綸以「善」字絶句，又謂「視海內」爲「朝海內」。聞一多以「蓋」爲「盍」，盍即合，而曰「『蓋天下視海內』，即所謂『一匡天下，九合諸侯』」。郭沫若以「蓋」與「闔」通，「視」乃「縣」字之誤，謂「闔天下，縣海内」，卽《山至數》「有海内，縣諸侯」之意。既失其讀，又失其義，故不從之。

〔二〕元材案：「曰」字上當脱「桓公曰云云」，此「曰」字乃管子答桓公語。

〔三〕元材案：「軌守其數」，謂以會計之術將一切穀物盈虚之數字據而守之。卽《乘馬數篇》所謂「郡縣上臾之壤守之若干，間壤守之若干，下壤守之若干」及《山至數篇》所謂「畝十鼓之壤，君皆善官而守之」，《山國軌篇》所謂「陰據其軌」與「軌守其時」之意。「准平其流」，謂以平准之法平衡一切穀物之價，以免「見射」「見泄」之患。《國蓄篇》所謂「凡輕重之大利，以重射輕，以賤泄平。萬物之滿虚隨財準平而不變。衡絶則重見。人君知其然，故守之以准平」，卽此意也。

〔四〕元材案：「動於未形」二句，卽「國軌布於未形，據其已成」之意，解已見《山國軌篇》。豬飼彦博謂「『事』當作『於』」，張佩綸謂「『守事』當作『守其』」，皆非。

〔五〕元材案：「物一也而十，是九爲用」者，與《山國軌篇》所云「穀一廩十，君常操九」，語意全同。「徐疾」，指號令言，解已見《事語篇》。此謂設物之重爲一，經政府運用輕重之筴後，則可令其重至十倍。除本重爲一外，獲利爲九。例如有穀百石，每石十元，合爲千元。經政府廩藏後，穀價漲至每石百元，合計共得萬元。除去原價千元外，尚可盈餘九千元。此無他，乃政府運用徐疾之數與輕重之筴，故可以收到「一可爲十，十可爲百」之效也。許維遹謂「『是』猶之也。言用十分之九」，斷句及意義蓋兩失之。

〔六〕元材案：此當讀「引十之半而藏四」爲句，「以五操事」爲句。「操事」解已見《國蓄篇》。謂將此「物一也而十」之十，分爲十分。十之半卽五分，藏其四分，其餘一分則作爲下文「樹表置高」之用，另以五分作爲政府繼續操事之開支。至所操何事？如何開支？則一聽政府之決塞而已。下文「財散而輕，乘輕而守之以筴」，卽操事之一例也。

〔七〕元材案：「決塞」卽開塞。《鹽鐵論·非鞅篇》大夫云：「商君明於開塞之術，假當世之權，爲秦致利成業。」一作啓塞。《淮南·泰族篇》云：「今商鞅之啓塞，申子之三符，韓非之孤憤，張儀蘇秦之縱衡，皆掇取之權，一切之術也。非治之大本，事之恒常，可博聞而世傳者也。」今《商君書》有「開塞」篇。《史記·商君列傳》所謂「余嘗讀商君開塞、耕戰書」者也。本書則皆作決塞。《山至數篇》：「守之以決塞。」《地數篇》云：「伊尹善通移輕重開闔決塞。」所謂決塞者，決者行之使通，塞者止之使滿也。其意義蓋與輕重開闔等略同。《管子·七法篇》云：「予奪也，險易也，利害也，難易也，開闔也，殺生也，謂之決塞。」又云：「不明於決塞，而欲敺衆移民，猶使水逆流。」又《君臣下篇》云：「明主立世，民之制於上，猶草木之制於時也。故民迂則流之，民流通則迂之。決之則行，塞之則止。雖有明君能決之，又能塞之。決之則君子行於禮，塞之則小人篤於農。」蓋法家通用語而本書著者亦借用之。

〔八〕元材案：高，貴也，敬也。問卽《詩·女曰鷄鳴篇》「雜佩以問之」之問，《傳》：「遺也。」被，加也。簡、輕二字，解已見《巨(筴)乘馬篇》。此謂君如不提倡仁愛，則人民不肯互相問遺。不提倡慈孝，則人民不肯重視其親而易於發生過失。故曰「此亂之至也」。

〔九〕安井衡云：「十分之一，即上藏四以五操事之餘也。」元材案：上文云：「引十之半而藏四。」「十之半」即五分。藏四，謂藏其五分之四即四分。尚餘一分。此「十分之一」，即所餘之一分也。

〔一〇〕尹桐陽云：「樹表，立表也。置，植也。高謂樹植高處以示異也。若今桅匾牌坊之類。」元材案：樹表即立木爲表。置高，即《輕重丁篇》所謂「表稱貸之家，皆堊白其門而高其閭」之意，說詳該篇。尹說失之。

〔一一〕元材案：「聘之幣」，謂以幣存問之。「孝子兄弟衆寡不與師旅之事」，謂凡孝子之家不論其兄弟有多少人，皆予以免除兵役之優待也。

〔一二〕元材案：「樹表置高」等四句，蓋謂由於政府奬勵仁愛與提倡慈孝，故人民咸樂以財物互相贈遺，則可免「爲富不仁」之弊，而財物必因此流散於外。此決之使行之義也。散則輕，然後政府乘其輕而守其流，於是民間財物之十分之五又可以爲政府所占有。此塞之則止之義也。此與《輕重甲篇》所謂「好心萬物之可因」，《輕重丁篇》所謂「召城陽大夫而請之」與「峥丘之謀」，皆是著者採用儒家仁愛孝弟等道德教條與宗法思想而提出之空想的調和貧富政策，企圖以此加强其對勞動人民之剥削效能，而不知在以私有財産爲基礎之封建社會中，實無實現之可能也。然亦實有其歷史背景，當於《輕重丁篇》再詳論之。

〔一三〕安井衡云：「『如』讀爲『而』。」張佩綸云：「『如行事』之『如』涉下而衍。」郭沫若云：「疑本作『如五運行事，如日月之終復』。《素問・天元紀大論》：『五運相襲而皆治之，終朞之日，周而復始。』」元材案：三氏說皆非也。此謂政府既得此十分之五之財，又宜依照過去行事之成例，輾轉運用，有如日月之往而復來，無有終止之時。則財恒足而可以長有天下矣。「准道」，平准之道，即「國准」也。

桓公問於管子曰：「請問教數〔一〕。」

管子對曰：「民之能明於農事者，置之黃金一斤，直食八石〔二〕。民之能蕃育六畜者，置之黃金一斤，直食八石。民之能樹藝者，置之黃金一斤，直食八石。民之能樹瓜瓠葷菜〔三〕百果使蕃衮者〔四〕，置之黃金一斤，直食八石。民之能已疾病者〔五〕，置之黃金一斤，直食八石。民之能知時，曰『歲且阨』〔六〕，曰『某穀不登』，曰『某穀豐』者，置之黃金一斤，直食八石。民之通于蠶桑，使蠶不疾病者，皆置之黃金一斤，直食八石〔七〕。謹聽其言而藏之官，使師旅之事無所與〔八〕。此國筴之者也〔九〕。國用相靡而足，相因揲而澹〔一○〕。然後置四限，高下令之徐疾，毆屏萬物〔一一〕，守之以筴，有五官技〔一二〕。」

桓公曰：「何謂五官技〔一三〕？」

管子曰：「詩者所以記物也。時者所以記歲也。春秋者所以記成敗也。行者道民之利害也〔一四〕。易者所以守凶吉成敗也。卜者卜凶吉利害也。民之能此者皆一馬之田〔一五〕，一金之衣〔一六〕。此使君不迷妄之數也。六家者〔一七〕即見其時，使豫先蚤閑之日受之。故君無失時，無失筴，萬物興豐無失利〔一八〕。遠占得失以爲末教，詩記人無失辭，行殫道無失義，易守禍福凶吉不相亂〔一九〕。此謂君棟〔二〇〕。

〔一〕元材案：教數謂教育之術。《孟子·告子篇》云「教亦多術矣」是也。

〔二〕元材案：置，立也。直，當也。「置之黄金一斤直食八石」，謂設立奬金，定爲黄金一斤或給以相當於黄金一斤之穀凡八石也。

〔三〕元材案：葷即《儀禮·士相見禮》「膳葷」之葷，注：「葷，辛物，葱薤之屬。古文『葷』作『薰』。」與後世之以肉食爲葷者不同。

〔四〕王念孫云：「『衮』當作『袞』，字之誤也。《玉篇》、《廣韻》『袞』字並與『裕』同。蓄裕猶蓄衍耳。世人多見『裕』，少見『袞』，故『袞』訛爲『衮』。」洪頤煊説同。

〔五〕元材案：已即《吴氏春秋·至忠篇》「病乃遂已」之已。高注：「已，猶愈也。」

〔六〕吴志忠云：「且乃豐字誤。」丁士涵云：「當作『歲豐且阨』。上文云：『大豐則藏分，阨亦藏分。』豐阨對言。歲豐且阨，與下文『某穀不登，某穀豐』，義亦相成。」元材案：且者，將也，解已見《山國軌篇》。此三「曰」字乃「知時」之具體内容。即歲且阨，一也；某穀不登，二也；某穀豐，三也。知歲阨，乃能預防。知某穀不登某穀豐，乃能有所選擇。故不言歲豐也。吴、丁二氏説皆非。

〔七〕丁士涵云：「『皆』字衍。」元材案：此總承上「民之通於蠶桑」及「使蠶不疾病者」二事而言，

「皆」字不衍。

〔八〕元材案：文中規定被奬勵之事計分七能，即一農業，二牧畜，三森林，四園藝，五醫藥，六時令，七蠶桑。此二句乃統上七者而言。謂政府對於人民之具有七能中之任何一能者，除給以黄金一斤直食八石之奬金及免除兵役之優待外，並宜「謹聽其言而藏之官」，將勞動人民所創造之農林醫藥等實踐經驗予以記録保存，以爲宣傳推廣之用。《管子·法禁篇》所謂「藏於官則爲法，施於國則成俗」，此之謂也。

〔九〕王念孫云：「『國筴之』下當有『大』字。上文云：『不以狹畏廣，不以少畏多，此國筴之大者也。』是其證。」元材案：《史記·秦始皇本紀》：李斯言：「臣請史官非秦紀皆燒之。非博士官所職，天下敢有藏詩書百家語者悉詣守尉雜燒之。……所不去者，醫藥卜筮種樹之書。」此處所列七能與下文「有官五技」云云，與李斯所謂「醫藥卜筮種樹之書」内容幾全相同。此又本書爲秦以後人所作之一證也。

〔一〇〕金廷桂云：「按《易》『我有好爵，我與爾靡之』，注：『靡，散也。』相靡而足，言分散而各自足也。」王引之云：「『⿱次言』當爲『澹』，字之誤也。『澹』，古『贍』字也。上句言足，下句言贍，贍亦足也。『相困揲而⿱次言』當爲『相揲而澹』。《廣雅》曰：『揲，積也。』言國用相積而贍也。『相揲而贍』，與『相靡而足』對文，困蓋衍字耳。趙以⿱次言爲咨字，則義不可通。朱本逕改爲咨，則謬益甚矣。又《輕重甲篇》：『不資者得振』，宋本『資』作『⿱次言』，亦是『澹』字之譌。民不贍則振之。《山國軌篇》曰『振其不贍』是也。下文『不資者振之』，及《山至數篇》『散振不資者』，『不資』皆當爲『不澹』。又《國蓄篇》：『千乘可足，萬乘可資』，『資』與『足』對文，亦當是『澹』字。」元材案：釋靡爲散，詹當作澹，兩氏説皆是也。贍字在《鹽鐵論》中凡三十一見，《史記》、《漢書》中所見尤多，蓋亦漢人通用術語。惟金氏謂「分散而各自足」，王氏言「困蓋衍字」，則可商。「國用」解已見《乘馬數篇》。此文足與贍皆指國用而言，與人民無關，不得云「分散而各自足」。「困」當依宋本作「因」。《山至數篇》云：「重之相因，時之化舉，無不爲國筴。」《輕重甲篇》云：「故物無主，事無接，遠近無以相因，則四夷不得而朝矣。」《輕重乙篇》云：「故君請重重而衡輕輕，運物而相因，則國筴可成。」《揆度篇》云：「動左右，以重相因，二十國之筴也。」皆以「相因」二字連用，可見「相因」亦是本書著者特用術語。《山至數篇》尹注云：「重之相因，若春時穀貴與穀也。時之化舉，若秋時穀賤收穀也。因時之輕重，無不以術權之。」此云「相靡而足，相因揲而贍」者，相靡指人民，《管子·侈靡篇》所謂「富者靡之」可證。相因揲指封建國家。足者與贍者則皆指國家。謂萬物因散而輕，因積而重，輕則賤，重則貴。政府因此得以斂輕散重，獲取大利，故國用由之而足與贍也。

〔二〕安井衡云：「四限，四境也。置四境中貴賤之准。」尹桐陽云：「『置』同直，視也。『限』，竟也。」元材案：此當作「置四限」爲句。置四限者，《呂氏春秋·異用篇》「湯先祝網者置四限」，注：「置，設也。」高下在此處當作「權度」講。「高下令之徐疾」，猶《地數篇》之言「先王權度其令之徐疾」。屏即《國蓄篇》「穀有所屏也」之屏，藏也。「毆屏」謂毆而藏之。此蓋言政府應預先設爲四限，然後權度其號令之徐疾以毆屏萬物，使其盡入於四限之中，而無所逃於天地之間。此與《國蓄篇》所謂「爲籠以守民」，《山國軌篇》所謂「民鄰縣四面皆橫」，《山至數篇》所謂「行欄牢之筴」，意義全同。猶《史記·殷本紀》之言「自天下四方皆入吾網」矣。兩氏説皆非。

〔一二〕元材案：「有五官技」，當作「有官五技」。《山國軌篇》云「有官天財」，句例與此正同。官即管，有即又。謂於獎勵七能、設置四限之外，又當管制五種技能之人，使其皆爲政府之財政經濟政策服務也。

〔一三〕元材案：此亦當作「官五技」。

〔一四〕元材案：行，指掌祭行神之人而言。行神即道路之神。《儀禮·聘禮》「釋幣於行」，注：「行者之先，其古人之名未聞。今時民春秋祭祀有行神。」胡培翬《正義》：「謂古有始教行之人，後遂祀爲道路之神。其名未聞也。」《禮·月令》：「其祀行」，孫希旦《集解》：「行謂宫内道路之神也。行神所主不同。《月令》『冬祀行』，《聘禮》『釋幣於行』，此宫中之行神也。《聘禮》記云：『出祖釋軷』，軷，祭行神。此國外之行神也。行神皆主道路，但所主不同耳。」又《漢書·臨江閔王榮傳》「榮行祖於江陵北門」，顔師古注云：「祖者送行之祭，因饗飲也。昔黄帝之子纍祖好遠遊而死於道，故後人以爲行神也。」道同導。指導也。謂掌祭行神之人以指導人民在行路時之利害，使其知所趨避爲務也。安井衡謂「行者三禮所記之屬」，張佩綸謂行「指五行」，尹桐陽謂「《莊子·天下篇》『禮以道行』，然則行或謂禮與」者皆非。

〔一五〕安井衡云：「四井爲邑，四邑爲丘，四丘爲甸。出牛十二頭，戎馬四匹。則一馬之田，一丘十六井之地也。」何如璋、尹桐陽説同。元材案：諸氏説皆非也。一馬之田，卽《揆度篇》所謂「匹馬之壤」，乃指一匹馬一日所能耕種之田土面積而言。《鹽鐵論·未通篇》云：「農夫以馬耕載。」又《散不足篇》云：「庶人之乘者馬足以代其步而已，故行則服桅，止則就犁。」可見以馬耕田，乃漢人通俗。若如安井氏言，則方里而井，井九百畝，十六井爲一萬四千四百畝，爲數未免過大矣。李哲明以「馬當爲筴馬，俗謂之碼。一馬之田，言其少也」，亦不可從。

〔一六〕李哲明云：「『金』疑『袷』之誤。『一袷之衣』，猶言衣祇一領。《廣韻》『袷同襟。或作衿』。《顔氏家訓·書記》：『古者斜領下連於衿，故謂領爲衿。』《詩·青青子衿·傳》：『青衿，青領也。』」元材案：此説是也。安井衡、何如璋皆以一金爲金一斤者非。

〔一七〕元材案：六家：一詩，二時，三春秋，四行，五易，六卜。上言五技，此則六家者，朱長春云：「易、卜當爲一官。」是也。

〔一八〕元材案：「失時」，《論語》「好從事而亟失時」，謂後於時機，《巨(筴)乘馬篇》所謂「穀失於時」者也。失策卽《乘馬數篇》「君不知其失諸春筴，又失諸夏秋之筴」及本篇下文「則君失筴而民失生」之意。《鹽鐵論·刺議篇》丞相史云：「故謀及下者無失策。」無失筴卽無失計也。與豐一詞，又分見《巨(筴)乘馬》及《地數篇》，解已見《巨(筴)乘馬篇》。失利，解已見《國蓄篇》。

〔一九〕元材案：失辭謂言語失當。《論語》：「不學詩無以言。」故曰「詩記人無失辭」也。殫讀若聞。《易繫辭》注：「聞，明也。」此四句與上文重複，又缺春秋與時二項，顯有訛誤。

〔二〇〕元材案：棅，《説文》與「柄」同。一作秉。《史記·絳侯世家》「持國秉」，《索隱》：「秉音柄。」又《鹽鐵論·刺權篇》文學云：「執國家之柄以行海内。」君柄，即國家之柄與上文所謂「國權」，皆指政權而言。又案此段文字多有脱誤，不可强解。大意謂政府對於六種專門人才，亦應分别加以管制。使其在農暇之時，以其所有之經驗，預先對人民宣傳講授，則能知所趨避，不致誤入迷途。古人重迷信，缺乏科學知識，得此指點，可免失時失筴失利失義之弊。而其指點之權，則完全操在封建統治者手中，故曰「此謂君柄」也。

桓公問於管子曰：「權棅之數，吾已得聞之矣。守國之固奈何〔一〕？」曰〔二〕：「能皆已官，時皆已官，得失之數，萬物之終始，君皆已官之矣〔三〕。其餘皆以數行。」

桓公曰：「何謂以數行？」

管子對曰：「穀者民之司命也。智者民之輔也〔四〕。民智而君愚，下富而君貧，下貧而君富〔五〕。此之謂事名二〔六〕。國機，徐疾而已矣〔七〕。君道，度法而已矣〔八〕。人心，禁繆而已矣〔九〕。」

桓公曰：「何謂度法？何謂禁繆？」

管子對曰：「度法者，量人力而舉功。禁繆者，非往而戒來〔一〇〕。故禍不萌通而民無患咎〔一一〕。」

桓公曰：「請問心禁〔一二〕。」

管子對曰：「晉有臣不忠於其君，慮殺其主，謂之公過〔一三〕。諸公過之家毋使得事君。此晉之過失也。齊之公過，坐立長差〔一四〕。惡惡乎來刑，善善乎來榮。戒也。此之謂國戒〔一五〕。」

〔一〕元材案：權棅即權柄。《漢書·劉向傳》「大臣操權柄，持國政，未有不爲害者也。」國固又見《輕重丁篇》。《管子·立政篇》云：「治國有三本而安國有四固。」又《七臣七主篇》云：「不悟則法數日衰，而國失固。」《鹽鐵論·和親篇》云：「城壘者國之固也。」又《險固篇》云：「梁關者邦國之固。」然則國固云者，卽立國於安固之基礎上之義矣。

〔二〕元材案：「曰」上脫「管子對」三字。

〔三〕元材案：能者，指上文「民之能明於農事者」等七能而言。時與得失之數者，指五技六家而言。上文云「時者所以記歲也」，又曰「六家者卽見其時」，又曰「故君無失時」，又曰「遠占得失以爲末教」是也。萬物之終始，則指「置四限，守之以筴」而言。張佩綸以『時』當作『技』，『能皆已官』，謂能明農事之類。『技皆已官』，謂五家之類」。許維遹以「『能』即指上文五官技言。下『皆已官』三字涉上下文而衍。『時』與『之』通。此當作『能皆已官之』句，與下『君皆已官之』句法正同」。皆非。三「官」字皆當借爲「管」。謂七能五技六家皆已由政府管制之也。《山至數篇》「何不官百能」，《國准篇》周人之王，官能以備物」，二「官」字亦當借爲「管」，與此同。

〔四〕元材案：「穀者民之司命也」，《國蓄篇》作「五穀食米者民之司命也」，《輕重乙篇》作「五穀粟米者民之司命也」，解已見《國蓄篇》。「智」指七能五技六家之知識技能而言。有此知識技能，即可免於「失時」「失筴」「失利」「失義」之弊，故曰：「智者民之輔也。」

〔五〕豬飼彦博云：「『下貧而君富』上疑脱『民愚而君智』一句。」丁士涵、何如璋説同。安井衡云：「『下貧而君富』五字當衍。」張佩綸云：「『民智而君愚，民愚而君智』，當作『君智而民愚，君愚而民智』十字。傳寫各挩其半。」郭沫若云：「豬飼與何、丁、張之説均非。當作『民智而君智，民愚而君愚』。本篇并未主張愚民政策，上文明言『民之能明農事者』云云，『皆置之黄金一斤，直食八石，謹聽其言而藏之官，使師旅之事無所與』，其重視民智如此。故云『智者民之輔也』。安得有『民智而君愚』之理？蓋抄寫者疏忽，在『而君』下跳脱『智民愚而君』五字也。下文『下富而君貧，下貧而君富』，亦當爲『下富而君富，下貧而君貧』。因上文既誤爲『民智而君愚』，後之校書者未深加思索，援例而竄改之也。《山至數篇》云：『民富君無與貧，民貧君無與富』，即『下富而君富，下貧而君貧』之意，正爲此文奪誤之確證。又《荀子·富國篇》『下貧則上貧，下富則君富』，語與此同。安井衡謂『下貧而君富五字當衍』，亦失之。」元材案：豬飼、丁、何、張説是，安井、郭説非也。此處「民」與「下」，皆指富商大賈之以「牟大利」爲目的者而言，與《山至數篇》所謂「民富君無與貧，民貧君無與富」兩「民」字之泛指普通人民而言者不同。前者是作者認爲必須加以無情打擊之對象，而後者則爲封建國家進行剥削之廣大財源。因此，對後者必須先在培養税源上下工夫，故曰：「民富君無與貧，民貧君無與富。」《揆度篇》所謂「民財足則君賦斂焉不窮」者，義與此同。對於前者，則只有加强封建國家之政權（君棅）將所有七能五技六家之知識技能，完全由封建國家預先加以壟斷，以免爲富商大賈所利用，以爲操縱市場牟取大利之工具，以成其爲「一國而二君之正」之勢。如此，則「事至而不妄」，而「失時」、「失筴」、「失利」、「失義」之弊自可完全免除。若作「民智而君智，民愚而君愚」，則不僅與上文所謂「此使君不迷妄之數」、「故君無失時，無失筴」、「此謂君棅」之專以「君」爲言者不相符合，而且與本書積極主張之「故見予之形，不見奪之理」（《國蓄》及《輕重乙》）及「智者役使鬼神而愚者信之」（《輕重丁》）的剥削總方針，亦大相違反矣。

〔六〕豬飼彦博云：「《揆度》曰：『天筴，陽也。壤筴，陰也。此謂事名二。』與此不合。此六字疑衍。」吴汝綸云：「當是《揆度篇》脱文。」元材案：「事名二」三字又分見《揆度篇》及《管子·樞言篇》。《揆度篇》云：「桓公曰：『何謂事名二』？對曰：『天筴陽也，壤筴陽也。此謂事名二。』」《樞言篇》云：「凡人之名三，有治也者，有恥也者，有事也者。事之名二，正之，察之。五者而天下治矣。」前者以天地陰陽之數爲事名二，後者以正之察之爲事名二，可見所謂「事名二」者，乃古時本有此語。

至其內容，則可隨各人自作解釋。此處明是以「轂」與「智」爲「事名二」，與《揆度篇》及《樞言篇》皆不同。亦猶《揆度篇》之以「權衡規矩准」及「五色五聲五味」解釋「正名五」也。豬飼及吴氏説皆非。

〔七〕元材案：國機，又見《揆度篇》。機，機要。徐疾指號令。此謂國家之機要，在于掌握號令之徐疾。故曰：「國機，徐疾而已矣。」

〔八〕元材案：度即制度，法即法令。兩者皆封建國家統治者所不可缺少之工具，故謂之「君道」。

〔九〕元材案：禁，禁止。繆同謬。《禮・大傳》：「五者一物紕繆」，《釋文》：「繆，本作謬。」謂罪過。人心禁繆，即《鹽鐵論・刑德篇》文學所謂「《春秋》之治獄，論心定罪：志善而違於法者免，志惡而合於法者誅」及《後漢書・霍諝傳》所謂「《春秋》之義，原情定過，赦事誅意。故許止雖弑君而不罪，趙盾以縱賊而見書」之意，蓋謂加罪於人，不當論其事迹而當論其心意，猶言否認效果，强調動機。

〔一〇〕元材案：量人力而舉功，即《管子・牧民篇》「不爲不可成者，量人力也。量民力則事無不成」之意。非，《吕氏春秋・安死篇》高注：「罪也。」非往而戒來，猶言懲前毖後。

〔一一〕元材案：萌，萌芽。通，通達，猶言發展。禍不萌通，謂禍害不至由萌芽發展成爲壯大。「患咎」當作「怨咎」。《山國軌篇》云：「下安無怨咎。」是其證。禍不萌通，承「非往而戒來」句而言。民無怨咎，承「量人力而舉功」句而言。

〔一二〕元材案：「心禁」卽上文「人心禁繆」之縮詞，卽「原心定罪」及「原情定過」之意。

〔一三〕聞一多云：「慮，謀也。『過』當爲『猧』，猧卽猾字。公猾猶公賊也。」郭沫若云：「『公過』，猶今言政治犯也。不改字亦可通。」元材案：郭説是也，不必改字。

〔一四〕元材案：定罪爲坐。長猶長幼之長。差，次也。坐立長差，卽罪定首從之意。安井衡訓「差」爲「等」，張佩綸以「『長差』當爲『表差』」，許維遹以「差」爲「增加」，均失之。

〔一五〕元材案：「惡惡乎來刑」二語本自《公羊》。《公羊》昭二年傳云：「君子善善也長，惡惡也短，惡惡止其身，善善及子孫。」戒卽懲惡勸善之意。國戒猶言國法。又案：此段文字所提齊晉對公過之不同處理，郭沫若以春秋時代之齊晉當之。郭氏云：「『坐立長差』，卽罪分主從。原文謂『晉有臣不忠於其君，慮殺其主(者)，謂之公過，諸公過之家毋使得事君』，卽是一人有罪，全家連坐。如『欒、郤、胥、原、狐、續、慶、伯，降在皁隸』，(《左傳》昭三年文)是也。又如叔向乃晉之名臣，其弟羊舍虎有罪被誅，叔向連坐，被没爲奴(見《呂氏春秋·開春篇》)，亦其比。託爲管仲者對此加以非難，謂『此晉之過失也』。下言『齊之公過坐立長差，惡惡乎來刑，善善乎來榮』，明示齊法與晉不同。罪分主從，惡者有刑，善者有賞；以善惡定刑賞，不以族誅。」今案：郭氏釋「坐立長差」是也。對齊晉二字之理解則有未照。此蓋以漢昭帝時鹽鐵會議中代表政府之御史與代表反對派之文學關於連坐法之争論爲背景者。《鹽鐵論·周秦篇》御史云：「一室之中，父兄之際，若身體相屬，一節動而知於心。故今自關内侯以下比地于伍，居家相察，出入相司。父不教子，兄不正弟，舍是誰責乎？」

此代表政府方面之意見，認爲連坐之法實不可少。但代表反對派之文學方面，則堅決認爲不能實行。故其言曰：「法者緣人情而制，非設罪以陷人也。故《春秋》之治獄，論心定罪：志善而違於法者免，志惡而合於法者誅。」（《刑德篇》）又云：「《春秋》曰：『子有罪，執其父；臣有罪，執其君。聽失之大者也。』今以子誅父，以弟誅兄，親戚小坐，什伍相連，若引根本之及華葉，傷小指之累四體也。如此則以有罪誅及無罪，無罪者寡矣。」又云：「自首匿相坐之法立，骨肉之恩廢而刑罪多。聞父母之於子，雖有罪猶匿之。豈不欲服罪爾？子爲父隱，父爲子隱，未聞父子之相坐也。聞兄弟緩追以免賊，未聞兄弟之相坐也。聞惡惡止其身，疾始而誅首惡，未聞什伍之相坐。」雙方争持，互不相下。而其所根據之理論，在御史方面，則爲商、吴、申、韓（見《刑德》、《申韓》等篇），在文學方面則爲《春秋》。商鞅、吴起爲魏人，申不害、韓非爲韓人，皆屬於三晉。《春秋》在漢專指《公羊》，而《公羊春秋》之始創者公羊高及漢初傳《公羊春秋》之胡母生則皆爲齊人。由此可以得出結論：第一，《公羊》之學，始於景帝，盛於武昭。其後宣帝提倡《穀梁》，《穀梁》之學乃代之而起，但《公羊》學并未因之廢棄。觀《漢書·王莽傳》居攝三年羣臣奏言：「《春秋》善善及子孫。賢者之後宜有土地。」又天鳳五年莽曰：「《春秋》之義，君親無將，將而誅焉。……」云云，則在王莽時，《公羊》學仍有法律效力，可以爲證。第二，公羊高雖爲戰國時人，但《公羊春秋》則至漢景帝時始由其孫公羊韓壽編寫成書。而《公羊春秋》學派與申韓學派發生面對面的直接對立與鬥争，在鹽鐵會議以前實無所聞。今此文著者用極其簡鍊之手法，將雙方争論之中心問題概括爲對「公過」處理意見之分歧，而對於争論之雙方，則概括之爲「齊」、「晉」兩派。甚至引用漢景帝時才開始編寫成書的《公羊春秋》中語，作爲齊派理論之根據，而作者亦顯然站在齊派一邊。故此處所謂齊晉，既不是指春秋時代之齊晉，亦不是指戰國時代之齊晉，而是指漢武昭時代在政治上發生直接對立與鬥爭之齊派與晉派而言，實甚明顯。然則本書之成，不得在《鹽鐵論》以前，此又其一證矣。

桓公問管子曰：「輕重准〔一〕施之矣，筴盡於此乎？」

管子對曰：「未也。將御神用寶〔二〕。」

桓公曰：「何謂御神用寶？」

管子對曰：「北郭有掘闕〔三〕而得龜者，此檢〔四〕數百里之地也。」

桓公曰：「何謂得龜百里之地〔五〕？」

管子對曰：「北郭之得龜者，令過之平盤〔六〕之中。君請起十乘之使，百金之提〔七〕，命北郭得龜之家曰：『賜若服中大夫〔八〕。』曰：『東海之子類於龜，託舍於若。賜若大夫之服以終而身，勞若以百金〔九〕。』之龜爲無貲，而藏諸泰臺，一日而釁之以四牛，立寶曰無貲〔一〇〕。還四年，伐孤竹。丁氏之家粟可食三軍之師行五月〔一一〕，召丁氏而命之曰：『吾有無貲之寶於此。吾今將有大事〔一二〕，請以寶爲質於子，以假子之邑粟〔一三〕。』丁氏北鄉再拜，入粟，不敢受寶質。桓公命丁氏曰〔一四〕：『寡人老矣，爲子者不知此數。終受吾質！』丁氏歸，革築室，賦藉藏龜〔一五〕。還四年，伐孤竹，謂丁氏之粟中食三軍五月之食〔一六〕。桓公立貢數〔一七〕：文行中七年龜中四千金，黑白之子當千金〔一八〕。凡貢制，中二齊之壤筴也〔一九〕。用貢：國危出寶，國安行流〔二〇〕。」

桓公曰：「何謂流〔二一〕？」

管子對曰：「物有豫則君〔二二〕，失筴而民失生矣〔二三〕。故善爲天下者，操於二豫之外〔二四〕。」

桓公曰：「何謂二豫之外？」

管子對曰：「萬乘之國，不可以無萬金之蓄飾〔二五〕；千乘之國，不可以無千金之蓄飾；百乘之國，不可以無百金之蓄飾。以此與令進退，此之謂乘時〔二六〕。」

〔一〕元材案：輕重准即「輕重之准」。《國蓄篇》云：「視物之輕重而御之以准。」又曰：「乘四時之朝夕，御之以輕重之准」，是也。

〔二〕丁士涵云：「《説文》：『禦，祀也。』御、禦古通。下文云『東海之子類於龜』，尹注：『東海之子，海神之子也。』以爲神而祀之，故藏諸泰臺，日釁四牛。」安井衡云：「御，驅使之也。神猶怪也」。元材案：安井説是，丁説非也。御神即《輕重丁篇》所謂「故智者役使鬼神而愚者信之」之意，猶言「神道設教」。

〔三〕尹注云：「掘，穿也。穿地至泉曰闕。」王引之云：「『掘』字衍文。『掘』『闕』音義並同，『闕』卽『掘』字假借，注强爲分别。」張文虎云：「掘闕固不當複，然掘下似脱一字，但云掘，文不成義。」張佩綸云：「『闕而得龜』，文不成義。『掘闕』當作『掘閱』。古『閱』『穴』通。《埤雅》釋『蜉蝣掘閱』，引《管子》『掘閱得玉』。王氏《詩總聞》云：『「掘閱得玉」，恐當時常談如此。掘閱，挑撥貌，《詩》故云。讀《管子》「掘閱得玉」，始知閱與穴通。』陳啓源《毛詩稽古篇》：『今《管子》並無「掘閱得玉」語，惟《山權數》「北郭有掘闕而得龜者」。豈「掘閱得玉」别見他篇，而近本逸之乎？』今案陸、王所引，卽此文。『掘闕』當卽『掘閱』無疑。」元材案：張説是也。惟掘閱得玉，玉當是寶字之誤。上文云：「御神用寶。」下文云：「立寶爲無貲。」又曰：「吾有無貲之寶於此。」又曰：「國危出寶。」寶省爲宝，遂坯而爲玉耳。至龜何以須掘穴乃得？考《史記·龜策列傳》：「聞古五帝三王發動舉事，必先決蓍龜。《傳》曰：『下有伏靈，上有菟絲。上有擣蓍，下有神龜。』所謂伏靈者在菟絲之下，狀似飛鳥之神。新雨已，天清静無風。以夜捎菟絲去之。卽以篝燭此地，燭之火滅，卽記其處，以新布四丈環置之。明卽掘取之。入四尺至七尺，得矣。過七尺不可得。伏靈者千歲松根也，食之不死。聞蓍生滿百莖者，其下必有神龜守之，其上常有青雲覆之。」可知所謂神龜者不必皆出於水中，亦有生産於蓍草之下，土壤之内者。其掘取之法當與掘取伏靈相同，故略而不言也。

〔四〕尹注云：「檢猶比也。以此龜爲用者，其數可比百里之地。」何如璋云：「檢，《爾雅釋詁》：

『同也。』」張佩綸云：「檢通斂。《説文》：『斂，收也。』《孟子》不知檢，《食貨志》作不知斂。『數』字卽『斂』字之複衍者。原註非。」陶鴻慶云：「據尹注云：『檢猶比也，以此龜爲用者，其數可比百里之地。』是其所見元文本作『此數檢百里之地』也。下文云：『桓公命丁氏曰：『寡人老矣，爲子者不知此數。』」尤其明證。」元材案：何説是也。此謂得龜之利，與得數百里之地相同也。尹説近之，張、陶説皆非。

〔五〕豬飼彦博云：「『得龜』下脱『檢數』二字。」張佩綸云：「『得龜』下奪『檢』字。」元材案：此語爲上文「掘闕而得龜者此檢數百里之地也」之縮文，與上文「心禁」爲「人心者禁繆而已矣」之縮文者，句例蓋同，不必添字。

〔六〕尹注云：「令，力呈反。過之，猶置之也。平盤者，大盤也。」張佩綸云：「『令』當作『今』。『過』當爲『冎』。《説文》：『冎，剔人肉置其骨也。』」元材案：令，尹注是也。過當爲冎，張説是也。《莊子》：豫且得白龜，獻之，殺以卜。仲尼曰：「智能七十鑽而無遺筴，不能避刳剔之患。」「刳剔」卽冎之義矣。令，謂桓公命令得龜者之家也。

〔七〕尹注云：「起，發也。提，裝也。」張佩綸云：「《説文》：『提，挈也。』言挈百金。」郭沫若云：「提，疑愓字之誤。愓、賜古通用。《趙孟介壺》『邗王之愓金，以爲祠器』，愓金卽賜金也。」元材案：尹、張説是，郭説太牽附。

〔八〕尹注云：「若，汝也。中大夫，齊爵也。」元材案：中大夫又兩見《輕重戊篇》，乃著者任意假託之詞，與齊爵無關。賜中大夫服，謂可以服中大夫之服，猶後世之捐官，乃虛有其名，非真除之爲中大夫也。

〔九〕尹注云：「東海之子其狀類龜，假言此龜東海之子耳。東海之子者，海神之子耳。託舍，猶寄居也。勞，賜也。」聞一多云：「管子之言止此。」元材案：本篇全是桓公管子問答之詞。從「北郭之得龜者」起至「國安行流」，皆管子對桓公語。著者每説明一輕重之筴，大抵皆採用故事形式加以描繪，而故事之發展往往須持續至若干年之久始能結束。因而在描繪過程中，不得不在問答體中兼用敍事體。遂使讀者觀之，一若真有其事其人也者。此古書之所以難讀也。若如聞氏説，則「之龜爲無貲」以下又是何人語耶？而下文「桓公曰：何謂流」云云，又是何所根據而發問者耶？

〔一〇〕尹注云：「之，是也。是龜至寶而無貲也。無貲，無價也。泰臺，高臺也。立龜爲寶，號曰無貲。」元材案：此亦管子語。謂桓公於封官賜金之後，卽宜立龜爲寶，名爲無貲。日釁四牛者，故意神奇其事，取信於人也。

〔一一〕尹注云：「還四年，後四年。丁氏，齊之富人，所謂丁、惠也。食音飼。下，以意取。（「下，以意取」，劉本、中立本作「可，以意料」。）行五月，經五月。」元材案：《公羊》僖二年傳敍晉滅虞郭事，亦有「還四年」語。孤竹，古北方國名。此亦假託之詞。「丁氏之家粟可食三軍之師行五月」當作一句讀。謂丁家所有之粟，估計可以供給三軍行軍五個月之食用也。

〔一二〕元材案：大事卽軍事。左成十三年傳「國之大事，在祀與戎」是也。

〔一三〕尹注云：「邑粟即家粟。」

〔一四〕元材案：此「桓公」及下文「桓公立貢數」之「桓公」，皆當作「公」字看，亦管子假託之詞。

〔一五〕尹注云：「革，更也。賦，斂也。藉，席也。」

〔一六〕丁士涵云：「此十九字疑衍。」聞一多説同。元材案：此不宜衍。上文係估計丁氏有此家粟。此則謂丁氏之粟，果能中食三軍五月之食也。

〔一七〕元材案：從「桓公立貢數」至「國安行流」亦管子語。蓋於御神用寶之外，又主張立貢數也。觀下文「桓公曰：何謂流」便知。

〔一八〕張佩綸云：「『貢』當爲『寶』。（下二貢字同。）『文行』當作『文龜』。《爾雅·釋魚》：『一曰神龜，二曰靈龜，三曰攝龜，四曰寶龜，五曰文龜，六曰筮龜，七曰山龜，八曰澤龜，九曰水龜，十曰火龜。』郭注：『文龜，甲有文采者。』上四種以爲神寶，則龜貝之品自文龜始矣。『中七』下脱『千金』二字，與下文句例合。『年』當作『冉』。《説文》：『䶇，龜甲邊也。天子巨龜尺有二寸，諸侯尺，大夫八寸，士六寸。』《漢書·食貨志》：『元龜岠冉長尺二寸，直二千一百六十，爲大貝十朋。公龜九寸，直五百，爲壯貝十朋。侯龜七寸以上，直三百，爲幺貝十朋。子龜五寸以上，直百，爲小貝十朋。是爲龜寶四品。』『當千金』，『當』宜作『中』。此冉龜即元龜。黑白之子即子龜也。」又曰：「《史記·龜策傳》：『廬江郡常歲時生龜長尺二寸者二十枚輸太卜官。』又云：『龜千歲乃滿尺二寸。』或『年龜』即指千歲之龜。不必改字。」元材案：張説以「文行」爲「文龜」，「年龜」爲「千歲之龜」，又補「千金」

二字，均是。惟「貢」字不必改爲寶。此三龜各有定價，卽所謂「立貢數」也。

〔一九〕元材案：「中一齊之壤筴」，謂相當於一倍齊國領土之數。與《海王篇》「今吾非籍之諸君吾子而有二國之籍六千萬」，《揆度篇》「動左右以重相因，二十國之筴也，鹽鐵二十國之筴也，錫金二十國之筴也」，《輕重甲篇》「如此而有二十齊之故」，句例全同。

〔二〇〕元材案：此當以「用貢」爲句。「國危出寶」爲句，「國安行流」爲句。「行流」解已詳《乘馬數篇》。謂當發生戰爭之時，則出其寶物，如上文以無貲之寶爲質而假借丁氏之家粟以爲三軍五月之食，卽其例。平安之時，則促進萬物之流通。二者皆所謂貢制，皆足以當一倍齊地之數者也。張佩綸改「貢」爲「寶」，以「用寶國危」爲句，「出寶國安」爲句。而以「行流」另提一行。謂「國不足則用寶，國足則出寶也」，又曰「『行流』上當有『請』字」，既誤其讀，又失其義矣。又案：《史記·平準書》：「虞夏之幣，金爲三品，或黃或白或赤，或錢或布或龜貝。及至秦，中一國之幣爲三等。黃金以鎰名，爲上幣，銅錢識曰半兩，重如其文，爲下幣。而珠玉龜貝銀錫之屬爲器飾寶藏，不爲幣。然各隨時而輕重無常。」據此，則龜之得爲器飾寶藏而輕重無常，其制實始於秦。《莊子·秋水篇》：「吾聞楚有神龜，巾笥而藏之廟堂之上。」《外物篇》：「宋元君夜半而夢人被髮窺阿門，曰：『予自宰路之淵。予爲清江使河伯之所。漁者余且得予。』元君覺，使人占之，曰：『此神龜也。』君曰：『漁者有余且乎？』左右曰：『有。』君曰：『令余且會朝。』明日，余且朝。君曰：『漁何得？』對曰：『且之網得白龜焉。其圜五尺。』君曰：『獻若之龜。』龜至，君再欲殺之，再欲活之，心疑，卜之，曰：

『殺龜以卜，吉』。乃刳龜，七十二鑽而無遺筴。」是龜在莊子時，尚止以其「七十二鑽而無遺筴」而視之爲神，猶未臻於得爲器飾寶藏之地位。換言之，卽龜至莊子時，尚僅有宗教上之價值，而無經濟上之價值也。自秦以龜爲器飾寶藏之後，至漢而龜之經濟價值，乃益隨其宗教價值而繼長增高。《史記・龜策列傳》云：「聞古五帝三王發動舉事，必先決蓍龜。《傳》曰：『上有擣蓍，下有神龜。』」又曰：「聞蓍生滿百莖者，其下必有神龜守之。」又曰：「神龜出於江水中。今高廟中有龜室，藏内之以爲神寶。」又曰：「有神龜在江南嘉林中，左脅書文曰『得我者匹夫爲人君，有土正。諸侯得我爲帝王。』」此龜之宗教價值也。又曰：「記曰：能得名龜者，財物歸之，家必大富，至千萬。」又曰：「近世江上人有得名龜，畜置之，家因大富。」又宋元君得白龜，本爲「往古故事」。然至漢時，則《史記・龜策傳》所傳，已與莊子大異。除以元君爲元王，余且爲豫且，及無端又抬出衛平、泉陽令等人物以爲故事之陪襯外，最可注意者，卽爲莊子所未曾提及之經濟價值一點。如衛平曰：「龜者是天下之大寶也。王能寶之，諸侯盡服。」又曰：「今龜大寶也。」此龜之經濟價值也。今觀本文所述，以御神用寶爲言，與《龜策列傳》所言殆全相同。甚至掘取方法及御神儀式亦有暗合者。前者如掘闕得龜，乃謂龜生於土中，與《龜策列傳》之謂「上有擣蓍，下有神龜」者毫無二致。後者如《龜策列傳》稱「於是元王向日而謝，再拜而受，擇日齋戒，甲乙最良。乃刑白雉與驪牛，以血灌龜於壇中央」，則卽本文所謂「而藏諸泰臺，一日而釁之以四牛」之説也。此外，則本文之「之寶爲無貲」，與《龜策列傳》之「龜者是天下之大寶」，本文之「立寶曰無貲」，與《龜策列傳》之「留神龜以爲國重寶」，亦均有同一之意義。考《龜策列傳》爲褚少孫所補述。褚爲漢宣帝時博士，仕元成間。據其自云，則《龜策列傳》取材之來源，共有三端。即（一）「之太卜問掌故文學長老習事者寫取龜卜事」。（二）「臣爲郎時，見萬畢書朱方」。（三）「往古故事」。而由今觀之，此三項來源，實皆出於漢人之傳説。前二者固無論矣，即所謂「往古故事」之宋元王殺白龜事，内容亦已與《莊子》所記不同，而本文則全與之合。至「文龜中七千金，年龜中四千金，黑白之子當千金」云云，則又下與王莽之「龜寶四品」有其因襲之痕迹。丁士涵不知此書乃漢人所作，乃以「此文爲《莊子》及《史記·龜筴列傳》褚先生所述豫且事所本」，豈非倒果爲因之見耶？

〔二〕元材案：「流」字上脱「行」字。「出寶」，上已詳論之，故此處僅以「行流」爲問也。

〔三〕吴志忠云：「『則君』上脱『無豫』二字。」張佩綸云：「豫，干也。（《漢書·薛宣傳》兩見。）言物有干豫吾輕重之令者，則君失其筴而民失其生。二豫，謂上干君之筴，而下預民之生也。《國蓄篇》：『萬乘之國有萬金之賈，千乘之國有千金之賈。』今蓄積與之相準，則蓄賈不能乘民之不給，百倍其本，而財不流於外矣。」郭沫若云：「吴説是也。豫即『凡事豫則立，不豫則廢』之豫。故下文『蓄』與『飾』二者稱爲『二豫』。」元材案：以上三説皆非也。如吴、郭説，則作者乃爲主張物必有豫之人矣，與原文宗旨恰得其反。張説亦不合。豫即《荀子·儒效篇》「魯之粥牛者不豫賈」之豫。王引之云：「豫猶誑也。《周官·司市·注》曰：『使定物價，防誑豫』是也。豫與誑同義。《淮南·覽冥篇》曰：『黄帝治天下，市不豫賈。』《史記·循吏傳》曰：『子産爲相，市無豫賈。』《説苑·反質篇》曰：『徒師沼治魏，而市無豫賈。』義並與此同。說者皆讀豫爲『凡事豫則立』之豫，望文生義，失其傳久矣。」物有豫者，謂富商蓄賈虛定物價以誑人，而牟取暴利也。《鹽鐵論·力耕篇》文學云：「古者商通物而不豫，工致牢而不僞。」下文又云：「商則長詐，工則飾馬」馬原誤作罵，據上下文義校改。飾馬，謂僞標。長讀上聲，尚也，解已見《山國軌篇》。以「長詐」與「不豫」對言，益足證明訓豫爲誑之正確。

〔二三〕元材案：失筴即失計，解已見上。生謂產業，解已見《國蓄篇》。失生猶言失業。

〔二四〕元材案：「二豫」者，指工商相豫而言。《鹽鐵論·禁耕篇》文學云：「國富而教之以禮，則行道有讓而工商不豫。」工商相豫，即上引《力耕篇》文學所謂「商則長詐，工則飾馬」之意。操即操事，解已見《國蓄篇》。操於二豫之外，謂政府此時不能以豫對豫，在二豫之中與之競爭，而應在二豫之外，運用輕重之筴，從根本上加以解決。下文所舉「蓄飾」之筴，即操於二豫之外之具體措施矣。

〔二五〕王引之云：「『飾』字義不可通。『飾』當作『餘』。蓄餘者，蓄所餘也。萬金千金百金，即所餘之數也。《輕重甲篇》曰：『蓄餘藏羨而不息。』」何如璋云：「『蓄飾』即指無貲之寶言。」郭沫若云：「『蓄』與『飾』即上文所謂『二豫』。『蓄』謂穀粟之羨餘；『飾』指龜貝珠玉等重器。《史記·平準書》『珠玉龜貝銀錫之屬爲器飾寶藏』。然『蓄』與『飾』二者均當『乘時』而『與令進退』，故曰『操於二豫之外』。」元材案：王說非，郭說亦有未照，何說得之。「飾」即《平準書》「珠玉龜貝銀錫之屬爲器飾寶藏不爲幣」之飾，蓄即「儲蓄」。「蓄飾」者，如上文所述立龜爲寶號曰無貲，乃事先準備，以便臨時運用，作爲計取丁氏所豫藏之家粟之工具。若如王氏説作「蓄餘」，則仍是以豫對豫，乃爲操於二豫之中，而非「操於二豫之外」矣。如郭氏説以「蓄」與「飾」爲即「二豫」，是以作者所謂「君失筴而民失生」之「豫」，認爲即是「萬乘千乘之國」所「不可以無」之「萬金千金之蓄飾」矣。

〔三六〕元材案：「以此與令進退」，「此」者指「蓄飾」而言。此如上文先令北郭得龜之家，使其所藏之龜，成爲「無貲之寶」，然後又令豫藏家粟之丁氏，以此無貲之寶爲質而計取其粟。乘者守也（見《漢書·高紀》李奇注）。乘時，即守時，指上文「國危」「國安」之時而言。

管子輕重九——山至數

何如璋云：「目曰山至數者，山有金玉可以立幣，以幣准穀，以穀權物，以物應幣，操幣以衡穀物，輕重在上，如環無端，故名爲至數。」張佩綸云：「此篇文已錯亂。《事語篇》『桓公問管子曰：事之至數可聞乎？管子曰何謂至數？』乃此篇開宗語。『何謂至數』，當是桓公問詞。今已無由理董。就此篇析之，國會一節之前，當有准衡輕重兩節。當依《通典》取《地數篇》准衡之數一節，歸入此篇。《揆度篇》『謂之國軌』一節，與此篇『謂之國會』、『謂之國簿』相類。拾殘網佚，略還舊觀，未知其有當否也。」黄鞏云：「至數，言輕重之極致也。山字衍文。」元材案：以上各説皆非也。山字非衍文，解已見《山國軌篇》。至數即善計，解已見《事語篇》。山至數者，猶言至善之理財計劃也。

提要：全文共分十一段，每段説明一個問題。段與段間除有時用一「又」字表示互相連接外，在内容上則毫無有機之聯系。其體例與《揆度》及《輕重甲》以下各篇相同。第一段，對梁聚「輕賦税而肥籍斂」説之批判。第二段對請士「官百能」説之批判。第三段論天子失權之原因。第四段論終身有天下之道。第五段論所謂「國會」之意義及其措施。第六段對特所主張的厚葬論之批判。第七段論不予人以壞及不授人以財。第八段論行幣乘馬之數。第九段論攔牢策。第十段論准時五勢之數。第十一段論爲諸侯與徧有天下應採取不同之經濟政策。

桓公問管子曰：「梁聚〔一〕謂寡人曰：『古者輕賦稅而肥籍斂〔二〕，取下無順于此者矣〔三〕。』梁聚之言何如？」

管子對曰：「梁聚之言非也。彼輕賦稅則倉廩虛。肥籍斂則械器不奉，而諸侯之皮幣不衣〔四〕。倉廩虛，則傳賤無祿〔五〕。外，皮幣不衣於天下；內，國傳賤〔六〕。梁聚之言非也。君有山，山有金，以立幣。以幣准穀而授祿〔七〕，故國穀斯在上〔八〕，穀賈什倍。農夫夜寢蚤起，不待見使，五穀什倍。士半祿而死君，農夫夜寢蚤起，力作而無止〔九〕。彼善爲國者，不曰使之，使不得不使，不曰貧之，使不得不用〔一〇〕，故使民無有不得不使者〔一一〕。夫梁聚之言非也。」

桓公曰：「善」。

〔一〕張文虎云：「『梁聚』如前《事語篇》『佚田』，此篇『梁聚』、『請士』、『特』及《輕重甲篇》『癸乙』，《乙篇》『癸度』、『衡』，蓋皆寓言，實無其人。」

〔二〕何如璋云：「肥猶厚也。賦者正供，斂者雜稅，籍則折徵其錢。言輕收正供之穀，厚取雜稅以錢也。」張佩綸云：「《秦策》：『省攻伐之心而肥仁義之誡。』高注：『省，減。肥，猶厚也。』彼以省對肥，此以輕對肥。」元材案：肥，古俷字，解已見《事語篇》。肥籍斂，即薄籍斂。何、張二氏說皆非。郭沫若以「肥」字爲「非」字之誤，亦非。

〔三〕元材案：取即《孟子·滕文公篇》「取於民有制」之取。順即《管子·牧民篇》「政之所興在順民心」之順。本書著者根本主張「不籍而贍國」，對於儒家及《管子》其他各篇之主張輕賦稅薄籍斂者尤爲反對，故特託爲梁聚之言而駁斥之。

〔四〕元材案：一本「械器不奉」下又有「械器不奉」四字，《御覽·治道部》引此「衣」作「至」，均不可從。「械器」與「皮幣」對文。械器相當於《巨(筴)乘馬篇》「縣里邑百官皆當奉器械備」之器械，皮幣則相當於《山國軌篇》「女貢織帛苟合於國奉者」之織帛，衣即《史記·貨殖列傳》「故齊冠帶衣履天下」之衣。此蓋言器械織帛皆出於百工女貢，若徵斂太薄，則一方面兵器田器不供於用，又一方面冠帶衣履不能大量輸出。故曰「肥籍斂則械器不奉，而諸侯之皮幣不衣」也。此二句又與上文「輕賦稅則倉廩虛」句互爲對文。下文乃分承而申言之。

〔五〕元材案：「傳」字在本書中凡十見(計本篇二見，《輕重甲篇》四見，《乙篇》、《丁篇》、各二見)。有作名詞用者，此處兩傳字是也。有作動詞用者，如《輕重甲》及《輕重乙》之「傳戢」，《輕重甲》及《輕重丁》之「傳耜」是也。傳戢、傳耜解詳《輕重甲篇》。此處兩傳字皆與「士」字通，謂戰士也。下文「士半禄而死君」，蓋即緊承此「傳賤無禄」句而言。孫詒讓以「傳與吏通，傳與事同」者非。又案《史記·平準書》云：「是時財匱，戰士頗不得禄矣。」(《漢書·食貨志》同)又《鹽鐵論·力耕篇》云：「往者財用不足，戰士或不得祿。而山東被災，齊趙大飢。賴均輸之富，倉廩之積，戰士以奉，飢民以賑。」所謂「戰士頗不得祿」，「戰士或不得祿」，與此處所云：「傳賤無祿」，語意正同。然則傳之通士，此又其一旁證矣。

〔六〕元材案：《御覽·治道部》七引此無「外」字，「内」作「則」，「衣」作「至」。張文虎云：「内當爲『而』字之誤。『而』卽『則』也。」今案外内對文。且緊與上文相接，條理甚爲分明。《御覽》引及張氏説皆非。

〔七〕元材案：「以幣准穀而授祿」，謂以貨幣發給奉祿，代替穀物也。下文又云：「士受資以幣，大夫受邑以幣，人馬受食以幣。」又云：「君以幣賦祿。」以幣授祿，其制亦始於漢代。《漢書·東方朔傳》：朔曰：「朱儒長三尺餘，奉一囊粟，錢二百四十。臣朔長九尺，亦奉一囊粟，錢二百四十。」此武帝時事也。然此時尚是粟錢並行。至元帝時，則完全以幣而不以穀。《貢禹傳》「禹言：……拜爲諫大夫，秩八百石，奉錢月九千二百。……又拜爲光祿大夫，秩二千石，奉錢月萬二千。」又稱：「宜罷採珠玉金銀之官，亡復以爲幣。……租税祿賜，皆以布帛及穀，使百姓壹歸於農，復古道便。」可見元帝時，租税祿賜皆以貨幣徵收及支付。故貢禹遂有請改用布帛及穀以復古道之建議。此文之成，決不得在漢元帝以前，此又其一證矣。

〔八〕李哲明云：「斯，盡也。言穀盡在上也。《詩》：『王赫斯怒』，《箋》：『斯，盡也。』《呂覽·報更篇》：『斯食之』，注：『斯猶盡也。』此斯字義同。」元材案：「國穀斯在上」猶言國穀皆爲國家所獨占。

〔九〕張佩綸云：「『農夫』二句，複下文而衍。『五穀什倍』，當作『五穀之賈什倍』。乃覆舉上文，當在下句『農夫夜寢蚤起』上。『半』讀曰判。《説文》：『判，分也。』半禄猶言分禄。一説，《漢書·項籍傳》：『卒食半菽』，注引孟康曰：『半，五斗器名也。』言士沾升斗之禄而即爲君效死也。穀賈什倍，則農夫日出而作，日入而息，自盡力於畎畝矣。」陶鴻慶云：「『穀賈什倍』以下，句多複衍。原文當云：『穀賈什倍，士半禄而死君。農夫夜寢蚤起，不待見使，力作而無止。』」聞一多云：「『五穀什倍』即『穀價什倍』之異文，當删。『力作而無止』，當升在『農夫夜寢蚤起』句下。下『農夫夜寢蚤起』句即上句之複。當删。『不待見使』當在『士半禄而死君』下。謂士不待見使而爲君致死也。『農夫夜寢蚤起，力作而無止』，與『士半禄而死君，不待見使』，語法一律。『止』與『使』韻。」元材案：三氏説皆非也。「五穀什倍」與「穀賈什倍」不同。後者指五穀之價格而言，前者則謂五穀之生産量。安井衡云：「穀價什倍，農夫喜其利己，夜深始寢，早旦乃起，以勉其業，不待上使之，五穀之多什倍於他日。穀價既貴，半禄所得，五倍於他日，故亦感恩死君也。」得其義矣。本書作者，固力主無籍於民者。蓋「輕賦税薄籍斂」，既有「倉廩虚」及「器械不奉」「諸侯不衣」之弊，而重之厚之，又有强求而致囂號之虞。故特提出開山採金，立幣授禄之策，使五穀盡爲政府所有，造成五穀之獨占價格。穀價既貴，農夫見其有利可圖，不須封建國家之役使，必將夙興夜寐，自動勤勉，以期收穫之增加，故曰「五穀什倍」也。「士半禄而死君」者，士即傳，謂戰士也。「半禄」者，對「全禄」而言。《管子・侈靡篇》云：「毋全禄，貧國而用不足。」猶云「半薪」矣。此謂穀價既漲之后，乃當一反以前之所爲，改「以幣准穀」爲「以穀准幣」，支付其俸禄。所得穀數雖僅及穀價未漲前之一半，而此一半之貨幣收入，則已五倍於他日。例如當以幣准穀之時，每人月給穀十石，每石五元，合計不過五十元。及穀價什倍之後，以穀准幣，即以月給穀五石計算，每石五十元，合計亦有二百五十元，故能盡忠死職於君也。然則今日資本主義國家提高名義工資向工人進行剥削之最毒辣的手段，本書著者在二千年前即已發明而應用之矣。

〔一〇〕元材案：此段文字又見《揆度篇》。唯彼處「善爲國」作「善爲天下」，「不曰貧之」作「不曰用之」。王念孫云：「『貧』字義不可通。《揆度篇》『貧』作『用』，是也。兩『使』字兩『用』字皆上下相應。」

〔一一〕丁士涵云：「『不得不使』，疑當作『不用不使』。承上『不得不使』『不得不用』言之，言使民無有不爲我用不爲我使也。」

桓公又問於管子曰：「有人教我，謂之請士。曰：『何不官百能？』〔一〕」

管子對曰：「何謂百能〔二〕？」

桓公曰：「『使智者盡其智，謀士盡其謀，百工盡其巧。』〔三〕若此則可以爲國乎？」

管子對曰：「請士之言非也。禄肥則士不死，幣輕則士簡賞，萬物輕則士偷幸。三怠在國，何數之有〔四〕！彼穀十藏於上〔五〕，三游於下，謀士盡其慮，智士盡其知，勇士輕其死。請士所謂妄言也。不通於輕重，謂之妄言〔六〕。

〔一〕何如璋云：「請士之名與粱聚一例，不必實有其人。」元材案：此言是也。此官字亦當讀爲管。官百能即《山權數篇》「能皆已官」、《國准篇》「周人之王，官能以備物」之意。

〔二〕元材案：「百能」上似脱「官」字。

〔三〕元材案：「使智者」三句，是桓公述請士之言。「若此」云云，方是桓公問語。

〔四〕元材案：「禄肥」云云，戴望云：「此肥字亦當訓薄。與上『肥籍斂』義同。」張佩綸説同。輕謂價值低落。幣輕即幣價低落，萬物輕即物價低落也。簡賞，解已見《巨(筴)乘馬篇》。偷，偷安。幸，僥倖。三怠，指士不死、士簡賞、士偷幸而言。謂國有三怠，雖欲管制百能，亦不能有良好結果也。

〔五〕豬飼彦博云：「十當作七。」戴望説同。郭沫若云：「此節當有奪文。請士願『使智者盡其智，謀士盡其謀，百工盡其巧』，而管仲責以『禄肥則士不死，幣輕則士簡賞，萬物輕則士偷幸，三怠在國，何數之有？』針鋒不相對。」元材案：豬飼説是，郭説非也。十分國穀，而以其七集中於政府手中，僅以其三流通於市場，則五穀之獨占價格即可造成。人民欲取得政府手中之穀，以自維其生命，不得不任其能，竭其智，勸其業，樂其事以盡忠於政府。則政府不必管制百能而自無不死、簡賞、偷幸之患矣。《國蓄篇》云：「故人君挾其食，守其用，據有餘而制不足，故民無不累於上也。」

義與此同。

〔六〕元材案：《山權數篇》云：「能皆已官，時皆已官，萬物之終始君皆已官之矣。」「能皆已官」，即「官百能」之意。可見《山權數篇》是主張「官百能」者，而本篇作者則對此表示不能同意。故託爲請士之言而駁斥之，一則曰「請士之言非也」，再則曰「何數之有」，三則曰「不通於輕重，謂之妄言」，此亦本書各篇意見不盡一致之證。陶鴻慶以「『不通於輕重』二句爲乃注之誤入正文」者非。

桓公問於管子曰：「昔者周人有天下，諸侯賓服，名教〔一〕通於天下，而奪於其下〔二〕。何數也？」

管子對曰：「君分壤而貢入，市朝同流〔三〕。黃金，一筴也；江陽之珠，一筴也；秦之明山之曾青，一筴也〔四〕。此謂以寡爲多，以狹爲廣。軌出〔五〕之屬也。」

桓公曰：「天下之數盡於軌出之屬也」〔六〕？

「今國穀重什倍而萬物輕〔七〕，大夫謂賈之〔八〕：『子爲吾運穀而斂財。』穀之重一也，今九爲餘〔九〕。穀重而物輕，若此則國財九在大夫矣。國歲反一〔一〇〕，財物之九者倍重而出矣。財物在下，幣之九在大夫。然則幣穀羨在大夫也〔一一〕。天子以客行令以時出，熟穀之人亡〔一二〕，諸侯受而官之〔一三〕，連朋而聚與〔一四〕，高下萬物以合民用〔一五〕。內則大夫自還〔一六〕而不盡忠，外則諸侯連朋合與，熟穀之人則去亡〔一七〕，故天子失其權也。」

桓公曰：「善。」

〔一〕張佩綸云：「《禮記・表記・鄭注》：『名者謂聲譽也。』」元材案：《國語・周語》「言以信名」，注：「名，號令也。」教亦令也。《史記・商君列傳》「教之化民也深於命」，《索隱》引劉氏云：「教謂商鞅之令」是也。名教通於天下，卽號令貫徹於天下，言其勢力之廣大也。《禹貢》：「聲教敷於四海。」義與此同。張氏説非。

〔二〕郭沫若云：「『奪』字當是『尃』，卽『敷』之古字。『名教奪於其下』頗爲不詞。」元材案：奪於其下，謂天子號令之權爲下所奪。下文云「故天子失其權也」，可證。郭氏説非。

〔三〕元材案：市朝又見《揆度篇》，卽市場。《史記・孟嘗君列傳》「過市朝者」，《索隱》云：「市之行位有如朝列，因言市朝也。」《鹽鐵論・本議篇》云：「市朝以一其求。」《力耕篇》云：「市朝生草。」《錯幣篇》云：「古者市朝而無刀幣。」可見此亦漢人常用語。「分壤而貢入，市朝同流」者，謂按照各地特産，定爲貢品，使其在市場中流通也。

〔四〕孫星衍云：「《揆度篇》：『汝漢水之右衢黄金，一筴也；江陽之珠，一筴也；秦明山之曾青，一筴也。』上『之』字衍。『黄金』上當依補『汝漢水之右衢』六字。」丁士涵云：「『黄金』上亦當有所出之地名，與下文一例。『秦之明山』衍『之』字。《揆度篇》云云是其證。」元材案：本書言黄金出産地不一其稱。或曰：「金起於汝漢之右洿」（《地數》），或曰「黄金起於汝漢水之右衢」（《揆度》），或曰

「金出於汝漢之右衢」（《輕重乙》），或曰「楚有汝漢之黄金」（《輕重甲》、《地數》），似不可專據《揆度篇》改。「江陽之珠」又分見《揆度篇》，解已見《國蓄篇》。「之」字亦不必衍，秦明山即秦之明山也。秦之明山，其地自當在關中，但所在已不可考矣。張佩綸謂「秦之明山即秦之南山」，于鬯謂「秦之明山當作秦明之山」，均無根據，故不從之。曾青即銅精，其色極青，可供繪畫。見《荀子·王制篇》。

〔五〕張佩綸云：「『軌』與『宄』通，姦也。出，生也。此屬皆易生姦，周人之利權乃爲所奪。」聞一多云：「『軌』疑讀爲『九』。」元材案：「軌出」不詞，疑爲「輕重」二字之誤。《揆度篇》云：「此謂以寡爲多，以狹爲廣，天下之數，盡於輕重矣。」即作「輕重」，可以爲證。下仿此。郭沫若説與予同。張、聞二氏説皆非。又案：《管子·乘馬篇》云：「市者貨之準也。……故曰：市者可以知多寡而不能爲多寡。」而此處則云：「此謂以寡爲多，以狹爲廣，輕重之屬也。」《揆度篇》亦云：「此謂以寡爲多，以狹爲廣。天下之數盡於輕重矣。」又《山權數篇》云：「君通於廣狹之數，不以狹畏廣。通於輕重之數，不以少畏多。」《乘馬篇》謂不能爲多寡，而輕重諸篇則云輕重之屬應以寡爲多。蓋前者以貨物言，後者以貨幣言。貨物之生産通全國而計之，本有一定之數量，且市場職在流通，而不在生産，故曰「不能爲多寡」。至貨幣之贏利，則固隨輕重之筴之應用而一可爲十，十可爲百，無可爲有，貧可爲富。此其所以不同耳。

〔六〕郭沫若云：「自『黄金一筴也』以下至『天下之數盡於軌出之屬也』」，乃《揆度篇》玉幣七筴節别本之脱簡，羼入於此。七筴脱去四筴半。可注意者『秦之明山之曾青一筴也』與『此謂以寡爲多，以狹爲廣』之間，脱去『禺氏邊山之玉一筴也』九字，蓋恰奪去一簡。其簡爲八寸簡，故僅能容此字數也。」元材案：本書各篇同文異詞之處不一而足。如「玉起於禺氏」一段，分見於《國蓄》、《地數》、《揆度》及《輕重乙》等四篇。「吾欲籍於臺榭」一段，分見於《海王》、《國蓄》及《輕重甲》等三篇。「國有十年之蓄」一段，分見于《國蓄》及《輕重乙》兩篇。「十口之家十人食鹽」一段，分見於《海王》及《地數》兩篇。「夫齊衢處之本」一段，分見於《地數》及《輕重乙》兩篇。「彼諸侯之穀十」一段，分見於《山至數》及《輕重乙》兩篇。「農夫寒耕暑芸」一段，分見於《巨(筴)乘馬》及《事語》兩篇。「楚有汝漢之金」一段，分見於《地數》及《輕重甲》兩篇。「事再其本」一段，分見於《揆度》及《輕重甲》兩篇。各篇所言，不僅文字上有差異，甚至内容亦多有相反者，如《國蓄篇》有「以田畝籍謂之禁耕」，而《海王》及《輕重甲篇》則無之。此外，同是論封地制度，而《事語》及《輕重乙》不同。同是論生産工具，而《海王》及《輕重乙》不同。同是論古史傳説，而《揆度》、《國准》及《輕重戊》不同。以彼例此，則此篇與《揆度篇》所論之玉幣制度，亦不能謂爲是某篇脱簡羼入某篇。此蓋由于各篇不是一時一人所作，故所反映之内容亦自因之而不能一致。若必一一據甲改乙，則未免無事自擾矣。又按：此「軌出」二字亦是「輕重」二字之誤。「也」與「邪」通。

〔七〕戴望云：「『今國穀』上脱『管子曰』三字。」陶鴻慶説同。元材案：當作「管子對曰」，與上文同。

〔八〕元材案：「大夫謂賈之」當讀爲一句。「之」是「人」字之訛。《揆度篇》云：「然則國財之一分在賈人。」又曰：「國幣之少分廩於賈人。」又曰：「國之財物盡在賈人。」皆以「賈人」連稱，與此正同。下文「巧幣萬物輕重皆在賈之」，「之」字亦爲「人」字之訛。于鬯以「之」字當屬下讀者非。

〔九〕安井衡云：「一，同也。穀價什倍同於前，一當什，故九爲餘。」郭沫若云：「『重』當爲『量』。量、重形近，並涉下文『穀重一也』而誤。言大夫藏穀之量本無增加，惟因『國穀重什倍而萬物輕』，即使投出藏穀十分之一以收購賤價之物，亦猶有九倍之餘藏也。」元材案：上文「子爲吾運穀而斂財」，乃大夫謂賈人語。蓋「大夫旅壤而封，積實而驕上」（見下文），故其穀必多。當此之時，國內之穀，其價什倍。穀重而萬物輕，故大夫必乘時進行其運穀斂財之術。當穀價未漲之前，穀之價僅爲一。今重什倍，什減一爲九，是盈餘九倍。《山國軌篇》云：「穀一廩十，君常操九。」《山權數篇》云：「物一也而十，是九爲用。」義與此同。以九倍之餘收斂萬物，故國財之十分之九又入於大夫之家矣。二氏説皆失之。

〔一〇〕豬飼彦博云：「『歲』疑當作『藏』。」安井衡云：「以餘穀斂財，故財九在大夫，而王每歲反得其一。」郭沫若云：「『國歲反一』者，謂國穀之價回復原狀。即因大夫投出藏穀以收購財物，市場多穀故價跌。」元材案：郭説是也。此即《山國軌篇》所謂「穀反准」，及本篇下文所謂「穀准反行」之意，解已見《山國軌篇》。蓋大夫之穀既以收購萬物而散於市場，散則輕，故其價又反於一也。豬飼及安井説皆非。

〔一一〕丁士涵云：「『幣之九在大夫』云云，當作『穀之九在大夫，然則穀羨在大夫也。』今本『穀』誤爲『幣』，又衍一『幣』字，遂不可通。上文云『爲吾運穀而斂財』，財即幣也。云『國財九在大夫』者，即運穀以斂之也。云『國歲反一，財物之九皆倍重而出』者，即以幣准穀，幣仍反之民間也。故此云『財物在下』也。財物在下，則穀在上，故云『穀之九在大夫』也。穀在大夫，重一而九爲餘，故云『穀羨在大夫』也。管子立環乘之幣，不過重輕輕重，一上一下，斷無幣穀盡斂於國，自壞其法也。」張佩綸云：「始則運穀以斂財，幣之九既在大夫。又用以斂穀，故幣穀之羨均在大夫。」郭沫若云：「原文不誤。丁氏未得其解。大夫高價投出財物，故『財物在下，幣之九在大夫』，結果則大夫既有多餘之羨穀，又有多餘之貨幣，故曰『然則幣穀羨在大夫也。』」元材案：丁氏改「幣」爲「穀」，又衍一「幣」字，並以「財」爲即「幣」，穿鑿已甚。張說亦有未照。郭說得之。又案：《漢書·趙敬肅王彭祖傳》：「趙王擅權，使使即縣爲賈人榷會。（韋昭曰：「平會兩家買賣之賈者。榷者，禁他家，獨王家得爲也。」師古曰：「即，就也。就諸縣而專榷賈人之會，若今和市矣。」）入多於國租稅，以是趙王家多金錢。」可見在封建社會中，封建貴族與商人互相勾結，狼狽爲奸，乃確鑿有據之歷史事實。此處所言，蓋非虛語矣。

〔一三〕元材案：客即《荀子·君子篇》「天子四海之内無客禮」之客，楊倞注引《禮記》云：「天子無客禮，莫敢爲主焉。」《鹽鐵論·禁耕篇》文學云：「天子適諸侯，升自阼階，諸侯納管鍵，執策而聽命，示莫爲主也。」義與此同。此言幣穀羨既在大夫，天子之主權爲下所奪，是以主位而退居於客位也。「天子以客行令以時出」，當作一句讀。令即號令。時即「急政暴虐，賦斂不時」之時。天子以客位而發號施令，其效之微，不言可知。而況其號令又不時發出，無有限制。熟穀之人身受政治上經濟上之雙重壓迫，只有「逝將去女，適彼樂土」，以自求生存而已。熟穀之人，安井衡云「謂農夫也」。今案：下文云：「諸侯受而官之，連朋而聚與，高下萬物以合民用。」則所謂熟穀之人，既可以與「諸侯連朋聚與，高下萬物以合民用」，豈是普通農夫所能勝任？疑指專作糧食投機生意之地主兼商人而言。尹桐陽以「令」謂大夫，「熟」爲「精熟」，「穀」爲「善」，「熟穀之人」爲「天子精善會計之人」者尤非。

〔一三〕元材案：此「官」字亦當讀爲管。「受而官之」，謂收容熟穀之人而管制之。《漢書·吳王濞傳》稱：「吳有豫章郡銅山，即招致天下亡命者盜鑄錢。」又云：「其居國，以銅鐵故，百姓無賦。卒踐更，輒予平賈。歲時存問茂材，賞賜閭里。它郡國吏欲來捕亡人者頌共禁不與。」所謂「招致天下亡命者」，所謂「它郡國吏欲來捕亡人者頌共禁不與」，即此文「諸侯受而官之」之意。又《輕重乙篇》云：「邊境諸侯受君之怨民，與之爲善。」義與此同。

〔一四〕元材案：「連朋聚與」，即《漢書·武五子傳》燕王旦疏「連與成朋」之意。顏師古注云：「與，黨與也。」《鹽鐵論·禁耕篇》云：「衆邪羣聚，私門成黨。」義與此同。

〔一五〕元材案：合猶言兼并。「高下萬物以合民用」，即《鹽鐵論·禁耕篇》「豪民擅其用而專其利，決市閭巷，高下在口吻，貴賤無常，端坐而民豪」之意。猶言操縱物價，投機倒把矣。

〔一六〕王念孫云：「『還』與『環』同，謂自營也。」俞樾云：「『還』當讀爲『環』。《韓非子・五蠹篇》曰：『自環者謂之私。』」

〔一七〕元材案：「去亡」二字乃秦漢人常用術語。湖北雲夢出土秦代法律中，「去亡」一詞凡九見。（一九七六年《文物》第八期《雲夢秦簡釋文》（三））又《管子・法法篇》云：「道正者不安，則材能之人去亡矣。」《參患篇》云：「道正者不安，則才能之人去亡。」《史記・秦始皇本紀》：尉繚曰：「秦王……不可與久游，乃亡去。」又盧生相與謀曰：「始皇爲人……未可爲求仙藥，於是乃亡去。」又《鹽鐵論・未通篇》云：「細民不堪，流亡遠去。」去即遠去，亡即流亡也。又《輕重甲篇》云：「民無以待之，走亡而棲山阜」。《輕重乙篇》云：「今發徒隸而作之，則逃亡而不守。」或作「去亡」，或作「亡去」，或作「走亡」，或作「逃亡」，其義一也。張文虎釋《參患篇》，謂「『去亡』不詞，當衍其一」者失之。

桓公又問管子曰：「終身有天下而勿失，爲之有道乎〔一〕？」

管子對曰：「請勿施於天下，獨施之於吾國〔二〕。」

桓公曰：「此若言何謂也？」

管子對曰：「國之廣狹、壤之肥墝有數，終歲食餘有數，彼守國者守穀而已矣〔三〕。」曰〔四〕：「某縣之壤廣若干，某縣之壤狹若干，則必積委幣，於是縣州里受公錢〔五〕。泰秋，國穀去參之一，君下令謂郡縣屬大夫里邑皆籍粟入若干。穀重一也，以藏於上者，國穀參分，則二分在上矣。泰春，國穀倍重，數也〔六〕。泰夏，賦穀以市櫎，民皆受上穀以治田土〔七〕。泰秋，田『穀之存子者若干，今上斂穀以幣』，民曰『無幣以穀』，則民之三有歸於上矣〔八〕。重之相因，時之化舉，無不爲國筴。君用大夫之委，以流歸於上。君用民，以時歸於君。藏輕，出輕以重，數也。則彼安有自還之大夫獨委之〔九〕。彼諸侯之穀十，則使吾國穀二十，則諸侯穀歸吾國矣。諸侯穀二十，吾國穀十，則吾國穀歸於諸侯矣。故善爲天下者，謹守重流，而天下不吾洩矣〔一〇〕。彼重之相歸，如水之就下。吾國歲非凶也，以幣藏之，故國穀倍重，故諸侯之穀至也〔一一〕。是藏一分以致諸侯之一分，利不奪於天下，大夫不得以富侈。以重藏輕，國常有十國之筴也。故諸侯服而無止，臣櫎從而以忠。此以輕重御天下之道也。謂之數應〔一二〕。」

〔一〕元材案：上論天子奪於其下之原因。故此復問終身有天下而勿失之道。

〔二〕元材案：謂應先從本國作起也。

〔三〕元材案：廣狹指面積言，肥墝指質量言。墝音敲，瘠土也。有數卽有軌，解已見《山國軌篇》，謂有通過調查統計而得之數據。尹注所謂「國之廣狹、肥墝，人之所食多少，其數君素皆知之」是也。此謂善爲國者，當以嚴守國穀爲惟一要政，而調查統計又爲守穀之最可靠的方法。此

《山國軌篇》所以謂「不通於軌數而欲爲國不可」也。

〔四〕元材案：「曰」字上當脱「桓公曰云云」及「管子對」等字，「曰」以下乃管子語。

〔五〕元材案：「積委」二字連用，謂儲蓄也，一作「委積」，《管子・幼官篇》所謂「量委積之多寡」是也。公錢卽公幣，解已見《山國軌篇》。此守穀之第一步驟也。其法：以縣爲單位，調查其土地之廣狹肥墝、人之所食多少而統計之，以爲積委貨幣之根據。卽下文所謂「布幣於國，幣爲一國陸地之數」者也。尹注云：「各於縣州里蓄積錢幣。所謂萬室之邑必有萬鍾之藏，藏繦千萬，千室之邑必有千鍾之藏，藏繦百萬。」又曰：「公錢卽積委之幣。」其説是也。然後以此所積委之公錢，貸之於縣中州里之農夫。《巨(筴)乘馬篇》云：「謂百畝之夫：子之筴率二十七日爲子之春事，資子之幣。」《山國軌篇》云：「然後調立環乘之幣，田軌之有餘於其人食者謹置公幣焉，大家衆，小家寡。」卽受公錢之義矣。

〔六〕尹注云：「去，減也，丘吕反。一其穀價以收藏之。言先貯幣於縣邑，當秋時，下令收糴也。」則魏李悝行平糴之法，上熟糴三捨一，中熟糴二捨一，下熟中分之，蓋出於此。今言『去三之一』者，約中熟爲准耳。」郭沫若云：「『去』有藏義。《左傳》昭十九年『紡焉以度而去之』，疏：『去卽藏也。《字書》去作弆，謂掌物也。今關西仍呼爲弆，東人輕言爲去。』《漢書・蘇武傳》『掘野鼠，去中實而食之』，顔師古曰『去，謂藏之也』。此言『泰秋國穀去參之一』，謂藏三分之一於民間也。尹注『去，減也』，疑『減』乃『藏』字之誤。《三國志・華佗傳》『無急去藥』，裴松之云：『古語以藏爲去。』尹知此與李悝平糴法相同，甚有見地。然謂『李悝平糴之法蓋出于此』，則不免先後倒置耳。非李悝出於此，乃依託本篇及《管子輕重》諸篇者乃李悝之私淑耳。」元材案：去乃本書常用術語。《巨(筴)乘馬篇》云：「國穀之重去分。」《山國軌篇》云：「去其田賦以租其山。」《山權數篇》云：「豐之筴數十去九。」本篇下文云：「穀賈去上歲之分。」「五穀相靡而重去什三。」「君出穀，什而去七。」「萬物財物去什二。」《輕重甲篇》云：「若此則絓絲之籍去分而斂矣。」「而靡弊之用，日去千金之積。」皆當作「減」字講，尹說是也。「去三之一」，即減價三分之一。此乃著者所謂「守穀」之第二步驟，與《巨(筴)乘馬篇》「泰秋子穀大登」一段，文義全同。謂當秋收之時五穀豐登，穀必多，多則輕而賤，故其價跌落三分之一。「穀重一也，以藏於上者」，「一」即上文「穀之重一也，今九爲餘」之一，謂一本也。民有餘則輕之，故人君斂之以輕。於是下令於郡縣之屬大夫：凡各里各邑均須按照曩昔所受公錢之數，以穀准幣，而分別籍入之。如此則國穀三分，而二分在上矣。當此之時，國穀之價本僅爲一，但以三分之二爲政府所獨占，聚則重，故一屆泰春，則國穀之價必重於泰秋，此乃一定之理也。下文「吾國歲非凶也，以幣藏之，故國穀倍重」，義與此同。郭說失之。

〔七〕元材案：此「守穀」之第三步驟也。市橫即市價，說已詳《巨(筴)乘馬篇》。泰春穀價既已倍重，泰夏必更高漲，人民處此青黃不接之時，勢非舉債難以進行生產。政府乃乘此時，將去秋所收斂之穀，按照現行市價貸之於民，以爲其耕治田土之資。「民皆受上谷」者，因國穀三分之二皆爲政府所獨占，富商蓄賈無所牟大利，故貸穀者不得不向政府進行。《國蓄篇》所謂「耒耜械器種饟糧食畢取贍於君」，卽此意也。

〔八〕尹注云：「言當春穀貴之時，計其價以穀賦與人，秋則斂其幣。雖設此令，本意收其穀。人既無幣，請輸穀，故歸於上。」豬飼彥博云：「『三』疑作『一』，『有』『又』同。」安井衡云：「今當爲令，字之誤也。」戴望說同。陶鴻慶云：「『田』當爲『曰』，涉上句『民皆受上穀以治田土』而誤也。『曰穀之存子者若干，今上斂穀以幣』二句，乃上令民之詞。與『民曰無幣以穀』，上下相應。《山國軌篇》『謂高田之萌曰：吾所寄幣於子者若干』，例與此同。」元材案：此守穀之第四步驟也。「今」字不誤，「三」仍當作「三」。尹、陶二氏說皆是。惟此文本云「泰夏賦穀以市櫎」，與《國蓄篇》所謂「夏貸以收秋實」，情形正同。尹氏以「夏賦」爲「春賦」，未免誤解。

〔九〕尹注云：「『重之相因』，若春時穀貴與穀也。『時之化舉』，若秋時穀賤收穀也。因時之輕重，無不以術權之。」郭沫若云：「疑『獨委之』下脫一『民』字，民謂富商蓄賈，『獨委』謂私家囤積也。上文『君用大夫之委以流歸於上，君用民以時歸於君』，正以『民』與『大夫』對舉。」元材案：尹說是也。郭說可商。此蓋言物之輕重隨時而變化無常，善者因而應之，無不可供國家經濟政策之利用。《輕重甲篇》所謂「輕重無數，物發而應之，聞聲而乘之」者也。如上所述，是一方面政府既利用大夫之委積（重之相因），使其不至流散於外而歸政府所占有，又一方面則利用春貴秋賤之時變（時之化舉），以收斂民間之所藏。前者謂之「守流」，後者謂之「守時」。藏輕者，謂當其輕時，斂而藏之，《國蓄篇》所謂「民有餘則輕之，故人君斂之以輕」也。「出輕以重」者，謂既已藏之，俟其再重然後出之，《國蓄篇》所謂「民不足則重之，故人君散之以重」也。其所以能如此者，乃政府運用輕重之筴之必然結果。雖有自私自利之大夫，亦不能起而獨占一切，使幣穀之羨皆在其手中矣！「君用民」之民即上文「民皆受上穀以治田土」之民，乃指從事農業生産之貧苦農民而言，與富商蓄賈無關。

〔一〇〕尹注云：「『重流』謂嚴守穀價，不使流散。洩，散也，吾穀不散出。」元材案，此守穀之又一步驟也。《輕重乙篇》所謂「天下下我高，天下輕我重，天下多我寡，然後可以朝天下」者也。惟上述四步驟係對國内之政策，即上文所謂「獨施之於吾國」者是也。此則爲對國際之政策。故前者謂之「善爲國」，此則謂之「善爲天下」，區別固極顯然矣。至對國際政策之唯一辦法，即爲提高穀價，以獎勵外穀之輸入，使本國穀價常高於他國，則一般進出口商人必争以穀輸入吾國，以求厚利。「重流」者，即下文「重之相歸，如水之就下」之意。吾國重則流於吾國，諸侯重則流於諸侯，故必嚴守之，始能免於流散之患也。

〔一一〕元材案：此申述上文「謹守重流而天下不吾洩矣」之意。謂諸侯穀之所以歸於吾國，並非由於吾國歲凶穀缺有以使然，而實因政府以幣預爲購藏，故國内之穀大部分皆掌握在政府手中，而流通於市場者已爲極少數。于是穀聚則重，少則貴，國穀之價自將倍漲。而諸侯之穀亦將源源而來，如水之就下，沛然莫之能禦矣。又案：《輕重乙篇》論「滕魯之粟釜百，則使吾國之粟釜千」一段，與此文大同小異，可互參。

〔一三〕元材案：自「是藏一分以致諸侯之一分」至「謂之數應」，乃總結全文，古文家所謂「雙收法」者也。謂於國内藏穀一分，卽可以吸收諸侯之一分。如此，對外既無「利奪於天下」之虞，在國内復無大夫「積實而驕上」之弊。此無他，蓋卽「以重藏輕」之結果，故一國可以常有十國之數也。本書「無止」二字凡十三見（《巨（筴）乘馬》二見，《山權數》一見，本篇二見，《揆度》一見，《輕重甲》六見，《輕重乙》一見）。無止，不絶也。卽《輕重甲篇》「天下歸湯若流水」之意。「臣横從而以忠」，豬飼彦博云：「横字疑衍。」丁士涵説同。今案此説可從。《管子・度地篇》云「臣服之以盡忠於君」，句義與此略同。謂國有十國之筴，則既富且强，故諸侯賓服，臣民忠順也。安井衡謂「横，平也。平從，平心以從君」。張佩綸謂「横從」卽《詩・南山》「衡從其畝」之衡從，「言臣無不盡忠也」。黄鞏改「正」爲「征」（聞一多同），改「横」爲「朴」。石一參改「横」爲「横」。並非。數應者，數謂定數，應謂效果。謂此乃實行輕重之筴之必然效果也。

桓公問管子曰：「請問國會〔一〕。」

管子對曰：「君失大夫爲無伍，失民爲失下〔二〕。故守大夫〔三〕以縣之筴〔四〕，守一縣以一鄉之筴，守一鄉以一家之筴，守家以一人之筴〔五〕。」

桓公曰：「其會數奈何〔六〕？」

管子對曰：「幣准之數〔七〕，一縣必有一縣中田之筴，一鄉必有一鄉中田之筴，一家必有一家直人之用〔八〕。故不以時守郡爲無與，不以時守鄉爲無伍〔九〕。」

桓公曰：「行此奈何？」

管子對曰：「王者藏於民，霸者藏於大夫，殘國亡家藏於篋〔一〇〕。」

桓公曰：「何謂藏於民？」

「請散棧臺之錢散諸城陽，鹿台之布散諸濟陰〔一一〕。君下令於百姓曰：『民富君無與貧，民貧君無與富。故賦無錢布，府無藏財，貲藏於民〔一二〕。』歲豐，五穀登，五穀大輕，穀賈去上歲之分〔一三〕。以幣據〔一四〕之，穀爲君，幣爲下。國幣盡在下，幣輕，穀重上分〔一五〕。上歲之二分在下，下歲之二分在上，則二歲者四分在上。則國穀之一分在下，穀三倍重〔一六〕。邦布之籍，終歲十錢。人家受食，十畝加十，是一家十户也。出於國穀筴而藏於幣者也〔一七〕。以國幣之分復布百姓。四減國穀，三在上，一在下。復筴也〔一八〕。大夫旅壤而封〔一九〕，積實而驕上〔二〇〕，請奪之以會。」

桓公曰：「何謂奪之以會？」

管子對曰：「粟之三分在上，謂民萌皆受上粟，度君藏焉。五穀相靡而重去什三，爲餘以國幣，穀准反行，大夫無什於重。君以幣賦禄，什在上。君出穀，什而去七。君斂三，上賦七。散振不資者，仁義也。五穀相靡而輕，數也。以鄉完重而籍國，數也。出實財，散仁義，萬物輕，數也。乘時進退〔三〕。故曰：『王者乘時，聖人乘易〔三〕。』」

桓公曰「善。」

〔一〕元材案：會者，《周禮・天官・小宰》：「聽出入以要會。」注：「謂計最之簿書。月計曰要，歲計曰會。」又《天官・司會・注》：「會，大計也。」猶今言會計。國會，指有關國家財政經濟之各種會計事而言。《史記・平準書》所謂「管諸會計事」是也。與《山國軌篇》之「國軌」及本篇下文之「國簿」，意義全同，說已詳《山國軌篇》。

〔二〕張佩綸云：「『失下』當作『無與』，下文可證。」尹桐陽云：「無伍，無人與爲伍也。《小匡篇》曰：『罷士無伍。』」元材案：《國語・齊語》「罷士無伍」，韋昭注：「無伍，無與爲伍也。」猶今言孤立無援。「失下」卽「無與」之意。《輕重甲篇》云：「重籍其民者失其下。」亦作「失下」。不必改。

〔三〕張佩綸云：「『大夫』當作『一國』。涉上『失大夫』而誤。」元材案：觀下文「故不以時守郡爲無與」，則「守大夫」卽「守郡」之意。縣統於郡，鄉統於縣，家統於鄉，人統於家，故曰云云也。張說失之。

〔四〕元材案：「以縣之筴」，古本作「以一縣之筴」。

〔五〕金廷桂云：「按中二句當作『守縣以一鄉之筴，守鄉以一家之筴』，兩『一』字衍。」張佩綸云：「『守家當作守一家。』」元材案：二說不同，而皆可通。

〔六〕元材案：會數與軌數同，卽會計之術，解已見《山國軌篇》。

〔七〕元材案：「幣准之數」，謂標准之貨幣數量。政府發行貨幣，原欲使其供求相應，足以平衡物價，故其數量不宜太多，亦不可太少。《國蓄篇》云：「萬物之滿虛，隨財准平而不變。衡絶則重見。」此言幣准，即財准平之義也。

〔八〕元材案：中，當也。筴，數也。中田之筴，即下文「幣爲一國陸地之數」之意。直亦當也。蓋縣鄉所需之貨幣數量，須與各該縣鄉田地之廣狹肥墝及穀物産量之有餘不足相當。一家所需之貨幣數量，須與各該家人口之多寡與財富之大小相當。《山國軌篇》所謂：「必得軌程，然後調立環乘之幣。田軌之有餘於其人食者，謹置公幣焉。大家衆，小家寡。山田間田曰，終歲其食不足於其人若干，則置公幣焉以滿其准。」即此意也。

〔九〕元材案：「無與」「無伍」，皆孤立無援之意。謂不以時由國家據而守之，則必爲豪家所乘。《山國軌篇》云：「不陰據其軌者，下制其上。」義與此同。

〔一〇〕元材案：篋，筐篋也。大曰筐，小曰篋，皆所以藏物者也。《荀子·王制篇》云：「故王者富民，霸者富士，僅存之國富大夫，亡國富筐篋，實府庫。筐篋已富，府庫已實，而百姓貧，夫是之謂上溢而下漏。」《鹽鐵論·禁耕篇》文學云：「民人藏於家，諸侯藏於國，天子藏於海内。故民人以牆垣爲藏閉，天子以四海爲匣匱……是以王者不蓄聚，下藏於民。」字句與此略同，而意義則大異，觀下文便知。

〔一一〕豬飼彦博云：「『請散棧臺』上脱『管子對曰』四字。『散』字衍。」王念孫云：「『請散』之『散』

涉下文而衍。《太平御覽・資産部》十六引無『散』字。」安井衡、張佩綸皆以「請散」爲句。郭沫若云：「當以『請散』爲句，安井與張説得之。『棧臺之錢』《輕重丁篇》作『棧臺之職』。許維遹於彼校釋云：『職乃織字之譌』，是也。此『錢』字亦當爲『織』字之譌。」元材案：當以「請散棧臺之錢散諸城陽，鹿臺之布散諸濟陰」爲句。上「散」字謂散棧臺之錢與鹿臺之布，下「散」字則指所散之地區而言。布即刀布，亦錢也。散即《史記・平準書》「散幣於邛僰以集之」之散。《公羊》莊十二年傳：「散舍諸宮中。」注：「散，放也。」謂以錢布放貸於人民。猶《山國軌篇》之言「置公幣」「寄幣」及「布黃金」矣。棧臺又見《輕重丁篇》，與鹿臺皆假託之詞。以上諸説皆非。又案：城陽又見於《輕重丁篇》。城陽、濟陰，皆漢初國名。城陽古莒國地。其以城陽稱者，始於《戰國策》。楚漢之際，亦曰城陽。漢置城陽國，治莒縣，《漢志》所謂「文帝二年别置城陽」者也。濟陰，《漢志》：「濟陰國，故梁。景帝中六年，别爲國。」王先謙《補注》云：「《濟水注》『漢景帝以濟水出其北，東注，分梁於定陶，置濟陰國。』指北濟而定名也。」然則本書不得作於漢景帝中六年以前，此又其一證矣。

〔一三〕元材案：「民富君無與貧」二句，即《論語》「百姓足，君孰與不足。百姓不足，君孰與足」及《荀子・富國篇》「下貧則上貧，下富則上富」之意。「賦無錢布」之賦，與上文「泰夏賦穀」之賦不同。後者作貸予講，此賦字則指賦斂而言。府即「寶藏財賄之處」，解已見《巨（筴）乘馬篇》。財，財物。貲指資財。包括上文「錢布」及「藏財」在内。此言政府既不向人民徵斂錢布，倉庫中亦不蓄藏財物，一律藏之於民。《管子・權修篇》云：「府不積貨，藏於民也。」《鹽鐵論・禁耕篇》云：

「民人藏於家，諸侯藏於國，天子藏於海內。……是以王者不畜聚，下藏於民。」同是主張「藏於民」，而意義則完全相反。《權修篇》與《鹽鐵論》所謂「藏於民」，表面上是以「富民」爲目的，實際上所謂「富民」之民，乃專指封建社會中之地主剥削階級而言。而此處所謂「藏於民」者，並非無償而賜之於民，而實爲預先發放農貸，以便歲豐時令人民以穀准幣，償還債務，使政府獲得「穀三倍重」之最大利潤而不至爲富商大賈所乘也。

〔一三〕安井衡云：「上歲，去年也。分，半也。據猶守也。」元材案：以上歲爲去年，據爲守，安井氏説是也。惟分字在此處仍當作若干分講，説已詳《巨(筴)乘馬篇》。「去分」與下文「上分」對文。「去分」謂其價減低若干分，「上分」謂其價上漲若干分也。《山權數篇》云：「阨之准數一上十，豐之筴數十去九。」亦以「上」「去」互爲對文，與此正同。

〔一四〕許維遹云：「據當爲振，形近之誤也。《山國軌篇》『據之以幣』，丁士涵云「『據乃振字誤』」，是其例。《月令》『振乏絶』，鄭注：『振猶救也。』」郭沫若云：「據者，支持也。以幣收半價之穀而儲蓄之，寓有平糴之意。」元材案：據者守也，説已見《山國軌篇》。以幣據之，猶言「以幣藏之」。許説非是，郭説近之，但與平糴無關。

〔一五〕安井衡云：「『君』當依《山國軌》作『上』。君上義近，轉寫之訛耳」。張佩綸、戴望説同。元材案：「君」即「上」也。原文不誤。此謂城陽、濟陰兩地既皆豐收，穀價必跌。因政府早已用棧臺之錢及鹿臺之布據而守之，則穀將盡爲政府所占有，而錢則散在民間。穀聚則重，幣散則輕。是穀居上風，幣居下風，故曰「幣輕，穀重上分」也。

〔一六〕元材案：「上歲」指去年，「下歲」指本年。四分國穀，上歲之二分在下，則二分在上。下歲之二分在上，則二分在下。二分加二分，共爲四分，故曰「則二歲者四分在上」也。「則國穀之一分在下」者，因在上者之四分可以積蓄不用，而在下者則上年之二分早已消耗無存。故二歲者，可以四分在上，而在下者則僅爲二分。在上之四分加在下之二分，合爲六分。六分之中，在下者只二分，計爲六分之二，即三分之一，故曰「國穀之一分在下」也。「穀三倍重」者，謂穀價可漲至三倍也。

〔一七〕元材案：「邦布之籍」一語，又見《輕重甲篇》。邦布，《周禮·天官·外府》：「掌邦布之出入，以共萬物而待天之用。」鄭康成注：「布，泉也。其藏曰泉，其行曰布。」「人家受食」者，謂人民從政府購買穀物以爲食也。此謂政府徵收口錢，每年每户不過十錢。若運用輕重之筴，實行穀專賣，假設每田十畝，獲利十錢。地量百畝，一夫之力也，則從一夫之家便可獲利百錢。是從一家所獲之利，可抵十户邦布之籍。蓋極言穀專賣獲利之大，遠非邦布之籍可比也。「出於國穀筴而藏於幣」者，「國穀筴」即國家之穀專賣政策，謂此項一家可抵十户之盈利，並非直接取之於任何徵籍，乃係操事於輕重之間，以幣斂穀，實行穀專賣之必然結果也。

〔一八〕元材案：「以國幣之分復佈百姓」，謂政府既以三倍重之穀，從人民獲得一家可抵十户之盈利，於是幣在上，穀在下，故幣重而穀輕。此時政府又宜以其所斂國幣之若干分，貸放之於民間而收斂其穀，於是國穀之四分之三，又爲政府所占有，其存留於民間者不過四分之一而已。「四減國穀」者，此處「減」字，當作「加減乘除」之「除」字講，謂分國穀爲四分也。復者反復之意。初以幣據穀，次以穀斂幣，今再以幣斂穀。往復循環，進行不已，而政府因之大獲其利，故謂之「復筴」。復筴者，不是一次而是進行多次之謂也。以上論「以時守鄉」之法。以下則論「以時守郡」之法。

〔一九〕戴望云：「『聚壤』宋本作『旅壤』。『旅』『列』古同聲，如『陳旅』即『陳列』。今本作『聚』，必『裂』字之誤。」郭沫若云：「以作『聚壤』爲是，所謂富者田連阡陌也。封謂富厚。『聚壤而封』，與下句『積實而驕上』對文。」元材案：戴説是也。「裂地而封」，乃漢人常用語。《史記·高祖本紀》：「羣臣皆曰：大王起微細，誅暴逆，平定四海。有功者輒裂地而封，爲王侯。」《黥布列傳》云：「臣請與大王提劍而歸漢，漢王必裂地而封。」又《吾丘壽王傳》云：「三公有司或由窮巷起白屋，裂地而封。」裂壤即裂地也。又《輕重乙篇》云「故未列地而封」，列即裂。《揆度篇》兩言「割壤而封」，割亦裂也。

〔二〇〕元材案：實，穀也，解已見《國蓄篇》。此謂大夫擁有廣大之土地，故能多積穀物。穀物既多，則必驕上而害於政。故政府當以會計之術收而用之。

〔二一〕元材案：此段文字，脱誤甚多，不易理董，釋其大意如下。「粟之三分在上」，指上文「四減國穀，三在上」之穀而言。三分在上，大夫亦以「積實」爲務，則粟之存於民間者少。少則重。當此之時，政府宜速以所藏三分之粟大量拋出，以盡其所藏爲度。如此，則五穀以相散而復歸於輕，故曰「重去什三」。重去什三者，謂穀價跌落十分之三也。「穀准反行」即上文「國歲反一」之意，解已見《山國軌篇》。政府之穀既散，所餘者惟有國幣。穀在下，幣在上，幣重而穀輕，於是漲勢漸衰，穀價回跌。大夫所積之實雖多，然已無重一餘九之利矣。「什於重」，即「重於什」之意，乃古文家所謂倒裝句法，與左昭十九年傳所謂「室於怒，市於色」者句例略同。「無什於重」，謂大夫所積之實，不可能至於什倍之重也。「君以幣賦禄，什在上」，即上文「以幣准穀而授禄，故國穀斯在上，穀賈什倍」及下文「士受資以幣，大夫受邑以幣，人馬受食以幣，則一國之穀貲在上，幣貲在下，國穀十倍」之省文。蓋一轉手間，大夫所積之實，已盡入於政府手中矣。上文所謂「奪之以會」，即此意也。政府獨占穀貲之局勢既成，乃又拋出其所藏之穀，於是穀散，散則輕。「什而去七」者，與上文「重去什三」不同，「重去什三」以價言，「什而去七」則以量言。資當作贍，說已詳《山權數篇》。此蓋謂政府將所奪大夫之穀分爲十分，除留三分外，其餘之十分之七，則舉而盡貸之於民，作爲賑濟不贍，平抑物價之用。此乃「財有餘以補不足」之道，仁義之舉也。「五穀相靡而輕」，即上文「五穀相靡而重去什三」之意。「以鄉完重而籍國」，「完」，元本作「見」，張佩綸云：「當作筦。」今案：「完」疑「家」字之誤。國即郡，指大夫封地。謂利用鄉與家之穀之重，以籍斂大夫之穀。上文所謂「故守大夫以縣之筴，守縣以一鄉之筴，守鄉以一家之筴，守家以一人之筴」，即此意也。實，即大夫所積之穀。財即財物。散，布也。散仁義，謂布施仁義之政，猶《孟子》之言「施仁政」矣。蓋穀與財物聚而在上則重，散而在下則輕。政府出穀與財物，既博仁義之名，又可以收平抑物價之效，故曰「出實財，散仁義，萬物輕」也。乘時，解已見《山權數篇》。

〔三〕何如璋云：「易者變也，化也。消息盈虛，與時偕行者也。」元材案：二語《輕重甲篇》作「王者乘勢，聖人乘幼」，解見《甲篇》。

桓公問管子曰：「特〔一〕命我曰：『天子三百領，泰嗇。而散大夫准此而行。』此如何〔二〕？」

管子曰：「非法家也〔三〕。大夫高其壟，美其室〔四〕，此奪農事及市庸〔五〕。此非便國之道也。民不得以織爲縿綃而貍之於地〔六〕。彼善爲國者，乘時徐疾而已矣。謂之國會〔七〕。」

〔一〕俞樾云：「特者人名也。命猶告也。《禮記・緇衣篇》鄭注曰：『傅說作書以命高宗。』是古者上下不嫌同詞，以君告臣謂之命，以臣告君亦謂之命也。《事語篇》曰：『泰奢教我曰』，『佚田謂寡人曰』，及此篇『梁聚謂寡人曰』，『有人教我，謂之請士曰』，《輕重乙篇》『衡謂寡人曰』，並舉人言以問管子。則『特命我曰』，義亦同也。」元材案：特亦假託之詞，非真有其人。

〔二〕劉績云：「百音邁，勉力也。領，去也。特教我如古之天子領去泰奢，省嗇其用，以散之大夫，使大夫不致取民，依此而行爲何如。」姚永概云：「《墨子・節葬篇》云：『古聖王制爲葬埋之法，棺三寸足以朽體，衣衾三領足以覆惡。』則『三百領』當衍『百』字。」元材案：此當作「天子三百領泰嗇』爲句，「而散大夫准此而行」爲句。《海王篇》云：「其餘輕重皆准此而行。」卽其句例。「此何如」，謂此言何如也。衣一件謂之一領。《漢書·張騫傳·注》：「要，衣要也。領，衣領也。凡持衣者則執要與領。」《荀子·禮論篇》云：「刑餘罪人之喪，棺槨三寸，衣衾三領。」《揆度篇》云：「衣衾三領，木必三寸。」是也。散者列也。散大夫卽列大夫。此謂天子之葬衣僅以三百領爲限，太過於吝嗇。列大夫亦應准此遞加。《管子·侈靡篇》云：「巨瘞培，所以便貧民也。美壟墓，所以文明也。巨棺槨，所以起木工也。多衣衾，所以起女工也。猶不盡，故有次浮也。有差樊，有瘞藏。作此相食，然後民相利。」亦力主厚葬，與特所言用意殆同。章炳麟所謂「意欲籍厚葬以裕民生」者也。劉、姚二氏說失之。

〔三〕何如璋云：「非法家者，謂非輕重家之法也。」元材案，此說是也。聞一多以「家」爲「冢」之訛者非。

〔四〕尹桐陽云：「壟，冢也。《晏子春秋·內篇諫下》：『我欲豐厚我葬，高大其壟。』室猶冢壙也。《詩·葛生》：『歸於其室。』《荀子·禮論》：『壙壟，其須象室屋也。』」元材案：壟指墳墓。室指墳墓中安置尸體及殉葬品之所。

〔五〕許維遹云：「庸，用也。『高其壟美其室』則奪農事，『衣三百領』則奪市用。」元材案：庸卽傭，指受人僱傭之勞動者，解已見《乘馬數篇》。「市庸」一詞，乃漢人常用語。居延出土《建武三年候粟君所責寇恩事册》云：「又恩子男欽以去年十二月廿日爲粟君捕魚，盡今年正月、閏月、二月，積作三月十日，不得價直。時，市庸平賈大男日二斗，爲穀二十石。……」(一九七八年《文物》第一期《建武三年候粟君所責寇恩事釋文》) 此處市庸則指在市場受僱製作衣衾及裝飾墓室之手工業者而言。謂「高其壟」，須用勞力，故曰「奪農事」。「美其室」，須用巧工，故曰「奪市庸」。許説失之。

〔六〕元材案：織即《巨(筴)乘馬篇》「女勤於織微而織歸於府」，及《山國軌篇》「女貢織帛」之織，指各種絲織物。縿即《禮・檀弓》「縿幕」之縿。鄭注云：「幕所以覆棺上也。縿，縑也。縿讀如綃。」貍借爲埋。此言以各種絲織品爲裝飾棺槨之用而埋之於地，未免浪費，故曰非便國之道。

〔七〕元材案：此三句正是作者之正面主張。謂特之所言，以崇尚奢侈爲主，不諳輕重原理。故於駁斥其説之餘，又提出自己意見，而曰：善爲國者，固不必借厚葬以靡富人之財，但實行輕重之筴，乘四時之朝夕，而權度其命令之徐疾，則大夫之實財自散而萬民得受其流矣。「謂之國會」者，謂此亦屬於所謂「國計」之一例，不僅上述「奪之以會」之一事而已。

桓公問管子曰：「請問争奪之事何如〔一〕？」

管子對曰：「以戚始〔二〕。」

桓公曰：「何謂用〔三〕戚始？」

管子對曰：「君人之主，弟兄〔四〕十人，分國爲十；兄弟五人，分國爲五。三世則昭穆同祖，十世則爲祏〔一五〕。故伏尸滿衍〔一六〕，兵決〔一七〕而無止。輕重之家復游於其間〔一八〕。故曰：『毋予人以壤，毋授人以財〔一九〕。』財終則有始，與四時廢起〔二〇〕。聖人理之以徐疾，守之以決塞，奪之以輕重，行之以仁義，故與天壤同數〔二一〕。此王者之大轡也〔二二〕。」

〔一一〕元材案：謂發生爭奪之根本原因何在？

〔一二〕元材案：戚，親也。《詩·大雅》：「戚戚兄弟。」傳：「戚戚，親也。」正義：「戚戚，猶親親也。」

謂爭奪之事始於親戚。

〔一三〕元材案：用，以也。

〔一四〕聞一多云：「弟兄當互易，以與下文一律。」

〔一五〕宋翔鳳云：「三世當爲四世，十世當爲五世。」張佩綸云：「《說文》：『祏，宗廟主也。』《周禮》有『郊宗祏室』。《五經異義·古春秋左氏說》：『古者日祭於祖考，月薦於高曾，時享及二祧，歲祫及壇墠，終禘及郊宗石室。』《禮記·祭法》：『王立七廟，一壇，一墠，曰考廟，曰王考廟，曰皇考廟，曰顯考廟，曰祖考廟，皆月祭之。遠廟爲祧，有二祧，享嘗乃止。去祧爲壇，去壇爲墠。壇墠有禱焉，祭之，無禱乃止。去墠曰鬼。』以此證之，八世爲壇，九世爲墠。十世在祭法爲鬼，在左氏說爲石室。管子之說與左氏說合。宋改三世爲四世，改十世爲五世，謬甚。」元材案：此言世代愈遠，則其情誼愈疏。爭奪之事，即由此而起。與李斯所謂「周文武所封子弟同姓甚衆，然後屬疏遠，相攻擊如仇讎，周天子弗能禁止」（《史記·秦始皇本紀》），意義完全相同。當以張說爲是。

〔六〕元材案：衍，平野也，解已見《山國軌篇》。《地數篇》即作「伏尸滿野」。

〔七〕元材案：兵決即決戰，猶言武力解決。《漢書·趙充國傳》：「今兵久不決。」又曰：「兵當何時得決？」又曰：「兵決可期月而望。」可見「兵決」二字，亦漢人常用語。

〔八〕元材案：「輕重之家」一語，又分見《乘馬數》及《輕重甲篇》。此處指善於囤積居奇、投機倒把之商賈而言。蓋分國愈多，歷世愈遠，則關係愈疏，隔閡亦愈甚。一有不合，便以兵相決。雙方死亡遍地，尚不肯休。又況商賈逐利之徒，復大肆其挑撥離間之詭計，以從中取利。則爭奪之事將更無已時矣。

〔九〕元材案：「毋予人以壤」，謂不以土地封人也。即《史記·秦始皇本紀》李斯議封建所云：「今海内賴陛下神靈，一統皆爲郡縣。諸子功臣，以公賦稅重賞賜之，甚足易制，天下無異意，則安寧之術也。置諸侯不便」之意。「毋授人以財」者，此處財字與上文「出實財」之財不同。出實財之財，乃指財物而言。此處財字則爲《山國軌篇》「有官天財」之財。謂一切自然資源皆應由國家管制之，不得輕以給人。《鹽鐵論·復古篇》大夫所謂「古者名山大澤不以封，爲下之專利」者即此意也。又案此處所提「毋予人以壤，毋授人以財」之意見，似皆以吴王濞事爲背景。考《漢書·吴王濞傳》：高祖立濞於沛爲吴王。王三郡五十三城。孝惠高后時，天下初定，郡國諸侯各務自拊循其民。吴有豫章郡銅山，即招致天下亡命者盜鑄錢，東煮海水爲鹽。以故無賦，國用饒足。由是吴王稍失藩臣禮，稱疾不朝。至景帝時，吴王卒連七國反。此事在漢，實爲一大問題。賈誼論之於前，晁錯論之於後，而皆無救於時。其在政治上所給予漢人之教訓，實甚深刻。以此直至昭帝始元六年召開鹽鐵會議時，代表政府之大夫方面，尚猶再三提出其事，作爲辯護鹽鐵專賣政策之最大理由。如《鹽鐵論・錯幣篇》大夫云：「文帝之時，縱民得鑄錢冶鐵煮鹽。吴王擅障海澤，鄧通專西山。山東奸滑咸聚吴國，秦雍漢蜀因鄧氏。吴鄧錢佈天下，故有鑄錢之禁。」《禁耕篇》大夫云：「異時鹽鐵未籠，布衣有朐邴，人君有吴王，專山澤之饒，薄賦其民，賑贍窮小以成私威，私威積而逆節之心作。」凡皆「予人以壤，授人以財」之必然結果也。張佩綸不知此理，乃謂「此節與上『争奪以威始』，辭意不相承」，而武斷爲「係自他篇錯入」，豈非不思之甚耶？

〔一〇〕丁士涵云：「『財』字『四』字當衍。」元材案：此説非是。「終則有始」一語，又分見《輕重乙》及《輕重丁篇》，蓋亦本書常用術語。財指萬物而言，四時指春夏秋冬而言。此謂天地萬物生生不已，前者已去，後者復來。如《輕重乙篇》所謂「夫海出泲無止，山生金木無息，草木以時生，器以時靡敝，泲水之鹽以日消，終則有始，與天壤争」，蓋與春夏秋冬四時之互相廢起無有已時，情形正同。

〔一一〕元材案：「與天壤同數」《輕重乙篇》作「與天壤争」，意義略同，解詳《輕重乙篇》。

〔一二〕元材案：轡，御馬之韁索也。大轡猶言國家最高權力。

桓公問於管子曰：「請問幣乘馬〔一〕。」

管子對曰：「始取夫三大夫之家，方六里而一乘，二十七人而奉一乘〔二〕。幣乘馬者，方六里，田之惡美若干，穀之多寡若干，穀之貴賤若干，凡方六里用幣若干，穀之重用幣若干。故幣乘馬者，布幣於國，幣爲一國陸地之數。謂之幣乘馬〔三〕。」

桓公曰：「行幣乘馬之數奈何〔四〕？」

管子對曰：「士受資以幣，大夫受邑以幣，人馬受食以幣〔五〕，則一國之穀貲在上，幣貲在下。國穀什倍，數也。萬物財物去什二，筴也〔六〕。皮革筋角羽毛竹箭器械財物，苟合於國器君用者，皆有矩券於上〔七〕。君實鄉州藏焉〔八〕，曰：『某月某日，苟從責者，鄉決州決。』故曰『就庸一日而決』〔九〕。國筴出於穀，軌國之筴，貨幣乘馬者也〔一〇〕。今刀布藏於官府，巧幣、萬物輕重皆在賈之〔一一〕。彼幣重而萬物輕，幣輕而萬物重。彼谷重而穀輕〔一二〕。人君操穀幣金衡而天下可定也〔一三〕。此守天下之數也。」

〔一〕元材案：乘馬即計算，解已見《巨（筴）乘馬篇》。此處當作計劃講。幣乘馬者，即貨幣計劃之意，包括貨幣需要數量及貨幣政策之運用而言。以下即就此兩方面分別說明之。

〔二〕王引之云：「大字衍。三夫之家，謂三夫爲一家也。《乘馬篇》曰：『邑成而制事，四聚爲一離，五離爲一制，五制爲一田，二田爲一夫，三夫爲一家。』是也。《乘馬篇》又曰：『白徒三十人奉車兩。』（兩上脱一字，辯見乘馬篇。）此『二十七人』亦當作『三十人』。蓋『三』誤爲『二』，又衍『七』字也。

丁士涵云：「『六』字皆『八』字之誤，與《乘馬篇》同。」何如璋云：「疑『二十七』乃『七十二』，轉寫者誤倒其字耳。」孫詒讓云：「《周禮·夏官·敍》曰：『二十五人爲兩。』此『二十七人』，『七』當爲『五』之誤。」元材案：衍「大」字是也。其餘數字，各書所言多不相同，不必據彼改此。

〔三〕元材案：此説明計算之法。即以每方六里爲單位，先調查此單位内之土地肥瘠，穀物産量，及其市價，然後根據之以決定該單位内用以購買穀物所需要之貨幣量。由此類推，則全國用以購買穀物所需要之貨幣量，亦當與該國内陸地之大小爲正比例，故曰「布幣於國，幣爲一國陸地之數」。惟此處所謂貨幣需要量，僅指購買穀物所需要之貨幣量而言，並不是全國一切商品所需要之貨幣量。梁啓超謂「《管子輕重》中貨幣需要量，乃指貨幣流通之必要量而言」者失之。

〔四〕元材案：「行幣乘馬之數」，指如何運用貨幣政策之具體方法而言。

〔五〕元材案：士，戰士。受資謂受禄也。邑者邑入也。受邑以幣，謂封君之采邑收入皆以貨幣徵收，蓋即所謂「貨幣地租」，猶《莊子·外物篇》之言「邑金三百」矣。「人馬」之「人」，指輿臺皁隸之屬而言。此等人夫及馬匹所應得之食物，亦一律以貨幣支付之。

〔六〕猪飼彦博云：「『貲』當作『皆』。」元材案：「貲」即上文「貲藏於民」之貲，即資財。「幣貲」、「穀貲」皆著者特用術語，不宜妄改。此謂如能一切以貨幣開支，則一國之穀盡控制在政府手中，而一國之貨幣則皆散之民間。聚則重，散則輕，故穀價可漲至什倍。穀重而萬物輕，故萬物財物之價，可跌落其十分之二。此乃一定之理也。

〔七〕尹注云：「矩券，常券。」元材案：矩卽《周禮·考工記》「輪人必矩其陰陽」之矩，鄭注：「矩謂刻識之也。」券卽契約，解已見《山國軌篇》。古時無紙，多以竹木爲簡，故須用刀刻而識之。此言萬物中如皮革筋角等財物凡有適合於國器君用者，均宜按照「去什三」之市價，由政府預爲定購並與之訂立契約。《山國軌篇》所謂「女貢織帛苟合於國奉者皆置而券之」，義與此同。

〔八〕張佩綸云：「『實』，《禮記·表記·注》：『謂財貨也。』《淮南·精神》：『名實不入』，高注：『實，幣帛貨財之實。』《原道》『則名實同居』，注『實，幣之屬也。』此『君實』亦謂幣。」元材案：張說非是。此「實」字卽《國蓄篇》「夏貸以斂秋實」及《山國軌篇》「有實者皆勿左右」及本篇上文「積實而驕上」之實。尹注《國蓄篇》云：「方夏農人闕乏，亦賦與之約取其穀實也。」此處亦當作「穀」字講，蓋指「一國之穀貲在上」之穀而言。「君實鄉州藏焉」者，謂政府所有之穀，本已分藏在各鄉各州。《巨(筴)乘馬篇》所謂「廩之州里」，《輕重甲篇》所謂「州有廩，里有積五窌」者是也。若如張氏言，解實爲幣，則「幣貲在下」，散則賤，以跌價之幣清理債務，不僅無贏利之可圖，而且與本書作者「御穀物之秩相勝而操事於其不平之間」之宗旨亦不相符合矣。

〔九〕尹注云：「責讀曰債。」元材案：《漢書·淮陽憲王傳》顏師古注：「責，謂假貸人財物未償者也。」決卽《輕重乙篇》「君直幣之輕重以決其數，使無券契之責」及《輕重丁篇》「願以爲吾貧萌決其子息之數，使無券契之責」之決。《曲禮上·注》：「決，猶斷也。」猶言解除債務關係也。就庸讀爲僦傭。《史記·平準書》「而天下賦輸或不償其僦費」，《索隱》「不償其僦，服虔云：雇載云僦。言所輸物不足償其雇載之費也。僦音子就反。」又《漢書・鄭當時傳》：「任人賓客僦」，顏師古云：「僦謂受雇賃而載運也。言當時保任其賓客於司農載運也。」又《鹽鐵論・禁耕篇》云：「良家以道次發僦運鹽鐵，煩費。」又曰：「郡中卒踐更者多不勘責取庸代。」可見僦庸者乃指僱傭運輸之車及人而言。此謂各種器械財物，既經政府預爲定購，訂有契約，然後下令於民，凡持有此項契約者，統限於某月某日就近將器械財物僱傭運載至所在鄉州，並按照「穀什倍」之價，領取藏穀。如此，不過費一日之時間，即可以將政府與人民間之債務關係完全解除，故曰「就庸一日而決」，蓋極言其簡便易行也。

〔一〇〕郭沫若云：「當於『穀』字絶句。『五穀者民之司命也』，故曰『國筴出於穀』。使國筴運行者則爲貨幣之流通，故曰『軌國之筴，貨幣乘馬者也』。本書稱貨幣之流通爲『通施』、『通移』、『溝瀆』，『乘馬』亦此意。古人陸上交通工具莫便於乘與馬，故以喻意。故《山國軌篇》有『環乘之幣』之名，『環乘』謂周遊也。」元材案：「國策出於穀」，即上文「出於國穀筴」之倒文。謂此種國家之經濟政策，全由於運用「國穀之朝夕在上」之結果，即《山國軌篇》所謂「環穀而應筴」者也。「軌國之筴」不詞，當作「輕重之筴」。《山權數篇》云：「動於未形，而守事已成。物一也而十，是九爲用。徐疾之數，輕重之筴也。」即其證。幣乘馬解已見上。惟「貨」字不知何字之誤。大意謂此種國穀筴即輕重之筴，乃所謂幣乘馬者也。正是答復桓公問「行幣乘馬之數奈何」之語。郭氏以「乘馬」爲指貨幣之流通者非。

〔二〕張佩綸云：「『巧』當爲『穀』，字之誤也。『賈之』下脱『子』字。本篇『大夫謂賈之子』，是其證。」金廷桂云：「『巧』當爲『朽』，『之』當爲『子』。」郭沫若云：「『巧幣』當屬上句，乃『朽幣』之訛。原文爲『今刀布藏於官府朽幣，萬物輕重皆在賈人』。刀布朽幣，如《史記・平準書》『京師之錢，貫朽而不可校』，是也。」元材案：之是人字之誤，説已詳上。此仍當作「巧幣、萬物輕重皆在賈人」爲句。「巧幣」者謂巧法使用貨幣。此乃漢代一大社會經濟問題。其具體表現約可分爲三種：《漢書・食貨志》引賈誼云：「法使天下公得顧租鑄銅錫爲錢，敢雜以鉛鐵爲它巧者其罪黥。然鑄錢之情，非殽雜爲巧，則不可得贏。而殽之甚微，爲利甚厚。」《食貨志》又云：「郡國鑄錢，民多姦鑄。」師古曰：「謂巧鑄之，雜鉛錫。」又云：「唯真工大姦迺盜爲之。」師古曰：「其術巧妙，故得利。」此以殽雜鉛鐵爲巧者一也。《食貨志》又云：「今半兩錢，法重四銖，而姦或盜摩錢質而取鋊，錢益輕薄而物貴，則遠方用幣煩費不省。」此以盜摩取鋊爲巧者二也。又云：「郡國鑄錢，民多姦鑄，錢多輕。而公卿請令京師鑄官赤仄，一當五。賦，官用，非赤仄不得行。白金稍賤，民弗寶用。縣官以令禁之，無益。歲餘，終廢不行。其後二歲，赤仄錢賤，民巧法用之，不便，又廢。」又《鹽鐵論・錯幣篇》文學云：「往古幣衆財通而民樂。其後稍去舊幣，更行白金龜龍，民多巧新幣。幣數易而民益疑，於是廢天下諸錢，而專命水衡三官作。吏匠原作近，依郭沫若校改。侵利，或不中式，故有厚薄輕重。農人不習，物類比之。信故疑新，不知姦真。商賈以美貿惡，以半易倍。買則失實，賣則失理。其疑惑滋益甚。」此以「以美貿惡，以半易倍」爲巧者三也。「巧幣」與「萬物輕重」乃二事而非一事，此蓋謂貨幣雖藏在官府，但巧法使用貨幣與操縱萬物輕重之權則皆掌握在商人手中，故曰「今刀布藏於官府，而巧幣、萬物輕重皆在賈人」也。三氏説皆非。

〔一二〕張佩綸云：「『彼穀重而穀輕』，當作『彼幣輕而穀重，幣重而穀輕』。國會節『幣輕而穀重』，是其證」。陶鴻慶云：「此文疑本二句，其文云：『彼萬物輕而穀重，萬物重而穀輕』，與上文『彼幣重而萬物輕，幣輕而萬物重』，句法一例而義亦相承。《輕重乙篇》云：『粟重而萬物輕，粟輕而萬物重。』文義並與此同。今本誤奪，則文不成義。」元材案：二氏説皆非也。此當作「穀重而金輕，穀輕而金重」。「而」字下脱「金輕」二字，「穀輕」下脱「而金重」三字。下文「人君操穀、幣、金衡」云云，正承此而言。又《輕重甲篇》云：「故粟重黄金輕，黄金重而粟輕。兩者不衡立。」亦以「粟」、「金」互爲對文，可爲旁證。

〔一三〕張佩綸云：「『金衡』當作『准衡』。下節『准衡輕重國會』，可證。」元材案：此説非是。操，即掌握，解已見《山國軌篇》。穀幣金衡者，謂以穀、幣、金三者衡萬物而又互相衡也。《地數篇》云：「以巨橋之粟二十倍而衡黄金百萬，終身無籍於民，准衡之數也。」此以穀衡金也。《輕重甲篇》云：「運金之重以衡萬物。」此以金衡萬物也。《揆度篇》云：「桓公曰：『馬之平賈萬也，金之平賈萬也。吾有伏金千斤，爲此奈何？』管子對曰：『君請使與正籍者皆以幣還於金，吾至四萬，此一爲四矣。』」此以幣衡金也。穀、幣、金並舉而不及萬物者，金爲主，幣爲輔，而穀在古代經濟社會中又佔有特別重要之地位，三者皆爲衡物之工具故也。此蓋謂刀布雖藏於官府，而穀幣萬物輕重之權則全爲賈人所把持，然則是幣穀萬物皆在賈人掌握之中矣。故人君惟能深明於幣重物輕、幣輕物重及穀重金輕、穀輕金重之理而自操其穀幣金衡之權，則富商蓄賈無所牟大利而天下可定矣。「天下可定」指物價言，《輕重乙篇》所謂「天下之朝夕可定乎」，是其證。

桓公問于管子曰：「准衡、輕重、國會，吾得聞之矣。請問縣數〔一〕。」

管子對曰：「狼牡以至於馮會之日，龍夏以北至於海莊〔二〕，禽獸牛羊之地也，何不以此通國筴哉〔三〕！」

桓公曰：「何謂通國筴？」

管子對曰：「馮市門一吏書贅直事〔四〕，若其事唐圉牧食之人〔五〕養視不失扞殂者，去其都秩與其縣秩〔六〕。大夫不鄉贅合游者，謂之無禮義，大夫幽其春秋，列民幽其門山之祠，馮會龍夏牛羊犧牲月賈十倍異日〔七〕。此出諸禮義，籍於無用之地，因捫牢筴也〔八〕。謂之通〔九〕。」

〔一〕元材案：准衡，又見《地數篇》。《地數篇》云：「以巨橋之粟二十倍而衡黃金百萬，終身無籍於民，准衡之數也。」據此，則准衡乃指上文「人君操穀幣金衡而天下可定」之政策而言。亦即《國蓄篇》「准平」，《揆度篇》「國衡」之意。輕重、國會，均見上文。縣數即爲縣之數，亦即上文所謂

「守縣之筴」也。

〔二〕吳志忠云：「『日』乃『口』字誤。」元材案：狼牡、馮會之口、龍夏、海莊，皆著者任意假託之地名。龍夏解已見《山國軌篇》。

〔三〕元材案：《史記·貨殖傳》云：「龍門碣石北多馬牛羊。」《輕重丁篇》云：「海莊原作泮，依洪頤煊校改。龍夏，其于齊國四分之一也。朝夕外之，所壖齊地者五分之一，非穀之所生也」。非穀之所生，僅宜於禽獸牛馬，故著者主張即因此提倡畜牧以通國筴。

〔四〕元材案：馮同憑，依也。市門，市場入口處。書猶言登記。贅，《漢書·武紀》「毋贅聚」，注云：「會也。」直，當也。「書贅直事」，猶言按照聚會之實際情況加以登記也。

〔五〕元材案：事，從事。唐圉，何如璋云：「唐乃庾字。庾人圉人皆司牧者。」食通飼。牧食猶今言放牧及飼養。其事庾圉牧食之人，指在國營牧場從事畜牧之人。

〔六〕元材案：「養視」乃漢人常用口頭語。《漢書·霍光傳》：「孝武皇帝曾孫病已，武帝時有詔掖庭養視。」《黃霸傳》：「天子以霸治行終長者，下詔稱揚曰：『潁川太守霸……養視鰥寡，贍卹貧窮。』」《外戚傳》：『時掖庭令張賀以舊恩養視皇曾孫甚厚。』又云：「孝王薨，有一男嗣爲王，時未滿歲，有眚病，太后自養視。」此處指放牧及飼養牛羊而言。「殂」當作「阻」。「扞」者御其患，阻者防其逸。都秩卑，縣秩尊。「去其都秩與其縣秩」者，謂撤銷其原有之都秩而另與之以新升之縣秩，蓋所以獎勵之也。

〔七〕朱長春云：「大夫家合游無時，列民則春秋二社，兩幽所以異也。」又云：「大夫時會，列民二社會，不會者幽。幽或當時之罰也。」張佩綸云：「疑當作『其春秋，鄉大夫不列贅合游者，謂之無禮義，大夫幽其門，民囚之』。囚脱而爲凶也。幽，閉也。《荀子·王霸篇》：『公侯失禮則幽。』」許維遹云：「此文錯亂，義不可通。疑當作『其春秋大夫不鄉贅合游者，謂之無禮義。大夫幽，列民幽其門。』『鄉贅』屬於通淫時，在《春秋》《詩》《禮》有明文。『合游』即《呂氏春秋·季春紀》『合纍牛騰馬游牝於牧』，『大夫幽』猶《荀子·王霸篇》所謂『公侯失禮則幽』。楊注『幽，囚也。』『列民』讀爲黎民。幽其門，囚其全家也，以示其罰重於大夫。」郭沫若云：「『不鄉贅合游』上『大夫』二字即『春秋』二字之殘，其下『春秋』二字即此二字之校注。校者蓋注於眉端，爲抄書者所誤羼。原文當爲『春秋不鄉贅合游者，謂之無禮義。大夫幽其列，民幽其門』。幽之言醜也，謂不光彩也。『山之』者，『山』讀爲『訕』，訕笑之也。『祠』字下屬。」元材案：以上各説皆改動過多，距原文本義太遠。此當作「大夫不鄉贅合游者謂之無禮義」爲一句，「大夫幽其春秋」爲一句，「列民幽其門山之祠」爲一句。鄉贅合游，即《呂氏春秋·季春紀》「乃合纍牛騰馬游牝於牧」之意，高注：「纍牛，父牛也。騰馬，父馬也。皆將羣游從牝於牧之野風合之。」猶言在鄉村聚會牛馬，進行配種。大夫不鄉贅合游，蓋謂大夫及列民所蓄父牛父馬均須按時至鄉村參加配種工作，有故違者，謂之無禮義，卽當受到相當之處分。「大夫幽其春秋」者，《事語篇》云：「俎豆之禮必「必」原誤爲「不」，依豬飼彥博校改。致牲，諸侯太牢，大夫少牢。」幽者禁也，謂禁止其以牛羊犧牲供春享秋嘗之用也。「列民幽其門山之祠」者，

「門山之祠」義不可通，疑當作「出門之祠」。《鹽鐵論·散不足篇》云：「古者庶人魚菽之祭，春秋修其祖祠，士一廟，大夫三廟，以時有事於五祀，蓋無出門之祭。今富者祈名嶽，望山川，椎牛擊鼓，戲倡舞像。中者南居當路，水上雲臺，屠羊殺狗，鼓瑟吹笙。貧者雞豕五芳，衛保散臘，傾蓋社場。」可見出門之祭，富者椎牛擊鼓，中者屠羊殺狗，貧者雞豕五芳，皆與牛羊犧牲有關。若畜有父馬父牛之私人不肯踴躍參加配種，對國營牧場事業之發展與發達影響甚大，故必分別處分之，大夫則禁其春秋，列民則禁其出門之祠。列民指「富者」「中者」「貧者」三者而言。如此，則一方面既可達到國營畜牧業發展與發達之目的，另一方面又可造成國營畜牧業之獨占價格，馮會龍夏等國營牧場牛羊犧牲之價格自可十倍於異日矣。又案：此一段文字，與《國准篇》「成菹丘立騂牢以爲民饒」一段，皆屬於封建國家國營畜牧業之範圍。考漢代畜牧業已有相當發達。《史記·貨殖傳》稱：「陸地：牧馬二百蹄，牛蹄角千，千足羊，澤中：千足彘……此其人皆與千户侯等。」而其在商業上之利潤亦大爲可觀。《貨殖傳》又云：「馬蹄躈千，牛千足，羊彘千雙……此亦比千乘之家。」事實上，當時從事畜牧業以致富者亦大有人在。《貨殖傳》又云：「烏氏倮畜牧，及衆，斥賣，求奇繒物間獻遺戎王。戎王什倍其償與之畜。畜至用谷量馬牛。秦始皇帝令倮比封君，以時與列臣朝請。」「塞之斥也，唯橋姚已致馬千匹，牛倍之，羊萬頭，粟以萬鍾計。」又《平準書》云：「卜式者河南人也，以田畜爲事。親死，式有少弟。弟壯，式脱身出分獨取畜羊百餘，田宅財物盡予弟。式入山牧十餘歲，羊致千餘頭，買田宅。……」以此，畜牧業自亦不能逃出「言利事析秋毫」者視線之中。

《鹽鐵論·園池篇》大夫云：「是以縣官開園池，總山海，致利以助貢賦。修溝渠，立諸農，廣田牧，原作收，據《西域篇》「匈奴擅田牧之利」及《史記·平準書》「卜式以田畜爲事」「式復歸田牧」等句，均作「田牧」校改。下同。盛苑囿。大僕水衡少府大農歲課諸入田牧之利，池籞之假。……」文學云：「今不減除其本而欲贍其末，設機利，造田畜，與百姓争薦草，與商賈争市利。」可見漢武昭時確有國營畜牧業之舉。今觀此文，「出門之祠」，古人所無，至漢初始有之。「月賈」一詞，則直至王莽時設立五均官「令司市常以四時中月實定所掌爲物上中下之賈，各自用爲其市平」，方始出現。則本篇所謂「籍於無用之地」與《國准篇》所謂「此以無用之壤，藏民之羸」者，即暗指「廣田牧」或「造田畜」等事實而言，殆無可疑也！

〔八〕丁士涵云：「捫疑欄字之誤。《晏子》：『君之牛馬老於欄牢。』《鹽鐵論》『是猶開其欄牢。』《輕重戊篇》：『殷人之王，立皂牢，服牛馬。』欄牢即皂牢也。下文『行捫牢之筴』同。」元材案：丁説是也。欄牢者所以管制牛馬者也。此與《國蓄篇》「爲籠以守民」，《山國軌篇》「民鄰縣四面皆橫」，《山權數篇》「置四限」及《揆度篇》「守四方之高下」，皆是借以形容國家壟斷經濟政策之意。故下文云：「行欄牢之筴，以東西南北相被，用平而准。」東西南北，即所謂「四面」、「四限」或「四方」之義矣。

〔九〕元材案：「通」下當有「國筴」二字。此答上文桓公「何謂通國筴」之問。若作「謂之通」，便不詞矣。

桓公曰：「請問國勢〔一〕。」

管子對曰：「有山處之國，有汜下多水之國，有山地分之國，有水泆之國，有漏壤之國，此國之五勢，人君之所憂也〔二〕。山處之國常藏穀三分之一〔三〕。汜下多水之國常操〔四〕國穀三分之一。山地分之國常操國穀十分之三。水泉之所傷，水泆之國常操十分之二。漏壤之國謹下諸侯之五穀〔五〕，與工雕文梓器以下天下之五穀〔六〕。此准時五勢之數也。」

桓公問於管子曰：「今有海内，縣諸侯，則國勢不用已乎〔七〕？」

管子對曰：「今以諸侯爲竽公州之飾焉〔八〕。以乘四時〔九〕，行捫牢之筴，以東西南北相彼，用平而准〔一〇〕。故曰：爲諸侯，則高下萬物以應諸侯。徧有天下，則賦幣以守萬物之朝夕，調而已〔一一〕。利有足則行，不滿則有止〔一二〕。王者鄉州以時察之〔一三〕，故利不相傾〔一四〕，縣死其所〔一五〕，君守大奉一，謂之國簿〔一六〕。」

〔一〕元材案：國勢謂國家之自然地理形勢。

〔二〕元材案：山處者，山多地少也。汜下，解已見《山國軌篇》。汜下多水者，水多地少也。山地分者，山與平地各半也。泆同溢，說在《乘馬數篇》。水溢者即下文所謂「水泉之所傷」者也。此與汜下多水之國不同。後者雖水多地少，但尚未受水之害，前者則爲水所傷矣。漏者滲漏也。

漏壤謂水泉滲漏，不居地上也。以上五種國勢，皆於國家經濟不利，故曰「人君之所憂也」。

〔三〕安井衡云：「古本藏下有『國』字。」

〔四〕元材案：操即掌握，解已見《山國軌篇》。

〔五〕元材案：謹即《海王篇》「謹正鹽筴」，《國蓄篇》「君養其本謹也」及「守其本委謹」之謹，慎也，解已詳《海王篇》。漏壤之國，收穫有限，故必須注意招來外國之五穀也。豬飼彥博以「『之五穀與』四字疑衍」，聞一多以「『漏壤之國』下似有脱文」，郭沫若以「『漏壤之國』當連下『謹』字爲句，『謹』假爲『饉』」者皆非。

〔六〕戴望云：「『與』疑『輿』字誤。」張佩綸云：「『輿工雕文梓器以下天下之五穀』，乃總結五勢語。『雕文』謂『女工』，『梓器』謂『百工』。此太公、管子所以富齊之法，蓋以工商補農事之不足。」元材案：此緊接上文「漏壤之國謹下諸侯之五穀」句而言，乃申明「下諸侯五穀」之具體方法，與上述四勢之操有國穀者不同。輿工，惠工也，即梁啓超所謂獎勵工業之意。梓即《周書·梓材·注》：「治木器曰梓」之梓。又《周禮·考工記》：「攻木之工七：輪、輿、弓、廬、匠、車、梓。」又《曲禮》：「器之溉者不寫」，疏：「杯盂之屬亦曰梓。」然則雕文梓器者乃指木工所制作雕有精美花飾之各種木器而言。梁啓超所謂「按言當獎勵工業，與外國以工藝品而易取其穀」者是也。梁氏又云：「此泛論國勢與經濟之關係。言各國所處地位不同，其經濟政策亦當隨之而異。然苟得其術以御之，則雖得天較薄之國，猶足以圖存而致强也。夫管子所用之齊，其國勢非得天獨厚也。……以齊之國勢宜其永爲諸侯弱。而管子乃能用之以致富强，匡天下者何也？則所以善用對外經濟政策者得其道也。」此論過信《輕重》諸篇爲管仲所作，且以書中所言爲管仲相齊實録，未免失考。然其對本文之了解，則頗爲正確，故備録之。

〔七〕元材案：「有海内，縣諸侯」，即《鹽鐵論·憂邊篇》「今九州同域，天下一統」，《輕重篇》「今天下合爲一家」及《繇役篇》「今中國爲一統」之意。謂統一天下，以諸侯爲郡縣也。《揆度篇》作「天下賓服，有海内」，義與此同。此承上文國之五勢云云而發問者也。謂當列國分立之時，因地制宜，固屬上策。今則海内一統，諸侯皆爲郡縣，國與國對峙之局已不存在，則上述「準時五勢之數」，不亦將因之而失其效乎？又案：「有海内，縣諸侯」二語，與李斯議帝號時所言：「今陛下平定天下，海内爲郡縣，法令由一統」，「今海内賴陛下神靈，一統皆爲郡縣」云云口吻全同。至漢，則「海内」一詞，殆成爲通用術語。觀《鹽鐵論》中「海内」一詞凡十二見，可以爲證。豬飼彦博所謂「此秦皇統一以後之言」者也。且冠之曰「今」，則此書之成決不得在秦始皇統一以前明矣。

〔八〕元材案：「今以諸侯爲筦公州之飾焉」，文有訛奪。各家所釋，均不可通。似以闕疑爲宜。

〔九〕元材案：「以乘四時」，即《國蓄篇》「乘四時之朝夕，御之以輕重之准」之意。《山國軌篇》云：「春夏秋冬之朝夕在上。」《輕重乙篇》云：「故歲有四秋，而分有四時。已得四者之序，發號出令，物之輕重相什而相伯。」義與此同。

〔一〇〕元材案：捫牢當作欄牢，説詳上文。彼，戴望云：「疑『被』字誤。」張佩綸説同。「以東西南北相被，用平而准」者，即《輕重丁篇》所云：「若此則東西之相被，遠近之准平矣」之意，謂截長補短，猶《乘馬數》之言「以上壤之滿補下壤之虚」矣。

〔一一〕元材案：已，止也。「調而已」與《山國軌篇》「隆而止」，《揆度篇》「輕重調於數而止」，句例全同。

〔一二〕張佩綸云：「『利有足則行』，當作『利足則有行』。」李哲明説同。元材案：此説是也。足謂有餘，不滿謂不足。行即《山權數篇》「國安行流」之行。謂某地穀物有餘則決而行之，使其外出。某地穀物不足，則塞而止之，不使外流。亦即上文「以東西南北相被」之意。

〔一三〕元材案：「王者鄉州以時察之」，謂大一統之國家，當隨時調查研究全國鄉州之有餘與不滿的情況，以便採取相應之政策。即上文「以時守郡，以時守鄉」之意。

〔一四〕元材案：相傾一詞，亦漢人常用語。《鹽鐵論・錯幣篇》及《輕重篇》凡四見。「不相傾」，猶言貧富相差不遠，而無互相壓迫剥削之現象也。

〔一五〕元材案：此處余過去曾以「縣死其所君」爲句，謂人民皆將死於其所君，即《國蓄篇》「故民無不累於上也」之意，今案此説非是。此處當以「懸死其所」爲句，「君」字宜下屬。「所」字在本書中，除本篇外，凡五見。《地數篇》云：「民舉所最粟以避重泉之戍。」《輕重甲篇》云：「故三月解匋而弓弩無匡軫者，此何故也？以其家習其所也。」又云：「夫舍牛馬之力無所因，牛馬絶罷而相繼死其所者相望。」又云：「有餘富無餘乘者責之卿諸侯。足其所，不賂其游者責之令大夫。」又《輕重乙篇》云：「家足其所者不從聖人。」所者，郭沫若釋《地數篇》云：「舉所最粟者，以其所有以聚粟也。」並引《輕重甲・乙》兩處文爲證云：「所，卽所有，義與此同。」但以「所有」釋「所」字，不能普遍適用於一切「所」字。考「所」字除本書外，漢人亦常用之。玆舉例如下：一、《史記・封禪書》：「人皆以爲不治生產業而饒給，又不知其何所。」二、《史記・絳侯世家》：「此非不足君所乎？」三、《漢書・曹參傳》：「窋既洗沐歸，時間，自從其所諫參。」顏師古注云：「自從其所，猶言自出其意也。」四、《疏廣傳》：「廣子孫竊謂其昆弟老人廣所愛信者曰：『宜從丈人所勸說君買田宅。』」鄧展注云：「宜令意自從丈人所出，無泄吾言也。」五、《薛宣傳》：「令掾進見，自從其所問宜不教戒惠吏職之意。」顏師古注云：「若自出其意，不云惠使之言也。」合而觀之，則「所」字應作代名詞講。所代之內容當因上下文而定，不可一概而論。卽以本書六條及《史記》《漢書》五條共十一條而言，亦可分爲四組：第一、《史記》《漢書》二、三、四、五等四條爲一組，此組似皆可作「意」字講。第二、郭氏所舉三條及《史記》一條合爲一組，此組皆可作「財物」講。第三、「以其家習其所也」爲一組，此組則當釋爲「職業」，謂制造弓弩，乃其所素習之家傳職業。《關西方言》：「致力於一事爲所，所謂絕利一源也。」（見《康熙字典・卯集中》所字條）第四、此處及《輕重甲篇》「牛馬絕罷而相繼死其所者相望」爲一組。此組二「所」字，皆指「地點」而言。「死其所」，謂牛馬死於高杠柴池之處。縣，繫也，見《說文》。「懸死其所」，謂人民老死於故鄉本土，不肯離去。猶《管子・治國篇》之言「富則安鄉重家」，《乘馬數篇》之言「民之不移也，如廢方於地」矣！

〔一六〕元材案：此緊承上句而言。謂人民之所以縣死其所而不肯離去者，乃以人君所守者大，利從上出，無利出多孔之弊，故人民所擁護者亦自歸於一也。簿即《漢書·倪寬傳》「上畜簿」及《貢禹傳》「習於計簿」之簿。顏師古注云：「簿謂文計也。」猶言簿計。「國簿」與「國會」「國軌」，皆指國家諸會計事而言。